Potsdam ist mehr als nur eine Vorstadt zu den Parks des Weltkulturerbes mit den Schlössern Sanssouci, Neues Palais, Marmorpalais, Babelsberg und Klein-Glienicke. Potsdam – das ist auch die barocke Residenzstadt, die spartanische Garnisonstadt, die tugendhafte Beamtenstadt, die sozialistische Bezirksmetropole, die zeitgenössische Wissenschaftsstadt und die adrette Landeshauptstadt von Brandenburg. Und diese Städte haben unzählige geschriebene und gedruckte Spuren hinterlassen: Von Giacomo Casanova über Heinrich von Kleist bis Arnold Zweig reicht die Kette animierter, amüsierter und angerührter Bewohner, Bewunderer und Besucher, die weitergesagt haben, was Potsdam für sie gewesen ist. Für neun große Spaziergänge durch die Stadt und zwei Ausflüge in die nähere Umgebung hat Jochen R. Klicker Texte zusammengestellt und kommentiert, die erzählen, »wie es eigentlich gewesen ist« … das Leben am preußischen Hof, in den Gärten der Obstbauern und neben den Trümmern von Stadtschloß und Garnisonkirche. Und dabei macht die Lektüre im Lesesessel nicht weniger Spaß als die Spurensuche auf den Pfaden preußischer Tugenden … und Untugenden.

insel taschenbuch 2926
Potsdam

Eingeschossig, bescheiden, intim: Schloß Sanssouci. Nach Entwürfen des Großen Königs von Georg Wenzeslaus von Knobelsdorff in nur zwei Jahren im Stile des preußischen Rokoko erbaut.

INHALTSVERZEICHNIS

STATT EINES VORWORTES

Was stellen wir uns unter Preußen vor, und was ist Preußen?

»Die einen stellen sich vor: Junker mit Reitstiefeln und Hundepeitsche, die jährlich ein Buch kaufen, den Kalender. Polnische Zuckerrübenhacker. Elende Schulhäuser, hungernde Lehrer. Leutnants mit schnarrender Stimme. Schnauzende Unteroffiziere. Schneidige Staatsanwälte. Pastoren, die an einen leibhaftigen Teufel mit Schwanz und Pferdefuß glauben. Jeder zweite Einwohner ein Schutzmann. Siegesallee. Himmeldonnerwetterpolitik. Und wenn man Münchner ist: das Land, wo eigentlich die vielen Sachsen herkommen.

Die anderen: Pünktliche Eisenbahnen. Saubere Straßen. Flottes Geschäft. Stramme Haltung. Aufgeweckte Jungen und Mädel. Lustige Militärmusik. Prompte, wenn schon etwas schnodderige Zungenfertigkeit. Unternehmungslustige, zupackende Hände. Kräftige Ellenbogen.

Die dritten: Mannentreue gegen den gnädigsten Kurfürsten und Herrn. Doktor Martin Luthers Bibel in schwieliger Bauernhand. Roggenbrot und dicke Milch im Schapp. Eiserner Fleiß, der Sand und Moor in fruchtbare Felder verwandelt. Treu in den hergebrachten Ständen dahinlebende Menschen. Landwehrmänner, die in Kampfesmut mit dem Kolben zuschlagen, einer gegen zehn.

Die vierten: Das Vaterland Friedrichs des Großen und Kants. Das erwählte Vaterland Fichtes und Arndts. Das Land, wo Minister zu Hegels Füßen saßen. Die Kirche, in der Schleiermacher predigte. Die Universität, an der Jacob Grimm, Treitschke, Mommsen lehrten. Schlüters und Schinkels Bauten und Denkmäler. Chodowieckis Stiche, Menzels Bilder, Scharnhorsts, Clausewitzens und Moltkes Heer.

Jeder hat seinen Vorstellungskreis von Preußen.«

Christoph Wienecke (in *Der Kunstwart*, 1914)

Der Herr von Sanssouci: Friedrich II., König von Preußen, 1712-1786

VOR ODER NACH DEN SPAZIERGÄNGEN ZU LESEN

Eine Geschichte ohne Ende

Was der Weltkrieg gewonnen, die Wiedervereinigung repariert, Preußens Tugenden garantiert und viele Literaten erzählt haben

> Man muß, wenn man über Potsdam schreibt, ganz gleich als was und wer, endlich mal vom Exerzierregelement loskommen und sich der Schönheit dieses Ortes rein und frei hingeben.
>
> *Georg Hermann, 1929*

Als Mascha Kaléko nach Naziherrschaft, Exil und Weltkrieg zum erstenmal wieder Berlin besuchte, stellte sie fest: »Wie vieles sehe ich, was ich nicht mehr sehe!« Was seine Gültigkeit schon für die alte deutsche Reichshauptstadt hatte, betraf mehr noch die preußische Residenzstadt Potsdam. Galt und gilt für sie doch die Feststellung: »Potsdam besitzt mehr Kultur als Berlin.« (Rolf Schneider) Damit sollen die Zerstörungen und Verluste, welche sowohl die Flächenbombardements der alliierten Luftflotten wie die Schlacht der Roten Armee um Berlin der Metropole zugefügt haben, nicht klein geredet werden. Mir liegt lediglich an dem vergleichenden Hinweis, daß Bomben und Granaten Berlin zwar beschädigen konnten, Potsdam aber ausradieren sollten. Jedenfalls sah das die Order vor, mit der die Piloten der Royal Airforce Mitte April 1945 ihre Maschinen bestiegen, um die Geschichte Potsdams ein für allemal zu beenden.

Vieles mehr als in Spree-Athen gibt es darum in Arkadien an der Havel zu sehen, was es nicht mehr zu sehen gibt. Angefangen mit der berühmten Stadtsilhouette, die man als erstes ausmachte, wenn man sich von Nordosten mit der Berlin-Potsdamer Eisenbahn der Stadt näherte. Die Türme der Heiliggeist- und der Garnisonkirche samt der Fassade des Stadtschlosses rubrizieren heute unter »nicht erhalten«. Nur die etwas undimensionierte Kuppel des »Domes« – vulgo Nikolaikirche – versucht immer noch Sankt Peter in Rom und Sankt Paul in London Paroli zu bieten. Deprimierend wird's bei der Lektüre des Hermannschen Spaziergangs, der strikt dem hier oben abgedruckten antimilitaristischen Motto gefolgt war. Als Mitte der 80er Jahre in der DDR ein Neudruck erschien, wurde das Büchlein um fünfeinhalbe Seiten erweitert, auf denen der Herausgeber das »nicht erhalten« für die Alt- und Innenstadt gleich in Serie vermerken mußte. Von Am Kanal und der Breiten Brücke über Kellertor und Kleine Fischerstraße bis Palazzo Barberini und dem Schauspielhaus.

Was der Krieg der Nachkriegsgeneration übriggelassen hatte, das wurde dann nochmals durchgesehen – diesmal nach ideologischen Erhaltungs- beziehungsweise Nicht-Erhaltungs-Kriterien. Wobei »ideologisch« durchaus nicht »einheitlich« meint. Denn immerhin waren es zwei kommandierende Offiziere der Roten Armee, die das Ensemble von Sanssouci nicht nur vor Sprengung und Beschießung bewahrten, sondern sogar für die Fortsetzung des Museumsbetriebes sorgten. Es waren aber auch verbohrt-parteiliche Denkmalschützer und Stadtplaner, die vielen beschädigten Bauten und ganzen Straßenzügen das politische Aus verordneten, um die Stadt anschließend mit Straßenbahntrassen und Plattenbauten endgültig selbst zu ruinieren. Wie zerstörerisch Rache sein kann!

Schon der Hugenottennachfahre Ludwig Sternaux, ein konservativer Monarchist, assoziierte mit Potsdam ein historisches Stadtdenkmal, an das sich Erinnerungen von ewigem Bestand knüpfen sollten. Er schreibt 1924: »Nur wer die Tage des Glanzes miterlebt, in denen die Standarte stolz erzählte, daß der Kaiser in Potsdam weile, die Tage höfischen Glanzes und höchster Prunkentfaltung bei Paraden oder feierlichen Einzügen, wenn ganz Potsdam sozusagen ein einziges ›klingendes Spiel‹ wurde, für den ist das ungleich nüchterne Heute nicht ohne tragischen Beigeschmack. Es ist viel zu plötzlich zu leerer Kulisse geworden, und nicht jeder besitzt soviel Phantasie, in diese Kulissen vergangenes Leben hineinzuträumen, ein Theater der Historie aufzubauen, das ihm die entschwundene Wirklichkeit ersetzte.« Ein Theater, das in einer kultivierten, aber sehr kleinen Stadt aufgeführt werden sollte. Solange der Kaiser in Potsdam gewohnt hatte, war das niemandem aufgefallen. Jetzt wurde erschreckend klar: Potsdam war viel zu viel Kleinstadt, um noch mit irgendeinem wichtigen historischen Ort im republikanischen Deutschland konkurrieren zu können.

Berlin dagegen war als Großstadt immer in der Krise ... sowie gerade jeweils auf dem besten Wege, aus der Krise wieder herauszukommen. Und die Berliner waren stolz darauf, daß Berlin nie »war«, sondern ständig nur »wurde«. Insofern ist auch das urbane Feeling der letzten drei, vier Jahre nichts Neues. Neu jedoch ist, daß sich die Meinungsmacher rund um die Stadtmitte »einer unvergleichlichen ›Vorstadt‹-Perle namens Potsdam« (Peter von Becker) rühmen, wenn sie Ausschau halten nach gediegenem Bleibenden inmitten ihrer eigenen irrlichternden Rumpelkammer.

Wer über Geist und Gesinnung in Preußen im allgemeinen und in Potsdam im besonderen spricht, der hat vom preußischen Tugendkatalog zu reden. Wobei der sich – ganz entgegen der zivilen Ratschläge der Sternaux und Hermann – gar nicht selten auch militaristisch verortet hat. Im Erziehungs- und Arbeitsreglement des Militärwaisenhauses etwa, oder auch in den Hausordnungen der Internate für Höhere Töchter. Gar in den Umgangsformen, die das Klima des Offizierskasinos prägten. Kenner der Materie versichern nichtsdestoweniger, es mache große Schwierigkeiten, den Tugendkatalog inhaltlich dingfest zu machen. Moralisch wie literarisch. Also versuchen wir's trotzdem mal im groben und dem Alphabet nach: Anstand, Bescheidenheit, Dienstbereitschaft, Disziplin, Fleiß, Gehorsam, Gerechtigkeit, Härte gegen sich selbst, Kriegstüchtigkeit, Mut, Ordnung, Pflichterfüllung, Pünktlichkeit, Sparsamkeit, Staatstreue, Selbstlosigkeit, Tapferkeit, Unbestechlichkeit ...

Angeblich hat durch das kaiserliche Kind Otto III. der Flek-

Von der historischen Stadtsilhouette der preußischen Residenzstadt Potsdam blieb in der Bombennacht des 14. auf den 15. April 1945 nicht viel übrig.

ken Potsdam inmitten von Sümpfen und Mooren das Licht der Geschichte erblickt. Der *deutschen* Geschichte. Dabei war doch erst das Testament des Slawen Probislaw, das den Deutschen Albrecht begünstigte, das Entreebillet ins deutsche Historienspektakel. Aber noch lange spielte die Musik in Magdeburg und Brandenburg. Und in Potsdam warteten die von unten vergeblich auf Initiativen derer von oben, die das Erlöschen einer Feuerstelle nach der anderen hätten aufhalten können. Nein,

Geschichte haben sie nicht geschrieben und auch nicht schreiben lassen; nicht in Potsdam noch andernorts: die Herrschaften Albrecht Achilles, Johann Cicero, Joachim Nestor, Joachim Hector, Johann Georg, Joachim Friedrich, Johann Sigismund, Georg Wilhelm.

Geweht hat der merkantile, künstlerische und ergo politische Geist so recht als geschichtsmächtige Kraft erst zum Ende des Dreißigjährigen Krieges. Oder doch erst gegen Ende des fast verlorenen Siebenjährigen? Die Gesinnung der Freiheitskriege war die von Potsdam so wenig wie die der deutschen Revolution unter der Kokarde Schwarz-Rot-Gold. Statt dessen schuf

Potsdam ganz andere Träger der Geschichte sich zum Bilde: gepreßte Grenadiere, dankbare Refugiés, untertänige Juden, unbestechliche Beamte, antiliberale Junker, willfährige Pastoren, den kadavergehorsamen Untertan. Und doch? Und doch! Der Geist von Potsdam war mehr und anderes als das, was Heinrich Mann denunzierte. Wogegen Karl Liebknecht opponierte. Was Paul von Hindenburg pervertierte. Was Marschall Schukow besiegte. Und den auch Walter Ulbricht weder mit den Resten des Stadtschlosses noch der Garnisonkirche sprengen und abtragen lassen konnte. Die Ideen-Geschichte Potsdams erzählt sich eben auch in Tugendgeschichten.

Es bleibt also bei den Nischen des Widerspruchs und des Widerstands: Gedenktafeln für den Verschwörer Henning von Tresckow aus Potsdam, der sich an der Ostfront erschoß; Straßen, die an den Potsdamer revolutionären Demokraten Max Dortu erinnern, der im Badischen vor einem preußischen Peloton starb; und an seinen Landsmann Hermann Elflein, den die Nazis zum kommunistischen Märtyrer machten. Und ein (Natur)Wissenschaftspark rund um den Einsteinturm. Gen-Forschung im MPI auf der Golmer grünen Wiese. Seminare zu Moral und Ästhetik im Einstein Forum gleich neben der Stadtwaage. Die Antisemitismusstudien des Julius H. Schoeps. Das Fontane-Archiv.

Günter Grass hatte seine literarische Liebesgeschichte mit Danzig; Lion Feuchtwanger mit München, Siegfried Lenz mit dem kühlen blonden Norden, Alfred Döblin und Erich Kästner mit Berlin. Von vergleichbaren sentimental(isch)en Irrungen und Wirrungen ist für Potsdam nichts überliefert. Das mag auch daran liegen, daß es so richtige Literaten »aus Potsdam« nur sehr wenige gegeben hat: Peter Weiss wurde schon als Baby weggebracht; Hermann Kasack war den Neupotsdamern zu bürgerlich und verließ die Stadt 1949. Peter Huchel wurde von der Stasi jahrelang isoliert und vom Westen aus seiner inneren Emigration erst im Alter von 68 Jahren herausgeholt. Jochen Klepper verortet seinen Roman über den Soldatenkönig selbstverständlich in Potsdam; aber ist mit der Stadt nicht vertraut. Reinhold Schneider schreibt hier über die Hohenzollern; er bedarf der Stadt selbst jedoch nur als gelegentlicher Anregung. Georg Hermann konzipiert einige seiner Romanfiguren auch aus dem Flair und dem Anspruch Potsdams, obwohl ihn bis zum Exil der Lebensstil eines jüdischen Deutschen aus dem Berlin der Weimarer Republik bestimmt. Und Hugo Hartung hat zwar der Potsdamerin an und für sich ein Denkmal gesetzt, aber er ist dafür nur auf Durchreise gewesen, knappe fünf Jahre lang. Bleiben die drei, die Potsdam sehr gut, möglicherweise sogar zu gut kannten, um sich in der vierfachen Stadt des Königs, des Militärs, der Verwaltungsbeamten und des Bildungsbürgertums auf Dauer wohlfühlen zu können: Heinrich Heine, Theodor Storm und Theodor Fontane. Alle drei waren auf ihre sehr verschiedene Weise Potsdam-Verächter.

Nur vier Bücher können meines Wissens den Anspruch einlösen, den durchaus ambivalenten Geist und die verlustreiche Schönheit der vielfältigen Kulturstadt Potsdam treulich einzufangen und angemessen weiterzureichen: Der haltlose Bewunderer Ludwig Sternaux beschrieb *Das unbekannte Potsdam*, das 1926 schon in der 5. Auflage erschien. Der ästhetische Connaisseur Georg Hermann machte 1929 aus seinem ganz persönlichen *Spaziergang in Potsdam* einen heiteren Wachtraum. Die Lokalpatriotin Gisela Heller erzählte mit viel vergnüglicher Belehrung und einer Prise parteilicher Kritik 1984 viele der »anderen« *Potsdamer Geschichten* – der Geschichten von unten. Und erst 1994 steuerte der für Brandenburger Ethos gewonnene sächsische Publizist Rolf Schneider das längst überfällige politische Essay *Potsdam – Garnison und Arkadien* bei –, ein knapper Text basisdemokratischer Gesinnung zu zwölf Stichwörtern aus dem geschichtlichen Milieu. Ganz ohne Koketterie und Ironie verneige ich mich vor diesen vier AutorInnen, bedanke mich für Anregungen, Einfälle und Denk- und (Erinnerungs-)Korrekturen und bedauere, mit dem vorliegenden Inselbuch hinter den von ihnen gesetzten Maßstäben zurückbleiben zu müssen. Immerhin: »Wir haben uns bemüht!«

Brecht, Casanova, Fontane, Gleim, Goethe, Hartung, Hauptmann, Heine, Hölty, Huchel, Ibrahim Ibn Jaqub, Kasack und Marie Luise Kaschnitz, Kellermann, Ewald und Heinrich von Kleist, Klepper, Lessing sowie Heinrich Mann, Thomas Mann, Marchwitza, Morgenstern und Jean Paul, Rellstab, Riess, Schiller, Schmidt von Werneuchen, Reinhold Schneider, Scholz, Storm, Tieck, Voltaire, Peter Weiss und Arnold Zweig ... Hörte ich es da murmeln von literarischem Niemandsland, von intellektueller Einöde? Der widersprüchliche Geist von Potsdam schreibt sich seine Geschichte fort. Die ist – entgegen wiederholter Ankündigungen – noch keineswegs zu Ende. Denn alles hat seine Zeit. Die gewährt Irrtümer. Und die heilt Wunden, sagt man. Die schafft jedenfalls Distanz. Zum Denken. Zum Schauen. Zum Nachlesen. Ende offen. Ach, machen Sie sich doch einfach auf den literarischen Weg in eine Geschichte, die kein Ende findet!

Zu Potsdam unter den Eichen
Im hellen Mittag ein Zug
Vorn eine Trommel und hinten eine Fahn
In der Mitte einen Sarg man trug.

Zu Potsdam unter den Eichen
In dem hundertjährigen Staub
Da trugen sechse einen Sarg
Mit Helm und Eichenlaub.

Und auf dem Sarg mit Mennigerot
Stand geschrieben ein Reim
Die Buchstaben sahen häßlich aus:
»Jedem Krieger sein Heim!«

Das war zum Angedenken
An manchen toten Mann
Geboren in der Heimat
Gestorben am Chemin des Dames*.

Gekrochen einst mit Herz und Hand
Dem Vaterland auf den Leim
Belohnt mit dem Sarge vom Vaterland:
Jedem Krieger sein Heim!

So zogen sie durch Potsdam
Für den Mann am Chemin des Dames
Da kam die grüne Polizei
Und haute sie zusamm.
Bert Brecht

* Sterne verweisen auf Worterklärungen am Ende des Bandes.

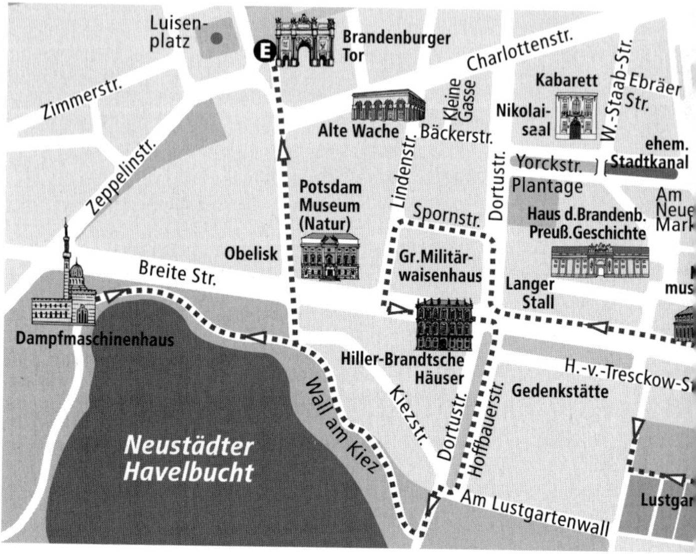

ERSTER SPAZIERGANG

Von der Stadtmauer am Havelufer durch die Altstadt zur Stadtmauer beim Luisenplatz

Was Slawen gegründet, Idealisten bepflanzt, Verschwörer bekämpft und Ideologen abgeräumt haben

Für Potsdam begann der Zweite Weltkrieg, als er fast vorbei war. Zwar gab es Familien, deren Väter, Brüder, Söhne und Enkel als Offiziere und Mannschaften des Infanterie-Regiments Nummer 9 verwundet worden oder gefallen waren; zwar gab es Arbeiter, Angestellte und Beamte, die als Tagespendler in Berlin arbeiteten und eines Tages ihren Arbeitsplatz weggebombt bekommen hatten; zwar gab es einen kleinen Kreis zumeist adeliger politischer Widerständler, die Hitler hinrichten ließ; aber an Potsdam selbst als Kriegsschauplatz hatte man eher nicht mehr

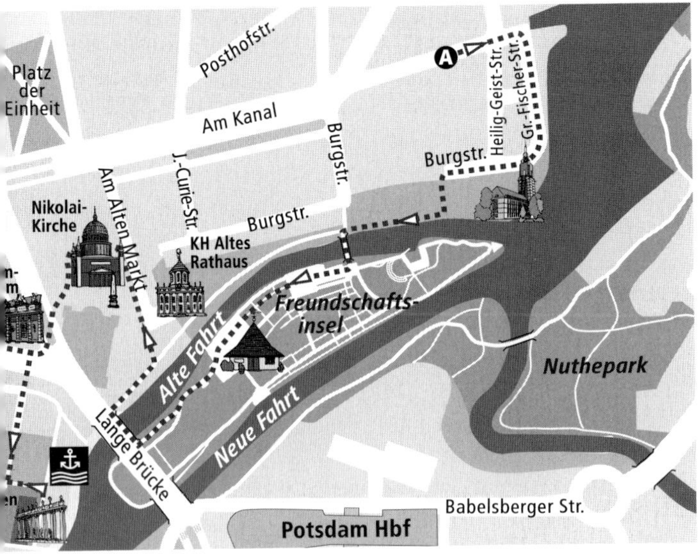

gedacht. Bombenangriffe der Royal Air Force? Aber doch nicht auf das preußische Potsdam, dessen Herrscherhaus sich so guter und enger Beziehungen zum Buckingham Palace rühmen durfte! Und Abwehrkämpfe mit russischen »Muschiks« *, Mann gegen Mann und Straße um Straße? Doch nicht in dieser Residenz, die bis hin zu ihrer Architektur bewies, wie viele freundschaftliche Beziehungen und Bande sie zum Osten geknüpft hatte! Dann kam der 14. April 1945, von dem der damals 14jährige Hans Müncheberg in seinem reichlich rechtspopulistischen autobiographischen Roman *Gelobt sei, was hart macht* erzählt:

»Niemand in dieser unversehrten Stadt glaubte vor der Wochenendnacht an eine Nacht ohne Ende.

Als die Sirenen aufheulten, streifte ich mir wie gewohnt den Trainingsanzug über, griff nach Gasmaske und Wolldecke und lief treppab. Im Luftschutzraum warf ich mich auf meine Pritsche und schlief weiter.

Anschwellendes Flakfeuer, fernes Motorendröhnen nahm ich noch nicht wahr, doch dann schreckten mich schrilles Pfeifen und schmetterndes Krachen auf. Der Boden schwankte. Das Licht erlosch. Die Pritsche mit ihren drei Etagen kippte zur Seite. Wieder das Pfeifen, ein berstender Schlag, und schon riß eine ungeheure Druckwelle die Stahltüren der Luftschleuse aus ihren Verankerungen. Staub, Hitze, Qualm wirbelten herein, nahmen mir den Atem. Und wieder Einschläge, wildes Getöse. Die Erde schien unter mächtigen Stößen zu zucken. Ich klammerte mich an den schräg verkeilten Pfosten der Pritsche.

›Gasmasken auf!‹ Ich tastete umher. Das Futteral hing nicht mehr an der Querstrebe. Es gab sie nicht mehr. Beißender Dampf. Ich fürchtete zu ersticken, kroch suchend auf dem geborstenen Zementboden umher. Ringsum Husten, Flüche, Geklapper. Endlich das Futteral! Ich riß die Maske heraus, zerrte sie mir über den Kopf. Durchatmen! Ich schmeckte den säuerlichen Beigeschmack der gefilterten Luft.

›Alles raus! Im Treppenhaus sammeln!‹

Taschenlampen wiesen den Weg. Ich stolperte dem matten Licht entgegen, erreichte die Treppe. Schutt. Glassplitter. Gelbrot flackernder Schein vor leeren Fensterhöhlen.«

In der Nacht des 14. auf den 15. April fielen innerhalb von 20 Minuten 1750 Tonnen Spreng- und Brandbomben vor allem auf die Altstadt. 3576 Menschen starben. »Zurück blieb ein Trümmerhaufen von 750 000 Kubikmetern Baumaterial, aus dem vorher noch 1656 Bauwerke bestanden; man verzeichnete 509 Totalzerstörungen, 103 teilzerstörte, 989 noch bewohnbare und nur 55 unbeschädigte Gebäude.« (Martin Kieren) Zerstört wurden u. a. das Stadtschloß, die Garnisonkirche, die Nikolaikirche, die Heiliggeistkirche, das Alte Rathaus, das Große Militärwaisenhaus, das Predigerwitwen-Haus, das Schauspielhaus, die Gewehrfabrik, das Neustädter Tor, das Berliner Tor, das Kellertor und zahllose architektonisch und künstlerisch bedeutende Adelspaläste und Bürgerhäuser. Zum Ende des Zweiten Weltkriegs erfüllte die britische Luftwaffe damit ein

Kriegsziel, das ihr niemand Geringerer als George Bernard Shaw bereits im Verlaufe des Ersten gesetzt hatte: »Es gibt Städte, die verdienen ausgelöscht zu werden. Eine davon ist Potsdam.« Daran müssen wir leider denken, wenn wir uns jetzt auf einen Altstadt-Spaziergang machen, der uns von den Anfängen Potsdams bis zu den aktuellsten Folgen der Bundesgartenschau 2001 führt.

Es mag kein Zufall sein, daß dort, wo einst die Geschichte Potsdams mit Flußschiffahrt und Süßwasserfischerei begann, auch heute wieder vom Wasser gelebt wird; denn an der **Großen Fischerstraße** als dem ältesten Siedlungskern haben das Wasser- und Schiffahrtsamt, die Verwaltung der Weißen Flotte und eine Fischermeisterei ihre Adressen. Am Nordende der Straße begann einst auch der Stadtkanal, eine von der Havel gespeiste, mit Kähnen befahrbare und 1,5 km lange Gracht. Selbst die aktuellsten Stadtpläne und -atlanten sind sich nicht einig, wo Teile des Kanals heute wieder zu sehen sind, nachdem er wegen zu aufwendiger Unterhalts- und Renovierungskosten von den Bürokraten des real existierenden Sozialismus 1961 zugeschüttet und versiegelt wurde. Der Bundesgartenschau und ihren Folgen verdankt das Stadtbild entlang der Yorkstraße (vgl. S. 119) wieder ein paar Meter Amsterdamer Idylle. Aber hier, Ecke **Am Kanal/Heilig-Geist-Straße**, wo das Kellertor einst die Passage am Abzweig des Stadtkanals von der Havel beziehungsweise dem Tiefen See überwachte, erinnert nur noch eine unansehnliche **Betontafel** im bewachsenen Mittelstreifen an den traditionellen Wasserweg, der seine wirtschaftliche Karriere um 1673 als Entwässerungskanal begann und angeblich seit 1990 freigelegt und restauriert wird. War wohl bis auf ein paar Meter nix! Beziehungsweise: Parkplätze waren dann ganz offenbar nach der Wende doch wichtiger.

Drüben **Am Kanal 3** steht das **Kommandeurhaus**, 1752 von Knobelsdorff entworfen. Es war nichts weniger als die Dienstwohnung des Chefs des Regiments Garde-du-Corps, dessen Kaserne unweit am Anfang der Berliner Straße stand. Mit dem

Haus gleich daneben **Am Kanal 4 a** kokettiert Georg Hermann in seinem Essay *Spaziergang in Potsdam* ein bißchen herum:

»... wie das Haus da ganz unten am Kanal (4 a), wo ich meinen ›Heinrich Schön jun.‹ spielen ließ. ... Ob es denn da drinnen wirklich so aussieht, je aussah, wollen Sie wissen? Ich kann es nicht sagen. Ich habe das Haus nie betreten. Es gefiel mir nur, als ich daran vorüberging, und da habe ich meine Puppen darin spielen und leiden lassen. Und die schönen Innenräume, das Blaue Zimmer unten und der Saal im ersten Stock, wo die offizielle Verlobungsfête für Hannchen von Mühlensiefen gegeben wird? Wenn Sie Potsdam damals schon gekannt hätten, so hätten Sie leicht bemerken können, daß der eine drüben aus dem Stadtschloß geliehen war, ... und daß die Tapeten des andern, selbst die große Ente mit dem dicken Schnabel, vor der sich Heinrich als Kind immer so gefürchtet hatte, aus dem Schlößchen Paretz stammen. Und für den schönen Garten wäre gar kein Platz hinterm Haus gewesen, denn da war damals noch das von Knobelsdorff erbaute Lazarett, aus dem später ein Kasino gemacht wurde.«

Schlendern wir zunächst nach Süden die Große Fischerstraße entlang – links die Reste der **Stadtmauer** von 1733, rechts ein paar unter Denkmalschutz stehende, aber heruntergekommene Wohnhäuser, die wohl um 1735 entstanden –, dann stoßen wir an der Ecke **Große Fischerstraße/Eltester Straße 3** auf eine schon etwas verwitterte **Gedenktafel**. Sie entstand zur 1000-Jahr-Feier Potsdams und erzählt in ein paar Sätzen von der Urgeschichte der Stadt – damals namens Poztupimi – nach ihrer ersten urkundlichen Erwähnung im Jahr 993. Ein DDR-Autorenkollektiv unter Leitung von Manfred Uhlemann und Otto Rückert schrieb 1986 unter dem Titel *Potsdam. Geschichte der Stadt in Wort und Bild* über diesen historischen Ort:

»Nördlich an die Burg, von ihr nur durch einen Graben getrennt, also im Gebiet der **Heilig-Geist-Straße** und der **Großen Fischerstraße** bis hin zur **Türkstraße**, schloß sich die offene unbefestigte Siedlung an, die eine beachtliche Größe hatte. Sie konnte im Rahmen der archäologischen Stadtkernforschung an mehreren Stellen nachgewiesen werden. In dieser mit der Burg eine Siedlungseinheit darstellenden Siedlung lebten – geht man von vergleichbaren Verhältnissen aus – Handwerker, wie Schmiede, Drechsler, Korbmacher, Böttcher, Zimmerleute, aber auch Fischer und Bauern. ...

Im Gegensatz zu vielen anderen slawischen Siedlungen und Burgen, die nie aus ihrer historischen Anonymität heraustraten, da keine schriftlichen Quellen über sie berichten, liegt für die slawische Siedlung Potsdam eine Urkunde aus dem 10. Jahrhundert vor. Der junge deutsche Feudalstaat begann in jener Zeit seine expansiven Bestrebungen in die Gebiete östlich der Elbe und Saale zu richten, also in die von den slawischen Stämmen besiedelten Territorien. Der zum Stammesgebiet der Heveller* gehörende Potsdamer Raum gelangte, nachdem deren Fürstensitz auf der heutigen Dominsel in Brandenburg 928/29 vom deutschen König Heinrich I. erobert worden war, in den Machtbereich des deutschen Staates. Doch erhoben sich 983 die Heveller im Bündnis mit anderen slawischen Stämmen in einem gewaltigen Aufstand und befreiten sich von der deutschen Herrschaft. Danach bemühten sich die deutschen Könige über viele Jahre, die slawischen Stämme erneut zu unterwerfen. In diese Zeit fällt die erste Potsdamer Urkunde. Am 3. Juli 993 schenkte nach vorübergehenden Erfolgen König Otto III. seiner Tante Mathilde, der Äbtissin des Klosters Quedlinburg, die zwei Orte Poztupimi und Geliti, von denen in der Urkunde gesagt wird, daß sie im Lande der Heveller lägen. Aus sprachwissenschaftlichen Untersuchungen geht hervor, daß darunter Potsdam und Geltow zu verstehen sind, wobei der Name des ersten Ortes wahrscheinlich von einem Personennamen – vielleicht dem Gründer der dazugehörenden Burg – abgeleitet ist und mit ›Ort des Poztupim‹ übersetzt werden kann. Andere Interpretationen behaupten, Potzupimi heiße »unter den Eichen«, was davon herrühre, daß die Havellandschaft eine Eichenlandschaft ist. Otto III. war zum Zeitpunkt der Ausstellung der Urkunde noch ein minderjähriger Knabe, und es ist anzunehmen, daß eigentlich die Kaiserin Adelheid, Regentin des deutschen Staates und Großmutter Ottos III. sowie Mutter Mathildes, die Schenkung bewirkt hatte. Die relativ guten Beziehungen zwischen den beiden Frauen legen die Vermutung nahe, daß die Schenkung nicht als bloße Formsache gedacht war, sondern das Ziel verfolgte, dieses Territorium wieder stärker in den deutschen Feudalstaat zu integrieren.«

Auch als diese offene Siedlung bereits längst zu einer ländlichen Kleinstadt herangewachsen war, blieb sie unbefestigt. Denn »wegen der umliegenden Sümpfe war die Stadt als militärischer Stützpunkt ungeeignet, in ihrer wirtschaftlichen Bedeutungslosigkeit mußte sie sich nicht gegen Eroberungsgelüste schützen. Erst als sie Garnison einer Truppe wurde, die nicht freiwillig diente, sondern lieber die Freiheit suchte, war es notwendig, eine Umgrenzung gegen Desertion zu schaffen.« (Friedrich Mielke) Diese Umgrenzung bestand vermutlich ursprünglich nur aus Palisaden. Ab 1733 baute man eine Ziegelmauer von 3,76 Meter Höhe, damit sie auch Riesengrenadiere wie die »langen Kerle« nicht leicht überwinden konnten. Wie nötig eine preußische Garnisonstadt ihre Mauern hatte, um die vielen fahnenflüchtigen Träger des königlichen Rockes wenn schon nicht bei Laune, so doch wenigstens bei der Stange zu halten, belegen Worte des katholischen Militärseelsorgers Pater Raymundus Bruns, der in seinen Lebenserinnerungen *Commentarium* schreibt:

»Die durch Gewalt und List angeworbenen Soldaten waren wirklich oft in einer verzweifelten Lage; entfliehen konnten sie nicht und frei werden konnten sie auch nicht. Daher stürzten sich viele ins Wasser und ertränkten sich; andere verstümmelten sich, erhängten sich oder tödteten sich sonst auf eine andere Weise. Andere, des Lebens überdrüssig, ermordeten einen Kameraden, damit sie hingerichtet würden. Diese Letzteren ließ der König Spießruthen laufen oder von unten nach oben rädern.«

Wo einst die Deserteure hermetisch in der Stadt eingesperrt blieben, da bleiben auch wir auf diesem Spaziergang strikt innerhalb der Stadtmauern und erreichen über die Eltester Straße die **Burgstraße**. Zur **Nummer 31** gehören mehrere moderne Gebäude der Seniorenresidenz Heilig Geist Park. Haus 1 steht genau an der Stelle, wo 1726 die Heiliggeistkirche erbaut worden war. Sie wurde in der Bombennacht des 14. April 1945 zwar schwer beschädigt, wäre aber durchaus zu reparieren und zu restaurieren gewesen. Dennoch wurden die Reste 1974 abgerissen und der Turmsockel gesprengt. Nur die beiden Predigerhäuser **Burgstraße 32/33** erinnern noch an diese alte Parochie. Als Hilfsprediger wirkte hier bis 1776 der Theologe, Pädagoge und (spätere) Verleger Joachim Heinrich Campe. Vor seinem Predigtamt hatte er als Hauslehrer von Wilhelm und Alexander von Humboldt gewirkt. Während seines Dienstes an Heiliggeist schrieb er nebenher an seinem Pionierwerk der deutschsprachigen Jugendliteratur *Robinson der Jüngere*, das jedoch erst 1779 in erster Auflage erschien. Der Campesche Bestseller steht am Ende der moralisch-erzieherischen Umgestaltung des *Robinson Crusoe* von Daniel Defoe. Nachdem im Frühjahr 1720 dessen Ur-Robinsonade in deutscher Übersetzung erschienen war, entstanden unter ihrem Einfluß etwa 50 deutsche Robinsonaden. Als im Laufe der Jahrzehnte der Stoff der Abenteuergeschichte den belehrenden Charakter des pietistischen-utopischen Staatsromans immer stärker verdrängte, nahm sich Campe unter Vorlage eines sogenannten *Brandenburgischen Robinsons* ein letztes Mal der »Staats- und Erziehungsaffaire« in pädagogischer Absicht an. In Schillers Musenalmanach trug ihm sein Werk jedoch nur spöttische Verrisse ein.

1997 errichtete an dieser Stelle der italienische Architekt Augusto Romano Burelli unter Anspielung an den ehemaligen Kirchturm einen innerstädtischen **Aussichtsturm** mit zwei Aussichtsplattformen und einem **»Terrassen- und Turmcafé«**. Vor dem Eingang liegt eine **Granitplatte**, die an den Kirchbau erinnert sowie an »eine slawische Burg, die als Bodendenkmal im

Erdreich liegt«. Schon im Jahr 973 hatte ein arabischer Diplomat aus dem Kalifat von Cordoba* auf Einladung von Kaiser Otto II. von Merseburg aus slawische und deutsche Siedlungen im Gebiet von Elbe und Havel bereist. Ibrahim Ibn Jaqub berichtet:

»So bauen Slawen die meisten ihrer Burgen: Sie gehen zu Wiesen, reich an Wasser und Gestrüpp, stecken dort einen runden oder viereckigen Platz ab nach Form und Umfang der Burg, wie sie sie beabsichtigen, graben ringsherum und schütten die ausgehobene Erde auf, wobei sie mit Planken und Pfählen nach Weise der Bastionen gefestigt wird, bis die Mauer die beabsichtigte Höhe erreicht. Auch wird für die Burg ein Tor abgemessen, an welcher Seite man will, und man geht auf einer hölzernen Brücke aus und ein. ... Heere dringen in das slawische Gebiet nur mit großer Mühe ein, denn das ganze Land besteht aus Wiesen, Dickicht und Morast.«

Eine der 300 *Märkischen Sagen*, die Ingeborg Drewitz 1979 gesammelt und herausgegeben hatte, erzählt in Form einer bittersüßen Liebesgeschichte von der Gründung Potsdams:

»Der Krul war ein wilder, grausamer Mann, besonders seit sein einziger Sohn in einem Kampf mit den Deutschen gefallen war, als jener eben das 25ste Jahr erreichte. Zum Erben seiner Macht hatte er zwar seinen einzigen Verwandten erwählt und hielt streng darauf, daß diesem gleiche Ehre wie dem Sohne erwiesen wurde; aber sein Herz blieb dem Jüngling fremd und selten, nur bei feierlichen Opfern und Festmahlen, sah man diesen in seiner Nähe. Je älter der Krul wurde und je weißer sein Haar, desto einsamer lebte er in seiner Halle, und selbst die langen Winterabende verbrachte er allein auf seinem Lager aus Tierfellen am knisternden Feuer; ja sogar in demselben Haus war er ungern mit dem jungen Chocus zusammen, der, ein rüstiger Jäger und Fischer, im Kreis seiner muntern Gefährten fröhlich und sorglos lebte.

Einmal, als Chocus auf der Wolfsjagd gewesen war, fuhr er spätabends im Frühling von Templin in einem Kahn nach

Hause zurück. Das Wasser war hoch und der Wind stürmte aus Westen. Als sie fast den Wentorf erreicht hatten, verlor der Knecht das Ruder, und sie mußten mit ihren Spießen sich fortzubewegen suchen. Der Sturm trieb sie aber zurück; schon wurde es dunkel, und nachdem sie lange hin und her geworfen waren, trieben sie endlich an einer kleinen Insel fest. Hier suchten sie Schutz gegen den Sturm hinter dem Schilf und schliefen ein.

Als der Fürst am Morgen erwachte, gewahrte er nahe bei sich einen Kahn, darin saß eine Fischerin, welche ein Netz ausgeworfen hatte und sang. Das Mädchen war aber so schön, daß er gar nicht wieder von ihm wegsehen konnte. Als die Fischerin jedoch den fremden, reich gekleideten Mann erblickte, war sie sehr erschrocken und stieß mit dem Kahn vom Ufer ab. Chocus ging ihr nach und sprach so schöne Worte, daß sie dem Mädchen zu Herze gingen; und als er so gar eigen mit den dunklen Augen in ihre schönen blauen Augen blickte, da folgte sie seinen Wünschen, kam ans Ufer und dachte den ganzen Tag nicht wieder daran, wegzufahren.

Am Abend aber schifften sie alle drei über den Fluß und landeten da, wo jetzt die Heiligegeist-Kirche steht. Der Fürst hieb mit seinem Schwert Zweige von den alten Eichen, und sie bauten sich eine Hütte. Dort lebten sie viele Monate in dem schönen grünen Eichenwald, bis Schnee fiel. Da sagte ihr Chocus, wer er sei, und daß sie seine – des Kruls – Frau werden sollte, wenn auch sein Oheim das reichste Königskind für ihn gewählt hätte. Die schöne Fischerin aber war so glücklich, daß sie sich nicht darüber freuen konnte.

Als nun das Moor zugefroren war, ging er über das Eis nach der Burg zu Geltow und gelobte, nach drei Tagen wiederzukommen mit Roß und Gefolge und sie heimzuführen. Als er jedoch in die Burg kam, war der Krul gestorben; der Priester hatte das Volk versammelt am Opferstein und die Zeichen gedeutet, darauf hatte das Volk des Ober-Priesters Sohn zum Krul der Heveller gewählt. Der Priester aber war bei dem neuen Fürsten in der Burg, und als nun Chocus kam mit seinem Knecht, ließ er ihn in einen tiefen Kerker werfen, ohne Luft und Speise, damit er umkomme. Dieser jedoch öffnete ihm in der zweiten Nacht die Tür, und er floh zu dem Wilzan nach Dragowit. Der nahm ihn freundlich auf und hätte ihn gern in sein Erbe gesetzt, doch fürchtete er den Ober-Priester, der großen Einfluß unter dem Volk der Heveller hatte. Chocus aber schämte sich, zu dem Wilzan von der Fischerin zu sprechen, und wenn er trauerte, glaubte der Fürst, es sei um die verlorene Herrschaft.

Am neunten Tag jedoch konnte er es nicht mehr ertragen vor Angst und Sehnsucht, er entdeckte dem Wilzan alles, und dieser und sein Gefolge begleiteten ihn zu der Insel an der Havel.

Als sie aber über den tiefen Schnee nach der Hütte unter den Eichen kamen, fanden sie das schöne weiße Mädchen starr und tot. Von der Stunde an hat der junge Held nie wieder gelacht, sein dunkles Auge erlosch und sein Haupt wurde weiß wie Schnee.

Der Wilzan schenkte ihm die drei Inseln zum Eigentum; da baute er sich eine Burg auf der Stelle, wo die Hütte stand, und nannte sie Poztupimi, das heißt unter den Eichen.«

Die Heiliggeistkirche bestimmte zusammen mit der Nikolai- und der Garnisonkirche für mehr als zwei Jahrhunderte die Silhouette von Potsdam. Friedrich Mielke weist jedoch in seiner *Potsdamer Baukunst – Das klassische Potsdam* darauf hin, daß die Absicht von König Friedrich Wilhelm I. ursprünglich eine andere war:

»Sie wird erst verständlich, wenn wir den Stadtgrundriß betrachten. Sowohl die Garnisonkirche als auch die Heiligegeistkirche sind so weit wie damals möglich an den äußersten Rändern des Ortes plaziert worden. Wenn auch nicht in ganz gleichem Abstand von der Stadtkirche St. Nikolai, stehen doch alle drei Gotteshäuser in einer Reihe hintereinander. Es war also ein städtebaulicher Gedanke, der die Positionierung der Kirchen bestimmte. Allerdings scheint er sich anfänglich nur auf den Stadtgrundriß beschränkt zu haben, die Möglichkeiten, die eine Auswirkung in der dritten Dimension, in der Höhenentwicklung der Stadtsilhouette, in sich barg, wurden zunächst außer acht gelassen.«

Offenbar waren solche Überlegungen dem König sogar so wichtig, daß er quasi Kirchenraum »auf Vorrat« bauen ließ. Denn um 1726 bewohnten die Stadt erst etwa 4000 Zivilisten und 1700 Militärs. Mit solchen Einwohnerzahlen wären die drei Stadtkirchen samt der geräumigen Schloßkapelle bei weitem nicht zu füllen gewesen. Aber offenbar dachte der Soldatenkönig daran, seine Residenz in Zukunft noch erheblich zu vergrößern.

Durch die kleine Parkanlage zwischen den beiden Komplexen der Seniorenresidenz erreichen wir über den neu angelegten Havel-Uferweg nach ein paar Hundert Metern den Steg zur **Freundschaftsinsel**. Sie liegt zwischen der in Alte und Neue Fahrt geteilten Havel. Die Alte Fahrt mit ihrem begrünten Nordufern folgt im wesentlich immer noch dem ursprünglichen Flußbett; die Neue Fahrt wurde Anfang des 19. Jahrhunderts als begradigter Wasserweg für Fahrgast- und Handelsschiffe ausgebaggert. Die Nachkriegswohnbauten zwischen der (abgeknickten) **Burgstraße** und der Straße **Am alten Markt** ersetzen die zerstörte und abgetragene östliche Altstadt.

Die Insel selbst entstand aus Flußschwemmsand und zusätzlichen Aufschüttungen um 1720. Damals verlief auf ihr ein Palisadenzaun, der ebenso wie die Stadtmauer die Desertion der angeworbenen und gepreßten Soldaten verhindern sollte. Dreimal änderte sich die Gestalt der Insel: 1825 mit dem Bau der Schinkelschen Langen Brücke, 1885 mit ihrem Umbau, 1963 mit ihrem Neubau. Ihren Namen verdankt sie ihrem langjährigen Besitzer. In *Potsdam Grün* schreibt Jörg Näthe:

»In einem der ersten kleinen Gärten auf dem ansonsten flachen, weidenbestandenen Eiland veranstaltete der Besitzer, Tabakhändler Gems, zuweilen kleine Rosenfeste und nannte ihn 1841 in seinem Testament ›Insel der Freundschaft‹. Sein Schwiegersohn betrieb ab 1845 an gleicher Stelle ein Ausflugsrestaurant unter Verwendung dieses Namens, welcher sich dann allmählich auf das gesamte Eiland übertrug. ... Durch das in Mode gekommene Freibaden entstand auch eine Flußbadeanstalt. Mit einer Postkarte vom Restaurant ›Freundschaftsinsel‹ konnte man 1909 die Daheimgebliebenen grüßen. ... Ab 1937 wurde das Areal der Freundschaftsinsel bis in die Höhe der heutigen Inselbrücke in die Anlage eines ›Blütengartens der Zukunft‹ einbezogen.«

Dieser Blütengarten war der Traum des weltberühmten Staudengärtners, Philosophen und Poeten Karl Foerster (1874-1970), nach dessen Ideen etwa die Hälfte der Insel zu einem Schau- und Sichtungsgarten umgestaltet wurde. Sein Programm dazu hieß »Es wird durchgeblüht«, so daß zu jeder Jahreszeit farbige Stauden zu bewundern sind. Am Hauptweg der Insel erinnert die Roehlsche Metallplastik mit einem Zitat an den bedachtsamen Humanisten: »Wer Träume verwirklichen will, muß wacher sein und tiefer träumen als andere.«

Im Frühjahr 1941 wurde der Garten zum ersten Mal eröffnet; 1953 entstand eine zweite – um die Wasserachse erweiterte – Fassung; 1973 wurde die gesamte Infrastruktur der Insel umgemodelt; 1979 der Staudengarten ergänzt und umgestaltet. Die Bundesgartenschau 2001 schließlich hatte seit 1996 die Erneuerung von Insel und Garten zu einem ihrer grünen Schwerpunkte gemacht. Ein anderer ist das Foerster-Haus in Bornim (vgl. S. 361) Beide waren Zufluchten während Nazismus und Stalinismus; beide sind Anschauungsmaterial für eine geistige Haltung, die Foerster in der einzigen unabhängigen Potsdamer Tageszeitung nach dem Kriege, der *Tagespost*, unter der Überschrift *Zivilkurage* (sic!) 1949 in seiner expressionistisch anmutenden Sprache so formulierte:

»Es gibt nur einen Weg zum Frieden, den Weg über das Gute. Natürlich gibt es auch politische Weisheit jenseits des Bereichs der Ethik; aber niemals im Gegensatz zu ihr. Doch haben Weltkriege nicht nur die großen Pfahlwurzeln der politischen Zuspitzung, sondern Milliarden Faserwurzeln im Unguten des privaten Menschenlebens. Wir friedlichen Kriegsbringer, Mann und Weib, sind mit all unseren Charakterfehlern noch immer dem Kriegsgott dienstbar; denn nichts existiert weniger als irgendeine Grenze zwischen dem privaten Leben und der Weltpolitik. Nur die Herrschaft des Ethos im Kleinen und Großen führt auf den Weg zum Weltfrieden. Es gibt keinen anderen Weg.«

Über die Treppe zur **Langen Brücke** verlassen wir die Freundschaftsinsel, laufen zwischen der Blechbüchse des **Hans-Otto-Theaters** und dem über 70 Jahre alten Lastkahn des **Theaterschiffes** hindurch, biegen links ein und ... stehen in einer städtebaulichen Wüste mit einer Oase: dem Platz, auf dem einst das **Stadtschloß** gestanden hat samt dem wieder aufgebauten **Fortunaportal** – jenem Zugang zum Schloßhof, auf den im alten Potsdam die großen innerstädtische Straßen zuliefen. Der italienische Historiker Gregorio Leti, der als Hofgeschichtsschreiber in den Dienst des Großen Kurfürsten berufen worden war, beschreibt 1685 in seiner *Historia della Casa Serenissima et Elettorale di Brandenburgo* die Residenz mit ihren vier Lustschlössern Caputh, Bornim, Klein-Glienicke (vgl. S. 331 und 307) und – an der Spitze – dem Stadtschloß:

»Posdamo hat schon seit langer Zeit diesem Durchlauchtigsten Kurfürsten als Residenz gedient, da er sich nur selten und nur für wenige Tage nach Berlin, der eigentlichen Hauptstadt des erlauchten Hauses, begiebt. ... Das Schloß führt den Namen eines Lustschlosses oder wie die Franzosen sagen: ›Maison de Plaisance‹* und hat es Se. Kurfürstliche Durchlaucht in dieser Absicht bauen lassen, aber auch in seiner Großherzigkeit nichts daran gespart, so daß große geräumige Zimmer auch den zahlreichsten Hofhalt des großen Monarchen aufnehmen können, mit Sälen und prächtigen Zimmern, welche sämmtlich mit den kostbarsten Meubles ausgestattet sind, vorzüglich aber mit Gemälden von hohem Werthe und besonderem Reiz für das Auge. Vor allen Dingen befinden sich vier derselben in dem großen Saale, von denen jedes 20 Fuß* hoch und nicht weniger breit ist. Sie stellen seine Siege vor. Außerdem befindet sich hier ein wundervoller Park voll wilder Tiere, ein sehr schöner Garten mit Orangerien und mit Allem was auf dem Lande nur vergnügen kann. Unstreitig ist der Ort anmuthig und vornehm.«

Im Gegensatz zu seinem Vater Georg Wilhelm, der während 21 Kriegsjahren in zunehmender Larmoyanz ständig nur sich und sein ruiniertes Land bejammerte, ohne Wesentliches zur Besserung des Lebens seiner Untertanen zu unternehmen, war Kurfürst Friedrich Wilhelm, der mit 20 den Thron bestieg und Brandenburg-Preußen 48 Jahre regieren sollte, ein entschlußfreudiger Macher. In ihrem *Potsdam und Sanssouci* erzählt Inge Maisch:

»Er ließ sich vom trostlosen Zustand der kriegszerstörten Region nicht schrecken. In den letzten Jahren des Dreißigjährigen Kriegs vermehrte er durch geschickte Bündnispolitik noch rasch sein Staatsgebiet, und nach 1648 begann er sofort und energisch mit dessen Wiederaufbau. Um das wieder einmal verpfändete Potsdam mußte er allerdings jahrelang kämpfen, ehe er es 1660 von der adeligen Familie Hacke, die im Schloß hauste, zurückbekam. ...

Das erste Bauprojekt des Großen Kurfürsten in Potsdam war der Abriß der mehrfach umgebauten und teilweise zerfallenen **Burg** und der Aufbau des **Stadtschlosses am Alten Markt** durch den in Holland geschulten Baumeister Johann Gregor Memhardt. In dem elegant-schlichten und modernen Neubau, der zu seinem Lieblingsschloß wurde und den er mit Meisterwerken großer Künstler schmückte, ... begann er sich ab 1671 mehr und mehr aufzuhalten.«

Am 29. Oktober 1685 machte Friedrich Wilhelm im Potsdamer Stadtschloß buchstäblich Weltgeschichte und sich selbst dadurch zum europaweit anerkannten Großen Kurfürsten. Er begegnete der kurzsichtigen, grausamen und intoleranten Religionspolitik Frankreichs mit dem Edikt von Potsdam, in dem er die französischen Protestanten einlud, privilegierte Bürger seines Herrschaftsbereiches zu werden. In diesem Mustertext aufgeklärter Toleranz hieß es, daß den Glaubensflüchtlingen auch nicht »das geringste Übel, Unrecht oder Verdruß zugefüget, sondern im Gegentheil alle Hülfe, Freundschaft, Liebes und Gutes erwiesen werden«. Der preußische Privatgelehrte und Schriftsteller Christian Graf von Krockow kommentiert 1991 in seinen *Fahrten durch die Mark Brandenburg* dieses Musterstück der Toleranz:

»Mehr als drei Jahrhunderte sind seit dem Edikt von Potsdam vergangen, aber noch heute fällt es schwer, den Text anders als mit Bewegung zu lesen. Ein kleines, armseliges und zerrissenes Land beinahe am Rande der europäischen Zivilisation, vom Dreißigjährigen Krieg verwüstet und kaum erholt, im Kreis der Großen bisher weder ernsthaft gezählt noch gewogen, erhebt seine Stimme gegen die Vormacht Europas. Und gegen Gewalt und Verfolgung spricht es von Toleranz. Es ruft den Bedrängten, den Flüchtlingen sein Willkommen zu; es bietet ihnen Heimat an.«

Im *SPIEGEL-SPEZIAL Preußenstadt Potsdam* gießt die Potsdamer Journalistin Kärstin Weirauch etwas Wermut des Utilitarismus in den Wein der Tugend:

»Reine Philanthropie war es indes nicht, was den Großen Kurfürsten bewegte, rund 20000 Flüchtlinge aufzunehmen. Preußen war durch den Dreißigjährigen Krieg ausgepowert, das Land hatte einen immensen Bedarf an Arbeitskräften. Die Hugenotten – zumeist qualifizierte Handwerker – kamen gerade recht, um die maroden wirtschaftlichen Zustände im armen Preußen etwas aufzupäppeln.«

Potsdam an erster Stelle profitierte vom Tatendrang des Friedrich Wilhelm. Die Trostlosigkeit, die bis dato die Stadt bestimmt hatte, fand ein Ende. Fünfzehn Jahre der Vorbereitung vergingen, bevor der Neubau des Schlosses samt **Fasanerie, Orangerie und Lustgarten** in Angriff genommen wurde, der sich wiederum – mit Unterbrechungen – zwanzig Jahre hinzog; zunächst unter der Leitung von Memhardt, dann unter Hofbaumeister Michiel Mattijsz Smids. Soweit dabei möglich »strebte der Große Kurfürst für seine Residenz eine Synthese von pragmatischem Nutzen und repräsentativer Schönheit nach holländischem Vorbild an« (Christiane Petri).

Was dagegen den Sohn und Nachfolger Kurfürst Friedrich III. angeht, der sich 1701 im ostpreußischen Königberg selbst zum König Friedrich I. krönte, so setzte dieser auf Prunk und Geltungssucht, auf Günstlingswirtschaft und Sinnesfreuden nach den französischen Vorbildern aus Versailles. In seinen *Denkwürdigkeiten zur Geschichte von Brandenburg* aus dem Jahre 1751 läßt Friedrich der Große an seinem Vorgänger kein gutes Haar. Lediglich seine nachhaltige Friedenspolitik wird positiv wahrgenommen; sonst heißt es nur lapidar:

»Er war groß im Kleinen und klein im Großen. Und sein Unglück wollte es, daß er in der Geschichte seinen Platz zwischen einem Vater und einem Sohn fand, die ihn durch überlegene Begabung verdunkeln.«

Immerhin machte dieser nun aus der kurfürstlichen Residenz einen preußischen Königshof. Schon ein Jahr vor der Krönung beauftragt der Herrscher den damals einfallsreichsten Architekten, den Hugenotten Jean de Bodt, dem Schloßhof im Norden – also der Stadt zu – ein neues Portal zu geben. Im Dezember 1701 ist das **Fortunaportal** fertig – so etwas wie eine Mischung aus Triumphbogen und Königsdenkmal, das an die Selbstkrönung erinnert. Als die neue Majestät aus Königsberg zurückkehrt in die Hauptstadt, macht sie zunächst Station in Potsdam. Der Triumphzug, mit dem Friedrich I. dann Berlin einnimmt, beginnt an diesem Tor. Auf Initiative eines Fördervereins (Dr. Michael Schöne, Berlin) und unter dem PR-Getrommel von Günter Jauch wird es seit der Jahrtausendwende wieder aufgebaut. Anfang 2002 wurde die 18 t schwere Kuppel[1] aus märkischem Kiefern- und Eichenholz auf den aus neugebrannten Geltower Ziegeln aufgemauerten Torturm gesetzt – als ein weiterer

1 Die neue Statue der Glücksgöttin Fortuna wurde von Bildhauer Rudolf Boehm geschaffen und Ende 2002 installiert

Ausdruck der bisher nur schwer finanzierbaren Absicht, das Stadtschloß in seiner Knobelsdorffschen Gestalt insgesamt wieder herzustellen. Julia Schmidt schrieb bei dieser Gelegenheit im Brandenburger Teil der *Berliner Zeitung* vom 29. Januar 2002:

»Nicht nur Oberbürgermeister (jetzt Ministerpräsident, d. Verf.) Matthias Platzeck (SPD) hofft, daß die Wiedergewinnung der Stadtmitte als belebtes urbanes Zentrum zügig voranschreitet. Und das heißt vor allem: Wiederaufbau des Potsdamer Stadtschlosses. Zwar gibt es einen breiten Konsens in der Landeshauptstadt, daß auf dem Alten Markt etwas geschehen muß. Der schließt aber Aussehen und Nutzung der künftigen Bebauung nicht ein. Die Stadt möchte, daß in das weitgehend originaltreu wiederaufzubauende Schloß der Landtag einzieht und nach der erwarteten Fusion der Bundesländer Berlin und Brandenburg dort auch bleibt.«

Entsprechende Vorstellungen fanden bereits zur Potsdamer Tausend-Jahr-Feier von 1993 darin ihren Ausdruck, daß neugepflanzte **Blumenrabatten und Pappelreihen** die Grundriß-Dimensionen dieses Baues andeuteten.

Friedrich Wilhelm I., der Soldatenkönig, machte aus Potsdam eine Garnisonstadt. »Der Einfluß von Versailles verschwand, und der von Sparta sollte an seine Stelle treten« (Hannsjoachim W. Koch). Da blieb für höfisches, gar für repräsentatives Leben und Bauen wenig Zeit und Platz und noch weniger Geld. Militär und Verwaltung, Handwerk und Handel wollten und mußten gefördert werden. Und wo eine Gewehrfabrik, eine Exerzierhalle, Kirchen für katholische und russisch-orthodoxe Soldaten, ein Militärwaisenhaus und ein königlicher Obst- und Gemüsegarten hohe Kosten verursachten, da blieb für die Erweiterung oder Verschönerung des Schlosses nichts übrig. Friedrich Wilhelm sagte einmal im Blick auf die verschwenderischen und mäzenatischen Majestäten in Sachsen und Österreich: »Ich weiß wohl, in Wien und Dresden nennen sie mich einen Pfennigklauber und Pedanten, aber meinen Enkeln wird es zugute kommen.«

Anders wurde das erst, als drei Jahre nach seiner Krönung Friedrich II. das Potsdamer Stadtschloß 1744 zu seiner Residenz machte, von hier aus seine Regierungsgeschäfte wahrnahm und die Ehrengäste von Preußens Arkadien hierher einlud. Gut 40 Jahre konnte sich Potsdam nun im Glanz und in der Eleganz des friderizianischen Zeitalters sonnen. Und die Taler für alle Schönen Künste – und für Baukunst und Bildhauerei an erster Stelle – flossen reichlich. So entstanden neu Schloß Sanssouci und das Neue Palais. Aber unter der harten Hand des Monarchen machten die Entwürfe Knobelsdorffs, die Bautechnik Boumans und die Dekorationen Nahls auch aus dem vererbten kurfürstlichen Bau des 17. Jahrhunderts nun ein funktionales, attraktives, gut bewohnbares Residenzschloß. Hier wohnten und arbeiteten u. a.

ab 1741 der französische Physiker und Mathematiker Pierre Louis Moreau de Maupertuis. Der König ernannte ihn zum Direktor der Philosophischen Klasse der Akademie der Wissenschaften. »Friedrich räumte ihm im westlichen Flügel des Stadtschlosses eine Reihe von Zimmern ein« (Karl Voss);

im Mai 1747 der Leipziger Thomaskantor Johann Sebastian Bach mit seiner zweiten Frau Anna-Magdalena und seinem Sohn Friedemann. Obwohl sie in einem Gasthof zwei Zimmer genommen hatten, wurden sie sofort nach ihrer Ankunft ins Schloß gebeten, »wo Bach und seine Angehörigen ein angemessenes Quartier erwartete« (Karl Voss);

ab 1750 der französische Philosoph und Schriftsteller Voltaire (eigentlich François Marie Arouet). Der Intellektuelle redigierte zwei Stunden täglich Texte des Königs in französischer Sprache. »Im östlichen Flügel des Stadtschlosses stellte ihm der Regent über seinen eigenen Räumen ein prächtiges Appartement, das an den Lustgarten grenzte, und ein fürstliches Logis im Schloß Sanssouci zur Verfügung« (Karl Voss);

im Juli 1764 der schottische Jurist und Schriftsteller James Boswell. Der hatte zunächst ein »sauberes Strohlager« bei einem Landsmann, dem Hauptmann Scott, bekommen, wurde jedoch unmittelbar nach einem Besuch des Paradeplatzes »von Lordmarschall Keith, dem vertrauten Freund des Königs, in seinem Wagen zum Schloß gebracht, wo ihm vom König eine Wohnung angewiesen war« (Karl Voss);

im Oktober 1806 der bei Jena und Auerstedt erfolgreiche französische Kaiser Napoleon. Er hatte sich für zwei Tage selbst im Stadtschloß einquartiert und später dazu behauptet, er habe im Bett der Königin Luise geschlafen. Wie wir von Kammerdiener Tamanti jedoch wissen, bewohnte er lediglich »ein Gästezimmer westlich des Marmorsaales«.

ab 1827 der weltberühmte preußische Reisende, Naturforscher und Diplomat Alexander von Humboldt. Im Ostflügel wurde ihm ein »wohlgeheiztes, sehr komfortables Appartement« im Zwischenstock eingeräumt »Ein geräumiges, schattiges Zimmer, durch ein breites Bogenfenster angenehm erhellt; die für das einfachste Bedürfnis erforderlichen Möbel, einige Porträts im Renaissancetypus an den Wänden, große und kleine Tische voller Bücher, Mappen und Papiere: auf den ersten Blick das Zimmer eines Gelehrten; und am Arbeitstisch, dem Fenster nahe, Humboldt, mit Schreiben beschäftigt« (Friedrich Althaus).

Übrigens: Obwohl er selbst Opfer schlimmer Gewaltexzesse seines Vaters geworden war, ließ sich Friedrich II. auch im Schloß-Neubau wieder ein Kabinett schaffen, das quasi eine Königsloge mit Ausblick auf die Grausamkeiten der legitimierten Gewalt war. Und was gab es da nicht alles im Lustgarten und auf dem Marktplatz zu sehen! Denn lang und einfallsreich war das »Strafregister, das für des Königs Soldaten zur Anwendung kam, wenn sie ›unordentlich‹, ›ungehorsam‹, ›undiszipliniert‹, ›gewalttätig‹ oder gar ›fahnenflüchtig‹ waren. Für solche Fälle stand eine ganze Palette von Marterwerkzeugen bereit, mit denen die Sünder blutige Bekanntschaft machten und dabei oft den Tod fanden: Böcke, Blöcke, Fußkugeln, Halseisen, Daumenschrauben, Folterbänke, Schandpfähle, Schlingen, Stränge, Richthölzer, Blutgerüste und Galgen. Höhepunkt war das beim

Soldatenkönig beliebte ›Gassenlaufen‹*, eine unmenschliche Art seines Strafvollzugs, zu dem Schaulustige aus nah und fern willkommen waren.«

Das erzählt Karl Gass in seinem pamphletistischen Buch über den *Militärtempel der Hohenzollern*, die Garnisonkirche, als Symbol martialischen Preußentums. Für die zivile Maßlosigkeit des Strafens ergänzt Gisela Heller:

»Da heißt es zum Beispiel in den Potsdamer Polizeiberichten unter dem 6. September 1730: ›Seine Königliche Majestät befahlen dem Hofrat Klinte, daß er die in Arrest sitzende Cantorstochter Doris Ritter soll auspeitschen lassen, erstlich vor dem Rathaus, hiernach vor des Vaters Haus und dann an allen Ecken der Stadt. Danach soll sie auf ewig ins Spinnhaus gebracht werden.‹

Was hatte die sechzehnjährige Doris verbrochen? Sie war – möglicherweise – in den Kronprinzen Friedrich verliebt, vielleicht tat er ihr auch nur leid. Der Soldatenkönig in seinem Abscheu gegen alles Schöngeistige hatte nämlich dem jungen Friedrich alle nichtmilitärischen Bücher, jegliche Musik und jeden Umgang mit den ›welschen Taugenichtsen‹ streng verboten. In seiner Not versteckte Fritz seine Lieblingsbücher in der Studierstube des Kantors Ritter. Hier konnte er unbemerkt auf seiner Querflöte spielen, und des Kantors Töchterlein begleitete ihn auf dem Fortepiano. Zuweilen soll er ihr seidene Bänder und handgeschriebene Noten geschenkt haben. Das war alles.«

Friedrich Wilhelm II., der seinen Onkel verabscheut hatte, wollte nach dem Tode des Alten Fritz mit dessen Wohn- und Arbeitsräumen nichts zu schaffen haben. Deshalb ließ er sich so schnell wie möglich eine eigene Residenz, das Marmorpalais im Neuen Garten, bauen. Und für die heiteren Stunden des Sommers entstand auf Drängen seiner Mätresse, der »schönen Wilhelmine« Ritz geb. Encke, das Gesamtkunstwerk der Pfaueninsel. Der König soll Sanssouci ein einziges Mal für ein Konzert und das Stadtschloß lediglich ein paar Mal für Regierungsberatungen betreten haben.

Sohn Friedrich Wilhelm III. und Enkel Friedrich Wilhelm IV. wurden zwar auf Grund ihrer künstlerischen Aspiration und Inspiration zu beeindruckenden Bauherren von Potsdam und Umgebung; aber auch sie schufen sich lieber neue Residenzen und Lustschlösser, statt den Altbau des Stadtschlosses zu erneuern oder auch nur zu verändern. Gemäß der Leitlinie des dritten Friedrich Wilhelm: »Hüte Dich vor der so allgemein um sich greifenden Neuerungssucht, ... hüte Dich aber zugleich vor einer fast eben so schädlichen, zu weit getriebenen Vorliebe für das Alte.«

Auch für die drei letzten Hohenzollern-Herrscher blieb Potsdam die bezaubernde »Sommerfrische«; aber immer verortet in einer ästhetisch durchdachten Parklandschaft mit nur höchst seltenen Abstechern ins Stadtschloß in der sich immer stärker verdichtenden Potsdamer Innenstadt. In der Bombennacht des 14. April 1945 brannte der Bau aus. Seine Reste wurden 1960 abgetragen. Doch weiß Ingo Lamberty in seinem *Reisebegleiter Potsdam* dazu noch etwas Besonderes:

»Den Resten des **Fortunaportals** war übrigens ein besonders unwürdiges Schicksal beschieden: Nach der Sprengung des Schlosses schaffte man die teilweise noch gut erhaltenen Skulpturen in ein Potsdamer Waldstück, wo sie 30 Jahre lang Wind und Wetter ausgesetzt waren. Erst im Sommer 1990 wurden die Figuren, darunter der **Atlas mit der Weltkugel***, wiedergefunden. Andere Skulpturen haben ihren Weg in Vorgärten der Berliner Vorstadt oder als Schmuck in den Hof des Hans-Otto-Theaters in der Zimmerstraße gefunden.«

Dessen Hauptspielstätte wird nun in den nächsten Jahren in der Berliner Vorstadt in der Schiffbauergasse dicht am Wasser entstehen, nachdem es zuvor als Betonbaustelle und anschließend als Metall-Hangar am **Alten Markt** von verfehlten Bauplanungen Zeugnis ablegen mußte. Seit 2002 jedenfalls ist man mit Nachdruck das Projekt Schloß-Rekonstruktion angegangen, wobei die einen noch vom neuen Landtagsdomizil munkeln, während sich die anderen längst ein modernes Kongreßzentrum mit Anbindung ans **Hotel Mercure** erträumen. Schon zur Tausend-Jahr-Feier schrieb Günter de Bruyn über *Die ruinierte Stadt* im *Merian-Heft Potsdam*:

»Wenn man von der Havelkolonnade des Stadtschlosses, in die Bomben Lücken gerissen hatten, auf die massive Ruine der **Nikolaikirche** blickte, war neben der Trauer über das durch deutsche Schuld Verlorene auch die Hoffnung da, daß Friedenszeiten alles wieder erstehen lassen könnten – doch wurde diese Hoffnung in den nächsten Jahrzehnten durch ideologische Verbohrtheit, Geschmacklosigkeit und Willfährigkeit zunichte gemacht. War tatsächlich, wie ich mich zu erinnern glaube, in den 50er Jahren an der Ruine des Stadtschlosses ein Transparent mit der Aufschrift: Nieder mit diesen Resten des Faschismus! befestigt gewesen, oder habe ich diese Aufforderung nur von Agitatoren gehört, die Ulbrichts städtebaulichen Dilettantismus für höchste Weisheit hielten?«

Na, vielleicht wird ja doch noch 'was draus. Nachdem es zur Tausend-Jahr-Feier 1993 und zur Bundesgartenschau 2001 nicht geklappt hat, zum Beispiel zum 300. Geburtstag des Großen Friedrich im Jahr 2012?!

Wobei gerade in bezug auf den Umbau von Teilen der Altstadt mit dem Alten Markt der große König nicht immer eine glückliche Hand bewies – vor allem, nachdem Freund Knobelsdorff enttäuscht und verärgert das Feld geräumt hatte. In seinem als Faksimile wieder beziehbaren *Potsdam – Ein Stadtbild des 18. Jahrhunderts* bemerkt der Meßbildfotograf und Bauhistoriker Otto Zieler:

»Besonders in der ersten Zeit war die Einstellung auf das Schloß für den Anblick von dort her für den König (Friedrich II., d. Verf.) ausschlaggebend. ... Er glaubt jetzt nach der langen Beschäftigung mit architektonischen Fragen auch ohne Architekten bauen zu können. Da er Entwürfe selbst nicht geben kann, schreibt er seinen Beamten vor, Bauwerke des italienischen Barocks zu kopieren, er übersieht, daß eine nur nachempfindende, nicht selbst schaffende Künstlernatur keine

Kunstwerke hervorbringen kann. Der künstlerische Despotismus des dilettierenden Königs, der noch zu Knobelsdorffs Zeiten einsetzt, macht sich zuerst am **Alten Markt** geltend, der mit dem Schloße zusammen eine Einheit bilden soll. Nur zwei Werke, beide von Knobelsdorff, sind hier noch Originalschöpfungen, der **Obelisk** und das **Haus an der Ecke der Brauerstraße**. Für die anderen müssen die Italiener Pate stehen.«

Was die verspäteten Romantiker der Potsdamer Stadt- und Kulturlandschaft gerne und geflissentlich vergaßen, das ist das Gesicht der Altstadt *vor* den schönheitschirurgischen Eingriffen des Großen Friedrich.

»Zu Potsdam in der alten Stadt
ließ einstens ein wohlweiser Rat
verkünden von des Rathaus' Stufen
zuerst mit Trommeln, dann mit Rufen:
Zwei üble Dinge, schlimm schon immer,
die werden hier tagtäglich schlimmer!
Ad eins nimmt's Schimpfen überhand
und gehet außer Rand und Band.
Ad zwei sind über alle Maßen
unwegsam alle Weg und Straßen.
Man geht als Europäer aus –
und kehret als ein Mohr nach Haus;
man reitet fort mit heilem Bein –
und kehret als ein Humpler heim.
Die Stadt heißt Spottsdam schon zum Spott,
denn man versinket hier im Kot.
Dies angesehn, will Magistratus,
zu ändern beider Übel Status,
dem einen mit dem andern wehren
und beides so in Nutz verkehren.
Wer schimpft, soll Steine tragen hier
und pflastern, jeder nach Gebühr;
wer einen mit dem ›Schafskopf!‹ ziert,

der baut zwei Ruten* ins Geviert;
mit ›Ochse!‹ drei, mit ›Esel!‹ vier –
das andre steht geschrieben hier.
Bei Kirch und Rathaus hebt man an,
die andern Wege folgen dann.
Und mit Erstaunen nimmt man's wahr,
wie bald die Stadt gepflastert war.
Der Bürgermeister selbst erlebt
die Freude, eh man ihn begräbt
daß, eh er noch die Augen schließt
die Stadt zumeist gepflastert ist.
Doch merkt am Pflaster man, habt acht,
daß es zur Buße ist gemacht!«

Diese spaßigen Zeilen stammen von August Kopisch, selbst ein humorvoller Spaßvogel, ein volkstümlicher Verseschmied, ein spätromantischer Liedersänger, der 1833 auf Veranlassung des Kronprinzen Wilhelm (des späteren Kaisers W. I., d. Verf.) als Hofmarschall nach Berlin und Potsdam berufen wurde. Manches seiner Werke geriet in die studentischen Kommerzbücher ... doch so recht berühmt wurde er erst postum: Da erschien seine lange Zeit Maßstäbe setzende kunsthistorische Studie »*Die Schlösser und Gärten von Potsdam*«.

Während Obelisk und das Knobelsdorff-Haus, Altes Rathaus und die Nikolaikirche die Bombennacht vom 14. April 1945 zwar beschädigt aber de facto überstanden haben, blieb von dem Nachbau einer italienischen Piazza so gut wie nichts übrig. Keine Kopien des Palazzo Angarano in Vicensa, des Palazzo Pompei in Verona, des Palazzo Barberini sowie der Consulta und der Sta. Maria Maggiore in Rom sind mehr zu sehen – außer der »italianisierenden« Fassade des Alten Rathauses selbst, die jedoch sein Architekt, Jan Bouman aus Amsterdam, so geschickt mit einer Turmkonstruktion zu verbinden verstand, daß insgesamt doch ein durchaus originelles Original statt einer Kopie dabei herausgekommen ist. Oben im **Kuppelsaal** machten aus Anlaß seines 80. Geburtstags am 21. Oktober 1849 der Oberbürgermeister, der Magistrat und die Stadtverordneten Alexander von Humboldt* zum Ehrenbürger der Stadt. Artig *bedankte* sich der Jubilar:

»Durch die Huld zweier edler Monarchen ist mir, 22 Jahre lang, die Freude geworden, mit wenigen Unterbrechungen als Ihr Mitbürger zu leben, und in einer anmuthig geschmückten Natur die Anregungen zu finden, deren keine lebendige Darstellung des ewigen Waltens physischer Kräfte entbehren darf.

Dankbar habe ich fast jede meiner neueren Schriften mit dem historischen Namen des Ortes geschmückt, der mir so theuer geworden ist und in dessen Mauern 1767 ein Bruder[1] geboren wurde, dessen Namen in dem Andenken derer gefeiert wird, in denen sich für die größeren Ansichten eines sich regelmäßig und fortschreitend entwickelnden Staatslebens der freie Sinn erhalten hat.«

Das **Alte Rathaus** war von Anfang an zu klein geraten. Teile der Verwaltung mußten bald ausgelagert werden und die Legislative (nach Einführung der Gewaltenteilung durch die Stein-Hardenbergschen Reformen) zog gar nicht erst ein, sondern in den benachbarten Seitenflügel des Schlosses. Später diente der Bau sogar als Stadtgefängnis ... und die daran anschließenden 60 Jahre der Städtischen Sparkasse. Nicht sehr glücklich geriet die sozialistisch dirigierte Rekonstruktion und Restauration mit dem Ziele, an dieser zwischenzeitlich entstandenen innerstädtischen Brache ein Kulturhaus mit dem Namen des Pots-

1 Alexander spielt darauf an, daß sein liberaler und neuhumanistischer Bruder Wilhelm* – späterer »Direktor für Cultus und Unterricht« im Preußischen Innenministerium – am Neuen Markt (vgl. S. 121) geboren wurde. Im übrigen mochte A. die »intellektuell verödete, kleine, unliterarische und dazu überhämische Stadt« Berlin nicht, in der »nüchterne Gleichgültigkeit gegen alle gesellige Liebenswürdigkeit« herrsche. Humboldt hatte zwar eine Berliner Wohnung, zog es aber vor, winters im Potsdamer Stadtschloß und sommers im berühmten Zeltzimmer des Schlosses Charlottenhof (vgl. S. 201) zu leben.

damer Nationalpreisträgers Hans Marchwitza (vgl. S. 269) zu schaffen. Da wieder das Volumen umbauten Raumes des Alten Rathauses für die neue Zweckbestimmung nicht ausgereicht hätte, bezog das Architektenteam die abgeräumte Baulücke einer zerbombten Bäckerei daneben sowie das schwer beschädigte **Knobelsdorff-Haus** in das neue Ensemble ein ... und taten damit der Stadt keinen ästhetischen Gefallen. Übrigens gibt es Überlegungen, den alten Bouman-Hildebrant-Bau wieder zu separieren und zum Amtssitz des Oberbürgermeisters zu machen.

Um den römisch-italienischen Charakter des Markplatzes zu unterstreichen, errichtete Knobelsdorff vor der Nikolaikirche den **Obelisken** – übrigens das letzte seiner Potsdamer Werke. Danach überwarf er sich mit Seiner Majestät endgültig.

Ganz in der Tradition der Antike huldigten die Reliefportraits den vier großen Gestaltern der Residenzstadt: dem Großen Kurfürsten und den drei ersten preußischen Königen. Als man 227 Jahre später den Obelisken wieder aufstellte, hatte DDR-Staatsraison an solchem »Geist von Potsdam« eine mehr als nur ästhetische Korrektur vornehmen lassen. Die vier Herrscher wurden durch die – ideologisch unumstritten – vier größten Potsdamer Architekten ersetzt: Georg Wenzeslaus von Knobelsdorff, Carl von Gontard, Karl Friedrich Schinkel und Ludwig Persius.

»Immer bannt die schwärmenden Augen zuerst jene Kuppel. Sie gibt der Silhouette der Stadt den eigentümlich-fremdartigen Reiz, sie läßt das Stildurcheinander all der vielen anderen Türme und Kuppeln machtvoll in klassisch reiner Melodie aufklingen, sie erwirkt den südlich weichen Zauber, mit dem Potsdam immer wieder das Herz einfängt.«

So schwärmte der Berliner Kulturkritiker Ludwig Sternaux vor dem Krieg von der **Nikolaikirche**. Unmittelbar nach dem Bombardement von 1945 klagt die Kunsthistorikerin Hanna Grisebach:

»Schinkels Nikolaikirche, deren hochragende Kuppel den

Dem König war die Tambourkuppel zu teuer.

Fremden schon grüßte, wenn er sich im Zuge der Stadt näherte, ist zusammengesunken wie ein Ballon, dem die Luft entwichen ist. Die gewaltigen Säulentrommeln der Fassade sind wie ein Steinkatarakt die große Freitreppe hinuntergestürzt und rufen Erinnerungen an die griechischen Tempelruinen auf Sizilien wie Selinunt wach. Der ganze Platz mit den gestern noch so festlichen Bauten Knobelsdorffs, dem Stadtschloß, dem Palazzo Barberini und dem Wohnhaus des Architekten bilden ein einziges, von Rauch und Brandgeruch erfülltes Trümmerfeld.«

☞ Schon Ende des 13. Jahrhunderts ist für den Platz am heutigen Alten Markt eine Sankt-Nicolai-Kirche belegt. Sie 16. Jahrhunderts mehrfach umgebaut und vergrößert. Nach einem Brand ersetzte sie um 1600 eine in Fachwerk errichtete Katharinenkirche. Nachdem König Friedrich Wilhelm I. Potsdam zu seiner Residenz erklärt und mit dem Bau einer Garnisonkirche hatte beginnen lassen, gab er 1721 Order, »so wol wegen Alterthums und Baufälligkeit als Enge des Platzes bey jetzo anwachsender Gemeinde« die Kirche abzureißen. An ihrer Stelle entstand ein Barockbau, den die Bauleute nach den Plänen und unter der Leitung von Philipp Gerlach 1724 fertig gestellt hatten. Damit der Bau dieser neuen Nikolaikirche ästhetisch besser in sein Konzept vom Alten Markt passe, ließ Friedrich II. 1752-55 von Knobelsdorff, Bouman und Hildebrant eine Scheinfassade vor den Haupteingang setzen, die wiederum den Potsdamern wenig gefiel. »Später löste sich dieses Problem von selbst: Während einiger Ausbesserungsarbeiten kippte ein Lötofen um, und die Kirche brannte, ebenso wie einige Bürgerhäuser, aus« (Elvira Kühn). Das war 1795. Friedrichs Portalfassade blieb übrigens unversehrt und stand noch bis 1811. Die Ruine selbst wurde abgerissen und ihre Steine für den Neubau des Schauspielhauses am Kanal wieder verwendet. Um die Wende vom 18. zum 19. Jahrhundert empfanden Herrscherhaus und Königliche Baukammer die Lücke auf dem Alten

Markt durchaus als störend. 1805 kam es sogar zu einem Bauplan mit diversen Skizzen. Die Diskussion jedoch ergab: Das relativ wenige Geld, das nur zur Verfügung gestellt werden könnte, reichte für keine der angedachten baulichen Lösungen. Erst 1826 verfügte Friedrich Wilhelm III. einen neuen Kirchbau am alten Platz und übertrug Schinkel die Planung. In diese mischte sich frühzeitig der Kronprinz ein, der – anders als sein Vater – keine zweitürmige Basilika als schlichte Predigt- und Parochialkirche, sondern einen staatskirchlichen Zentralbau unter einer Kuppel haben wollte, die es in Dimensionen und an Pracht mit dem Petersdom in Rom, dem Pantheon in Paris und St. Paul's in London aufnehmen könnte. Als Vater und Sohn sich nicht einigen konnten, machte sich Schinkel 1830 an die Realisierung eines Kompromisses: einen Bau mit quadratischem Grundriß und zwei Türmen. Die Statik war jedoch schon auf künftige schwere Dachlasten ausgelegt. »Der König wußte, daß er einem Trojanischen Pferd zugestimmt hatte, dem nach seinem Tode das entquoll, was er nicht gewollt hatte« (Friedrich Mielke). Unter der Leitung von Schinkels Schüler Ludwig Persius entstand 1830-37 die Nikolaikirche. 1840 starb Friedrich Wilhelm III.; 1843-50 stellten Persius und dessen Nachfolger August Stüler den 77 Meter hohen Kuppelbau fertig. Er war schließlich für seinen Standort zu groß geraten. Beim Bombardement von Potsdam im April 1945 wurde auch Nikolai schwer beschädigt. In zwei Phasen (1947-50 beziehungsweise 1955-60) wurde – unter Verzicht auf die Wiederausmalung – eine neue Kuppel aufgesetzt. Später folgten die Wiederherstellung des Portikus* und der Ecktürme. 1981 wurde auch das Innere fertiggestellt, wobei der Zentralbau durch gewaltige Glaswände in einen großen und einen kleinen Raum geteilt wurde.

Zeitzeugen berichten von der ursprünglich katastrophal schlechten Akustik, die Friedrich Wilhelm III. schon bei der Einweihung am 17. September 1837 meckern ließ: »Ich habe es gleich gesagt, daß man in einem viereckigen Raum nicht hören würde, aber die Herren haben es besser verstehen wollen.« Die beiden Herren – das waren Architekt Schinkel und Kronprinz Friedrich Wilhelm, denen die Predigtverständlichkeit relativ gleichgültig war, obwohl beide wußten, daß auf Grund des Anwachsens der Gemeinde der Innenraum statt für 1600 nun für 4500 Sitzplätze ausgelegt werden mußte. Der Thronfolger jedenfalls war erst zwölf Jahre danach glücklich, als der fertige Kuppelbau neu eingeweiht wurde und nicht nur zum Inbegriff des preußischen Klassizismus gediehen war, sondern auch zum Wahrzeichen für ganz Potsdam, wie es sich Friedrich Wilhelm IV. immer erträumt hatte. ... Und für eine optimale Akustik sorgten schließlich die Um- und Einbauten von 1960.

Bevor wir weitergehen, sollen noch zwei Stimmen daran erinnern, wie über Generationen hinweg der **Alte Markt** das Zentrum der Stadt war für Information und Kommunikation. Beispiel Nummer Eins aus dem Hochsommer 1914:

»Plötzlich strömte alle Welt zum Alten Markt. Alle Augen richteten sich auf den Obelisk. Trommelwirbel. Hauptmann Graf zu Eulenburg, der Platzmajor, verlas mit scharfer Stimme die Ankündigung des von Seiner Majestät befohlenen Kriegszustandes.

Einen Augenblick Stille. Dann machte sich die Begeisterung Luft. Jawohl, die Potsdamer waren begeistert. Glocken fielen ein. Von allen Kirchtürmen Potsdams läutete es. Dann sangen die Menschen: ›Lieb Vaterland, magst ruhig sein ...‹ Noch bis tief in die Nacht hinein wogte die Menschenmenge durch die Straßen, staute sich vor den Denkmälern, auf dem Wilhelmplatz und vor dem Regimentshaus in der Mamonstraße, wo sich die Prinzen Eitel Friedrich und Joachim zeigten. Es war gegen zehn Uhr, als Friedrich Karl nach Hause kam. Er fand seinen Vater nervös im grünen Salon auf und ab gehen, während Tante Elisabeth mit einer Handarbeit beschäftigt war.

Friedrich Karl erzählte, was er erlebt hatte. Er war in Hochstimmung. ›Keiner von uns, der diesen Tag erleben durfte, wird ihn je vergessen!‹ rief er aus.

›So viel ist sicher‹, bemerkte sein Vater trocken.

Friedrich Karl starrte ihn verblüfft an. ›Was hast du denn, Vater?‹

›Das ist wohl mit zwei Sätzen nicht zu erklären. Es gibt Krieg, mein Junge! Krieg ist etwas nicht sehr Erfreuliches ...‹

›Du bist Soldat, Vater! Und du sagst so etwas?‹

›Weil ich Soldat bin, mein Junge! Weil ich mir vielleicht besser vorstellen kann als die meisten anderen, wie der Krieg ausgehen wird!‹«

Das steht in dem (Kolportage)Roman *Üb immer Treu und Redlichkeit* von Curt Riess. Für das entgegengesetzte politische Lager erzählt Gisela Heller vom Sommer 1931 unter der Überschrift *Der Alte Markt*:

»Der Stahlhelm* hatte einen Großaufmarsch in Potsdam geplant. Diese reaktionärste aller Organisationen, in der die hartgesottensten Militaristen, wie Prinz Eitel Friedrich, den Ton angaben, wollte es auf eine Machtprobe ankommen lassen. Aus Protest dagegen hißten Arbeiter eine rote Fahne auf dem Obelisken, und eine aufgebrachte Menschenmenge versammelte sich auf dem Alten Markt. Die heranrückende Hundertschaft hielt dies für eine unerhörte Herausforderung und stürzte sich blindlings auf die Leute. Besonders rabiat ging der Standartenträger vor. Mit der Stange seiner Standarte drosch er drauflos, und als ihm jemand abwehrend seine gelbe Stempelkarte entgegenhielt, zum Zeichen, daß er zum Arbeitsamt und nicht zu denen unter der roten Fahne gehöre, reizte das den Blindwütigen noch mehr. Wahrscheinlich hielt er das gelbe Papier für den Mitgliedausweis des Reichsbanners – das war die Kampforganisation der Sozialdemokraten und beim Stahlhelm nicht minder verhaßt als der Rotfrontkämpferbund der Kommunisten –, jedenfalls knallte ihm der Rasende die Stange seiner Standarte mit solcher Vehemenz an den Kopf, daß der Ärmste alle steinernen Engel der Nikolaikirche singen hörte. Noch Wochen danach lief er mit verbundenem Kopf umher und wurde obendrein von den Jungen des Rotfrontkämpferbundes gehänselt: ›Das ist das Schicksal derer, die sich aus allem raushalten wollen.‹«

Wir überqueren die für den DDR-Stadtbau so typische Magistrale der **Friedrich-Ebert-Straße** samt der Straßenbahngleise und stehen nach ein paar Schritten in die **Breite Straße** hinein vor dem ältesten erhaltenen Potsdamer Bauwerk, das jetzt das **Filmmuseum** beherbergt – allenthalben hochgelobt wegen seiner ungewöhnlich einfallsreichen Verwendung audiovisueller Mittel und der neuen Medien bei der Präsentation seiner Schätze. Dabei ist die ständige umfangreiche Ausstellung zur Geschichte des (gesamt)deutschen Films und seiner Stars nur ein, wenngleich wichtiger Teil eines Ensembles, zu dem jedoch auch noch wechselnde Themenausstellungen, ein Programm-Kino samt einer Kino-Orgel zur Begleitung von Stummfilmprojektionen, eine Filmbibliothek und ein Café-Restaurant gehören.

Der von polnischen Restauratoren 1974 sanierte und erneuerte Bau entstand 1685. Er war damals eine von Johann Arnold Nering dem Großen Kurfürsten gebaute Orangerie und bildete den nördlichen Abschluß des Lustgartens. Später ließ der Soldatenkönig das Gebäude zu seinem Marstall umbauen. Auch die Erweiterungen des langgestreckten Zweckbaus, die Knobelsdorff auf Wunsch Friedrichs II. vornahm, beließen es jedoch beim selben Zweck eines Pferdestalls, worauf die **Reiter und Pferdebändiger** von Friedrich Christian Glume über dem Haupteingang unmißverständlich hinweisen. In seinen *Statuen in Potsdam* kommentiert Uwe Salomon:

»Die Pferde sind wild, stolz und kräftig. Sie bäumen sich hoch auf oder schlagen kraftvoll aus. Nur mit großer Anstrengung können die Rossebändiger die Tiere zähmen. Dort sieht es aus, als würden Vorderhufe gleich einen am Boden liegenden Menschen zertreten. Und dort Kampf – oder ist es Spiel? – zweier am

Boden liegender Hengste. Auch die beiden Reiter haben Mühe, sich auf den Pferden zu halten. Aber fest ziehen sie am Zügel den Kopf ihrer Tiere nach hinten, um sie zu parieren.«

Wenn wir jetzt die Breite Straße in **Richtung Havelufer** überqueren, ist die Öde, die Rolf Schneider 1994 in seinem Potsdam-Essay beklagte, nicht mehr ganz so bedrückend. Denn die Bundesgartenschau 2001 hat der Landeshauptstadt nicht nur einen ganz neuen Park geschenkt (vgl. S. 102), sondern auch begonnen, den alten als **Neuen Lustgarten** wieder herzustellen, von dem es schon 1685 hieß: »Hier befindet sich ein wundervoller Park voll wilder Tiere, ein sehr schöner Garten mit Orangerien und mit Alleen, was auf dem Lande nur vergnügen kann. Unstreitig ist der Ort anmuthig und vornehm« (Gregorio Leti). Zwar haben die meisten Nachfolger des Großen Kurfürsten vorgezogen, hier vor allem Paraden und Aufmärsche, Exerzieren und Spießrutenlaufen, Empfänge und monarchische Repräsentation zu veranstalten; aber immer mal wieder meldete sich die Sehnsucht nach dem Schönen – und Nützlichen! – in Form von ein paar abgezirkelten Rasenflächen sowie Blumen- und Kräuterbeeten entlang des Ufers. Nicht zu vergessen die diversen Bäume eines respektablen Obstgartens.

Bei der Neugestaltung des Lustgartens wurden Funktionen von einst aufgegriffen und unterschiedlichen Räumen zugeordnet. »An der Breiten Straße, gegenüber des Marstalls, befindet sich der befestigte **Stadtplatz**. Statt für Paraden wird er für Stadtfeste, Messen, Zirkusveranstaltungen oder Konzerte genutzt. Im Boden eingelassene Fontänen versprühen Wasserschleier« (Bolko Bouché). Von den einstigen Hainen und Alleen keine Spur mehr.

Über eine große Freitreppe gehen wir hinunter in den eigentlichen **Garten**. Im offiziellen Buch der BUGA 2001, Potsdam Grün heißt es zu dieser Anlage:

»Anders als in den historischen Parkanlagen Potsdams ist im neuen Lustgarten das Betreten des Rasens durchaus erlaubt. Eingebettet in Grünanlagen findet sich eine kleine Bühne für

Konzerte oder Lesungen. Hinter Ligusterhecken versteckt liegen Rückzugsbereiche, es gibt Liegewiesen und Spielflächen, zum Beispiel für Volleyball, Fußball und Tennis. Die einzelnen Teilbereiche sind durch Wege voneinander getrennt. Die eigentlichen Gartenschönheiten, die Rosen, Stauden und Sommerblumen, blühen in kleinen Räumen, die durch unterschiedlich hohe Hecken begrenzt sind. Diese ›Gärten im Garten‹ zeigen jeweils ein bestimmtes Pflanzthema und sind Ausstellungsraum für die Inszenierung von Züchtungen. Damit die Züge nicht allzu sehr stören, wurde der Bahndamm hinter einem Hopfenspalier versteckt.«

Bei der Wiedergewinnung des Lustgartens wurde auch das **Neptunbassin** wieder freigelegt und mit zwei Tritonen* und dem Fisch wenigstens ein Teil der Skulpturengruppe rückgeführt. Zwischen dem Bassin und dem neugeschaffenen Hafenplatz mit den Anlegern der Weißen Flotte steht die **Ringerkolonnade**, die ursprünglich das Stadtschloß mit dem Marstall verband. Auch von dieser Zusammenarbeit des Architekten Wenzeslaus von Knobelsdorff mit den Bildhauern Johann August Nahl, Georg Franz Ebenhech und Friedrich Christian Glume sind nur Reste übriggeblieben: Zwei Ringergruppen, ein Fechter, ein Mann mit der Steinschleuder.

Wir wenden uns zurück nach Norden und verlassen an der **Schloßstraße** durch die beiden schlichten **Torhäuser** von Knobelsdorff das Gelände. Hier begann das bereits erwähnte Gassenlaufen verurteilter Soldaten durch das Spalier der rücksichtslos prügelnden Kameraden. Bis hin zur Garnisonkirche und zurück Prügel bis zu schweren Verletzungen, bis zur Bewußtlosigkeit, sogar bis zum Tode.

Auf der rechten Seite, etwas zurückgesetzt, schaut durch eine Lücke in der Bebauung die Fassade des **Langen Stalls**. Sie ist eines der imponierenden Beispiele, wie Friedrich II. seine Residenz zumindest optisch verschönerte. Der Lange Stall war ein Fachwerkbau, der im Winter und bei schlechtem Wetter als Exerzierplatz diente. Der König ließ Unger eine Barockfassade davor stellen, die dem Mars, also dem Krieg, gewidmet war. Der verschonte dann am 14. April 1945 das Kunstwerk, während das Reithaus selbst niederbrannte. Daß neben Mars und Herkules auch Minerva zum Figurenschmuck gehört, hängt mit ihrer Funktion als Schutzgöttin des Handwerks zusammen ... und zu dem gehört auch das Kriegshandwerk!

Ein paar Schritte weiter Ecke **Breite/Dortustraße** stand einst anstelle des **Rechenzentrums** das Heiligtum Preußens, »unsere liebe **Garnisonkirche**«, wie König Friedrich Wilhelm III. den Barockbau mit seinem Glockenspiel genannt hatte.

»Was weckt in der freundlichen Königsstadt
Am Morgen so lieblich vom Schlummer?
Was dringt so ergreifend ins lauschende Ohr
Und hebet die Herzen zu Gott empor
Und lindert wohl heimlichen Kummer?
Es weckt helltönend zu frommem Gesang
Hoch oben der Glocken harmonischer Klang!«

So heißt es 1900 in einem *Lehrerhandbuch des Pestalozzi-Vereins der Provinz Brandenburg* mit dem nüchternen Titel *Die Provinz Brandenburg in Wort und Bild*. Vermutlich durften mehrere Schüler-Generationen freudigen Herzens die insgesamt sechs Strophen der *Glockenstimmen zu Potsdam* auswendig vortragen Daß jedoch das Glockenspiel, das angeblich Königin Luise bis zu Tränen rührte, keineswegs jedermanns Geschmack entsprach, belegen Passagen einer Reportage, die im Herbst 1798 in der Zeitschrift *Genius der Zeit* aus Hamburg-Altona erschienen ist:

»Das Glockenspiel auf dem Garnisonkirchenthurme ist eine unaufhörlich lästige, fatale, gar bald bittern Unwillen erregende Musik; dies erbärmliche geschmaklose Geklimper verfolgt einen in Potsdam überall und ich bedaure jeden nahen Anwohner des musicalischen Thurmes; mir wenigstens wäre das Unisono eines Mühlrades erträglicher als alle Viertelstunden solcher Ohrenfolter ausgesetzt zu seyn. Die Walzen sind in Unordnung, denn von Tact zeigt sich keine Spur, bei jedem Viertelstundenschlag hammert da oben an der Thurmspitze alles unharmonisch durch einander, selten kann man aus der Melodie klug werden und studiert man auch einmal darauf los sie zu errathen, so ärgert man sich nur von neuem, wen man: Ein Mädchen oder Weibchen aus der Zauberflöte, unmittelbar auf: O Haupt voll Blut und Wunden, aus Porstens Gesangbuch, folgen hört. Beim Schlage des ersten Viertels erhebt sich gewöhnlich ein stotternder Accord, der sich nicht schließt und auf eine lächerliche Art in der Mitte aufhört; um halb tobt das Unwesen schon länger, um dreiviertel noch länger, schlägt es voll so wünscht man seufzend, die Marter möge doch bald wieder ein Ende nehmen und über den Spaß wissen die Bürger die da umher wohnen, wenn sie keine eigenen Uhren haben, nie, wie viel es an der Zeit ist, denn wer hat Gedult genug, vor oder nach dem verworrenen Getön die Viertel- oder Stundenschläge zu zählen, die von dem Spiel sich gar nicht abstechend unterscheiden?«

Entstanden war das »Gotteshaus der Langen Kerls« (Friedrich Wilhelm I.), das schon nach kritischer Einschätzung der Zeitgenossen mehr der Anbetung des Hauses Hohenzollern als der des gnädigen Gottes diente, in den Jahren 1720-22. Doch da die Bauleute dem sumpfigen Boden zu wenig Aufmerksamkeit geschenkt hatten, zeigte der Fachwerkbau (übrigens noch ohne Turm, nur mit einem Dachreiter) bald Risse. »Die Kirche sackte ein und wurde unbenutzbar. Am 10. September 1730 konnte noch einmal Gottesdienst gehalten werden, dann folgte der Abbruch.« (Friedrich Mielke) Noch im selben Jahr begann nach besserer Gründung des Bauplatzes der Neubau, den Architekt Philipp Gerlach 1735 beendete: einen barocken Massivbau einschließlich eines hohen Glockenturms. Karl Gass berichtet:

»Die Soldaten kamen in voller Montur. An den Eingängen wurden sie visitiert, und es wurde kontrolliert, ob ihre Bekleidung wirklich vollständig war, denn auch dieser Bereich war im königlichen Strafregister enthalten.

Sie stiegen müde und teilnahmslos die Treppen zu ihren engen Sitzen auf den Emporen hinauf, nahmen Platz und ließen den Gottesdienst über sich ergehen. Von der langen Predigt verstanden die meisten kein Wort. Was da auf Deutsch durch die riesige Halle schallte, war den englischen, französischen, russischen, holländischen, türkischen, spanischen, italienischen Ohren ein Buch mit sieben Siegeln. ... Die Geistlichen sollten den Soldaten ins Gewissen reden und ihnen den Militärdienst als eine unvermeidliche, für den Bestand des preußischen Staates wichtige Sache erscheinen lassen.«

Insbesondere die Gruft mit den Särgen des Soldatenkönigs und des Großen Friedrich samt dem Wald der Kriegsfahnen schufen ein ganz besonders patriotisches Klima. Das hat die Potsdamer Schriftstellerin und Filmemacherin Erika von Hornstein in ihren Erinnerungen *Adieu Potsdam* beschrieben:

»Zum Kindergottesdienst kam ich immer zu spät. ... Wir saßen zusammengedrängt auf den Kirchenbänken, deren Backen mit kleinen Reichsadlern geschmückt waren, jeder von ihnen trug ein Kaiserkrönchen. Wenn die Orgel einsetzte, begann am Werk das faszinierende Spiel: bei bestimmten Musikpartien bewegten sich Sonnen, schlugen Adler mit den Flügeln, trommelten Engel auf kleinen Pauken. Die Fahnen der siegreichen Potsdamer Regimenter von 1870/71 waren an den Pfeilern ringsum wie zu Blumensträußen aufgesteckt. ...

Jedesmal fühlte ich mich in dieser Kirche als das, was ich sein sollte, was alle von mir erwarteten: als eine Soldatentochter. Hier unter den Fahnen kam ich mir nicht feige und furchtsam wie sonst vor. ...

An besonderen Sonntagen schloß der Küster die schmiedeeiserne Tür zur Gruft für uns auf und schilderte jene Novembernacht, in der Friedrich Wilhelm III. und die Königin Luise mit dem Zaren Alexander I. sich und ihren Völkern über diesen Sarkophagen ewige Freundschaft geschworen hatten. ›Und nach dem Schwur‹, schloß jedesmal der Küster ehrfurchtsvoll, ›nach dem Schwur kniete der Zar nieder und küßte den Sarg des großen Friedrich!‹«

Welchen Stellenwert die Garnisonkirche sogar außerhalb der Grenzen Preußens und Deutschlands hatte, mag man daran ablesen, daß 1806 die französische Besatzungsmacht, die alle anderen Kirchen zu Pferde-Stallungen und Kavallerie-Unterkünften umwidmete, diesen Kirchbau ausdrücklich ausnahm und Napoleon persönlich Friedrich dem Großen in der Gruft hinter dem Altar seine Reverenz erwies. Für die Deutschen im allgemeinen und die Potsdamer im besonderen stellte der Ort sowieso seinen eigenen Mythos dar. Und den wollten Walter Ulbricht und seine Genossen am 23. Juni 1968 per Sprengung der Halbruine auslöschen. Zusammen mit dem, was die Propaganda des Dritten Reiches – und zwar Nazis wie Deutschnationale gleichermaßen – den »Geist von Potsdam« genannt hatten: die Versöhnung der Tradition des preußischen Staates der Beamten und Soldaten mit der Revolution der sogenannten nationalen Erhebung der Nazis, besiegelt mit dem Händedruck zwischen dem greisen Generalfeldmarschall und Reichspräsidenten Paul von Hindenburg und dem »Führer und Reichskanzler« Adolf Hitler. Am 21. März 1933 – sechzehn Tage, nachdem die deutschen Wähler in den letzten Reichstagswahlen der NSDAP eine satte Mehrheit verschafft und damit die Macht*ergreifung* nachträglich als Macht*übernahme* legitimiert hatten – erlebt Frankreichs Botschafter André François-Poncet *(als Botschafter in Berlin)* von der Tribüne des Diplomatischen Korps aus ein tragikomisches Spektakel mit:

»Plötzlich öffnet sich die Kirchentüre. Die Anwesenden erheben sich mit einem Ruck. Marschall Hindenburg tritt ein. Er trägt seine militärische Uniform, das Band des Schwarzen Adlerordens* und die preußische Pickelhaube. Obwohl er stärker geworden ist und sich in seinem Militärrock, der ihm etwas knapp sitzt, sichtlich beengt fühlt, zeigt er die aufrechte Haltung des alten Armeeführers. Man bewundert seine hohe Gestalt, seine Ruhe, seine Würde, den vornehmen Ausdruck seines traurigen Gesichts. Er schreitet langsam vorwärts, auf seinen Stock gestützt. Vor der kaiserlichen Tribüne macht er Front, verneigt sich und grüßt mit dem Marschallstab den leeren Sessel seines Gebieters (Kaiser Wilhelms II., d. Verf.) und die Prinzen, die ihn umgeben.«

Damals reimte die nationalsozialistische Volkspoesie (Heinrich Anacker) auf jenen unseligen Geist von Potsdam:

»Der Geist von Potsdam ist es, der sie eint,
Den Kanzler und den Feldmarschall des Sieges.
Ein Glorienstrahl aus ferner Zeit bescheint
Die stolzen Fahnen des errungenen Sieges.
Denn aus dem Dunkel hebt sich, grau und alt,
Den Krückstock in befehlsgewohnten Händen,
Des großen Königs eherne Gestalt
Sein preußisches Vermächtnis zu vollenden.«

Bis auf wenige oppositionelle und kritische Ausnahmen, mehrheitlich aus dem linken Spektrum, war Deutschland und vor allem der deutsche Kleinbürger entzückt von dieser Nazi-Inszenierung mit ihren reichlichen Theatereffekten. Sarkastisch kommentiert Horst Krüger in seinem autobiographischen *Das zerbrochene Haus – Eine Jugend in Deutschland* die Einstellung seiner Eltern aus der Berliner Vorstadt:

»Es war die Zeit der Erneuerung, und eines Tages kam meine Mutter mit einem kleinen dreieckigen Wimpel nach Hause und sagte: ›Das ist für dein Rad. Alle Jungen hier in Eichkamp haben jetzt an ihren Rädern solche hübschen Wimpel.‹ Sie meinte das, wie alles, was sie tat, natürlich ganz unpolitisch. Es war einfach jetzt so erhebend und feierlich: in Potsdam hatten der greise Marschall und sein junger Kanzler einen historischen Händedruck getauscht: Garnisonkirche, Hohenzollern, die alten Fahnen und Standarten der preußischen Regimenter, alles war so fromm, und hinterher so getragen-erhebend das Lied vom guten Kameraden, er ging an meiner Seite: da ging meine Mutter zu Hermann Tietz, der war noch jüdisch, und kaufte den ersten Hakenkreuzwimpel.«

Insbesondere in den Häusern des konservativen Adels und Bürgertums von Potsdam hat solches Wohlwollen ziemlich lange gehalten, wie man um der Glorie der deutschen Siege willen auch den ganzen Nazismus »billigend in Kauf genommen hatte« (Eberhard Jaeckel).

Der Tag von Potsdam gefiel insbesondere den Offizieren der in Potsdam stationierten Traditionsregimenter, deren Konservatismus in den ersten Jahren des Dritten Reiches der Entwicklung eines kritischen Geistes gegenüber dem Hitler-Regime im Wege stand. Auch der spätere Verschwörer des 20. Juli, Henning von Tresckow, begriff erst nach den ersten katastrophalen Niederlagen der deutschen Armeen an der Ostfront, daß wohl der Tag von Potsdam doch keine neue Verwirklichung des preußischen Traums bedeutet hatte. Bei der Konfirmation seiner Söhne im Frühjahr 1943 in der Garnisonkirche ermahnte er sie in einer *Ansprache*:

»Vergeßt niemals, daß ihr auf preußischem Boden aufgewachsen und heute an der heiligsten Stätte des alten Preußentums eingesegnet seid. Das bürgt (sic!) eine große Verpflichtung in sich: Die Verpflichtung zur Wahrheit, zur innerlichen und äußerlichen Disziplin, zur Pflichterfüllung bis zum Letzten. Vom wahren Preußentum ist der Begriff der Freiheit nie zu trennen. Wahres Preußentum heißt Synthese zwischen Bindung und Freiheit, zwischen Stolz auf das eigene und Verständnis für anderes. Nur in der Synthese liegt die Aufgabe des Preußentums, liegt der preußische Traum.«

Wer Ohren hatte zu hören, der hörte »Wahrheit« und »Freiheit« und »wahres Preußentum« und wußte, daß dies eine Absage des hohen Offiziers an den SS-Staat bedeutete. Er und viele seinesgleichen landeten unmittelbar nach dem 20. Juli 1944 in den Mühlen des Naziunrechts und -terrors. Sigrid von Rohr erzählt:

»Das Gestapogefängnis (im Kommandantenhaus Lindenstraße, d. Verf.) lag nahe der Garnisonkirche, und das Glockenspiel war für viele Gefangene ein täglicher Trost, besonders auch die Sonntage, wo das Programm etwas länger war. Am 1. Oktober, dem Geburtstag meines Mannes, durfte ich zwar ein kleines Päckchen für ihn bei der Pforte abgeben, hatte aber keine Sprecherlaubnis erhalten. Bei meiner sorgenvollen und traurigen Rückwanderung über den riesigen Exerzierplatz vor dem Schloß hörte ich das sonntägliche Glockenspiel, und da ich wußte, daß es an Feiertagen von Hand gespielt wurde, kam mir der Gedanke, den Kantor – Prof. Becker, wie ich später erfuhr – um die Lieblingschoräle meines Mannes zu bitten. Die Kirche war verschlossen, der mühsam ausgemachte Küster öffnete mir schließlich und erlaubte mir, die vielen Stufen bis zur Glockenstube hinaufzusteigen, wo ich Prof. Becker am Manual sitzend antraf. Als ich ihm mein Anliegen vortrug, ging er sofort bereitwillig und freudig darauf ein, und nun erklangen die alten, geliebten Lieder *Harre meine Seele, Herz und Herz vereint zusammen, Jesus, geh voran* und noch manche andere. Es war eine unvergeßliche Stunde und für meinen Mann wie ein Wunder, ein Gottesgeschenk zu seinem Geburtstag und eine tiefe Stärkung – er hatte ja nichts von meinem Plan gewußt.

Von jetzt an spielte Prof. Becker noch oft für die Gefangenen. Ich glaube, man kann kaum ermessen, was dies für Menschen bedeutet, die in steter Angst und Lebensgefahr schweben.«

Elisabeth Becker, die Ehefrau von Professor Otto Becker, dem Orgel- und Glockenspieler der Königlichen Hof- und Garnisonkirche, berichtet in dem Sammelband *Aber der Wagen, der rollt … Potsdamer erinnern sich* von den letzten Stunden des Baues:

»Von der Havel wurden endlich Wassermengen herangepumpt. Natürlich war es viel zu wenig. Es reichte nicht aus, weder für die Häuser, noch für den Riesenbau der Garnisonkirche. Aus der Sakristei retteten beherzte Männer noch Kruzifix, Abendmahlsgefäße, Bibeln und Kirchenbücher. Dann machten Hitze und Qualm alle weiteren Versuche zunichte. Auch die Feuerwehr war machtlos. Innerhalb kurzer Zeit glich der Dachstuhl einer lodernden Fackel. Schließlich neigte sich die Turmspitze und stürzte mit dem historischen Glockenspiel krachend auf das Kirchenschiff, durchschlug das Dach, die Decke. Schließlich konnte auch der hölzerne Glockenstuhl in halber Höhe des Turm das Gewicht der Glocken nicht mehr tragen. Er splitterte, die Glocken stürzten in die Tiefe, schlugen mit einem schauerlichen letzten Klang auf.«

Die Gedanken an den Wiederaufbau auch der Garnisonkirche und entsprechende Pläne schienen sich nach einem negativen Votum der Evangelischen Kirche von Berlin-Brandenburg längst erledigt zu haben. Doch eine Sponsoren- und Pressure Group will partout nicht aufgeben. Jetzt geht es ihr zumindest um die Wiederherstellung des Turmes, wenn's denn schon die ganze Kirche nicht sein darf. Wobei kräftig darum gestritten wird, womit der künftige Turm künstlerisch gekrönt werden soll: Während die »Traditionsgemeinschaft Potsdamer Glokkenspiel e.V.« für die alte Wetterfahne in Gestalt des preußischen Adlers eintritt, haben sich die Evangelische Kreissynode und das Stadtparlament auf eine Nachbildung des Nagelkreuzes von Coventry festgelegt, weil die Kirche zu einem Internationalen Versöhnungszentrum gemacht werden soll. Zu den Gründen schrieb der Evangelische Pressedienst epd im Herbst 2001: »Das Nagelkreuz von Coventry ... erinnert an die gleichnamige Stadt in England, die im Zweiten Weltkrieg von der deutschen Luftwaffe zerstört wurde. Das Nagelkreuz besteht aus Trümmern der zerbombten Kathedrale. Es ist ein international anerkanntes Friedenssymbol.«

Vorläufig steht ein nachgebautes **neues Glockenspiel** rechts um die Ecke in einer kleinen Anlage – der sogenannten Plantage – an der **Dortustraße**. Es wurde am 46. Jahrestag der Bombardierung der Stadt dem damaligen Oberbürgermeister Horst Gramlich übergeben – ausgerechnet von einem pensionierten Oberstleutnant der Bundeswehr! Und ausgerechnet an einem Ort, der Erinnerung eher in eine andere Richtung transportieren sollte: an Max(imilian) Dortu nämlich, den Potsdamer Revolutionär des Jahres 1848, der im Gebäude **Nummer 29** zur

Welt kam und im Badischen mit preußischer Hilfe vom Leben zum Tode gebracht wurde. *Solange mein Herz schlägt* hatte Franz Fabian ein Büchlein der Jugendliteratur über Dortu genannt, das 1979 ausgerechnet im Militärverlag der Deutschen Demokratischen Republik erschienen war. In einem fiktiven Tagebuch läßt der Autor den Revolutionär von dem Hochverratsprozeß schreiben, der ihm vor einem Militärtribunal gemacht wird und der mit dem Todesurteil endet:

»Die Frage des Eides spielte übrigens eine besondere Rolle. Der Vorsitzende des Gerichts fragte mich, wie ich denn meine Taten mit meinem Gewissen vereinbaren könne. Ich habe doch als preußischer Soldat und Unteroffizier einen Eid auf den König und das Vaterland geschworen. Ob mir denn ein solcher Eid nicht heilig sei? Ich sei doch ein gebildeter Mensch und habe mir doch sagen müssen, daß meine Handlungen ein Verrat am König und an meinem Vaterland seien.

›Nein, Herr Major‹, antwortete ich, ›so empfinde ich es nicht, denn man kann doch immer nur das verraten, mit dem man sich verbunden fühlt und was man liebt. Für mich wäre es Verrat gewesen, wenn ich das Volk, dem ich angehöre, im Kampf um seine Rechte und seine Freiheit im Stich gelassen hätte. Was aber den Eid anbelangt, ist nicht auch der König durch einen Eid mit seinem Volk verbunden? Hat er nicht sein dem Volke gegebenes Wort gebrochen? So konnte ich mich auch nicht mehr an diesen Eid gebunden fühlen. Ich bin dem Volk mehr verpflichtet. Meinem Vaterland aber bin ich auf diese Weise treu geblieben.‹ ...

Wie von weither vernahm ich mein Urteil: ›... den Angeklagten wegen Kriegsverrats unter Degradation zum Gemeinen, Versetzung in die zweite Klasse des Soldatenstandes und dem Verlust der Nationalkokarde mit dem Tod durch Erschießen zu bestrafen.‹

War es ein Unterschied, ob ich auf dem Schlachtfeld oder vor dem Peloton des Erschießungskommandos fiel? – Als Soldat der Revolution hatte ich gekämpft, als ein solcher würde ich sterben.«

Noch heute ist leicht augenfällig zu machen, wie viele, allzu viele Väter der Krieg verschlang: Vergleichen Sie die Dimensionen des Civilen Waisenhauses in der Berliner Vorstadt mit denen des **Militärwaisenhauses.** Dabei war es schon 16 Jahre nach seiner Eröffnung zu klein geworden, obschon sich ausgerechnet ein Monarch, der der Soldatenkönig genannt wurde, mit dem Kriegführen relativ zurückgehalten hatte. Trotzdem faßte der Bau, der auf 700 Jungen und 200 Mädchen ausgelegt war, im Jahr 1740 1040 Knaben sowie 155 Mädchen. Wie mit denen im Rahmen von Schule, Exerzierplatz und Arbeitshaus umzugehen sei, das sah man sich bei den berühmten Stiftungs-Anstalten des August Hermann Francke in Glauchau bei Halle ab. Der lutherische sozialreligiöse Reformer besuchte 1725 Potsdam und machte keinen Hehl daraus, daß er den militärischen Charakter des Waisenhauses ablehnte, schickte der Anstalt aber trotzdem erfahrenes Personal aus Halle und übernahm auch die Ausbildung von Predigern und Erziehern, die ihm der König schickte. Dieses Waisenhaus für Soldatenkinder war jedoch vor allem ein unter der Fuchtel der Gewalt stehendes Arbeitshaus.

Der später als Begründer der ersten dauerhaften Realschule bekannt gewordene Johann Julius Hecker, vorübergehend Pfarrer am Potsdamer Waisenhaus, beklagte sich 1737 über Exzesse bei der Bestrafung der Kinder und konstatierte mit den Worten der Bibel: »›Viel Zuchtmeister, wenig Väter‹«.

Hutmacher, Schauspieler, Gymnasiast, sodann Theologe sowie aufgeklärter Lehrer und Redakteur, schließlich sogar Professor für Altertumskunde war *Karl Philipp Moritz* einer der großen Köpfe der sogenannten Berliner Aufklärung. Moritz' Beitrag zur Geistes- und Literaturgeschichte auf dem Wege zur Klassik ist sein vierbändiger autobiographischer »psychologischer« Bildungs- und Erziehungsroman *Anton Reiser*, nach Meinung von Heinrich Heine »eines der wichtigsten Denkmäler jener Zeit«. Moritz kam aus einfachsten Verhältnissen, bekam von seinem Vater das Bücherlesen strikt untersagt und entwickelte sich heimlich zu einem Autodidakten. Bevor Moritz sich auf große Reisen nach England und Italien begab, war er knapp 16 Monate »Informant« am Waisenhaus, der die Zöglinge während der Arbeit und (knappen) Freizeit zu überwachen hatte. Einer dieser *Zöglinge* erzählte später:

»Der Professor Moritz trug uns wöchentlich in zwei Stunden allerlei weiß Gott nach welchem Plane aus der deutschen Sprache und den schönen Wissenschaften vor. Er kam gewöhnlich erst gegen dreiviertel (sic!) und wir versammelten uns dann um ihn als um unseres Gleichen. Der größte Sonderling, den ich je gekannt habe. Offenbar hatte er originelles Genie und durch seine spielende Lehrart ist er uns nützlich geworden; denn wir lernten durch ihn Geschmack im eigenen Denken und Spekulieren finden; und wenn wir gleich gar keine Sprachkenntnisse erhielten, so war doch sein Unterricht in formeller Hinsicht nicht vergeblich.«

Wie schwer es ihm gefallen war, seine pädagogischen Aufgaben wahrzunehmen, hatte er acht Jahre später in dem Roman *Andreas Hartkopf* niedergeschrieben. In seinem *Potsdamführer für Literaturfreunde* faßt Karl Voss zusammen:

»Das enge Zusammenleben mit den unglücklichen und verlassenen Waisenkindern bei Tag und bei Nacht und sein Mitgefühl für sie brachte ihn an den Rand des psychischen Zusammenbruchs. Zumal er glaubte, den Anforderungen nicht gewachsen zu sein. So kam er ... um seine Entlassung ein, die ihm gewährt wurde und von einem tadellosen Abgangszeugnis begleitet war, das ihm zu seiner Verwunderung Zuverlässigkeit und pädagogisches Geschick bescheinigte.«

Von 1722-1777 dauerte es, bis Peter von Gayette und Carl von Gontard diesen durchaus schönen barocken Riesenklotz auf das Geviert Breite-, Linden-, Sporn- und Waisenstraße plaziert und fertiggestellt hatten, wo vorher ein Park – die sogenannte Plantage – lag. Maximal 2500 Kinder faßte schließlich das Haus, dessen Haupteingang mit dem grandiosen Treppenhaus auf die **Lindenstraße** geht. Die Mädchen verließen den Bau

1829, der dann noch bis 1918 als Militärschule diente. Insgesamt war das Unternehmen jedoch nicht viel mehr als eine Anstalt zur systematischen wirtschaftlichen Ausbeutung von Kindersklaven, die es nach ihren »Lehrjahren« als Jungen bestenfalls zum Unteroffizier und als Mädchen höchstens zur Spitzenklöpplerin gebracht hatten. Weit gekommen ist also keiner der Zöglinge ... bis auf einen, der wirklich berühmt wurde: August Renz alias Eleonore Prohaska.

Der Potsdamer Magistrat ehrte »das Heldenmädchen« 1889 mit einer Gedenksäule auf dem Alten Friedhof, die mittlerweile ersetzt wurde durch eine Stele mit der Aufschrift »Den Lebenden zur Mahnung, den Toten zur Pflicht«. Friedrich Duncker dramatisierte ihre persönliche heroische Tragödie. Ludwig van Beethoven komponierte dazu eine feierliche Bühnenmusik. Friedrich Rückert schrieb viele tausend Gedichte und unter Pseudonym eines auch auf »das Mädchen aus Potsdam«. Hans Scholz begab sich während der deutschen Teilung zu Fuß auf ihre Spuren. Und ihre kurze Passionsgeschichte ist in eine mehrbändige preußische Heldengeschichte eingegangen, verfaßt von ihrem ehemaligen Freikorps-Leutnant, dem Historiker und Autor Christoph Friedrich Förster. Die schönste und einfühlsamste Geschichte über ein Kind aus kleinsten Verhältnissen ohne echte Zukunftsperspektive weiß Gisela Heller:

»Im Jahre 1813 geriet Eleonore, vom Markte kommend, in einen Menschenauflauf. Die einen jammerten, daß der arme König von dem verfluchten Napoleon so schändlich behandelt würde, die anderen hielten dagegen, es ginge dem König immer noch besser als den kleinen Leuten, die seit eh und je die Suppe auslöffeln müßten. Da hörte sie einen Schmied sagen, der Napoleon sei am Ende nicht schlimmer als unsere Herren auch. Herr sei Herr, da sei nicht viel Unterschied, das könne man nur ändern, wenn man die Sache selber in die Hand nähme.

Darüber dachte Eleonore nach. Sie war nun schon Mitte zwanzig, besaß nicht die kleinste Aussteuer; an Heirat konnte sie nicht denken. Was also sollte sie tun? Sich einer höheren Sache verschreiben? Ihr Schicksal selbst in die Hand nehmen? Der Vater wußte auch keinen Rat. Noch in derselben Nacht verließ sie das Haus und marschierte in Richtung Spandau-Havelberg, wo die letzte Kunde von den Schwarzen Reitern* hergekommen war. Sie besorgte sich Jünglingskleider und meldete sich als ›August Renz, von Beruf Musikus‹. Die Schwarzen Reiter waren froh über jeden, der zu ihnen stieß, und der Neue verstand sich überdies aufs Nähen und Kochen wie kein zweiter. Schießen konnte er auch. Mehrere Scharmützel und Erkundungsgänge hatte August Renz bestanden, da kam mit dem Morgennebel das Gefecht an der Elbe. War's Nebel, war's Pulverdampf? Sie liefen vorwärts über die Wiesen, knieten nieder, feuerten, liefen wieder, und viele standen nicht mehr auf. Einige Jäger flüchteten bereits. ›Vorwärts!‹ schrie August Renz, doch man hörte ihn nicht. Er stolperte über einen toten französischen Tambour, nahm die Trommel auf und trommelte, was das Zeug hielt: Vorwärts! Vorwärts!

Die Flüchtenden faßten wieder Mut und warfen sich dem Feind entgegen. Einer sah, wie sich der kleine Tambour plötzlich an die Seite faßte und niedersank, er eilte herbei, riß hastig die Uniform auf, um die Wunde zu verbinden – und merkte, daß der tapfere Tambour ein Mädchen war. Das geschah am 16. September 1813. Drei Wochen später erlag sie der Wunde.«

Ein paar Schritte in Richtung Havel bringen uns über die Dortu- oder Hoffbauerstraße zur **Henning-von-Tresckow-Straße 2-8.** Das denkmalsgeschützte Gebäude des **Ministeriums für Stadtentwicklung, Wohnen und Verkehr** beherbergt auch die **Gedenkstätte Potsdam und der 20. Juli 1944** und entstand ursprünglich als Kaserne für das Erste Garderegiment zu Fuß. Mit dem Ende des Ersten Weltkrieges und der Monarchie hörte diese preußische Elitetruppe auf zu bestehen. Doch fanden sich vor allem viele preußische Adlige als Offiziere beziehungsweise Offiziersanwärter wieder ein, als aus den Resten der Garde im Rahmen der Reichswehr ab 1921 das Infanterieregiment 9 zu

Potsdam geformt wurde. Wegen des reichlichen Überschusses an blauem Blut nannte der Volksmund das Regiment übrigens scherzhaft *Graf Neun*. Von ihm erzählte Karl Heinz Krüger vom und im *SPIEGEL*:

»Das Regiment gehörte zwar nie, wie sein Chronist Wolfgang Paul hervorhob, zur Garde des Dritten Reiches; das waren Himmlers SS-Divisionen. Doch seine Angehörigen folgten dem ›Führer‹ auf alle Kriegsschauplätze und machten Karriere bis in höchste Kommandostellen. Von 29 Stabsoffizieren und Hauptleuten, die dem Regiment 1933 angehörten, erreichten 27 einen Generalsrang. Auch der Student Richard Freiherr von Weizsäkker wurde ein ›Neuner‹; er diente seinem Regiment bis zuletzt als Adjutant.

Die Männer verbluteten nicht nur an der Front – sie starben auch im Widerstand: 18 Offiziere des I. R. 9 gaben ihr Leben als Verschwörer gegen den ›Führer‹. Zum erstenmal brachen sie, im Widerstreit zwischen Befehl und Gewissen, ihr Gelübde und fanden gerade dadurch einen ehrenden Platz in der deutschen Geschichte.«

Vielen von ihnen war es nicht leicht gefallen, den Eid, den sie auf den Führer Adolf Hitler geschworen hatten, für den Tyrannenmord zu brechen. Mancher konnte sich dazu gar nicht durchringen. In *Preußen – Versuch einer Bilanz* heißt es dazu bei Winfried Ranke:

»Der Entschluß zum Ungehorsam für eine bessere und gerechtere Sache forderte von ihnen eine Gewissensentscheidung, vor deren mörderischen Konsequenz viele auch die Bindung an ein christliches Ethos lange zurückhielt. ... Ein Herrschaftssystem sollte gestürzt und durch ein anderes, menschliches ersetzt werden. Die Verschwörer konnten jedoch nicht sicher sein, ob der Schritt in den offenen Widerstand bei einer Mehrheit des deutschen Volkes Zustimmung und Unterstützung finden würde. In dieser unsicheren Ausgangslage traf der Generalmajor Henning von Tresckow für sich und andere eine Entscheidung aus altpreußischem Geist, indem er die Tat selbst über alle konkret politischen Zwecke und Absichten stellte. Einen Monat vor dem Attentat auf Hitler sagte er zu Graf Stauffenberg: ›Das Attentat muß erfolgen, coûte que coûte … Denn es kommt nicht mehr auf den praktischen Zweck an, sondern darauf, daß die deutsche Widerstandsbewegung vor der Welt und vor der Geschichte den entscheidenden Wurf gewagt hat. Alles andere ist gleichgültig.‹ In jenem ›Koste es, was es wolle‹ nur einen Fatalismus der Ehre zu sehen, wäre zu wenig.«

Als in den 40er Jahren hohe und höchste Offiziere aus den Reihen des Neuner das Rückgrat des militärischen Widerstandes gegen Hitler bildeten, war das I. R. 9 schon ebenso an der Ostfront aufgerieben worden wie das Nachfolgeregiment 187. Und im Dezember 1944 wurde zuletzt auch das Ersatz-Bataillon 9 in Kurland und an der Ostseeküste vernichtet.

☞ Drei hübsche Abstecher lohnen sich rund um die Neustädter Havelbucht: der Kiez, die Moschee und der Kiewitt.

Die **Kiezstraße** führt in eine alte Siedlung slawischer Fischer, die erst 1722 zu Potsdam kam. Die Idylle verdankt das Viertel seinen Rokokohäusern, die ab 1777 entstanden und für lange Zeit vor allem von kleineren Hofbeamten – und deren Witwen – bewohnt wurden. Letzteren hat Victor Auburtin im *Durchschnitt durch Potsdam* 1922 ein kleines nachkaiserliches Feuilleton gewidmet:

»Die alten Verbotstafeln stehen noch in Kraft. Es ist streng untersagt, Zigarren zu rauchen, auf die Wiese zu gehen, Blumen abzupflücken. Ja, ein neues Verbot kam hinzu: es ist verboten, Automobil zu fahren; und dieses Verbot ist zu begrüßen, dieweil hier früher etwas zu viel geautot und getutet worden ist.

Zahlreiche alte Damen in Schwarz lustwandeln in den Bosketts. Potsdam ist die Stadt der alten Damen in Schwarz. Sie wohnen in den verschollenen Häusern **am Kiez**, sind die Frauen von pensionierten Hofbeamten und haben Erinnerungen voller Glanz. Nachmittags gehen sie in den Park immer zu zweien, sitzen still auf der Bank und betrachten das Marmorbildwerk, das im Grünen steht.«

Hier wohnten Friedrichs Baumeister Johann Gottfried Büring und Carl von Gontard. Hier bauten Georg Christian Unger und Johann Rudolph Heinrich Richter. Hier besuchte in **Haus 10 a** der Naturforscher Ernst Haeckel seine Mutter und seinen Bruder Carl, um sich den neuen Klatsch erzählen zu lassen. Besonders gern zog er sich hierhin zum Schreiben zurück. Als er an seiner *Systematischen Philosophie* saß, notierte er: »Hier bin ich das reine Arbeitstier und habe ein ganzes Kapitel meines Buches zusammengeschrieben, morgens von 7 bis 1, dann von 3-5. Hierauf 1 Stunde Spaziergang. Abends lesen!« Heute ist der idyllische, aber stinkende Stadtkanal verschwunden.

Nicht verschwunden dagegen ist der **»Froschkasten«** im Hause **Nummer 3-4**. Dieser seit 1777 bestehende Gasthof erzählt von sich selbst: »Ehemalige Rekruten des Potsdamer I. Garde-Regiments zu Fuß feierten im Froschkasten ihr ›Fest der alten Knochen‹. Alte Knochen wurden in der preußischen Armee diejenigen Soldaten genannt, die mindestens ein Dienstjahr hinter sich hatten und sich den etwas jüngeren Rekruten haushoch überlegen fühlten. ›Alte Knochen‹ bekleideten gern sogenannte Druckposten in Küche, Waffen- oder Bekleidungskammer, da sie dadurch vom normalen Exerzierdienst befreit waren. Zur humorvollen Bekräftigung der Tatsache, daß man ein altgedienter Soldat war, verliehen sich die Soldaten gegenseitig ausgekochte, meist mit Szenen aus dem ›kleinen Dienst‹ liebevoll bemalte Rindsknochen. Diese Knochen zierten zusammen mit der Kompanietrommel die Wände des Schankraumes.«

Am Ende der **Breiten Straße** steht unmittelbar am Havel-Ufer **die Moschee**, die keine ist, sondern das Dampfmaschinenhaus von Ludwig Persius. Mancher muslimische Besucher Potsdams ist bereits auf die Mimikry hereingefallen und suchte den Ort auf, um die im Islam vorgeschriebenen Gebete zu verrichten. Dabei ist das Minarett wirklich nur die Verkleidung eines 36 Meter hohen Schornsteins. Und wo der Gläubige Kanzel und Gebetsnische erwartet, empfängt ihn ein bemerkenswertes technisches Denkmal aus dem Jahre 1843: die seinerzeit mit 81,4 PS größte Dampfmaschine Deutschlands. Die trieb Pumpen an, mit der Havelwasser in die Reservoirs von Sanssouci gepumpt wurde, um die diversen Wasserspiele des Parks betreiben zu können. Heute passiert das alles per Elektromotor, Kreiselpumpen und Mikroprozessoren. »Das Fontäneproblem für Sanssouci war gelöst. Doch wie so oft warf ein gelöstes Problem ein Dutzend neue auf. Das aus der Havel gepumpte Wasser war verschmutzt und gelangte nicht nur in die Springbrunnen, sondern auch in die Haushalte. Typhus brach aus, die Gefahr von Ruhr und Cholera lag in der Luft. Also mußten neben dem Wasserwerk Tiefbrunnen gebohrt werden, um Grundwasser zu schöpfen. Nun pumpte die Maschine zwar klares Wasser herauf, aber sie verbrauchte dabei zuviel Kraft, arbeitete immer unregelmäßiger und ging schließlich zu Bruch ...« (Gisela Heller).

Ausgerechnet der Platz der Scharfrichterei samt der Zufahrt zur Fähre nach Hermannswerder und einer längst aufgelassenen ollen Badeanstalt ist seit einigen Jahrzehnten zu einer innerstädtischen Oase der Brandenburger Vorstadt direkt am Wasser geworden. Die Rede ist von der Straße **Auf dem Kiewitt**. Hier holt sich nicht die *Junge Frau von 1914*, sondern ihr Liebhaber David bei seinem ehemaligen Schwimmlehrer Kliem oft Ratschläge fürs richtige Leben. Arnold Zweig erzählt von schwierigen Zeiten:

»Herr Kliem, wenn er keinen Dienst tat, wohnte auf dem Kiewitt, einem abgelegenen Strandstreifen, dessen Name vielleicht das Geschrei der Kiebitze nachahmte. Hinter Balkenstapeln erhob sich nahe am Wasser ein Schuppen für allerlei Geräte und der baufällige Steg, an dem von Zeit zu Zeit ein Fährboot nach dem jenseitigen Ufer anlegte und Leute, meistens mit Fahrrädern, brachte oder mitnahm. Herr Kliem pflegte an den Abenden – denn Badeanstalten werden um sieben Uhr geschlossen – an diesem Uferstreifen zu sitzen und zu angeln. ...

David Wahl warf mit einem Ruck das Steuer des Gespräches in die Richtung, die er brauchte. ›Wenn Sie wüßten, wie recht sie mit *verdorben* haben, Herr Kliem. Was würden Sie zum Beispiel tun, wenn sie einem jungen Mädel ein lebendiges Kind eingeflößt hätten und es nun nicht ans Licht dieser schönen Welt kommen lassen wollten?‹

Kliem pfiff durch die Zähne und sagte anerkennend: ›Du Schwein. Und immer gleich lebendiges Kind. Quatsch. Wie groß wiegt das Ding denn, wenn's hochkommt? 'ne Kaulquappe, mehr doch nich. ... Und was erwartest du von mir, du verbrecherischer Hund? Soll ich vielleicht mit den Eltern reden oder deine Braut in die Havel schmeißen? Da kennst du Kliem schlecht. Wilhelm braucht Soldaten, und wenn nich er, sein Nachfolger. Mithilfe is ebenso schlimm wie Anstiftung. Kommt so'n Bengel und will mich ins Kittchen bringen.‹

David lachte: ›Wenn auch das nicht, aber wie komme ich zu einer verläßlichen Hebamme?‹ ...

›Hebamme‹, murrte er, ›wie kommt Kliem zu Hebammen? Da sieht man mal wieder die Dummheit der Gebildeten. Nein, nein, mein Sohn, ein Bademeister hat keine Hebamme nich auf Vorrat. Wie wird mir übrigens, wenn ich‹ – und er musterte unbeteiligt seine nackten Füße in Schuhen aus braunem Segelleinen – ›Anzeigen ankieke in der und mancher Zeitung? *Diskret* steht drüber. *Hilfeleistung auch in schwierigen Fällen* geht's weiter oder: *Gewissenhafte Beratung*, und so fort. Das erste Wort immer fett gedruckt; danach kann sich einer richten‹.«

Zurück über die Breite Straße wandern wir an den **Hiller-Brandtschen** Häusern des Potsdam-Museums und dem **Predigerwitwenhaus, Hausnummern 8-14** vorbei, überqueren die Straße, werfen einen kurzen Blick auf den Knobelsdorffschen **Obelisken** als letztem erhaltenen Teil des **Neustädter Tores**, laufen die **Schopenhauerstraße** am Haus der Armenspeisung vorbei bis zum letzte Gebäude auf der linken Seite, **Hausnummer 33**: Wir stehen vor dem Gasthaus **Alter Stadtwächter**. Seine Hauswand zeigt vier große Bögen, den letzten Rest der hier 1733 beendeten **Stadtmauer**.

So oft haben wir bei diesem Spaziergang über das Glockenspiel der Garnisonkirche gesprochen, aber dabei nie mehr als die vier Zeilen zitiert, welche die meisten der Älteren unter uns noch kennen. Dabei zählt dieses Lieblingsgedicht der Königin Luise 80 Zeilen, heißt *Der alte Landmann* und ist von Ludwig Heinrich Christoph Hölty, Theologe im Göttinger Hainbund, der mit 27 Jahren starb. Hier sind zum guten Schluß ein paar unbekannt gebliebene Verse ... den Bösen aller Stände zur Warnung:

»Der Amtmann, der die Bauern schund,
Und hurt', und Hirsche schoß,
Trabt nachts mit einem schwarzen Hund
Im Wald auf glühndem Roß.
Oft geht er auch am Knotenstock
Als rauher Brummbär um,
Und meckert oft als Ziegenbock
Im ganzen Dorf herum.

Der Pfarrer, der aufs Tanzen schalt,
Und Filz und Wuchrer war,
Steht nachts als schwarze Spukgestalt
Um zwölf Uhr am Altar;
Paukt dann mit dumpfigem Geschrei
Die Kanzel, daß es gellt,

Und zählet in der Sakristei
Sein Beicht- und Opfergeld.

Der Junker, der bei Spiel und Ball
Der Witwen Habe fraß,
Kutschiert, umbraust von Seufzerhall,
Zum Fest des Satanas;
Im blauen Schwefelflammenrock
Fährt er zur Burg hinauf,
Ein Teufel auf dem Kutscherbock,
Zween Teufel hintenauf.

Sohn, übe Treu und Redlichkeit
Bis an dein kühles Grab,
Und weiche keinen Finger breit
Von Gottes Wegen ab!
Dann suchen Enkel deine Gruft,
Und weinen Tränen drauf,
Und Sommerblumen, voll von Duft,
Blühn aus den Tränen auf.

ZWEITER SPAZIERGANG

Vom Luisenplatz durch den preußischen Barock und die Russische Kolonie über den Kapellenberg zum BUGA-Park

Was Curt Riess kolportiert, Karl-Heinrich von Stülpnagel verteidigt, Karl Liebknecht beschworen und Soldat Schischkoff sich ersungen hat

Man mag es drehen und wenden, wie man will: Wenn sich Poeten, Schriftsteller, Publizisten schöngeistig mit Potsdam beschäftigt haben, dann kamen in der Regel einfühlsame, eindrucksvolle, überzeugende, belletristische Texte zustande, sobald es um die Potsdamer*in* ging. Und wenn wir mal von der tagebuch-authentischen Martha Ludwig alias *Das Mädchen Krümel* absehen, das aus dem roten Nowawes kam und es vor 1945 nur zur Hilfskraft im Standesamt und erst in der DDR zur Volksrichterin und Jugendbuchautorin gebracht hatte, dann sind es durchweg diese patenten und leidensfähigen Mädel aus gutem Hause, die das literarische Interesse erweckt haben. Die werden entweder zur tapferen kleinen Soldatenfrau oder zur Hofdame alias Gesellschafterin beziehungsweise Gouvernante alias Hauslehrerin »geformt«; und das zumal, wenn der Herr Papa zum preußischen Offizierskorps gehörte. Das Kränzchen dieser Damen, die meist ein bißchen lasterhaft, stets voller Widerspruchsgeist, vor allem jedoch unglücklich sind, wird seit der Mitte des 18. Jahrhunderts gewunden. Und es beginnt mit zwei Unikaten, beides Ausnahmen im Vergleich zur sonstigen Potsdamer Frauenliteratur.

Das erste bürgerliche Trauerspiel der deutschen Literatur entsteht in Potsdam. Es ist *Miss Sara Sampson* von Gotthold Ephraim Lessing. Und das kam so: Als Voltaire endlich dem jahrelangen Drängen Friedrichs II. nachgibt und am 10. Juli 1750 nach Potsdam kommt, wird Lessings Berliner Französischlehrer Richier de Louvain auf Weisung des Königs Voltaires Privatsekretär. Als der Philosoph und Literat einen Überset-

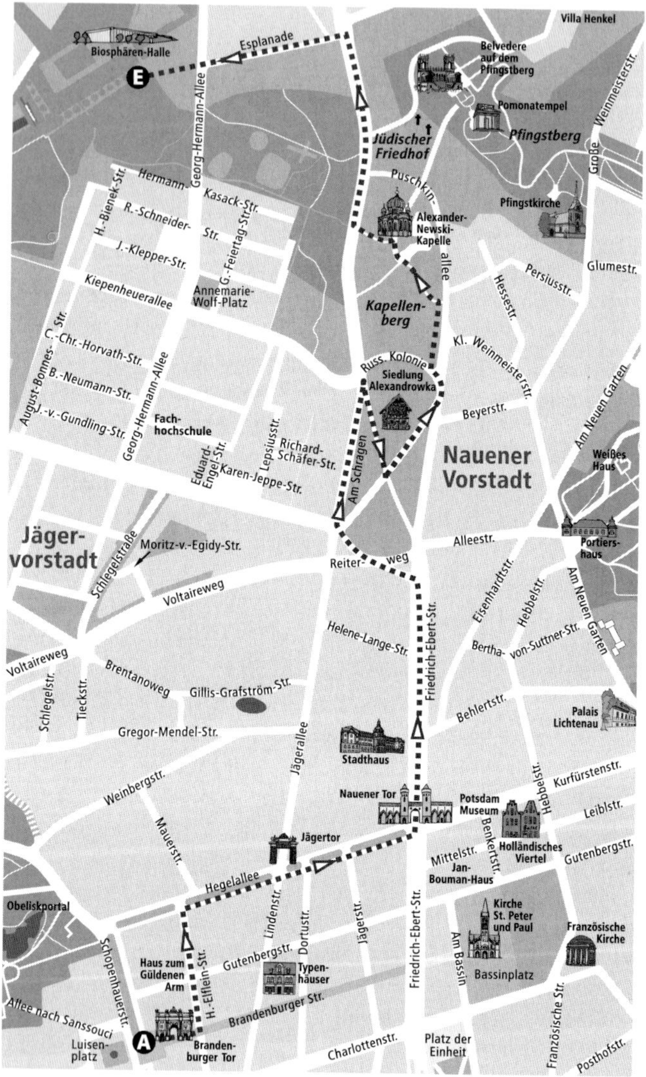

Biosphären-Halle
Esplanade
Villa Henkel
Belvedere auf dem Pfingstberg
Pomonatempel
Pfingstberg
Jüdischer Friedhof
Große Weinmeisterstr.
Georg-Hermann-Allee
Hermann-Kasack-Str.
H.-Bienek-Str.
R.-Schneider-Str.
G.-Feiertag-Str.
J.-Klepper-Str.
Puschkinallee
Alexander-Newski-Kapelle
Pfingstkirche
Persiusstr.
Glumestr.
Hessestr.
Kiepenheuerallee
Annemarie-Wolf-Platz
Kapellenberg
C.-Chr.-Horvath-Str.
August-Bonnes-Str.
B.-Neumann-Str.
J.-v.-Gundling-Str.
Fachhochschule
Eduard-Engel-Str.
Lepsiusstr.
Richard-Schäfer-Str.
Karen-Jeppe-Str.
Russ. Kolonie
Siedlung Alexandrowka
Kl. Weinmeisterstr.
Beyerstr.
Am Neuen Garten
Am Schragen
Nauener Vorstadt
Weißes Haus
Jägervorstadt
Moritz-v.-Egidy-Str.
Schlegelstraße
Reiterweg
Alleestr.
Portiershaus
Voltaireweg
Eisenhardtstr.
Hebbelstr.
Helene-Lange-Str.
Friedrich-Ebert-Str.
Bertha-von-Suttner-Str.
Brentanoweg
Schlegelstr.
Tieckstr.
Gillis-Grafström-Str.
Behlertstr.
Palais Lichtenau
Gregor-Mendel-Str.
Stadthaus
Jägerallee
Weinbergstr.
Nauener Tor
Potsdam Museum
Kurfürstenstr.
Leiblstr.
Mauerstr.
Jägertor
Benkertstr.
Mittelstr.
Jan-Bouman-Haus
Holländisches Viertel
Gutenbergstr.
Hegelallee
Obeliskportal
Lindenstr.
Dortustr.
Jägerstr.
Kirche St. Peter und Paul
Französische Kirche
Schopenhauerstr.
Haus zum Güldenen Arm
H.-Elflein-Str.
Typenhäuser
Am Bassin
Bassinplatz
Allee nach Sanssouci
Brandenburger Str.
Französische Str.
Luisenplatz
Brandenburger Tor
Charlottenstr.
Platz der Einheit
Posthofstr.

zer und Dolmetscher braucht, empfiehlt Richier seinen Schüler Lessing. Der übersetzt zunächst juristische Schriftsätze; ab Februar 1751 dann insgesamt fünfzehn Essays von Voltaire. Die erscheinen ein Jahr später in Rostock unter dem Titel *Des Herrn von Voltaire Kleine Historische Schriften*. Die Kritik reagiert positiv; auch auf Lessings Sprache und Problembewußtsein. So läßt Voltaire dem 23jährigen, der in ärmlichen Verhältnissen abwechselnd bei Berliner Freunden und bei seinem Bruder in Wittenberg lebt, gelegentlich kleine Übersetzeraufträge zukommen. Darunter sogar (im Frühling 1753) die von Voltaire lektorierten beziehungsweise redigierten *Lettres au public* von König Friedrich. Zunächst arbeiteten Voltaire und Lessing in einem verzauberten Gartenhaus am Havelufer, das nach seinem Vorbesitzer, dem Marquis Jean-Baptiste d'Argens, das **»Marquisat«** genannt und Voltaire vom König als Arbeitswohnung (**Zeppelinstraße 167/168**) überlassen wurde. Voltaire fühlte sich jedoch gestört von den »zehntausend groben Kerls, die keinen Gedanken im Kopf haben und die zur Stunde vor den Toren Potsdams zehntausend Gewehrschüsse abgeben«, wie er an Friedrichs Schwester in Bayreuth schreibt. Während er also sein Appartement im Stadtschloß zum Arbeiten bevorzugt, ist Lessing gerne und oft draußen vor der Stadtmauer. Als Voltaire 1753 höchst verstimmt Potsdam wieder verläßt, steht das Haus leer und wird Lessing gerne überlassen, als er sich ab Januar 1755 zur Niederschrift seines Trauerspiels zurückziehen will. Nicht einmal seine engeren Freunde – wie die Literaten Ewald von Kleist, Johann Wilhelm Ludwig Gleim und Karl Wilhelm Ramler – will er in dieser Zeit treffen, so daß Kleist per *Brief* Gleim mitteilt: »Unser Lessing ist sieben Wochen hier in Potsdam gewesen, allein niemand hat ihn gesehen. Er soll hier, verschlossen in ein Gartenhaus, eine Comödie gemacht haben. Er hätte vielleicht eine bessere gemacht, wenn er sich nicht verschlossen hätte, denn es giebt hier auch gar viele Narren zu belachen.«

Nun, Kleist irrte sich; denn Lessing brachte – wie gesagt – aus seiner literarischen Einsiedelei die erste deutsche bürgerliche Tragödie mit, die bereits am 10. Juli von der Ackermannschen Truppe in Frankfurt/Oder uraufgeführt wurde. Nun informiert Ramler den Freund Gleim: »Herr Lessing hat seine Tragödie in Franckfurt spielen sehen und die Zuschauer haben drey und eine halbe Stunde zugehört, stille gesessen wie Statüen, und geweinet.«

In dem Text der *Miss Sara Sampson* wird vorgeführt, wie selbst die Besten der Guten durch Verführung, Irrtum und Kleinmut fehlbar werden können. Sara, die um der Liebe zu einem Schurken willen das Elternhaus verläßt und dafür von ihrem zutiefst verletzten Vater verstoßen wird, kann sich erst sterbend mit diesem, Sir William Sampson, versöhnen:

»SARA. Segne mich, wer du auch seist, ein Bote des Höchsten, in der Gestalt meines Vaters, oder selbst mein Vater!

SIR WILLIAM. Gott segne dich, meine Tochter! – Bleib ruhig. *Indem sie es nochmals versuchen will, vor ihm niederzufallen.* Ein andermal, bei mehrern Kräften, will ich dich nicht ungern mein zitterndes Knie umfassen sehen.

SARA. Jetzt, mein Vater, oder niemals. Bald werde ich nicht mehr sein! Zu glücklich, wenn ich noch einige Augenblicke gewinne, Ihnen die Empfindungen meines Herzens zu entdecken. Doch nicht Augenblicke, lange Tage, ein nochmaliges Leben würde erfordert, alles zu sagen, was eine schuldige, eine reuende, eine gestrafte Tochter einem beleidigten, einem großmütigen, einem zärtlichen Vater sagen kann. Mein Fehler, Ihre Vergebung – –

SIR WILLIAM: Mache dir aus einer Schwachheit keinen Vorwurf, und mir aus einer Schuldigkeit kein Verdienst. Wenn du mich an mein Vergehen erinnerst, so erinnerst du mich auch daran, daß ich damit gezaudert habe. Warum vergab ich dir nicht gleich? Warum setzte ich dich in die Notwendigkeit, mich zu fliehen? Und noch heute, da ich dir schon vergeben hatte, was zwang mich, erst eine Antwort von dir zu erwarten? Itzt könnte ich dich schon einen Tag wieder genossen haben, wenn ich sogleich deinen Umarmungen zugeeilet wäre. Ein heimlicher Unwille mußte in einer der verborgenen Falten des betrogenen Herzens zurückgeblieben sein, daß ich vorher deiner fortdauernden Liebe sicher sein wollte, ehe ich dir die meinige wiederschenkte. Soll ein Vater so eigennützig handeln? Sollten wir nur die lieben, die uns lieben? Tadle mich, liebste Sara, tadle mich; ich sahe mehr auf meine Freude an dir, als auf dich selbst.«

Das Marquisat samt der beiden Gedenktafeln am Giebel wurde im Zuge der »sozialistischen Neugestaltung« der Stadt abgerissen, um phantasielosen Plattenbauten Platz zu machen. So, wie auch der zweite feminine Ort nicht mehr besteht: Das **»Krugsche Haus«** gegenüber der Garnisonkirche, in dem Anna Louisa Karsch vor 1764 einige Jahre lebte – ständig in der Erwartung, endlich vom Großen König als »deutsche Sappho« (Gleim) anerkannt und mit einem Ehrensold ausgestattet zu werden oder ein Haus geschenkt zu bekommen. Doch kam es zu nichts dergleichen – außer ein paar unregelmäßigen »Gnadengaben« in Höhe von lumpigen zwei oder drei Talern. Denn wie Friedrich wenig bis gar nichts von Lessings eloquentem – und noch dazu deutschsprachigen! – Gefühlsüberschwang hielt, so waren ihm auch die patriotisch-heftigen Lobgedichte der Karschin auf seine siegreichen Feldzüge eher peinlich. Ziemlich verbittert quittierte sie einmal eine solche Almosenzahlung:

»Seine Majestät befahlen,
Mir, statt eines Hauses Bau,
Doch drei Thaler auszuzahlen.
Der Befehl ward ganz genau,
Prompt und willig, ausgerichtet,
Und zum Dank bin ich verpflichtet.
Aber für drei Thaler kann
Zu Berlin kein Hobelmann
Mir mein letztes Haus erbauen,
Sonst bestell' ich ohne Grauen
Morgen mir ein solches Haus,

Wo einst Würmer Tafel halten
Und sich ärgern übern Schmaus
Von des abgehärmten, alten,
Magern Weibes Überrest,
Das der König – seufzen läßt.«

Erst Friedrich Wilhelm II., Thronerbe des Alten Fritzen, gab dem empfehlenden Drängeln der Kollegen von Louisa Karsch nach und ließ ihr »ein propper Häusgen errichten«. Einer ihrer schönsten Texte erzählt, wie sie selbst auf die von ihr bedichtete Liebe verzichten mußte: *An den Domherrn von Rochow als er gesagt hatte, die Liebe müsse sie gelehret haben, so schöne Verse zu machen*

Kenner von dem sapphischen Gesange!
Unter Deinem weißen Überhange
Klopft ein Herze, voller Glut in Dir!
Von der Liebe ward es unterrichtet,
Dieses Herze, aber ganz erdichtet
Nennst Du sie die Lehrerin von mir!

Meine Jugend war gedrückt von Sorgen,
Seufzend sang an manchem Sommermorgen
Meine Einfalt ihr gestammelt Lied;
Nicht dem Jüngling töneten Gesänge,
Nein, dem Gott, der auf der Menschen Menge
Wie auf Ameishaufen niedersieht!

Ohne Regung, die ich oft beschreibe,
Ohne Zärtlichkeit ward ich zum Weibe,
Ward zur Mutter! wie im wilden Krieg,
Unverliebt ein Mädchen werden müßte,
Die ein Krieger halb gezwungen küßte,
Der die Mauer einer Stadt erstieg.

Was wir heftig lange wünschen müssen,
Und was wir nicht zu erhalten wissen,
Drückt sich tiefer unserm Herzen ein;
Rebensaft verschwendet der Gesunde,
Und erquickend schmeckt des Kranken Munde
Auch im Traum der ungetrunkne Wein.

Sing ich Lieder für der Liebe Kenner:
Dann denk ich den zärtlichsten der Männer,
Den ich immer wünschte, nie erhielt;
Keine Gattin küßte je getreuer,
Als ich in der Sappho sanftem Feuer
Lippen küßte, die ich nie gefühlt.«

Zwei Beispiele, zwei Ausnahmen, zwei Adressen, zwei Möglichkeiten, sie zu besuchen, bevor wir uns am **Luisenplatz** auf unsere Strecke durch die zweite barocke Stadterweiterung machen. Auch auf den Spuren dieser literarischen Frauengestalten, an denen vermutlich mehr zu erfahren ist über Potsdamer Geist, preußische Mädels, deutsche Treue. Wofür zuallererst die *Mädchen in Uniform* stehen, allen voran Fräulein von Bernburg und Manuela von Meinhardis alias Lilli Palmer und Romy Schneider – jene, die zu Soldatenfrauen erzogen wurden und erzogen hatten. Christa Winsloe erzählte ihre eigene lesbische Liebesgeschichte aus dem Internat der Kaiserin-Augusta-Stiftung (vgl. S. 236) als Theaterstück, als Film und als Roman zum Film. Wozu sodann diese behüteten Töchter aus gutem Hause gehören, wie Lenore Wahl, die *Junge Frau von 1914*, die gegen die Werte und Ideale ihrer Potsdamer Familie (vgl. S. 248) kämpft, um sich schließlich ein Stück Selbstbewußtsein und Selbstbestimmung zu erobern. Arnold Zweig, jüdischer Preuße und Sozialist, baut um sie und ihren Freund ein Romantryptichon gegen den wilhelminischen Militarismus. Daneben stehen jedoch auch *Die Potsdamerin* von Hugo Hartung, die durch die Sinnlosigkeit der letzten Kriegsjahre zur großen Persönlichkeit reift, und

Lisa, die Lebensgefährtin von *Jonas vor Potsdam*, die Dieter Lattmann ihre positive Einstellung zur deutschen Teilung finden läßt. Nicht zu vergessen Agnes Gräfin von Scharnitz und ihre Schwiegertochter Christine, die ausgerechnet durch das unbeabsichtigte Zusammenwirken eines sowjetischen Geheimdienstoffiziers mit einem US-amerikanischen Auslandskorrespondenten aus dem Potsdam des real existierenden Sozialismus in den bundesdeutschen Goldnen Westen gelotst werden. Wie es die Kolportage *Üb immer Treu und Redlichkeit* von Curt Riess so will, mit der wir unseren Spaziergang am **Luisenplatz** beginnen – samt der typisch deutschen Unsitte, mit den politischen Prioritäten auch die Namen der urbanen Topographie zu ändern.

»Ein Volkspolizist hatte sich genähert. Er war ... sehr jung.

›Gann ich Ihnen behilflich sein?‹

›Ich suche den Luisenplatz!‹

›Luisenplatz? ... Luisenplatz? Nie davon gehert. Wissen Sä, ich bin nämlich ärst seit ein paar Wochen hier. In Leipzch genn ich mich bässer aas.‹

Der Volkspolizist war weitergegangen.

Dann hörte Thomas neben sich die Stimme einer Frau: ›Sie wollen zum Luisenplatz?‹ Vor ihm stand die Alte mit der Markttasche, in der sich nur wenig Ware befand.

›Sie wollen nach dem Luisenplatz? Daher kommen Sie doch gerade! Der Platz der Nation ist der Luisenplatz – oder war es einmal.‹

›Wie kommt es, daß niemand das weiß?‹

›Manche wissen es schon. Aber es ist nicht ganz ungefährlich, im Potsdam von einst Bescheid zu wissen.‹ ...

Thomas drehte sich um und ging wieder zum Platz der Nation zurück. Wie war doch die Adresse, die die Mutter ihm geschrieben hatte? Luisenplatz 6 a.

Er ging suchend umher. Nr. 8 war ein Städtisches Kinderheim. Nr. 7 eine Stadtapotheke. An dem großen Wohnhaus

Nr. 5 prangte das Schild von zwei Rechtsanwälten, und an Nr. 6 das Schild eines Augenarztes.

Wo war nur 6a?

Hier. Diese Villa, wo die Zimmerstraße in den Luisenplatz mündete. Thomas hatte die Villa zuerst für eine Ruine gehalten, ein gutes Drittel davon war durch Bomben und Beschuß völlig zerstört, aber nun sah er, daß ein Teil des zweistöckigen Hauses noch heile Fenster hatte, und gleichzeitig entdeckte er an der schweren hölzernen Haustür ein weißes Emailleschild: Graf v. Scharnitz.

Er suchte nach einer Klingel.«

Der amerikanische Journalist deutscher Herkunft Thomas L. Gilmore findet, was ihn sein Autor, der amerikanische Journalist deutscher Herkunft Curt Riess, suchen läßt. Doch gibt es dieses Haus Luisenplatz 6a nicht, hat es nie gegeben. Aber es hätte dort stehen können, ist es doch in den später folgenden Beschreibungen dem angrenzenden Stadtpalais Zimmerstraße einfühlsam nachgebildet. Das standesgemäße Ambiente einer Potsdamer Offiziersfamilie, dessen Sippen- und Sittengeschichte kolportiert wird. Sie beginnt mit der Potsdamer Parade aus Anlaß des Sieges im deutsch-französischen Krieg 1870/71 und endet mit dem Flug der letzten von Scharnitz durch den Berliner Luftkorridor in den freien Westen, kurz nach dem Mauerbau 1961.

Bei seinem Entstehen hieß der Luisenplatz zunächst Brandenburger Platz und seit den Weltjugend-Festspielen von 1951 Platz der Nationen (sic!). Wie es dazu kam, daran erinnert sich der ehemalige FDJ-Sekretär* Karli Krüger:

»Nicht nur in Berlin, auch in Potsdam war damals was los. In der Parkoper trat jeden Abend ein anderes ausländisches Ensemble auf. Wir waren für die Betreuung zuständig. Zum Schlafen kamen wir kaum. Bei Begegnungen mit Pierre, Sergej oder Bogumil dachten wir oft: Vor ein paar Jahren hatten wir vielleicht aufeinander schießen müssen! Wir schworen uns Freundschaft für immer und: nie wieder Krieg! Wir begriffen das Wort

›Solidarität‹ und waren eifersüchtig, wenn unsere Mädchen den Bruderkuß allzu herzhaft erwiderten ... Unvergessen bleibt das Abschiedsmeeting zwischen Brandenburger Tor und dem Grünen Gitter von Sanssouci. Seitdem heißt dieser Platz – Platz der Nationen.«

Bis 1840 lagerte der Königliche Bauhof vom Brandenburger Platz bis zum Ufer der Neustädtischen Havelbucht sein Baumaterial, das zumeist auf dem Wasserwege nach Potsdam gebracht wurde. Erst Friedrich Wilhelm IV. fühlte sich in seinem ästhetischen Empfinden verletzt und wies Lenné an, den Platz zu begrünen, mit Blumen zu bepflanzen und mit einer Fontäne zu schmücken, um schon mit dem Zugang zum Park auf die Schönheit von Sanssouci vorzubereiten. Der Bezug zu Sanssouci lieferte auch die Begründung für die unterschiedliche Gestaltung des **Brandenburger Tores.** Während die Stadtseite von Gontard als ein schlichter römischer Triumphbogen konzipiert wurde, machte Unger durch die korinthischen Säulenpaare sowie Mars und Herkules mit dem Schilde aus der Flurseite seine aufwendige Reverenz an den Monarchen.

»Schon formierten sich die Garderegimenter auf dem Luisenplatz: blaue lange Waffenröcke mit weißen Schulterklappen, Helme mit weißen Federbüschen, weiße Hosen. Da waren die grünen Jäger. ... Da gab es das Regiment der Gardes du Corps. ... Da formierten sich die Leibgardehusaren; ... die ersten Garde-Ulanen ... die dritten Garde-Ulanen ...«

Hier irrte Curt Riess; denn für einen Aufmarschplatz versiegelten erst die Nazis 1939 den Luisenplatz; auch die Sozialisten beließen es bei der innerstädtischen Parkplatzbrache. Erst die Bundesgartenschau 2001 machte den Platz wieder grün. Und es wird nicht mehr lange dauern, bis auch die letzten kriegsbedingten Baulücken geschlossen sein werden.

Wir biegen von der Schopenhauer rechts in die Gutenberg- und gleich wieder links in die **Hermann-Elflein-Straße** ein. Das Haus **Nr. 3** hat den Namen »Im Güldenen Arm«. Es handelt sich um das einzige erhaltene Fachwerkhaus seiner Zeit – erbaut

1737, 1744 von König Friedrich II., dem Steinmetzen, Holzbildhauer und Brauer August Melchior Erhadt zum Geschenk gemacht. Heute gehört das Haus zum Potsdam-Museum und zeigt vor allem Objekte zur Geschichte des Handwerks sowie zum Entstehen der Garnisonstadt.

Gleich zwei der erhaltenen **Stadttore** des alten Potsdam sind auf den 800 Metern **Hegelallee** zu absolvieren, die zu ihren besten Zeiten Kaiser-Wilhelm-Straße hieß. Da, wo heute der sandige Mittelstreifen der breiten Verkehrsader verläuft, standen nacheinander die beiden Stadtmauern, die der Soldatenkönig 1722 und 1733 errichten ließ. Dazwischen lag die sogenannte barocke Stadterweiterung, welche die Altstadt nach Norden und Nordosten ausweitete. Das Mauerwerk (vgl. S. 26) diente übrigens nie zur Verteidigung der Residenz- und Garnisonstadt, sondern der Militärpolitik und ihrer Finanzierung. Die Mauer hinderte nicht nur die unwilligen, da zumeist gepreßten Soldaten an Desertion und Flucht; sondern sie förderte auch die Kontrolle und Eintreibung der Tor-Akzise, einer Verbrauchssteuer, die der Importeur und Handelsmann beim Betreten Potsdams zu entrichten und so den Wehretat mit zu finanzieren hatte. Durch die Tore nach Norden marschierten jedoch auch die Regimenter auf die nördlich der Stadt gelegenen großen Drill-, Exerzier- und Truppenübungsplätze, deren letzter erst unlängst nach dem Abzug der Roten Armee mit ihrer Panzertruppe durch den BUGA-Park (vgl. S. 102) zivilisiert worden ist.

Das **Jägertor** am Ende der Lindenstraße führte ursprünglich zur kurfürstlichen Fasanerie, dem **Jägerhof** in der Jägerallee, die 1825 abgerissen und durch eine Unteroffiziersschule ersetzt wurde. Diese ihrerseits – samt ihrer wilhelminischen Stallungen – diente den Sowjets bis in die 1990er Jahre.

Das Jägertor ist das älteste Stadttor und in seiner heutigen Gestalt – anders als bei den anderen erhaltenen Torwerken – dem Bau von 1733 am ähnlichsten. »Jenseits der Mauer war lange Zeit ›nüscht wie Jejend‹. Durchs barocke Jägertor zogen die Soldaten mit klingendem Spiel zu den berüchtigten Schleifplätzen auf dem Bornstedter Feld. Der Anmarschweg verkürzte sich wesentlich, als nach den Befreiungskriegen in der Jägervorstadt mehr und mehr Kasernen gebaut wurden« (Gisela Heller).

Ganz anders das **Nauener Tor**, das ursprünglich dem Jägertor sehr ähnelte. Hier ließen aber König Friedrich II. nach englischen Vorlagen und eigenen Skizzen (Johann Gottfried Bühring 1754/55) und später auch Kaiser Wilhelm I. (1868) kräftig umbauen. Das Ergebnis ist das erste neugotische Bauwerk der deutschen Architekturgeschichte. »Da der Monarch das landesübliche Längenmaß Elle* während des Baus in Meter umstellen ließ, gilt die Tordurchfahrt von jeher als zu schmal« (Hannes Hofmann).

»Nach der Skizze des Königs sollte es im gothischen Geschmacke seyn; ich weiß aber wirklich nicht, ob es bey der Ausführung nach dem zierlichen oder groben Geschmacke gerathen ist. Vielleicht ist es zu Gothisch oder das Gothische mit soviel Modernem vermischt, daß man nicht eigentlich weiß, was es seyn soll.«

Hofbaurat Heinrich Ludwig Manger hielt sich selbst zurück mit Geschmacksurteilen; es hätte ja am Hofe das Geschäftliche beeinträchtigen können. Heinrich Heine konnte zur Neugotik da schon eine größere Lippe riskieren:

»In Frankreich war die Mode des Gotischen eben nur eine Mode, und sie diente nur dazu, die Lust an der Gegenwart zu erhöhen. Man läßt sich die Haare mittelalterlich lang vom Haupte herabwallen, und bei der flüchtigsten Bemerkung des Friseurs, daß es nicht gut kleide, läßt man es kurz abschneiden mitsamt den mittelalterlichen Ideen, die dazu gehören. Ach, in Deutschland ist das anders. Vielleicht eben weil das Mittelalter dort nicht gänzlich tot und verwest ist. Das deutsche Mittelalter liegt nicht vermodert im Grabe, es wird vielmehr manchmal von einem bösen Gespenst belebt und tritt am hellen, lichten Tag in unsere Mitte und saugt uns das rote Leben aus der Brust.«

Der erste neugotische Bau Deutschlands: Das Nauener Tor nach den umstrittenen Umbauten der Jahre 1755 und 1868.

Bis im 19. Jahrhundert die Mauer zunächst durchlöchert und schließlich ganz abgetragen wurde, liefen an ihr zwei Straßen entlang. Die eine – zur Stadt hin – war schon gepflastert und auf ihrer Südseite bebaut. Die andere wurde gerade befestigt und erschlossen, um mit ihrer Bebauung der Nordseite die pompöse Visitenkarte abzugeben für das Zentrum der wilhelminischen Führungsschicht, die sich in der Jägervorstadt massiert niederließ. Ein Adels-Bonmot machte schnell die Runde, das hochnäsig von der Straßenseite der Diamanten versus »der Communication« der Kiesel räsonierte.

Alle auf der Südseite der **Hegelallee** stehenden Häuser, die unter Denkmalschutz gestellt wurden – die **Hausnummern 57-36 und 32** –, belegen einen bescheidenen Lebensstil. Der Architekt Johann Rudolph Heinrich Richter, der auch der Kiezstraße ein einheitliches Gesicht verliehen hatte, hinter dem sich die kleineren Hofbeamten wohlfühlen konnten, hatte neunmal ungefähr dasselbe barocke bürgerliche Wohnhaus gebaut, das zum neu entstehenden Kleinbürgertum paßte. In nur zwei Jahren – den letzten beiden Lebensjahren des Alten Fritzen – bekam die Straße in der Fortschreibung seiner architektonischen Handschrift ihre heutige Frontseite.

Das Dreifachhaus **Hegelallee 33-35** entstand unter der Federführung von Heinrich Ludwig Manger praktisch gleichzeitig als **Infanteriekaserne für Beweibte des Regiments Prinz von Preußen.** Wir erinnern uns: Kasernen gab es damals nur für verheiratete Militärs. Wer noch lediger Soldat war – und das war die Mehrheit –, wurde zwangseinquartiert und wohnte bei wildfremden Wirtsleuten in den eigens dafür geschaffenen Giebelstuben.

Der Mittelbau, das Haus **Hegelallee 34**, »war für viele Potsdamer ein Begriff, nicht nur als **Soldatenheim**, sondern als ein Ort, wo man erst freiwillig, dann gezwungenermaßen Gold für Eisen gab und wo gegen Ende des Ersten Weltkriegs ›auf Abschnitt I der Petroleumkarte mittwochs von acht bis fünfzehn Uhr anstelle von Petroleum drei Kerzen ausgegeben wurden‹. ›Bis fünfzehn Uhr‹ war blanker Hohn. Es reichte gerade bis neun

Uhr, weshalb sich der Normalverbraucher bereits im Morgengrauen anstellte. Viele Potsdamer trugen damals stets einen Beutel und ein Brettchen bei sich, um für alle Fälle gerüstet zu sein und sich beim Schlangestehen in schlechtem Schuhwerk winters nicht die Füße zu erfrieren« (Gisela Heller).

Ein paar Schritte weiter zeigt schon eine große Bronzetafel an, daß das **Haus Nummer 38** von besonderer historischer Bedeutung ist. Wir stehen vor dem Haus, in dem für Jahrzehnte der Gastwirt Ladenthin das **Parteilokal der Sozialdemokratischen Partei** betrieb. Hier im »Vereinszimmer« arbeitete regelmäßig der Arbeiterbildungsverein. Hier wurden seit 1901 mit dem brillanten Anwalt Dr. Karl Liebknecht Inhalt und Taktik des Wahlkampfes um das Reichstagsmandat des Wahlkreises Potsdam-Spandau-Osthavelland diskutiert und verabredet. Der hatte schon 1903 die Parole ausgegeben: »Potsdam ist schwarz; doch Potsdam muß rot werden!« Doch siegte da noch sein konservativer Gegenkandidat. »Wer im Angesicht unseres geliebten Kaiserpaares einem Sozen seine Stimme gibt, hat das Recht verwirkt, sich noch einen guten Deutschen zu nennen.« Der Kaiser selbst hatte sich nicht lumpen lassen und war mit Freibier, Bestechung, Erpressung und Brillantfeuerwerk dem Kandidaten der Rechten beigesprungen. 1907 wiederholte sich die Wahlbeeinflussung und -fälschung. Liebknecht sperrte man in politische Festungshaft. Erst 1912 sollte es dann klappen: Der »Kaiserwahlkreis« fiel unmittelbar vor der Entfesselung des Ersten Weltkrieges an den Sohn des SPD-Mitbegründers Wilhelm Liebknecht. Als im August 1914 der Krieg begann, hielt die Sozialdemokratie noch still und stimmte nicht gegen den Waffengang, so daß der Kaiser das berühmt-berüchtigte Wort sagen konnte, er kenne keine Parteien mehr, er kenne nur noch Deutsche. Im Herbst dann jedoch – nach entsprechenden Sitzungen hier im Parteilokal – ließ sich Liebknecht seine eigene und die Absicht von 14 weiteren »roten« Reichstagsabgeordneten bestätigen, gegen weitere Kriegs-Kredite »Nein« zu sagen. Diese Nein-Sager gründeten zunächst einen linke Spartakusbund* innerhalb der Sozialdemokratie; später entstand aus dieser Gruppierung die Kommunistische Partei Deutschlands.

Übrigens blieb das Gasthaus noch bis zur Machtübernahme der Nazis ein Brennpunkt der parteipolitischen Auseinandersetzung. Straßenschlachten vor der Tür, Spitzel der politischen Polizei im Saal, polizeiliche Razzien und Räumungen unter jedem Vorwand. Und immer wieder Rache für die Liebknechtwahl, zu der Gisela Heller den komischen Kanzelspruch weitergereicht hat:

»O märkisch Volk, wie tief bist du gefallen,
du wähltest Liebknecht, den greulichsten von allen!«

Gegenüber, **Hegelallee 23**, steht das **Werner-Alfred-Bad**, das 1912 erbaut und wegen seiner Dimensionen von den Potsdamern oft »das Goldfischglas« genannt wurde. Es erinnert an den Luftfahrtpionier Werner-Alfred Pietschker, Sohn eines Bornstedter Pfarrers, der seinerseits mit einer Siemens-Erbin verheiratet war. Im Jahr 1910 brach Werner-Alfred aus Begeisterung für die beginnende Fliegerei sein Studium ab, konstruierte einen eigenen Doppeldecker und siegte mit ihm auf den nationalen Herbstflugwochen 1911 in Berlin-Johannisthal. Kurz danach stürzte er – noch keine 24 Jahre alt – tödlich ab. Ihm zum Gedenken ließ seine Mutter das Bad bauen. Die Kosten bezahlte sie aus ihrem (beträchtlichen) Privatvermögen.

Am Haus **Nummer 14** vorbei, wo noch bis in die 1930er Jahre hinein der Generaladjutant des Kaisers Wilhelm II., Generalmajor Moritz Freiherr von Lyncker, wohnte, der seinem Herren bis zu dessen Abdankung als Chef des Militärkabinetts diente, bummeln wir weiter zum **Gerichtsgebäude** in der **Hegelallee 8** samt dem langgestreckten Neubau daneben (heute Teil der Stadtverwaltung). Der Wandel der Zeiten hatte und hat sich hier seine wechselnden Rechts- und Unrechtsinstitutionen geschaffen: Landgericht noch aus Kaisers Zeiten, Gestapokeller bis zur Befreiung, Amtsgericht seit 1945, Stasizentrale bis zur Wende. In ihrer Autobiographie *Das Mädchen Krümel* erzählt Martha Ludwig:

»Eines Tages kamen wir in das Gebäude des ehemaligen Landgerichtes, in dem unsere Freunde seinerzeit (in den Jahren des Dritten Reiches, d. Verf.) ... verurteilt worden waren. Wir wußten, daß die Gestapo hier zuletzt gehaust hatte; aber es ist eine andere Sache, von etwas zu wissen oder es mit eigenen Augen zu sehen. – Wir durchforschten das weitläufige Haus, das unser neuer Arbeitsplatz (als sozialistische Volksrichterinnen, d. Verf.) werden sollte, und stießen in dem katakombenartigen Keller auf einen schmalen Gang, der uns endlos schien. Mir war unheimlich, ich war froh, die energische Hilde bei mir zu haben. Plötzlich stockte sie und prallte entsetzt zurück: vor uns lagen die Todeszellen, vollkommen schwarz gestrichen, Wände schwarz, Decken schwarz, sogar der Zementfußboden trug schwarze Flecke. Oder war es geronnenes Blut? Eine Gruft, in der die Gestapo ihre Opfer tausend Tode sterben ließ, bevor sie zur Hinrichtung geführt wurden.

Die Zellen befanden sich noch in dem Zustand, in dem sie im April fünfundvierzig von Soldaten der Roten Armee aufgebrochen wurden. Wen mögen sie aus diesem Grab ins Leben zurückgeholt haben?

Auf jeder der schmalen Holzpritschen lag ein vertrockneter Blumenstrauß. An den schwarzen Wänden, eingeritzt, Namen, Davidsterne, Sowjetsterne, letzte Bitten: ›Betet für mich!‹ oder ›Trotz alledem!‹«

Mehrere Autorinnen und Autoren haben die Nordseite der ehemaligen Kaiser-Wilhelm-Straße für den am besten geeigneten Ort gehalten, um Niedergang und Verarmung des preußischen Adels nach der Revolution von 1918 zu veranschaulichen. **Hegelallee 4**: In dieser Villa wohnten nacheinander zwei bedeutende Köpfe aus den nationalkonservativen Eliten, die entgegengesetzte Wege gingen. Der erste, General von Dommes, marschierte in die Reaktion. Der andere, General von

Stülpnagel, wurde zu einem der Motoren der Anti-Hitler-Opposition.

»Die gewesenen Herren häkelten an dem feinmaschigen Netz, mit dem sie alle Republikaner von Rot bis Schwarzrotgold fangen wollten. General a. D. von Dommes, als Schirmherr der Vereinigten Vaterländischen Verbände, häkelte am eifrigsten. Das Adreßbuch 1927/28 gibt Auskunft, wer alles unter seinem Schirm vereinigt war: die Deutschnationale Volkspartei, die deutsche Volkspartei, die Adelsgenossenschaft, der Alldeutsche Verband, der Deutsche Offiziersbund, der Jungdeutsche Orden, der Jungsturm, der Kleinkaliberschießverband, der Nationalverband deutscher Offiziere, der Reichsoffiziersbund, die Ritterschaft Potsdam der Ehrenmünze des Weltkrieges, der Stahlhelm, der Turnverein ›Friedrich Friesen‹, der Verein ehemaliger Unteroffiziere, der Wehrverein und der Preußenbund. Und drumherum rankten sich noch vierzig Kriegervereine! Alle diese Ehemaligen wählten deutschnational, in der Hoffnung auf eine neue Monarchie, die ihnen den alten Glanz zurückbringen sollte.« (Gisela Heller)

Gut 15 Jahre danach zog General Karl-Heinrich von Stülpnagel, der zum engsten Kreis des Offizierswiderstandes gegen Hitler gehörte, aus dem selben Haus an die französische Westfront, um seinen unmittelbaren und einzigen Vorgesetzten zu beschwören, sich den Hitler-Attentätern anzuschließen. Vergeblich. Feldmarschall von Kluge hatte den Verschwörern zwar mehrfach zugesagt, am Tag des Umsturzes an ihrer Seite zu sein. Aber als er erfuhr, daß Hitler lebt und der Putsch in Berlin gescheitert war, fiel er um. Er enthob von Stülpnagel aller seiner Ämter und erteilte ihm einen Marschbefehl zurück ins Reich. Der General überlebte schwer verletzt einen Selbstmordversuch und wurde am 30. August 1944 hingerichtet.

Aus der Zeit, als in der **Hegelallee 4** die sowjetische Stadtkommandantur residierte, berichtet eine Anekdote. Im Garten waren Erdarbeiten befohlen, und bald sei man auf eine Offizierskiste gestoßen, der die militärische Herkunft ohne Schwierigkeiten anzusehen gewesen sei. Als die Sowjets das Ding öffneten, erwies es sich als echte Schatzkiste, gefüllt mit Tafelsilber. Heraldiker fanden dann schnell heraus, daß es der Familie von Stülpnagel gehörte.

Im Verzeichnis der Potsdamer Denkmalschutzbehörde betrifft die Bezeichnung **Villa Quistorp** zwei Bauten auf der Hegelallee. Im öffentlichen Bewußtsein gibt es die Villa jedoch nur einmal: unter der Hausnummer 1, für lange Zeit Wohnsitz einer Kommerzienratswitwe. Dorothee Goebler assoziiert für das Frauenleben in der Zwischenkriegszeit in ihren *Potsdamer Plaudereien*:

»Die alte Potsdamer Dame hat immer ein bißchen abseits vom Leben gestanden, sorglich gehütet vor seinen Unbilden durch die Familie und ihre Traditionen, eingesponnen vom Haushalt und seinen Geschäften. Sie hat vielleicht als Tochter ihre alten Eltern bis zum Tode betreut und, selber allem entsagend, sich für die Ausbildung der Brüder aufgeopfert. Sie hat mit dem knappen Beamtengehalt des Mannes gespart und gerechnet, um die Repräsentation aufrechtzuerhalten und die Kinder etwas werden zu lassen. Nun sitzt sie da mit ihrer kleinen Pension. ... Wenn sonntags die Kirchen aus sind, kann man sie durch die Straßen wandeln sehen, mit Gesangbuch und Pompadour. Am Nachmittag taucht sie im Park wieder auf. Die alte Dame macht selten oder nie die Mode des Tages mit, einmal nicht, weil sie sie von vornherein empörend findet, und zweitens, weil sie es nicht kann. Denn den alten Damen von Potsdam geht es schlecht. Wer Raum hat, vermietet. Manche behelfen sich durch Verkäufe von Sachen, altes Familienerbe, Silber, Porzellan, Möbel aus Urgroßvaters Tagen. Aber sie sind meist nicht geschäftstüchtig, und so steckt der Händler den Profit ein, während sie selber sich mit ein paar Bettelpfennigen begnügen müssen.«

Bevor wir links in Richtung der Russischen Kolonie Alexandrowka abbiegen, fällt mir noch ein: Auf der »ärmlichen« Seite der Hegelallee, gegenüber, im Haus und im Hofgebäude der

Nummer 53, haben Nachfolger die **Druckerei von Edmund Stein** wieder erstehen lassen. Hier entstand fast acht Jahre lang und für weitere sechs in der Vereinsdruckerei am Bassinplatz die *Weltbühne* (vgl. S. 155). Und heute kümmert sich von dort aus das **Brandenburgische Literaturbüro** um die märkische Dichterlandschaft.

Eine knappe Viertelstunde Fußweg am **Rathaus** vorbei die Friedrich-Ebert-Straße entlang nach Norden liegt hinter dem Nauener Tor **die Alexandrowka**: eine Russische Kolonie von zwölf Bauernhäusern, dazu ein dreizehntes Haus für einen deutschen Aufseher und 500 Meter weiter auf dem Kapellenberg die Alexander-Newski-Kapelle mit einem vierzehnten Haus als Popenwohnung. Die Siedlung, deren Grundriß ein Andreaskreuz zeigt, wurde als Heimstadt für die letzten zwölf Überlebenden von über 60 russischen Gefangenen errichtet, die einen Soldatenchor bildeten und ins Potsdamer I. Garderegiment zu Fuß eingegliedert waren. Zur Baugeschichte steuert Claus-Dieter Steyer in der *Berliner Zeitung* einiges Indiskrete bei:

»Der Blick durch die offene Tür zeigt den ganzen Schwindel. Das ist gar kein Blockhaus, schon gar kein russisches. Auf ein ganz gewöhnliches deutsches Fachwerk wurden lediglich gewölbte Dielenbretter geschraubt. Doch die Imitation gelang perfekt. Dank der verschnörkelten Säulen, der mit Schnitzereien verzierten Balkons, der aufwendigen Ornamente der Giebelbretter und Fensterläden täuscht die Fassade selbst Kenner der russischen Architektur. ›Solche wunderbar erhaltenen Blockhäuser gibt es in meiner Heimat nur noch selten, höchstens als Museum‹, staunte der ahnungslose Freund aus Moskau.«

Die Alexandrowka hatte zwei Gründungsideen: eine historisch-taktische und eine ideologisch-grundsätzliche. Zum Historischen reicht Gisela Heller den reimenden Volksmund eines gewissen *Lehrers Höpfner* weiter:

»Aus den Kriegern, die in Kurland
Rußland gegen York verlor,
hat der König sich erwählet
einen russ'schen Sängerchor.

Zweimal zogen mit den Garden
Preußens sie bis Paris,
sangen ihres Volkes Weisen,
wenn es sie der König hieß.

Trugen keine Wehr und Waffen,
Glöckchen nur und Tamburin;
singend zogen nach Paris sie,
singend dann nach Potsdam hin.

Als ein Denkmal der Erinn'rung
an den russ'schen Freundschaftsbund
baut ein Russendorf der König,
baut es nah bei Potsdams Grund.

Jedem Sänger fällt ein Häuslein
völlig eingerichtet zu,
völlig, bis auf Topf und Spinnrad
und im Stall die bunte Kuh.

Bis auf Baum und Strauch im Garten
fertig jedes Russenheim.
›So, nun eßt und trinkt zuviel nicht
und gewinnet Honigseim!‹«

Das Gedicht erweckt den Eindruck, als hätten sich die sentimentalen Volkssänger aus Rußland in einem geschenkten Schlaraffenland niedergelassen. Dabei waren die Auflagen für Gärtnerei, Landwirtschaft, Viehzucht sowie die Pflege von Haus samt Hausrat streng und nur bei großer gemeinsamer

Anstrengung aller Familienmitglieder zu erfüllen Wer sie nicht schaffte, mußte das Anwesen verlassen. Und das betraf auch solche Familien, die nur Mädchen zur Welt brachten, da die weitere Nutznießung der Alexandrowka-Immobilien an die Fortsetzung des jeweiligen Nutzer-Namens durch einen männlichen Erben gebunden war. Zu den Aufgaben des deutschen »Aufpassers« im **Haus Nr. 1** gehörte daher auch die Geburtenaufsicht, die verhindern sollte, daß Babys ausgetauscht oder gar untergeschoben wurden.

In zwei Häusern leben heute immer noch direkte Nachkommen der ersten Chor-Sänger: im **Haus Nr. 7** die Grigorieffs und im **Haus Nr. 11** die Schischkoffs. Von Besuchen beim Großvater des derzeitigen Haushaltsvorstandes Schischkoff hat Erika von Hornstein in *Adieu Potsdam* geschrieben:

»Ab und zu durfte ich Mariechen (von Ysselstein, d. Verf.) in eines der russischen Holzhäuser, Datschen genannt, begleiten. Vom Balkon aus war das spitze, hölzerne Dach zwischen Obstbäumen zu erkennen. Mariechen kaufte bei Schischikow Äpfel, Birnen und Zwetschgen für den Winter zum Einkochen. …

Schischikow empfing uns, den Bart fächerförmig über die Brust gebreitet, unter dem hölzernen Torbogen seines Gehöftes. Auch zu mir beugte er sich in tiefer Verneigung, so daß ich aus seinem Mund den Obstschnaps riechen konnte. Schischikow brannte Schnaps wie seine Vorfahren, und wie sie schlürfte er das scharfe Wässerchen zu jeder Tages- und Nachtzeit.

Hinter dem geschnitzten Holzgitter der Veranda saßen seine fünf Töchter, die Zöpfe als Kränze um die runden Köpfe gelegt, und sortierten Obst in große Körbe. Eine Hand legte jedes Mal einen Apfel oder eine Birne, glatt und süß, in meinen kleinen Korb.«

Ungefähr 30 Jahre danach wohnte im Hause des Ehepaars Schischkoff der Lyriker, Erzähler, Essayist, Filmautor und Regisseur Horst Bienek in einer kleinen und ungemütlichen Bude. Dort ging Martin Gregor-Dellin ein und aus, dort besuchte ihn häufig die feministische Schriftstellerin Christa Reinig, die mit

Bienek zusammen 1948 den »Literaturpreis für junge Autoren« des Kulturbundes bekommen hatte. In ihrem Essay *Bienek lesen* steht:

»Ich weiß nicht, wie oft ich nach Potsdam gefahren bin, um Horst zu besuchen. Aber ich weiß, daß ich durch drei Kontrollen ging, am Bahnhof Friedrichstraße, wo ich den Ost-Sektor verließ und durch West-Berlin fuhr, bei Babelsberg, wo ich West-Berlin verließ und in die DDR einfuhr, und beim Durchgang der Potsdamer Bahnsperre. Dann ging es weiter durch Potsdam hindurch bis in die Russische Kolonie. Dort, in einem der altrussischen Holzhäuser, wohnte Horst zur Untermiete. Da saßen wir dann in dem kleinen Kabuff, hörten westliche Sender und lasen westliche Bücher und Zeitschriften. Wir wußten, daß wir Verbrecher waren. Aber wir waren Verbrecher mit gutem Gewissen und im Ernst rechneten wir nicht damit, daß wir für unsere westlichen Neigungen bestraft werden würden.«

Während Christa Reinig im wesentlichen unbehelligt und 1964 aus Anlaß einer Preisverleihung in Bremen in der Bundesrepublik blieb, wurde Horst Bienek am 8. November 1951, dem Jahrestag der Revolution, von der Stasi festgenommen und den Sowjets übergeben (vgl. S. 235).

Im Rückblick klagt er in seiner Autobiographie *Traumbuch eines Gefangenen*:

»Du bist jung, einundzwanzig erst, und du gehst friedlich deinen Weg zum Kolleg, plötzlich wirst du von Pistolen bedroht und in einen nassen, muffig riechenden Kerker geworfen, der Staat steht vor dir, breitbeinig und ein wenig fett, mit dem roten Stern an der Uniformmütze, und sagt: Du bist mein Feind und mußt vernichtet werden.«

Wie gesagt, vordergründig war die Ansiedlung der russischen Sänger dem Kalkül zu verdanken, es mit dem Zaren nicht zu verderben. Als während der napoleonischen Kriege Preußen und Russen nämlich auf verschiedenen Seiten kämpften, hatte die Truppe des Generalleutnants Hans David Ludwig Graf

York von Wartenburg zwar einige hundert russische Gefangene gemacht, bekam aber gleichzeitig den Befehl, diese Gefangenen ganz besonders gut zu behandeln ... sozusagen als Angeld auf eine bessere und wohlwollendere Beziehung zwischen den beiden Ländern und Höfen in Zukunft. Und so ließ sich der bis zur Knauserigkeit sparsame König Friedrich Wilhelm III. dann auch nicht lumpen, als die Kolonie statt der etatisierten 45 000 Taler mehr als das doppelte kostete.

Dahinter steckten jedoch eben grundsätzliche Einstellungen. Seit dem Tode der Zarin Elisabeth von Rußland und mit der Regierungsübernahme durch Peter III. hatte ein Bewunderer Friedrichs des Großen und der preußischen Politik die Beziehungen zwischen Berlin und Sankt Petersburg freundschaftlich gefördert. Diese positive Einstellung führte über die Heirat des späteren Zaren Nikolaus mit der preußischen Prinzessin Charlotte und der Hochschätzung Deutschlands bei den russischen Gebildeten, wie sie sich zum Beispiel in Tolstojs *Krieg und Frieden* ausführlich niederschlug, bis zur Anwerbung zahlreicher preußischer Beamte und Offiziere für russische Dienste. Dem entsprach auf preußisch-deutscher Seite nicht nur eine Politik des Friedens und der Freundschaft, die von der Russophilie des Königs Friedrich Wilhelms III. bis zu den russenfreundlichen Abkommen des Kanzlers Otto von Bismarck reichte, sondern begriff auch die persönlichen Empfindungen und Überzeugungen der Monarchen selbst mit ein. »Vielleicht wirkte in Preußen noch eine untergründige Slawophilie mit, zu danken dem Umstand, daß man auf altem Wendengebiet siedelte und über eine westslawische Minderheit im eigenen Stammesterritorium gebot, die Sorben.« (Rolf Schneider)

Bezogen wurde die Kolonie am 2. April 1827. Der erste Gottesdienst in der orthodoxen **Alexander-Newski-Kapelle*** fand erst am 10. Juli 1829 statt. Denn Karl Friedrich von Schinkel hatte in Ruhe und mit großer Sorgfalt darauf geachtet, keine Stilfehler zu machen, wofür er sich der fachmännischen Beratung durch den russischen Architekten Wassilij P. Stassow versicherte. 1922 hat der Berliner Mundartdichter Franz Lederer unter dem Titel *Märkische Fahrten* einen Wanderführer geschrieben, in dem es zur Kapelle heißt:

»Als der Krieg ausbrach, war's mit dem russischen Gottesdienst zu Ende, und seitdem steht die Kapelle verwaist da. Jetzt macht das kleine Gotteshaus mit den verrammelten Türen einen unglaublich traurigen Eindruck. Oft habe ich davor gestanden und den in Lava gemalten, russischen Nationalheiligen Alexander Newsky fragend angeblickt, ob er mir die Pforten zu seinem kleinen Heiligtum nicht öffnen wolle. Endlich ließ sich der Heilige erweichen und gewährte mir Zutritt. Was ich sah, übertraf meine Erwartungen um vieles. Hier ist eine Kostbarkeit Potsdams verborgen, von der die wenigsten eine Ahnung haben. Der eigentliche Kapellenraum, quadratisch im Grundriß, ist nicht viel größer als ein Zimmer. Bänke fehlen, da die Russen während des Gottesdienstes standen. …

Alles ist puppenhaft klein: die Altarnische, das Allerheiligste ist durch einen Vorhang und die ›heilige Wand‹ von der übrigen Kirche getrennt. Zögerns ziehe ich den Vorhang beiseite und trete in das Allerheiligste, das nur der Pope betreten durfte. Ich blicke mich um in dem kleinen Raum. Wie erhaben und feierlich muß es gewesen sein, wenn der Pope im kostbaren Gewande hier vor seinen 40 Zuhörern den Gottesdienst errichtete. Staub und Spinngewebe lagern jetzt auf den Resten vergangener Herrlichkeit und stimmen einen wehmütig. …

Zaren und russische Großfürsten haben dies Kapellchen geliebt und gehegt und mit kostbaren Weihgeschenken ausgestattet, die auf so kleinem Raum geradezu wie unerhörter Luxus wirken. Ein Bild reiht sich neben das andere, alle von ersten Künstlern gemalt: am schönsten ein Bild der schmerzhaften Mutter Gottes mit so ausdrucksvollen Gesichtszügen, daß, wer es einmal gesehen, dies edle Leidensgesicht nicht mehr aus dem Gedächtnis verliert. Die ›heilige Wand‹, mit geschnitzten Ornamenten in Holz ausgeführt, ist völlig vergoldet und läßt Schinkelschen Einfluß erkennen. Seltsam, wie die Russen ihre Heiligen darstellen. Die Körper in Gold getrieben, während das Gesicht und die Hände gemalt sind. Wie geblendet bleibe ich vor so einem Heiligenbildchen stehen. Ist doch das Köpfchen der Heiligen ganz mit blitzenden Diamanten eingefaßt und der Rahmen mit Türkise besetzt. Potsdamer Schätze, von denen nur wenig bekannt ist. Und das sind nur die Reste der Pracht; denn das meiste hat man beim Ausbruch der Revolution nach dem Städtischen Museum gebracht.«

Wer schauen will, was seit 1986 nach Glasnost und Perestroika und deutscher Einheit und Ende der Sowjetmacht und Abzug der russischen Soldaten und Restaurationsarbeiten aus der vergangenen Pracht wieder entstanden ist, der gehe einmal in einen Gottesdienst, den Erzpriester Anatolij Koljada sonnabends um 17 Uhr und sonntags um 10 Uhr hält.

Was ist geblieben? Diese Frage stellt sich der historisch und literarisch motivierte Besucher Potsdams ständig. Aber auch der Naturfreund fragt so angesichts dieser einmaligen Verbindung von Kunst und Natur, von der Ordnung des Menschen mit der Ordnung der Natur, wie sie die Potsdamer Gärten präsentieren. Auch die Bundesgartenschau des Jahres 2001 mußte sich von Anfang an diese Frage gefallen lassen ... und sie hat zwei gewichtige Antworten gegeben: den **BUGA-Park** selbst, einen Volkspark als Naherholungsgelände für die angrenzende neu entstehende Gartenstadt, und die **Biosphäre Potsdam**, eine in Deutschland einmalige Halle für eine interaktiv erschließbare Naturerlebniswelt, in der man sich auf den virtuellen Spuren des Fürsten Pückler (vgl. S. 284) aus den Gartenphilosophien des 19. Jahrhunderts über die Unterwasserforschung des 20. und andere reizvolle Umwege in die Biosphäre des vor uns liegenden 21. begeben kann. Der BUGA-Park 2001 blieb auch nach Schließung der Ausstellung und seiner Wiedereröffnung als Erholungsort ein krisenfester Anziehungspunkt für Bewohner und Besucher Potsdams, wenngleich Jens Bisky wohl recht hat, wenn er zwar in der *Berliner Zeitung* anerkennend darauf hinweist, wie aus dem ältesten Truppenübungsplatz Deutschlands ein großes gärtnerisches Vergnügen geworden ist, aber dennoch meint:

»Und doch stellt sich das sanfte Empfinden von Freiheit nicht ein, das schon wenige Meter entfernt auf dem Pfingstberg ganz zwanglos sich ergibt. ... Gärten waren auf verschiedene Weise immer ein Gegenbild zur Geschichte, zum unbeherrschbaren Wechsel. Dieses Gegenbild entstand, indem man Menschliches in die Landschaft integrierte, die Ordnung des holländischen Gartens so gut wie das Tempelchen im englischen. Im Ineinander von Natur und Kunst schuf jeder Garten seine eigene Zeit, sie entsprach der Epoche und überschritt sie ins Verwunschene. Auf dem Bornstedter Feld fehlt ein solcher Ehrgeiz und damit auch das Märchenhafte früherer Gärten.«

Was am Park schmerzlich vermißt wird, das scheint jedoch die Biosphäre Potsdam einzulösen. Vor allem durch das Juwel des Berliner Architektenbüros Barkow/Leibinger, eine 200 Meter lange und 72 Meter breite Halle, praktisch nur ein Dach, das auf neu aufgeschütteten Erdwällen liegt. Einem Ufo nicht unähnlich, das seinen Besuch auf den ehemaligen Übungswällen der Panzerfahrer macht. In der Halle selbst herrschen 28 Grad Celsius und 80 Prozent Luftfeuchtigkeit, bieten also den schönsten tropischen Pflanzen ein Zuhause. Und die Forschungsstationen warten auf den neugierigen Besucher, der seine eigenen Experimente macht. In seinem Einladungstext zur Eröffnung lockt Steffen U. Tietze zum Besuch in der Erlebniswelt:

»Dies ist die Biosphäre: Forschen, Staunen, Entdecken. Sie selbst interagieren mit der Natur, erfahren, wie Tiere sehen, versuchen Wasser in die Spitze von Mangroven zu befördern, beobachten Fische und erleben die Welt von oben. Lassen Sie sich in eine ferne Zeit entführen und seien Sie Teil einer wunderschönen Geschichte ...«

Nachzutragen bleibt, daß die Stadt Potsdam eine Ehrenschuld eingelöst hat: Das neu erschlossene Siedlungsgebiet im Südteil des BUGA-Parks trägt die Namen kritischer bürgerlicher Geister. Von Hermann Kasack über Jochen Klepper und Georg Hermann bis Horst Bienek.

Wie wär's zum Schluß mit Schmidt von Werneuchen – trotz seiner naiven Naturaneignung?!

Du brennst, die innre Pracht der Königsschlösser
Durch's Augenglas mit Staunen anzusehn;
Ich eile, Freund, nach diesen wilden Höh'n,
Und nutze, traun! den schönen Morgen besser.
Bei todter Kunst verweilt dein Auge nur;
Hier aber lebt und webt Natur, Natur! ...«

DRITTER SPAZIERGANG

Durch die »Brandenburger« und ihre Nebenstraßen zum Neuen Markt und weiter zum Platz der Einheit

Was jüdische Geschäftsleute befördert, französische Tabakhändler verdient, preußische Dichter beschworen und Brandenburger Archivare bewahrt haben

Als Kurfürst Friedrich Wilhelm, genannt »der Große«, im Jahr 1660 Potsdam neben Berlin zu seiner zweiten Residenz in Brandenburg erhob, wohnten in diesem Nest zwischen Flüssen und Sümpfen keine Juden. Wie auch andernorts im Heiligen Römischen Reich Deutscher Nation samt seiner Grenzmarken waren sie massenweise verjagt, massakriert und verbrannt worden, wenn es der Aberglaube beziehungsweise das kirchliche Dogma verlangte – zum Auftakt von Kreuzzügen oder auch zur Zeit des Schwarzen Todes, der Pest von 1348 bis 1350, oder sogar auf Grund der eifernden Judenfeindschaft des Reformators Martin Luther. Sobald jedoch finanzielle Kompetenz gefragt war, dann wurden sie ins Land zurückgeholt: die Banker und Geldverleiher, die Vieh- und Getreidehändler, die Trödler, Altwarenhändler und Wanderverkäufer. 1573 war es wieder mal so weit gewesen. Nach den üblichen antijudaistischen Verleumdungen kam es zu pogromähnlichen Übergriffen sowie Prozessen, die mit Recht und Gerechtigkeit nichts zu tun hatten; anschließend mußten alle überlebenden Juden das Kurfürstentum Brandenburg verlassen. Fast genau hundert Jahre danach ließ man sie wieder hinein, allerdings unter Anwendung strenger Auswahlkriterien und unter erheblichem finanziellen Aderlaß.

Nimmt man es ganz genau, dann beginnt die Rückkehr der Juden in die Mark und nach Potsdam am Hof der Habsburger in Wien. Die »allerkatholischste« Gemahlin von Kaiser Leopold I. ist während der Schwangerschaft falsch behandelt worden, so daß es zu einer Fehlgeburt kommt. Zu den Ärzten und Kurpfuschern, welche die Majestäten umgeben, gehört auch ein

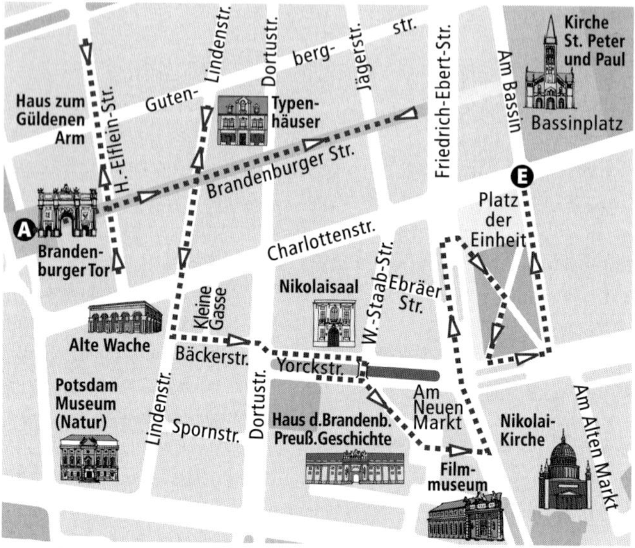

jüdischer Mediziner. Die Kaiserin gibt diesem und »den Juden« die Schuld an der Fehlgeburt und setzt damit längst vorbereitete Maßnahmen zur Auflösung der Wiener jüdischen Gemeinde in Bewegung. Durch Vertrauensleute läßt der Große Kurfürst wohlhabende jüdische Flüchtlinge wissen, daß er bereit sei, einigen Familien Zuflucht zu gewähren. Drei Abgesandte erscheinen im Mai 1671 am Potsdamer Hof und handeln die Bedingungen für ihre Ansiedlung aus. Noch im Laufe des Sommers ziehen 50 jüdische Großfamilien in die Mark. In einem entsprechenden Edikt wird – zunächst für 20 Jahre – bestimmt, daß diese Juden sich im ganzen Lande und auf allen Märkten frei bewegen, Grund- und Hauseigentum erwerben und als ehrbare Kaufleute »mit neuen und alten Kleidern handeln« dürfen. Von Anfang an murrt die Potsdamer christliche Konkurrenz, aber sie schickt sich in das Unvermeidliche. Anders in der Residenz Berlin, wo die *Kaufmannschaft* eine *Bittschrift* entwirft und dem just in Potsdam weilenden Kurfürsten am 23. August 1673 übergibt.

»Ob wir wohl als Ew. Kurf. Durchl. gehorsamste Untertanen die allgemeine Landesbürden getreulich tragen helfen und unter der allerschwersten Last mit den edlen Kleinod der damaligen Nahrung uns dennoch notdürftig, wie hart es auch gehalten, geholfen haben, daß wir nicht zu Grunde gegangen seind, so will doch nunmehr, da wir eine Zeit her durch das freie Hantieren der fremden Kaufleute meistens abgemergelt worden, unser gänzlicher Verderb durch den Zulauf der Juden leider vollends befordert werden. Dann diese Unchristen laufen von Dorf zu Dorf, von Städten zu Städten, geben eines an und nehmen das andere wieder, wodurch sie nicht allein ihre angelegene und verdorbene Waren loswerden und mit alten Lumpen die Leute betrügen, sondern auch alle Arbeit, und vor andern den Handkauf, sonderlich in Silber, Messing, Zinn und Kupfer (dessen wir gar nicht mehr mächtig werden können) verderben und halten dergestalt allenthalben und alle Tage Jahrmarkt, daß wir auch nunmehro auf den ordentlichen Jahrmärkten im Lande, die uns sonsten ziemliche Nahrung gegeben, nicht das Fuhrlohn, geschweige denn andere Kosten, noch weniger das liebe Brot mehr verdienen können.«

Doch dem Herrscher sind die Sondereinkünfte, die er aus den zahllosen Sonderbesteuerungen der Juden bezieht, wichtiger als der Protest der Gilden und Innungen. Er lehnt schroff ab.

1690 gibt es den ersten jüdischen Hausbesitzer in Potsdam. Und im Sommer 1730 beantragt der Schutzjude David Hirsch bei Hofe die Genehmigung, eine Fabrik zur Herstellung von »Sammet und Seyden« betreiben zu dürfen. Gegen den Widerstand angesehener Bürger gibt das Kabinett dem Gesuch statt. König Friedrich Wilhelm I. tut ein übriges, indem er Hirsch ein siebenjähriges Monopol zur Samt- und Seidenweberei erteilt und ihm an der **Brandenburger** und der Nauener (heute **Friedrich-Ebert-)Straße** fünf Häuser zur Verfügung stellt. Zwei Jahre später kommt eine Manufaktur für Wollplüsch hinzu; nach

Die »Brandenburger«: 68 denkmalgeschützte Häuser auf der schnurgeraden Einkaufsmeile zwischen Brandenburger Tor und der katholischen Probsteikirche St. Peter und Paul.

nochmals vier Jahren wird das Monopol um weitere zehn Jahre verlängert und die Einfuhr von Samt, Seide und Plüsch nach Potsdam verboten.

Insgesamt verlief die jüdische Zuwanderung nach Potsdam zunächst eher zögerlich. Den Familien war zwar die freie Religionsausübung zugesichert, die Realisierung der drei rituellen Säulen jüdischer Frömmigkeit – Synagoge, Tauchbad und Friedhof – jedoch versagt worden. So hielten sich die Potsdamer jüdischen Familien zunächst zur Synagogen-Gemeinde von Berlin, brachten auf den dortigen Friedhof auch ihre Toten. Erst Ende 1743 überließ die Stadt Potsdam den Juden weit vor den Toren am damaligen Eichenberg einen Platz, »welchselbiger sonst zu nichts zu gebrauchen war«, bis zur Auferstehung am jüngsten Tage als Begräbnisstätte. Der **Jüdische Friedhof**[1] am nördlichen Ende der **Puschkinallee** ist heute »ein Zeichen des Leidens der Potsdamer Juden im 20. Jahrhundert. 460 Juden lebten laut Reichsstatistik 1933 in der Stadt. Nach dem Krieg kehrten lediglich zwei zurück. Die einst stattliche Trauerhalle aus dem Jahre 1912 zerfiel zu DDR-Zeiten zunehmend, die Anlage war kaum geschützt. Dabei ist der Friedhof das einzige noch erhaltene Zeugnis jüdischer Kultur in Potsdam, nachdem die Reste der Synagoge am Wilhelmplatz (heute Platz der Einheit, d. Verf.) ein Opfer der Bombennacht von 1945 wurde. Erst 1988, im Gedenkjahr der Pogromnacht*, besannen sich die Potsdamer Stadtväter der jüdischen Traditionen in der Stadt, nachdem in einer kirchlichen Ausstellung auf die Geschichte der Juden in Potsdam aufmerksam gemacht worden war. Mitglieder der Aktion Sühnezeichen* räumten den Friedhof auf, ein Teil der Friedhofsmauer wurde notdürftig mit unpassenden Steinen geflickt, die benachbarten Kleingärtner mußten einige ihrer Gemüsebeete auf dem Friedhof aufgeben.« (Ingo Lamberty)

Mittlerweile ist die Instandsetzung des Areals vorangegan-

1 Nach jüdischer Glaubensvorstellung ist ein Friedhof für alle Zeiten unantastbar. Tote dürfen nicht umgebettet, Begräbnisplätze weder eingeebnet noch für andere Zwecke umgewidmet werden.

gen; es ist jedoch geschlossen und nur im Rahmen von Führungen zu betreten.

Erst in der zweiten Hälfte des 18. Jahrhunderts bekommt jüdisches Leben in Potsdam so etwas wie Normalität. Jüdische Unternehmer gründen weitere Textilmanufakturen sowie eine Stickerei, die sich vor allem der Verschönerung der Offiziersuniformen und Achselstücke annimmt. Die mittlerweile rund 30 Sippen verschulden sich schwer für den Bau einer Synagoge und die Anstellung eines Rabbiners, als 1769 König Friedrich eine Idee hat. Den Siebenjährigen Krieg hatte er zwar durch eine Verkettung glücklicher Umstände gewonnen, aber Preußen ist auf Grund der Kriegskosten praktisch bankrott. Trotzdem will Fritz den europäischen Großmächten beweisen, daß er noch lange nicht am Ende sei. Er läßt das Neue Palais bauen – Kunst und Luxus pur. Immer wieder in den sieben Jahren Bauzeit werden die Arbeiten wegen Geldmangels unterbrochen. Bis, wie gesagt, der König eine Idee hat: das Porzellangesetz. Es besagt, daß alle jüdischen Kaufleute gesetzlich verpflichtet sind, regelmäßig Porzellan der 1763 gegründeten KPM – Königliche Porzellan-Manufaktur zu kaufen und weiterzuverkaufen. Doch nehmen die Transportverluste derartige Ausmaße an, daß die Vertriebskosten bald die Erlöse übersteigen. 13 sogenannte »Porzellanjuden« geraten in Zahlungsschwierigkeiten. Nach Androhung der Todesstrafe schaffen es zwölf von ihnen, den Zwangshandel mit geringeren Mengen fortzusetzen. Einer, Abraham Wallach, schafft es nicht, geht bankrott und wird zum Tode verurteilt, aber anschließend begnadigt. Kurz nach dem Tode Friedrichs II. wird das unsinnige Gesetz abgeschafft.

In zwei seiner Romane ist Georg Hermann – selbst ein jüdischer Berliner – eingetaucht in das jüdische Milieu Potsdams. Seinen *Heinrich Schön jun.* läßt er im Biedermeier in einer Familie solcher ehemaliger Porzellanjuden spielen, deren Nachkommen jetzt ein mittelständisches Textilunternehmen betreiben (vgl. S. 26). In seinem *Grenadier Wordelmann* dagegen nimmt er uns mit ins Regiment Garde-du-Corps in Potsdam und einen kleinen Landgasthof bei Brandenburg um das Jahr 1785. Die Verbindung zwischen beiden Orten der Handlung hält der jüdische Hausierer Nathan Reimann, der wegen seiner guten Orts- und Milieukenntnisse in der Umgebung der Residenzstadt gerne zu verantwortungsvollen und vertraulichen Botengängen herangezogen wird – vom Ausrichten auswendig gelernter mündlicher Nachrichten über die bare Begleichung offener Rechnungen bis zur Zustellung von Dokumenten und Verschlußsachen.

»Gegen Abend einmal kam ein kleiner, weißblasser, sehr stiller, dunkelgekleideter Mensch mit Schnallenschuhen und Schnallenhosen, mit einem schwarzen Käppchen auf dem Hinterkopf, mit einem braunroten geteilten Bärtchen und mit braunroten, ungepuderten Haaren in den Krug, stellte seinen Packen unter die Bank und legte seinen Schnappsack auf den Tisch und sagte mit ganz leisen Bewegungen seiner kleinen, blutlosen Hände – es sah aus, als ob er Harfe spielen wollte –:

›Verzei'n Se‹, sagte er, ›bin ich hier recht bei Herrn Christian Schmitzdorff? – Schön! Ich hab' nämlich 'ne Kommission an Sie. Se möchten – es wäre bewilligt inzwischen worden – mit dem Fräulein Jungfer am Dienstag, den siebten August, des Abends um acht Uhr nach Potsdam in das Haus von dem Schwertfegermeister Zanger in der Schustergasse – ich schreib's Ihnen noch ämal auf –, nach hinten raus, in den ersten Stock sich freundlich einzufinden gebeten zu haben. Wenn Se grad noch ä Papierchen hätten, ä Silberstift hab' ich schon da. Von wemm die Kommission kommt, werden Se ja sich denken können. Denn ich bin mer nich dadrüber in Gewißheit, ob es mit war inbegriffen in de Kommission, daß ich das noch ämal hier Ihnen explizieren muß.‹

›Mensch‹, schrie Schmitzdorff, ›setzt dir hin und beiß erst mal einen ab. ... Ich habe hier eine Blutwurst, also so etwas wirst du überhaupt noch nie gegessen haben!‹

Und damit hatte er recht, solche Blutwurst hatte der Nathan Reimann auch noch nie gegessen.

›Verzei'n Se, werter Herr Wirt, aber ich muß weiter. Ich hab' noch heute zwischen Burg und Brandenburg auf äm Adelsgut zu tun. Wenn Se mir jedoch geben würden ein Ei, so wäre ich Ihnen sehr verbunden.‹

›Mensch‹, sagte Schmitzdorff, ›gewiß!‹ Und wollte zur Küche gehen. ›Ich mach' dir sogar einen Speckeierkuchen.‹

›Nein‹, sagte der blasse, milde Mann mit den Harfnerbewegungen, ›Eierkuchen hat mir der Medikus verboten. Aber wenn de mir geben willst‹ – jetzt war seine Kommission zu Ende und er wieder Privatmann, und nun lag kein Grund mehr für ihn vor, zu dem Bauer »Sie« zu sagen, jetzt war ›er‹ seinesgleichen wieder –, ›aber wenn de mir geben willst das Ei roh, werde ich es kochen mir draußen, das Ei, in ä Töpfchen, was ich hier in mein Schnappsack habe. Das is mal so ä Marotte von mir: Es schmeckt mer besser, wenn ich es mir selbst in mein Töpfchen hier gekocht habe!‹

Langsam ging es doch Schmitzdorff auf, das dieser rotblonde Bote mit dem blauen Blick des alten Mystikers da wohl doch ein Jude wäre – die mußten doch sonst eigentlich schwarz und krummnasig mit kleinen stechenden Schuhknöpfen von Augen sein, und deshalb regte sich sogleich in Schmitzdorff Überlegenheit.

›Na, Jude?‹ sagte er und klopfte Nathan Reimann auf die Schulter, um ihm zu zeigen, daß er trotzdem nicht böse auf ihn wäre. ›Hier haste auch een Achtgroschenstück.‹

›Nein‹, sagte Reimann, ›man hat mer schon bezahlt. Ich nehm' kein Geld von dir. Ich mach' mer ä Mizwe* draus.‹

›Französisch versteh' ich nicht‹, meinte Schmitzdorff erstaunt.

›Das sagen so die feinen Leute bei uns in Potsdam‹, sagte Nathan Reimann mit einem feinen, aber etwas müden Lächeln. ›Das heißt auf französisch ungefähr soviel wie: Ich mach' mir ä Freude draus, es umsonst zu tun.‹«

So ein bißchen präpariert begeben wir uns also von der von Carl von Gontard entworfenen Stadtseite des Brandenburger

Tores geradezu in die »Brandenburger«, jene heiße Meile der Landeshauptstadt, die kleinstädtischer Überschwang auch den »Broadway« nennt. Die erste Stadterweiterung reichte bis zur Charlottenstraße, die zweite bis zur Hegelallee. Mittendrin lag die **Brandenburger Straße**, deren Nummern 1-72 ausnahmslos unter Denkmalschutz stehen, entstanden zwischen 1731 (**Barocke Typenhäuser der Nummern 39-41**) und 1739. In diesen ältesten Häusern dürften auch die ersten Samt-und-Seiden-Manufakturen der jüdischen Firma Hirsch untergebracht gewesen sein. Die ersten Umbauten, Abrisse und Neubauten datieren schon in die Regierungszeit Friedrichs II., als Johann Rudolph Heinrich Richter wohlhabenden Handwerkern und Manufakturbesitzern vor allem an den Straßenecken Gebäude hinstellte, die »was hermachten«, wie man zu sagen pflegte (beispielsweise die **Hausnummern 1, 36 und 72**).

So richtig umgestaltet zur Geschäftsstraße und Flaniermeile wurde die Straße dann zu Kaisers Zeiten, als jüdische Kaufleute und Hoflieferanten zwischen 1885 und 1910 einiges Geld ausgaben für großzügige neue Fassadengestaltungen und moderne Ladeneinrichtungen samt den protzigen Firmenschildern und den zugehörigen Schaufensterauslagen. Der jüdische Fabrikant und Handelsmann wurde zum Inbegriff wohlhabender und gediegener Potsdamer Bürgerlichkeit. Rolf Schneider meint:

»Es war nicht mehr so einfach, unterm Schatten der Hohenzollern ein bekennender Bürger zu sein, in Potsdam viel weniger als im geräumigeren Berlin. Am besten gelang es noch den Potsdamer Juden, was nicht so sehr durch ihre Standhaftigkeit bedingt wurde als durch die gesellschaftlichen Schranken, an die sie stießen. Die Hohenzollern mochten keine Antisemiten sein. Ihre Schranzen waren es durchaus.«

Die wenigsten von uns Nachgeborenen können noch etwas anfangen mit Namen wie David Hirsch, dem Textilfabrikanten, Isaak Wolf, dem Chef großer Webereien, Issak Joel, dem Inhaber der feinsten Seidentapetenmanufaktur Preußens, die ihr Vermögen schon als Schutzjuden gemacht hatten. Aber auch für das 20. Jahrhundert hapert es schon heftig mit dem »jüdischen« Gedächtnis. Bei Gisela Heller findet sich wenigstens noch eine alte Frau, die sich erinnern kann und will:

»In der Brandenburger gab's viele jüdische Geschäfte: Kaufhaus Hirsch, dann Bischof & Kleefeld, Seiden und Wolle, oder Hammersteins Schuhgeschäft oder Hugo Baron, Herrenbekleidung. ... 1933 haben sie ihnen die Schaufenster vollgekleistert: ›Kauft nicht bei Juden!‹ Na, wir sind dann eben abends durch den Hausflur hinten rein und haben noch gelacht, als so eine braune Kolonne im Übereifer aus Versehen den Laden eines Nazis beschmierte. ... Achtunddreißig ist uns dann das Lachen vergangen. Kristallnacht. Die Bürgersteige überall mit Glassplittern übersät. Wir dachten, das wäre das Ende, aber es war erst der Anfang. Die Reichen konnten sich ja noch loskaufen, aber die andern ...«

Durchaus realistisch den Geist der Nachkriegszeit einschätzend, die auch die Zeit nach dem Holocaust gewesen ist, kommentiert Gisela Heller Ende der 70er Jahre die aus ideologischen Gründen eskapistische Einstellung der DDR und ihrer Bürger zum Mord an den Juden von der Brandenburger Straße:

»In der Bonbonniere mit dem Goldtaler hatte einst Hugo Baron mit vornehmer Zurückhaltung vornehmen Kunden englische Stoffe vorgelegt. Wo ein filigranes Aushängeschild auf Bänder und Spitzen hinweist, hatte Hammerstein sein Schuhgeschäft. 1939 waren sie aus dem Einwohnerverzeichnis verschwunden und mit ihnen die Nachbarn Hirsch und Rothschild, Oestreicher, Koenitzer und Schneeberger ... Nur die alten Potsdamer wissen noch, daß es sie jemals gegeben, aber manche wollen nicht daran erinnert werden.«

Gehört es zur neuen Normalität Potsdams nach der Wiedervereinigung oder doch zu einem kleinen zeitgeschichtlichen Wunder, daß im Oktober 2000 98 Jahre nach seinem ersten Entstehen das Kaufhaus Strauss in der **Nummer 35** wieder eröffnet wurde; und daß zehn Monate danach in der **Nummer 30** mit Kaiser's, Intersport, Berliner Volksbank und McDonald's hinter der restaurierten Fassade aus dem Jahre 1910 ein neues Ensemble an der Stelle des ehemaligen Kaufhauses Hirsch entstanden ist. Wobei der Stadtchronist in beiden Fällen auf die jüdische Vorgeschichte des Ortes verwies.

Gleich vor dem Brandenburger Tor, **Brandenburger Straße 70** wohnte vorübergehend – mit Familie – Theodor Storm, der als Gerichtsassessor nur ein paar Schritte um die Ecke arbeitete. Storm hatte sich jedoch weder hier noch an der zweiten Adresse Dortustraße 68 wohlgefühlt, sondern nur in der Benkertstraße 15 (vgl. S. 146), wo er aber nur noch wenige Monate bis zu seinem Umzug nach Heiligenstadt wohnte.

Ganz anders als Storm, der sich durch Potsdam und Brandenburg insgesamt poetisch wenig inspiriert fand, wollte dagegen Ewald von Kleist von seiner Dichterstätte im angemieteten sogenannten Lignorischen Haus in der **Brandenburger Straße 61** gar nicht lassen. Als 25jähriger Offizier kam er 1740 auf Wunsch Friedrichs II. nach Potsdam, wo er im vornehmen Regiment Prinz Heinrich diente. Der studierte Jurist und Philosoph aus verarmtem pommerschen Adel hatte jedoch wenig Neigung zum Leben eines Berufssoldaten und Hofschranzen, das er in seinem *Geburtslied* mit den Worten beklagt:

»Weh dir, daß du geboren bist!
Das große Natternhaus, die Welt
Erwartet dich zu deiner Qual.«

Zu seinem Glück findet er in Potsdam Freunde, allen voran Johann Wilhelm Ludwig Gleim, Karl Wilhelm Ramler und Gotthold Ephraim Lessing, die ihn in seiner Absicht bestärken, ein lyrisches Lebenswerk zu schaffen. Mit Gleim schließt er sogar so etwas wie einen Dichterbund und versichert dem Freund: »Mir fängt Potsdam an, ein wenig zu gefallen; ich werde den Mangel an Freunden, wie ich sie haben will, gewohnt und die assembléen und die intermezzi, die wir jetzt fast täglich abwechselnd haben, étourdiren mich, daß ich alle Sorgen vergesse.«

Er ist 44 Jahre alt, als er im Siebenjährigen Krieg während der Schlacht von Kunersdorf schwer verwundet wird und kurz darauf in Frankfurt an der Oder im Hause seines Freundes Gottlob Samuel Nicolai stirbt. Der ordentliche Professor für Philosophie und Literaturwissenschaft hat Kleists Grabrede gehalten; und Lessing hat ihn in der Figur seines Majors Tellheim verewigt. Ewald von Kleist hinterließ ein anspruchsvolles, aber knappes Textkonvolut, das von seiner Sehnsucht nach einem unverbogenen natürlichen Landleben und seiner Abneigung gegenüber allem Militärischen spricht.

»O Freund! wie selig ist der Mann zu preisen,
Dem kein Getümmel, dem kein schwirrend Eisen;
Kein Schiff, das Beute, Mast und Bahn verlieret,
    Den Schlaf entführet!

Der nicht die Ruhe darf in Berge senken,
Der fern vom Purpur, fern von Wechselbänken,
Im eignen Schatten, durch den West gekühlet,
    Sein Leben fühlet.

Er lacht der Schlösser von Geschütz bewachet,
Verhöhnt den Kummer, der an Höfen lachet,
Verhöhnt des Geizes in verschloßnen Mauren
    Törichtes Trauren.
...
Er geht in Wälder, wo an Schilf und Sträuchen
Im krummen Ufer Silberbäche schleichen,
Wo Blüten duften, wo der Nachtigallen
    Lustlieder schallen.

Jetzt propft er Bäume, leitet Wassergräben,
Schaut Bienen schwärmen, führt an Wänden Reben,

Jetzt tränkt er Pflanzen, zieht von Rosenstöcken
    Schattende Hecken.

Eilt dann zur Hütten (da kein Laster thronet,
Die Ruh und Wollust unsichtbar bewohnet)
Weil seine Doris, die nur Liebreiz schminket,
    Ihm freundlich winket.

Kein Knecht der Krankheit mischt für ihn Gerichte,
Unschuld und Freude würzt ihm Milch und Früchte.
Kein bang Gewissen zeigt ihm Schwert und Strafe
    Im süßen Schlafe.«

Vom Luisenplatz aus ist die erste Querstraße der Brandenburger die **Hermann-Elflein-Straße**. Sie hieß bei ihrem Entstehen im Rahmen der zweiten Stadterweiterung Kleine Junkerstraße; wurde jedoch 1786 bereits in Schockstraße umbenannt. Und dies aus gutem Grund, denn es galt einen Mann zu ehren, der Potsdam draußen in der Welt einiges Ansehen geschaffen hatte. In seinem *Unterwegs zu den Hugenotten im Lande Brandenburg* berichtet Werner Gahrig:

»Samuel Schock war einst der bedeutendste hugenottische Tabakhersteller ..., der hier die erste preußische Schnupf- und Rauchtabak-Manufaktur ins Leben rief. Im **Haus Nr. 27/28** befand sich seine Potsdamer Rappee-Tabaks Fabrik.« Und dann zitiert Gahrig die Pfarrerin der (heute deutschsprachigen) französisch-reformierten Gemeinde zu Potsdam, Hildegard Rugenstein. »In der Gemeindeliste von 1736 findet man unter den neu dazugekommenen 76 Gemeindemitgliedern den Namen Samuel Schock aus Basel (oder Strasbourg) ...

Schon 1738 konnten viele hundert Zentner Tabak in andere Städte ... versandt werden. Die Fabrik verfügte über 28 Tabakpressen, die ständig im (sic!) Gang waren. Es entstanden ungewöhnlich große Stangen Tabak von 50-60 Pfund – die sogenannte ›Potsdammische Quintessenz‹. Nachdem die Fabrik im Jahr 1742 vollständig abbrannte, baute Samuel Schock sie mit eigenen finanziellen Mitteln wieder auf. Nach kurzer Zeit erwirtschaftete er jährlich wieder sehr große Gewinne und viele Leute fanden dort ihren Unterhalt.

So wurde Schocks Unternehmen zu einer Art Vorbild für die Region und ermutigte andere Fabrikanten, sich in Potsdam niederzulassen ... 1765 ging die Fabrik in königlichen Besitz über, Samuel Schock blieb Direktor.« Er starb 1793.

Die nächste Querstraße der »Brandenburger«, die **Lindenstraße**, war im alten Potsdam die Nord-Süd-Achse – und ist es in gewissem Sinne auch im neuen Potsdam. Biegt man gegenüber der »Familie Grün« in sie ein, kommt man zum **Kommandantenhaus, Hausnummer 54/55**. Dieser holländische Rohziegelbau aus den Jahren 1734-1737 war ursprünglich als Miethaus für Offiziere konzipiert. Später tagte hier zunächst Potsdams erste Stadtverordnetenversammlung, sodann das Stadtgericht. Einer der Assessoren war der im Brandenburger Exil lebende Theodor Storm. Bereits 1820 hatte man einen Gefängnistrakt angebaut, der während der Nazi-Herrschaft von Gestapo und Volksgerichtshof zunehmend mit politischen Gefangenen belegt wurde. NKWD* und sowjetisches Militärtribunal machten aus dem Bau ein Untersuchungsgefängnis, das die Staatssicherheit 1952 übernahm und bis zur Wende mit politischen Untersuchungshäftlingen belegte. 1998 hat das Potsdam-Museum hier eine Gedenkstätte geschaffen. Zu besichtigen sind die ehemaligen Gefängnishöfe mit Freigangzellen, der Zellentrakt und eine Ausstellung zur politischen Justiz.

Im Frühjahr 1752 wohnte hier bei einem Freund sechs Wochen lang der Kunstgeschichtler und Archäologe Johann Joachim Winckelmann. Wie manch anderer kritischer Musensohn Brandenburgs, der dem Neuen verpflichtet war, mußte er das Land erst verlassen, bevor er »etwas werden« konnte. Zwar schreibt er nach seinem Potsdam-Besuch: »Ich habe Wollüste genossen, wie ich sie nie wieder genießen werde. Ich habe Athen und Sparta in Potsdam gesehen und bin mit einer anbetungsvollen Verehrung gegen den göttlichen Monarchen erfüllt.« Aber als er vier Jahre später Preußen endgültig in Richtung Rom verläßt, wütet er: »Mein Vaterland drückt der größte Despotismus, welcher irgend erdacht ist. Es schaudert mich die Haut vom Haupt bis zu den Zehen, wenn ich an den preußischen Despotismus und an den Schinder der Völker denke, welcher das von der Natur selbst vermaledeite und mit lybischem Sand bedeckte Land zum Abschaum der Menschheit machen und mit eisigem Fluch belegen würde.«

Wir gehen die Lindenstraße in südlicher Richtung hinunter, überqueren die Charlottenstraße und laufen durch die Kleine Bäckerstraße zur Yorkstraße.

Zur Wende vom 18. zum 19. Jahrhundert war die **Yorkstraße** am Stadtkanal die vornehmste Adresse, welche die Residenzstadt zu vergeben hatte. So ist es durchaus zu verstehen, daß gleich nach der Wende, als eine große baupolitische Debatte startete, nicht nur vom Rückbau einiger Hochhäuser die Rede war, um einige Sichtachsen wieder frei zu bekommen, sondern auch davon, den Stadtkanal auszugraben. Nachdem es dann aber erst die BUGA 2001 möglich gemacht hatte, wenigstens ein paar Dutzend Meter samt einem neuen Steg anzulegen, die manche ästhetische Erinnerung aufkommen ließen, heißt es jetzt doch: Es wird weitergebaut bis zur Dortustraße. Wobei es dann wohl bei diesem Teilstücke des ursprünglichen Wasserlaufes bleiben wird, da der sozialistische Stadtumbau eine seiner Hauptverkehrsstraßen samt Tramtrasse auf das Kanalgelände gelegt hat.

Wer mit uns die Stadt nicht nur auf literarischen Pisten durchwandert, sondern auch gerne baukünstlerischen Spuren nachgeht, ist schon bei den sogenannten **Happe-Röhrichtschen Häusern** in den **Hausnummern 3 und 4** an interessantem Ort; denn sie wurden nach Entwürfen von Karl Friedrich Schinkel gebaut. Und gleich die drei folgenden **Häuser 5, 6 und 7** sind zumindest von konservatorischem Interesse, handelt es sich doch um die drei einzigen erhalten gebliebenen barocken bürgerlichen

Wohnhäuser der ersten Barocken Stadterweiterung. In der **York-straße 7** wurde der kritische vergleichende Anatom und Zoologe Ernst Haeckel geboren. Der Freund und Verehrer von Charles Darwin wurde von diesem in seinem Hauptwerk zur *Abstammung des Menschen* ausdrücklich belobigt:

»Wäre die ›Natürliche Schöpfungsgeschichte‹ von Haeckel erschienen, bevor meine Arbeit niedergeschrieben war, dann würde ich sie wahrscheinlich nie zu Ende geführt haben. Fast alle Schlüsse, zu denen ich gekommen bin, finde ich durch diesen Naturforscher bestätigt, dessen Kenntnisse in vielen Punkten vollkommener sind als die meinen.«

In der Konsequenz der Darwinschen Abstammungslehre, die er mit Nachdruck vertrat, war er zum Atheisten und Materialisten geworden, der optimistisch auf die *Lehre vom Haushalt der Natur*, die er als erster »Ökologie« nannte, als Schlüssel zum Verständnis von Mensch und Kosmos setzte. In seinem programmatischen Werk benannte Ernst Haeckel das biogenetische Grundgesetz, »welches besagt, daß jedes Individuum im Laufe seiner embryonalen Entwicklung in abgekürzter und oft abgeblaßter und undeutlicher Weise die Formen wiederholt, welche seine Urahnen durchlaufen haben, ehe sie sich zu ihrer heutigen Gestalt entwickelten.«

Der Biologe kehrte gerne immer wieder mal in seine Geburtsstadt zurück, über die er schrieb, daß sie »nicht nur von einem reaktionären Preußentum und von *militärischem Ungeist* beherrscht war, sondern auch alle Möglichkeiten für wissenschaftliche und kulturell-künstlerische Entfaltung bot«.

Auf der gegenüberliegenden Seite, hinter dem wieder aufgegrabenen Stadtkanal, steht mit dem **Brockeschen Haus, Nummer 19/29**, eines der prächtigsten Bürgerpalais, das Gontard gebaut hat – leider immer noch eine Halbruine. Brocke war Glasschleifer und -schneider, der u.a. an der Ausstattung von den Neuen Kammern und dem Neuen Palais mitwirkte. Doch konnte der Mann mit seinen Einkünften das Haus nicht erhalten, so daß es an den Staat zurückfiel, der es 1817 an die Preußische

Oberrechnungskammer weitergab. Christiane Petri gibt in diesem Zusammenhang einen wichtigen Hinweis: »›In Potsdam wohnt die Armut in Palästen‹, hieß es in Anspielung auf die von Friedrich dem Großen befohlenen Palastfassaden, im Volk als ›Vorhemdchen‹ bekannt, hinter denen sich oft durchaus bescheidene Wohnungen drängten.« – Wir biegen rechts in die Siefertstraße ein und kommen nach der Fertigstellung des letzten Baus in der Nordostecke auf das perfekteste Rekonstrukt des alten-neuen Potsdams, den **Neuen Markt.** Bevor wir uns mit einzelnen Häusern beschäftigen, mag uns Georg Hermann einstimmen und uns dabei fragen lassen, welches Zeitalter aus ihm spricht. Tatsächlich die Zwischenkriegszeit?

»Gehen wir über den Neuen Markt. Er liegt abseits, ist so still und verlassen. Da machen Gläser und Bouteillen in Stuck über einer Tür darauf aufmerksam, daß es hier einmal etwas zu trinken gab. Diese große Palastfassade dort ist ›auf Befehl des Königs‹ nach Palladio aus Vicenza gestohlen. Da ist ein Treppchen mit Gitter (von Unger 1773). Und wenn das Tor vom Kutschstall offen ist, sieht man dahinter in das breite Laubgrün eines wundervollen alten Baumes, der den Hof beschattet. ... Gewiß, es gibt in Potsdam Prunkvolleres und Glücklicheres als diesen Neuen Markt, der eigentlich in seiner Anlage halb stehenblieb, einschlief, bevor er aufwachte. Aber nur an ganz wenigen Ecken in Potsdam ist die Zeit so gefroren geblieben.«

Am **Neuen Markt 9** steht der bereits klassizistische **Königliche Kutschstall,** der zusammen mit dem Langen Stall und dem Marstall ein funktionales Ensemble bildete. Der Marstall war der eigentliche Pferdestall, der Kutschstall die Remise für Wagen aller Art, der Lange Stall Reithaus und Exerziergebäude für Tage mit schlechtem Wetter. Seit 2001 beherbergt der Bau, an dem noch weiter restaurierend gewerkelt wird, das museumspädagogisch pfiffig gestaltete **Haus der brandenburgisch-preußischen Geschichte.**

Der Skulpturenschmuck des Hauses war damals – zur Regierungszeit König Friedrich Wilhelms II. – eine Sensation, stellte er doch erstmals »niedere Arbeiten« dar: Da werden Sättel und Zaumzeug gereinigt und Uniformen ausgebürstet.

»Die Figur, die die vier Pferde des offenen königlichen Gefährtes im Zaum hält, soll den Leibkutscher Friedrichs des Großen darstellen: Kutscher Pfund. Dieser stand dem alten Fritz allem Anschein nach nahe, denn eigens für ihn ließ Friedrich II. schon 1781 unweit der ehemaligen Teltower Brücke ein eingeschossiges Haus errichten. Nachdem Pfund für die Kutscharbeit zu alt geworden war, wollte der König ihm wohl so seinen speziellen Dank erweisen.«

Das vermerkt Uwe Salomon in seinem *Statuen in Potsdam*. Einen heiteren Text hat dazu August Kopisch unter der Überschrift *Friedrichs des Zweiten Kutscher* geschrieben:

»Des Alten Fritz Leibkutscher soll aus Stein
Zu Potsdam auf dem Stall zu sehen sein –
Da fährt er so einher,
Als ob er lebend wär':
Aller Kutscher Muster, treu und fest und grob,
Pfund genannt, umschmeißen kannt' er nicht:
das war sein Lob.

Mordwege fuhr er ohne Furcht, sein Mut
Hielt aus in Schnee, Nacht, Sturm und Wasserflut.
Ihm war das einerlei,
Er fand gar nichts dabei:
In dem Schnurrbart fest und steif blieb sein Gesicht,
Und man sah darauf kein schlimmes Wetter niemals nicht.

Doch rührte man an seinem Kutscherstolz,
War jedes Wort von ihm ein Kloben Holz;
Woher es auch geschah,
Daß er es einst versah
Und dem Alten Fritz etwas zu gröblich kam,
Wessenhalb derselbe eine starke Prise nahm

Und sprach: ›Ein großer Knüppel, wie Er ist,
Der fährt fortan mit Eseln Knüppel oder Mist!‹
Und so geschah's. Ein Jahr
Bereits verflossen war,
Als der Pfund einst Knüppel fuhr, und guten Muts
Ihm begegnete der Alte Fritz, der frug: ›Wie tut's?‹ –

›I nu, wenn ich nur fahre‹, sagte Pfund,
Indem er fest auf seinem Fahrzeug stund,
›So ist mir's einerlei
Und weiter nichts dabei,
Ob's mit Pferden oder ob's mit Eseln geht,
Fahr' ich Knüppel oder fahr' ich Eure Majestät‹

Da nahm der Alte Fritz Tabak gemach
Und sah den groben Pfund sich an und sprach:
›Hm, find't Er nichts dabei
Und ist's Ihm einerlei,
Ob es Pferd, ob Esel, Knüppel oder ich –
Lad' er ab und spann Er um und fahr' Er wieder mich.«

Im **Hause Nr. 8** lebte der Drucker, Graphiker und Verleger Werner E. Stichnote, der zusammen mit anderen antinazistischen Freunden während des Dritten Reiches so etwas wie ein inneres Exil für sich und andere organisierte und bot. Aber auch nach der Befreiung wurden das Ehepaar Stichnote und ihre Wohnung am Neuen Markt ein Kristallisationspunkt für das überlebt habende Bildungsbürgertum und die Kritiker der sowjetischen und später der Kulturpolitik der Einheitspartei. Zeitzeugen sprechen davon, daß zumindest von 1945 bis 1950 in diesem Hause wieder ein Potsdamer »Salon« nach den Vorbildern des 19. Jahrhunderts entstanden sei. Werner E. Stichnote berichtete selbst:

»Da wir von allen Verbindungen wie Zeitungen, Rundfunk, Telefon abgeschnitten waren und daher nichts aus der Welt hörten, richteten wir in unserem Haus einen jour fixe ein: man traf sich jeweils am Sonnabend. Es kamen Peter Suhrkamp, der Maler Paul Strecker, der Maler Graf Luckner*, der Universitätsprofessor Schadewaldt und viele andere mehr. Wir trafen uns, um Neuigkeiten auszutauschen. Auf diese Weise kam gleichsam die erste mündliche Zeitung zustande. Die Zusammenkünfte hatten aber auch Nachteile: sie wurden allmählich bekannt, und es bildete sich die Vorstellung von einer ›Gruppe Stichnote‹ in Potsdam, die den Kommunisten und den Russen sehr suspekt erschien.« (Nachzulesen bei Erich Kuby, *Die Russen in Berlin 1945*.)

Bei Stichnote fand nach seiner Entlassung aus dem Konzentrationslager gegen Kriegsende der schwerkranke Verleger Peter Suhrkamp erste Zuflucht und Pflege (vgl. S. 209). Als er 1948 sein 25jähriges Jubiläum als Buchdrucker feierte, widmete ihm Suhrkamp einen Text. Da war er schon Mitbegründer des Kulturbundes zur demokratischen Erneuerung Deutschlands geworden und wurde bald darauf einer der Paten der von Peter Huchel redigierten Zeitschrift *Sinn und Form*. Stichnote verlegte selbst »zwei beachtliche Reihen: *Kunst der Gegenwart*, u.a. über den Grafen Luckner, der viele Beziehungen zu Potsdam gehabt hatte, und mit Autoren wie Carl Linfert, dem Kulturredakteur des französisch lizenzierten ›Kurier‹, und Edwin Redslob*; und *Potsdamer Vorträge*, mit Texten der klassischen Philologen Johannes Stroux, Wolfgang Schadewald und Bernhard Schweitzer …« (Günter Wirth).

Auf der Rückseite des **Marstall-Gebäudes** zum Neuen Markt hin stoßen wir auf eine Statue, die schon 1911 der US-Kongreß der Stadt Potsdam geschenkt hatte: **Friedrich Wilhelm von Steuben*** in Bronze. Nach dem Ende des Siebenjährigen Krieges hatte er seinen Abschied genommen, war in die Neue Welt ausgewandert und hatte an der Seite von George Washington die amerikanische Unabhängigkeit mit erkämpft. Der Potsdamer Autor Franz Fabian erzählt in seinem Doku-Roman *Die Schlacht von Monmouth*, wie der deutsche Junker im Winter

1778 seinen ersten Appell amerikanischer Freiwilliger miterlebte:

»Steuben war vom Pferd gesprungen und stapfte durch den Schneematsch auf die angetretenen Soldaten zu. Er nahm einem Manne die Muskete ab und betrachtete sie. Er riß dem nächsten das Gewehr aus der Hand und noch einem dritten. Erstaunt verfolgten die Soldaten sein Tun.

Steuben gab den Männern die Gewehre wieder und starrte sie verwundert an. Plötzlich brach er in ein wildes Lachen aus, das laut über den Paradeplatz schallte.

Washington wandte den Kopf, ›Was haben Sie, Baron? Was stimmt Sie so heiter?‹

›Ich bitte um Verzeihung, aber bei Gott, General, ich habe noch nie Gewehre in solch einem verdreckten Zustand gesehen!‹

›Es wird Ihre Aufgabe sein, das zu ändern, Baron, wenn Sie es können‹, sagte Washington kühl.

›Ich will es tun, das verspreche ich, General‹, erwiderte Steuben.

Die Gewehre befanden sich tatsächlich in einem erschreckenden Zustand. Die meisten Soldaten besaßen auch keine Bajonette. Da sie mit dieser Waffe nichts anzufangen wußten, hatten viele sie weggeworfen oder benutzten sie als Bratspieße ...

In den folgenden Tagen besuchte Steuben in Begleitung der Adjutanten des Generals die Truppen in ihren Quartieren. Er fand die Männer in halb eingefallenen Hütten auf dem nackten Boden, da sie kein Stroh hatten. Nahezu die Hälfte der Hütten war leer.

Die Kompanieoffiziere berichteten Steuben von den Entbehrungen des Winters, von der mangelnden Verpflegung.

›Mein Gott, mein Gott, wie ist das möglich‹, stammelte er immer wieder, wenn er durch die Baracken ging. Er sah die rostigen Waffen der Soldaten, die überfüllten Lazarette, in denen die Schwerkranken reihenweise lagen, die zahllosen Gräber derjenigen, die den Winter nicht überstanden hatten.

Aber mit wem er auch sprach, immer wieder überraschten Steuben die Opferbereitschaft der Soldaten und ihr Vertrauen zum Oberkommandierenden Washington. Ihre Tapferkeit beeindruckte ihn tief. Er erkannte, daß diese undisziplinierten, zerlumpten Soldaten allen anderen überlegen sein mußten, weil sie von der Liebe zur Freiheit und vom Haß gegen die Unterdrücker ihres Landes zusammengehalten wurden und weil sie von ihrer gerechten Sache überzeugt waren.

Als sich Steuben beim Oberkommandierenden meldete, um ihm über die Ergebnisse der Inspektion zu berichten, fragte Washington: ›Nun, Baron, was halten Sie von der Armee?‹

›Sie besteht aus den besten Soldaten, die ich jemals gesehen habe‹, antwortete Steuben. ›Mit diesen Männern werden Sie siegen, General!‹«

Eine bewegte und bis heute nicht lückenlos belegte Geschichte hat das **Kabinettshaus Am Neuen Markt 1** hinter sich, das erst im Jahr 2001 wiederhergestellt wurde. Eine Gedenktafel weist auf zwei der vielen »häuslichen« Ereignisse hin: Die vermutete Geburt von Wilhelm von Humboldt und die nachweisliche Geburt des späteren Königs Friedrich Wilhelm III., der sich aufgrund seines Geburtshauses als einziger echter Potsdamer unter den Hohenzollern fühlte und dies auch durch seine Sprechweise unterstrich. Heinz Ohff in seinem *Preußens Könige* dazu:

»Zwar ist bei Hofe die Umgangssprache immer noch Französisch, das er fließend beherrscht, aber in der Rolle, die ihm mehr liegt als die eines Kronprinzen oder gar Königs, die eines Soldaten unter Soldaten, spricht er selbstverständlich Deutsch im Berliner Tonfall und mit jenen kessen Verkürzungen, die man später an Potsdamer Offizieren so gerne karikiert.«

Das Haus wurde auch als preußische Ingenieurakademie genutzt und 1833 als Haus für das Königliche Kabinett angemietet. Daher der Name Kabinettshaus. Und daß hier Friedrich Wilhelm II. zum ersten Mal seiner Wilhelmine verfiel – das steht an anderer Stelle dieses Buches (vgl. S. 213).

Kurfürst Friedrich Wilhelm
genannt der Große Kurfürst, machte Potsdam zur Residenz
verheiratet mit Kurfürstin Luise Henriette 1646-1667
verheiratet mit Kurfürstin Dorothea 1668-1688
geboren 1620, regierte 1640-1688
Vater von:

Kurfürst Friedrich III.
genannt Petite Majesté
krönte sich selbst 1701 in Königsberg zum
König Friedrich I.
verheiratet mit Prinzessin Elisabeth Henriette 1661-1683
verheiratet mit der Kurfürstin und Königin
Sophie Charlotte 1684-1705
verheiratet mit Königin Sophie Luise 1708-1713
NICHT liiert mit der Gräfin Katharina Kolb von Wartenberg
geboren 1657, regierte als Kurfürst 1688-1701
und als König 1701-1713
Vater von:

König Friedrich Wilhelm I.
genannt der Soldatenkönig, auch Wilcke
verheiratet mit Königin Sophie Dorothea 1706-1740
geboren 1688, regierte 1713-1740
Vater von:

König Friedrich II.:
genannt der Große, auch der Alte Fritz, auch der Olle
verheiratet in nie vollzogener Ehe mit Königin
Elisabeth Christine 1733-1786
geboren 1712, regierte 1740-1786
Onkel von:

König Friedrich Wilhelm II.
genannt der dicke Willem, auch König Lustig
liiert mit der Mätresse Wilhelmine Encke, verheiratete Ritz, geadelte Gräfin Lichtenau 1763-1797
verheiratet mit Prinzessin Elisabeth von Braunschweig-Wolfenbüttel 1764-1769
verheiratet mit Königin Friederike Luise 1769-1797
morganatisch mit Julie von Voß, geadelte Gräfin Ingenheim 1787-1789
geboren 1744, regierte 1786-1797
Vater von:

König Friedrich Wilhelm III.
genannt König mir-fatal, auch der Theologe unter den Königen
verheiratet mit der Königin Luise 1793-1810
morganatisch mit der Fürstin Liegnitz 1824-1840
geboren 1770, regierte 1797-1840
Vater von:

König Friedrich Wilhelm IV.
genannt der Romantiker auf dem Königsthron
verheiratet in kinderloser Ehe mit Königin Elis(ab)e(th) 1823-1861
ernannte 1858 seinen Bruder zum Regenten
geboren 1795, regierte 1840-1861
älterer Bruder von:

König Wilhelm I.
genannt der Kartätschenprinz, auch unser alter Kaiser Willem
Regent anstelle seines erkrankten Bruders 1858-61
wurde in Schloß Versailles bei Paris 1871 zum Kaiser Wilhelm I. proklamiert
liiert als Kronprinz mit Elisa Fürstin Radziwill 1820-1826
verheiratet mit Königin/Kaiserin Augusta 1829-1888
geboren 1797, regierte als König 1861-1871
und als Kaiser 1871-1888
Vater von:

Kaiser Friedrich III.
genannt der 99-Tage-Kaiser
verheiratet mit der (englischen Royal Princess) Victoria alias Kaiserin Friedrich 1858-1888
geboren 1831, regierte 9. März 1888 - 15. Juni 1888
Vater von:

Kaiser Wilhelm II.
genannt We Zwo, auch Wilhelm-es-ist-erreicht
dankte ab und machte der Republik dadurch den Weg frei
verheiratet mit Kaiserin Auguste Viktoria 1881-1921
unstandesgemäß (= bürgerlich) verheiratet mit Hermine von Schöneich-Carolath 1922-1941
geboren 1859, regierte 1888-1918
starb im Exil 1941

Wir verlassen den Neuen Markt durch die kleine Schwertfegerstraße. »Übrig geblieben nach dem Bombardement ist nur eines von den vier Eckhäusern zur Friedrich-Ebert-Straße, die alle konkave Eckbögen hatten. Dadurch ergab sich die berühmte Straßenkreuzung Acht-Ecken« (Christiane Petri).

Wir biegen links ein und stehen sogleich vor dem Haus **Friedrich-Ebert-Straße 21**, an dessen Fassade eine Tafel daran erinnert, daß hier 1829 Heinrich Heine gewohnt und gearbeitet hat.

»Hier wollte ich wie Robinson auf einer Insel leben und nichts als den Himmel und Soldaten sehen. Ein ganz einsamer Robinson bin ich hier nicht mehr. Einige Offiziere sind bei mir gelandet, Menschenfresser. Gestern Abend im Neuen Garten geriet ich sogar in eine Damengesellschaft und saß zwischen einigen Potsdamerinnen. Wie Apoll unter den Kühen des Admet.«*

So schrieb er an seine Berliner Freundin Friederike Robert, die Schwägerin von Rahel Varnhagen. Verfaßt hatte er in Potsdam die *Reisebilder – Dritter Teil – Reise von München nach Genua*. In ihnen vergleicht er eingangs Berlin und Potsdam:

»Es sind wahrlich mehrere Flaschen Poesie dazu nötig, wenn man in Berlin etwas anderes sehen will als tote Häuser und Berliner. Hier ist es schwer, Geist zu sehen. Die Stadt enthält wenig Altertümlichkeit und ist so neu; und doch ist dieses Neue schon so alt, so welk und abgestorben. Denn sie ist größtenteils ... nicht aus der Gesinnung der Masse, sondern einzelner entstanden. Der große Fritz ist wohl unter diesen wenigen der vorzüglichste; was er vorfand, war nur feste Unterlage, erst von ihm erhielt die Stadt ihren eigentlichen Charakter, und wäre seit seinem Tode nichts mehr daran gebaut worden, so bliebe ein historisches Denkmal von dem Geiste jenes prosaischen wundersamen Helden, der die raffinierte Geschmacklosigkeit und blühende Verstandesfreiheit, das Seichte und das Tüchtige seiner Zeit, recht deutsch-tapfer in sich ausgebildet hat. Potsdam zum Beispiel erscheint uns als ein solches Denkmal, durch seine öden Straßen wandern wir wie durch die hinterlassenen Schriftwerke des Philosophen von Sanssouci, es gehört zu dessen œuvres posthumes, und obgleich es jetzt nur steinerne Makulatur ist und des Lächerlichen genug enthält, so betrachten wir es doch mit ernstem Interesse und unterdrücken hie und da eine aufsteigende Lachlust, als fürchteten wir, plötzlich einen Schlag auf den Rücken zu bekommen, wie von dem spanischen Röhrchen des Alten Fritz.«

Im Hause **Friedrich-Ebert-Straße 67** wohnte von 1861 bis zu seinem Tode im Jahr 1883 der Vater des deutschen Genossenschaftswesens, Franz Hermann Schulze-Delitzsch. Nachdem er über 20 Jahre als Richter im Staatsdienst gearbeitet hatte, wurde er durch die 48er-Revolution politisiert, legte sich mit dem preußischen Justizminister an und sein Amt nieder. Als Liberaler arbeitete er politisch für die nationalstaatliche Einigung, gründete u.a. mit Rudolf Virchow und Max von Forckenbeck* die Deutsche Fortschrittspartei, wurde Mitglied der preußischen Nationalversammlung und 1871 Abgeordneter des Reichstags. »Während seines Berliner Aufenthaltes in den 60er Jahren des 19. Jahrhunderts besuchte der populärste Erzähler der nachromantischen und frührealistischen Generation, Berthold Auerbach, zusammen mit seinem Schreiber Lüdicke wiederholt die benachbarte Stadt an der Havel, deren beschauliche Ruhe er schätzen lernte, da er sich hier fern der Großstadt seinen schriftstellerischen Arbeiten hingeben konnte. ... Bei einem seiner Ausflüge machte er in Potsdam die Bekanntschaft von Schulze-Delitzsch, der ihn in seinem Haus gastfreundlich aufnahm.« (Karl Voss)

Bis zum Beginn des 20. Jahrhunderts gehörte Auerbach zu den gern und vielgelesenen deutschen Erzählern. Seine innigen Heimatidyllen und die Mühsal des bäuerlichen Lebens beschönigenden Erzählungen wie die Schwarzwälder Dorfgeschichten schrieb er auf Druck seines Publikums – und seines Verlegers – fort und fort. Viele seiner Texte verbreitete er über seinen *Volkskalender* und über *Auerbachs Kinderkalender*, aber auch über die Zeitschrift *Europa*. Sein Aschenbrödel-Roman *Barfüssele* erlebte über 40 Auflagen. Selbst zu seinen Lebzeiten wußten viele seiner Leser nicht, daß er eigentlich Moses Baruch Auerbacher hieß und in theoretischen Schriften wie *Das Judentum und die neueste Literatur* von 1836 und Romanen wie *Spinoza* von 1837 per liberalem Gedankengut für die Emanzipation des Judentums eintrat.

Zwischen der **Stadt- und Landesbibliothek** im Süden (Baujahr 1974), der **Hauptpost** im Osten (1900), der **Wilhelm Passage** (1995) im Norden und dem **Haus des Handwerks**, einem erhaltenen Gontard-Bau von 1768 im Westen, liegt der **Platz der Einheit** (fertiggestellt 1998), vormals Wilhelmplatz, vormals Nauener Plantage, vormals Fauler See. Erst Friedrich Wilhelm I. verbot die Hexenprobe, zu der nicht eindeutig als Hexen »überführte« Mädchen und Frauen in einen Sack gesteckt und in den See geworfen wurden. »Schwammen sie oben, so wurden sie für unschuldig befunden, gingen sie unter, so hatte sie der Teufel geholt, mit dem sie's so lange getrieben.« (Gisela Heller)

Dann ließ der Soldatenkönig den See zuschütten, um das Gelände bebauen zu können. Aber der sumpfige Untergrund machte allen solchen Vorhaben zunächst einen Strich durch die Rechnung. Und selbst als zwischen 1974 und 1979 der kriegszerstörte Platz mit neuer Bebauung wiederhergestellt wurde, hatten die Tiefbauer wieder ihre Probleme mit dem weichen Untergrund.

Auf der Nordseite des Platzes, also da, wo heute die **Wilhelm Galerie** steht, hatte der Gründer des Börsenvereins des Deutschen Buchhandels, Carl Christian Horvath, seine eigene Buchhandlung. Doch war dieses Mitglied der hugenottischen, französisch-reformierten Gemeinde, nicht nur ein überaus geschäftstüchtiger Verleger, sondern auch Potsdams erster Stadtverordnetenvorsteher. Horvath versuchte nach seiner Ausbildung in Leipzig zunächst in Berlin als selbständiger Buchhändler zu arbeiten, hatte jedoch neben den etablierten Buchhandlungen und Verlagen wie Haude & Spener oder Nicolai keine Chance. Also beantragte er für Potsdam das königliche Privileg, eine Buchhandlung eröffnen und auch Bücher selbst drucken zu dürfen. 1778 gab Friedrich II. dem Gesuch statt. Werner Gahrig erzählt:

»Horvaths Buch-, Kunst- und Musikalienhandlung nebst Leihbibliothek von 500 Bänden und eigener Verlag hatten ... schwere Anfangsjahre. Danach hat Horvath mehr als 140 Bücher verlegt, darunter viele pädagogische und theologische Schriften, Bücher über das Militärwesen und Werke mit Beschreibungen Potsdams und seiner Schlösser. Eines davon mit dem Titel *Potsdamer Merkwürdigkeiten* hat er sogar selbst verfaßt. Zu seinem ›Bestseller‹ wurde ein Militärgesangbuch, das Horvath in einer Auflage von 120000 Exemplaren verlegt hatte.«

Am **Platz der Einheit 14** (und nicht, wie lange behauptet Wilhelm-Staab-Straße 8) stand das im Zweiten Weltkrieg vernichtete Geburtshaus des Mediziners und Physikers Hermann Ludwig Ferdinand von Helmholtz, der am Viktoria-Gymnasium, das heute seinen Namen trägt, sein Abitur ablegte und drei Jahre vor seinem Tode zum Ehrenbürger von Potsdam ernannt wurde. Von 1843 bis 1848 war er Militärarzt in der Kaserne des Regiments Garde-du-Corps an der Berliner Straße. Er erfand den Augenspiegel, formulierte als erster das universelle Prinzip von der Erhaltung der Energie und wurde ab 1871 als Ordinarius der Physik in Berlin zum wichtigsten Gelehrten der Reichshauptstadt, den deren Volksmund den »Reichskanzler der Physik« taufte. Nobelpreisträger Max Planck erinnert sich an seinen Lehrer:

»Helmholtz hatte sich offenbar nie richtig vorbereitet, er sprach immer nur stockend, wobei er in einem kleinen Notizbuch sich die nötigen Daten heraussuchte, außerdem verrechnete er sich beständig an der Tafel, und wir hatten das Gefühl, daß er sich selber bei diesem Vortrag mindestens ebenso langweilte wie wir.«

Aus dem immer wieder umgebauten und umbenannten Platz machten die Potsdamer für lange Zeit so etwas wie ihre zentrale Demonstrations- und Gedächtnisstätte. Wobei der fremde Besucher sich zunächst die Frage stellt, ob mit der Einheit immer noch die zwischen Sozialdemokraten und Kommunisten gemeint sei oder jetzt doch eher die zwischen Deutschland Ost und Deutschland West … und dann gibt es ein **Mahnmal für die antifaschistischen Widerstandskämpfer**, ein **Deserteursdenkmal** und eine **Gedenktafel**, die an die zerstörte Synagoge gemahnt (am **Haus Nr. 1**). Die beiden Platanen, die den Sturm des Krieges überlebten, fielen leider dem letzten Platzumbau zum Opfer. Sie erinnerten noch bis in die Zeit nach der Wende an den schattigen Fischmarkt, von dem Georg Hermann weiß:

»Auf den Wilhelmplatz, an den Kanal müssen Sie gehen, wenn, irre ich nicht, in Nachmittagsstunden dort Fischmarkt ist, unter den hohen Bäumen, an dem Eisengeländer von Manger. Und die Fischfrauen da in langer Reihe vor ihren Fischtischen sitzen, in denen es quulkst (sic!) und plätschert. Mit Wachstuchhüten auf und in so richtigen kleinen Holzsitzen wie altmodische Kinderschlitten ... Noch heute sitzt sicher dort eine Enkelin der Fischerin Wulkow, die einst meinem jungen Heinrich Schön schweigend und liebend und ganz mütterlich zugleich das Dasein erhöhte, bevor ihn sein Schicksal auf andere und gefährlichere Wege lockte.«

Womit Hermann listig in seinem essayistischen *Spaziergang* für seinen Roman *Heinrich Schön jun.* geworben hat. Und womit gleichzeitig wir am Ende unseres eigenen Spazierganges wären, wenn es nicht noch einen Hinweis nachzutragen gäbe: Im Jahr 2001 zeichnete die Stiftung »Lebendige Stadt« die Landschaftsarchitekten Wes & Partner aus Hamburg für ihr Erneuerungskonzept aus. Aus über 300 Projektbewerbungen und etwa 170 eingereichten fertigen Arbeiten wählte die Jury den Potsdamer Platz der Einheit aus, weil er »durch seine große Einfachheit und Klarheit besticht«.

Zu den Gedenkstätten auf und rund um den Platz der Einheit mag wohl das Gedicht *Potsdam* passen, das Inge Müller* in den 50er Jahren niederschrieb:

»Da steh ich, Tochter von Preußen
Hab die Eltern nicht gekannt
Wer hat mich aufgezogen
Findling im märkischen Sand?

Eure Farbe feldgrau trag ich
Und das Blut ist noch immer rot
Und fließt unter Rauch und Eisen
Auf euch und gegen den Tod.

Das Schloß und die redliche Kirche
Aller Ruhm in den Galerien
Ein Museum vom Rhein bis zur Elbe
Berlin stirbt: laßt die Wache aufziehn!

Da steh ich Tochter von Preußen
Auf Knochenbergen und Staub
Gerettet das Erbe der Väter
Angeklagt wegen Mord und Raub.«

VIERTER SPAZIERGANG

Vom Nauener Tor durch das Holländische Viertel zum Bassinplatz und der Französischen Kirche

Was der Soldatenkönig geplant, Theodor Storm betrauert, Schuster Voigt ertrödelt und Carl von Ossietzky gepriesen hat

Ein Auswärtiges Amt gab es noch nicht. Ganz zu schweigen von einer Außenpolitik. Obwohl sich schon so etwas wie eine nationalstaatliche Entwicklung abzuzeichnen begann in der ersten Hälfte des 18. Jahrhunderts unter Friedrich Wilhelm I., dem Soldatenkönig. Denn der hatte zwei Träume: den von einem heimischen Volksheer und einen zweiten von einem Vielvölkerstaat. Ein Volksheer wollte er ausheben, in dem nur brandenburgisch-preußische Söhne ins Feuer gingen. Für die Dynastie? Für den König? Für den Staat? Für die Nation gar? Und das karge und entvölkerte Land besiedeln wollte er mit Menschen aus ganz Europa, die etwas beizusteuern wüßten zum merkantilen Aufschwung Brandenburg-Preußens. Fehlte es dem König und seinem Kabinett noch an einer Idee von nationalstaatlicher *Außen*politik, so hatten sie jedenfalls schon sehr konkrete Vorstellungen von einer interessengesteuerten *Ausländer*politik.

Die wiederum bedurfte langjährigen Friedens. Und den wußte der sonst so martialisch wirkende Monarch zu schaffen und zu bewahren: In den 27 Regierungsjahren von Friedrich Wilhelm I. ist Preußen aufgrund von Bündnisverpflichtungen mit ein paar Scharmützeln und Schlachten neben dem polnischen Thronfolgekrieg nur am Nordischen Krieg beteiligt – verteilt auch noch auf fünf Jahre. Der Sieger in diesem Krieg heißt Peter der Große, Zar aller Reussen. Aber für den sparsamen Generalfeldmarschall aus Potsdam und Berlin fällt die Bilanz ebenfalls positiv aus: Nur wenige gefallene und verwundete Berufssoldaten stehen dem Gewinn von Stralsund und Stettin mit Vorpommern sowie der Inseln Usedom und Wollin gegenüber. Also wird nach dem Friedensschluß von Stockholm

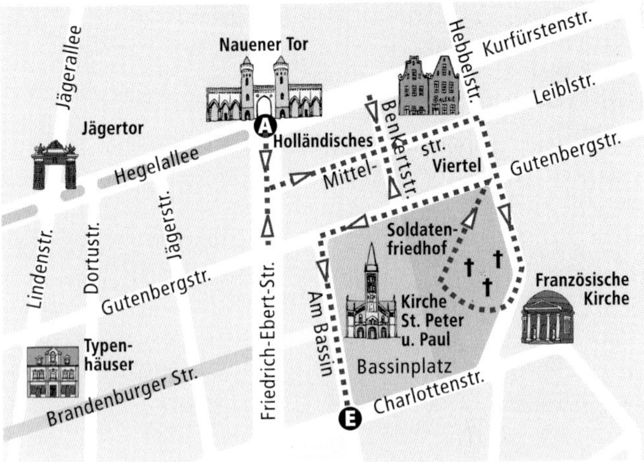

1721 Siedlungspolitik gemacht, und der König selbst wirbt um Einwanderer aus dem Ausland. 20000 Protestanten aus Salzburg kommen als religiös Vertriebene und im Vertrauen auf den Geist des Edikts von Potsdam von sich aus.

In die Niederlande – damals das modernste Land Europas – muß der König selbst fahren wegen der Anwerbung qualifizierter Mitarbeiter. Als er sich auf den Weg nach Westen macht, sind die Pläne für die 134 Häuser des Holländischen Viertels bereits gezeichnet und berechnet. Der königliche Werber in eigener Sache weiß, wen er mit respektablen Privilegien nach Potsdam locken möchte: »Sammetmacher, Seydendrukker, Schlößer, Zimmermeister, Bandmacher, Knopfschläger und Tuchweber, dabey ein Tappeten Fabricant sowie Cannefassmacher*.« – Auch braucht er Woll- und Leineweber, Porzellanbrenner und Zigarrendreher, Schlachter und Bierbrauer, einen Wundarzt und einen Apotheker sowie diverse Schulmeister, denn seit 1717 war in Preußen die Schulpflicht eingeführt worden und die galt für alle Landsmannschaften, die das Holländische Viertel beziehen sollten: neben den Niederländern auch Franzosen und Schweizer samt ein paar besonders qualifizierten brandenburgischen Handwerkern, Gewerbetreibenden und ... manchem privilegierten Grenadier.

Machen wir uns also auf den Weg durchs Holländische Viertel von der nordwestlichen Ecke aus, vom **Nauener Tor** (vgl. S. 88), wobei gleich die jahreszeitlichen Varianten mit zu bedenken sind. Sommers beziehungsweise bei schönem Wetter bedarf es vor dem Start eines Kaffees oder Tees in dem Trottoir-Garten, den sich Daily Coffee und das Café Heider vor den Fassaden **Friedrich-Ebert-Straße 30 und 31** gemeinsam angelegt haben. Winters oder bei unpäßlicher Witterung dagegen kann es nur losgehen bei dampfenden Tassen vor den Spiegeln des Heider-Interieurs. Sie wecken noch Erinnerungen und Assoziationen an die Hofkonditorei Rabien – »seit 1878«. Hier, also per Adresse **Friedrich-Ebert-Straße 29**, saß auf der Polsterbank gleich neben dem Haupteingang von 1927-33 Sonnabend für Sonnabend der wohl bedeutendste pazifistische Publizist der Weimarer Republik, Carl von Ossietzky. Er debattierte mit seinem Kollegen Kurt Tucholsky. Er las die Schlußkorrektur der Fahnen seiner antimilitaristischen *Weltbühne – Wochenschrift für Politik, Kunst, Wirtschaft*, die ausgerechnet in der Stadt des preußischen Militärs und auf den Maschinen eines kirchlichen Frauenwerkes gedruckt wurde. Und er schrieb in letzter Stunde vor dem Andruck seinen Leitartikel. Zum 10. Jahrestag der Republik am 6. November 1928 etwa heißt es:

»Deutschland ist unter allen Ländern des Krieges das einzige, das mit Fug sagen kann, der Friedensvertrag habe ihm Nutzen gebracht.

Es hat zwar Gebiete verloren, es muß schwere Reparationen leisten, und noch ist ein Stück Rheinufer besetzt. Dafür aber ist es aus der Sphäre des Imperialismus heraus, und es hat kein Deutschland in Übersee zu verteidigen. Es kann ruhig schlafen, wenn in China oder Marokko die Gewehre losgehn. Es ist von der Qual der Wehrpflicht befreit, gemessen an den militärpolitischen Sorgen der andern sind die seinen für die Katz. Die Sieger werden ihrer Eroberungen nicht froh, ihr Budget kommt durch Rüstungsaufwendungen aus der Balance, und in den jungen Staaten balgen sich die Nationalitäten. Deutschland ist wieder angesehen und thront im Rat der Großen, ohne deren Beängstigungen zu teilen.«

Hätte der Publizist, den später die Nazis erniedrigten und folterten (und ihm 1935 sogar die Annahme des Friedensnobelpreises verboten), recht behalten, dann gäbe es im Holländischen Viertel nicht immer noch die kriegsbedingten Bebauungslücken, auch nicht den Militaria-Nippes und -Kitsch im Potsdamer Antiquariat, **Friedrich-Ebert-Straße 27/28**, und nicht die sowjetischen Soldatengräber auf dem benachbarten Bassinplatz, auf den wir noch zu sprechen kommen werden.

Wenn sich ganze Armeen in einer Stadt versammeln, bleibt es nicht aus, daß sich unter die vielen Uniformträger auch ein paar wenige Verächter des Militärischen mischen. Nie wehte der Geist von Potsdam nur preußischen Monarchisten und braunen Bataillonen allein; er wirkte belebend auch auf friedfertige Aufklärer – Lessing, Einstein, von Ossietzky, Kasack … und auf Heinrich von Kleist. Als der verarmte junge Adelige im Frühjahr 1799 – noch keine 22 Jahre alt – endlich seinen heiß ersehnten Abschied vom Militär erhält, da ist sein König Friedrich Wilhelm III. gerade dabei, Preußens Streitkräfte auf ein bezahlbares Quantum abzubauen. Der Soldatenkönig hatte von seinem Vater ein Heer von 30 000 Mann übernommen und es seinerseits erst auf 64 000 und kurz vor seinem Tode noch auf 89 000 gebracht. Der große Fritz legte nochmals zu auf 110 000. Um die zu erhalten und trotzdem ein Luxusleben führen zu können, machte Friedrich Wilhelm II. erhebliche Schulden. Nun also wollte der dritte Friedrich Wilhelm viel Frieden und wenig Militär. Insofern paßte Kleists Entlassungantrag ins Konzept. Samt seiner Absicht zu studieren, um später im königlichen Zivildienst Verwendung zu finden. Majestät entließen den Baron von Kleist in Gnaden.

Der Halbwaise aus Frankfurt an der Oder war zwar nicht in

die Kadettenanstalt aufgenommen worden, durfte aber gleich nach der Konfirmation als 5. Gefreiterkorporal ins 3. Bataillon des Garderegiments Nr. 15 b zu Potsdam einrücken. Da war er 15. Mit 16 focht er in der Pfalz gegen das erste nationale Volksheer der Geschichte – die französischen Revolutionsstreitkräfte – und wurde dafür zum Portepee-Fähnrich befördert. Mit knapp 20 ist er zurück in der Garnison Potsdam, wird Sekondeleutnant, ist vom Militärdienst gelangweilt, distanziert sich mehr und mehr vom Offiziersberuf, »fühlt sich unaufhörlich gemartert durch den Zwiespalt der eigenen Menschlichkeit und der pflichtgemäßen Strenge des Offiziers, sattelt schließlich um nicht aus Unzufriedenheit, nicht aus Mangel an Brot, nicht aus Spekulation auf Brot, sondern um ein sicheres, tiefgefühltes, unzerstörbares Glück zu gründen« (Curt Hohoff).

Während sein Entlassungsantrag noch läuft, bereitet er sich schon auf das Studium vor, das er in seiner Heimatstadt aufnehmen will. Zusammen mit seinem Regimentskameraden und Freund Otto August Rühle von Lilienstern besucht er die Grande Ecole, die Große Stadtschule, eine Gründung Friedrichs des Großen in der **Friedrich-Ebert-Straße 17** (heute Abendschule Potsdam). Bei Konrektor Bauer betreiben die beiden insbesondere mathematische und philosophische Studien. Damals schreibt er an seine Schwester Ulrike, daß das Glück mehr brauche als nur die Passage durch die Pflicht.

»Daher ist es wohl gut, das Glück zuweilen durch den Genuß sinnlicher Freuden zu beleben; und man müßte wenigstens täglich *ein* gutes Gedicht lesen, *ein* schönes Gemälde sehen, *ein* sanftes Lied hören – und *ein* herzliches Wort mit einem Freund reden, um auch den schönen, ich möchte sagen den menschlicheren Teil unseres Wesens zu bilden.«

Anfang April 1799 besteht Kleist in Potsdam seine (französische) Abschlußprüfung und wird an der philosophischen Fakultät der Universität Frankfurt an der Oder immatrikuliert. Übrigens: Wie alle Junggesellen, so lebte auch Heinrich von Kleist nicht auf einem Kasernengelände, sondern seit Juli

1792 in zugewiesener »Einquartierung« bei der verwitweten Generalin von Linckersdorf – der Grande Ecole schräg gegenüber – in der **Friedrich-Ebert-Straße 5**. Natürlich verliebte sich der Jüngling in die Tochter des Hauses und dichtete sein *Mädchenrätsel*:

Träumt er zur Erde, wen,
Sagt mir, wen meint er?
Schwillt ihm die Träne, was,
Götter, was weint er?
Bebt er, ihr Schwestern, was,
Redet, erschrickt ihn?
Jauchzt er, o Himmel, was
Ist's, was beglückt ihn?

Biegen wir nun ein in die **Mittelstraße** und halten einen Augenblick inne. Über 40 Häuser aus roten Ziegelsteinen säumen eine mit »Katzenköpfen« aus Basalt gepflasterte Straße. Verschwunden sind lediglich die Vorgärten ... und noch nicht alle Gebäude sind wiederhergestellt. Da haben die Verwahrlosungspolitik der DDR vor der Wende und danach die zeitraubende Verwaltungsarbeit zur Klärung in Sachen Eigentumsverhältnisse zusammengewirkt.

Aus zwei Typen besteht das Ensemble: aus vier- bis fünfachsigen Häusern, die mit der Traufe zur Straße stehen; und aus Dreiachsern, die ihre Giebelseite zeigen. Letztere übrigens alle ausnahmslos nicht mit einem Vorratsspeicher unter dem Dach (wie bei den holländischen Vorbildern üblich), sondern mit mindestens einem ausgebauten Zimmer. Denn dort brachte der Soldatenkönig seine unverheirateten Blauen Grenadiere unter, die der Volksmund schnell die »Langen Kerls« taufte und die Friedrich Wilhelm selbst stets nur »meine Kinder« nannte. Vor allem die Ausländer unter den soldatischen Riesen wurden gerne im Holländischen Viertel zwangseinquartiert: neben Holländern selbst auch »Engländer, Schotten, Irländer, Schweden,

Dänen, Russen, Wallachen, Ungarn und viele Polen und Litauer. Nur Franzosen waren grundsätzlich ausgeschlossen, aber wenn sie sechs Fuß* maßen, konnte der König nicht widerstehen.«

Wie kann es anders sein: Auch auf der Mittelstraße beginnen wir mit militärischen Reminiszenzen, aber diesmal von der Art, die das ganze preußische Establishment hat lachen lassen, die Dynasten eingeschlossen. Denn in der Handlung für Trödel und Altkleider eines gewissen Berthold Remlinger in der **Mittelstraße 3** fing der vorbestrafte arbeits- und obdachlose Schuster Wilhelm Voigt mit dem Mummenschanz an, der ihn als sogenannter Hauptmann von Köpenick hat weltberühmt werden lassen.

Anfang Oktober 1906 kaufte er einen Interimsrock und einen Mantel für einen Hauptmann des 1. Garderegiments zu Fuß – des später berühmt gewordenen Infanterie-Regiments 9, jenes I. R. 9, aus dem viele Anti-Hitler-Verschwörer des 20. Juli 1944 stammten. Zwei Tage später erstand Voigt eine Feldbinde und nochmals nach weiteren zwei Tagen eine Hose mit roten Biesen. Und passende Sporen fand er gleich um die Ecke, in einer Vernicklungswerkstatt im Hause **Benkertstraße 24**. Der Zauber und die Lähmung, die von einer Hauptmannsuniform samt dem im Potsdamer Casino-Ton geschnarrten »Hamse jedient?« ausgehen konnten, hat Carl Zuckmayer in seinem *»deutschen Märchen in drei Akten«* persifliert und entlarvt. Das Stück wurde am 5. März 1931 unter der Regie von Heinz Hilpert im Deutschen Theater Berlin uraufgeführt. Und von Helmut Käutner mit Heinz Rühmann in der Titelrolle 1956 verfilmt.

Noch um die Mitte des 17. Jahrhunderts bestand die ganze Stadtsiedlung Potsdam aus einer Kirche, sieben öffentlichen Bauten aus Stein sowie knapp 200 bürgerlichen Feuerstellen, damals meist reetgedeckte Fachwerkhäuser. Umgeben war das ganze von Sümpfen und Mooren. Als König Friedrich Wilhelm I. Potsdam zur Residenz- und Garnisonstadt machte, da stellten für die geplante Stadterweiterung diese Feuchtgebiete rund um die Stadt das größte – und übrigens auch kostspieligste – Problem dar. Sie mußten zunächst trockengelegt werden, bevor sich die Stadtplaner und das Bauhauptgewerbe überhaupt an die Arbeit machen konnten.

Auch für die vier Quartiere mit insgesamt 158 Wohnungen in 134 Häusern, die von 1733 bis 1744 entstanden, waren entsprechende Vorarbeiten nötig. Zum einen ließ sich der königliche Bauherr 1730-1733 ein Musterhaus bauen – das Jagdschloß Stern*. Es sollte der einzige Schloßbau bleiben, den sich der Soldatenkönig leistete; ein durch seine bürgerliche Schlichtheit überraschendes Gebäude im Stil eines holländischen Reihenhauses – vermutlich entworfen von Cornelis van den Bosch aus Schipley bei Den Haag. Zum anderen begab sich Friedrich Wilhelm im Frühjahr 1732 auf eine längere Reise in die Niederlande, die dritte seines Lebens. Seine guten persönlichen Kenntnisse von wirtschaftlichen Dingen und Zusammenhängen verdankte er dem Lande und dessen reformiertem Königshaus. Gemäß seiner tiefsten Überzeugung, nämlich daß er »Menschen für den größten Reichtum erachtet«, will er nun in Amsterdam auch kluge Handwerker und kreative Künstler als Mitarbeiter an seinem Projekt Stadterweiterung gewinnen. Doch so recht soll die Anwerbungsreise nicht gelingen. Trotz großzügiger finanzieller Vergünstigungen wollen viel zu wenig Untertanen des Hauses Oranien ihr Leben in der Sicherheit und dem Wohlstand Hollands aufgeben für eine ungewisse Pionierszukunft in Preußen. So folgen dem Herren des Hauses Hohenzollern längst nicht so viele Umsiedler, wie er für das Holländischen Viertel vorgesehen hatte.

Anfang der 1970er Jahre war der Abriß der vier verwahrlosten und baufälligen Karrees bereits beschlossene Sache, als ein kleines weltanschauliches Wunder geschah: Die DDR-Bürokratie genehmigte für die Ecke **Friedrich-Ebert-Straße 27/ Mittelstraße 43-42** ein »Experimentalbauvorhaben«. Fast vier Jahre lang wurde innen saniert, außen demontiert, korrigiert und restauriert, so daß wieder etwas deutlich wurde vom städ-

Das Holländische Viertel ist fast komplett restauriert.

tebaulichen wie historischen Rang der »Werkssiedlung« des Soldatenkönigs. Als die verunstaltenden Überbauten alle entfernt und typische Elemente wie Dachgaupen* und Fensterläden wiederhergestellt waren, kippte der Abrißbeschluß. Bis zur Wende von 1989 wurden noch weitere 28 Häuser erneuert.

Jedenfalls kommt Ende Oktober 1732 mit einer Gruppe von zwölf Personen *der* Mann in Potsdam an, der schließlich das Holländische Viertel bauen wird: der Schiffzimmermeister Jan Bouman (1706-1776). Er wohnt im Stadtschloß, bekommt die vakante Stelle des Schloßkastellans* übertragen und gründet im Einvernehmen mit den Ingenieurcapitainen* Pierre de Gajette und Andreas Berger das »Potsdamer Baucomtoir«, über das alle Planungs- und Verwaltungsarbeiten für die neuen Quartiere abgewickelt werden. Jan Bouman zu Ehren trägt das Museumshaus **Mittelstraße 8** seinen Namen, von dem es heißt:

»Es war denkmalpflegerisches Ziel, den historischen Grundriß zu belassen und die originale Bauweise soweit wie möglich zu erhalten und behutsam zu sanieren und zu restaurieren. Das Ensemble von Vorderhaus, Hofgebäude und Garten ist ein Musterbeispiel eines Siedlungshauses der Potsdamer Stadtentwicklung um 1735 und präsentiert sich nach erfolgter Erneuerung nunmehr als begehbares Exponat für Museumszwecke sowie ›Informationszentrum‹ und Begegnungsstätte.«

Übrigens: Von einigen Häuser der Karrees wissen wir, wer sie als erster bezog, sie sozusagen »trocken wohnte«. Da erfahren wir etwas von den ehemaligen Grenadieren Paul Fischer und Jan Kramer, die einen Gewürzhandel (**Friedrich-Ebert-Straße 20**) und eine Vergolderwerkstatt (**Mittelstraße 10/11**) betrieben. In der **Benkertstraße 2/3** arbeitete ein französischer Tapetenmacher, in der **Benkertstraße 10** ein preußischer Schneidermeister, und das Haus **Mittelstraße 1** enthielt die Dienstwohnung des (niederländischen) Nachtwächters. Insgesamt nur 19 Häuser konnten aber an Holländer als Erstbezieher vergeben werden. Viele gingen an verdiente Grenadiere aus vieler Herren Länder. Man mag sich heute trefflich darüber streiten, ob es sich seinerzeit um multikulturelle Verhältnisse unter dem Vorzeichen des Anpassungsdruckes gehandelt haben mag oder um ein interkulturelles Zusammenleben unter der Flagge des wohlwollenden Gewährenlassens. Zur Großen Preußenausstellung 1981 hieß es lakonisch, Preußen habe Toleranz geübt »aus Notwendigkeit«.

Bemerkenswert bis zur Kreuzung Mittelstraße/Benkertstraße finde ich noch, daß in der **Mittelstraße 39** das Café Guam der Ort mit den längsten Potsdamer Öffnungszeiten (16 bis 6 Uhr) ist; daß **die Nummern 37 und 32** (ehemals ein Tabakwarenhandel mit »Cigarrenmanufaktur«) immer noch auf das Ende ihrer Verwahrlosung warten; und daß in der **Nummer 33** mehr als 20 Jahre Max Gustavus gewohnt hat. Dieser buchstäblich tapfere und todesmutige Feuerwerker entschärfte vor und nach 1945 unzählige Blindgänger und Granaten.

»Dieses Quartier ist sehr angenehm, alle Piecen wohlgetrennt, eine große Kinderstube und für mich eine eigene Stube neben dem Wohnzimmer … Es liegt nur drei Häuser von dem großen ungepflasterten Bassinplatz, der ein herrlicher Tummelplatz für die Kinder ist. Zu ihrem Entzücken ist nun vorgestern auch die große ›Kreuzbergsche Menagerie‹ dort aufgebaut, und sie können die Köpfe der Giraffen oben herausgucken sehen. Eine Annehmlichkeit ist auch, daß wir das ganze Haus allein bewohnen, da unser Wirt, ein alter braver Tischlermeister, in seinem zweiten Hause nebenan wohnt. Aus meinem Fenster habe ich den Ausblick auf einen kleinen Weingarten.«

Dies schrieb Theodor Storm 1856 an seine Eltern in Husum, nachdem er mit seiner Familie die **Benkertstraße 15** bezogen hatte. Nachdem dem engagierten Verfechter der Demokratie die dänische Regierung verboten hatte, im Lande Schleswig als niedergelassener Advokat zu arbeiten, war er in den preußischen Justizdienst eingetreten. Anfangs sogar unbesoldet arbeitete Storm von 1853 bis 1856 als Assessor in Potsdam. Immer wieder beschwerte er sich, mit juristischer Arbeit derart eingedeckt zu sein, daß für die Schriftstellerei kaum Zeit bliebe. Doch fand er Gelegenheit, sich mit Theodor Fontane, Paul Heyse und Joseph von Eichendorff anzufreunden: Dazu stiftet er zunächst seinen Freund, den Kunsthistoriker und Biographen Friedrichs des Großen, Franz Kugler, an, Eichendorff zu Ehren ein Diner zu geben und neben dem Geehrten selbst auch Fontane und Heyse zu diesem Essen einzuladen. Der damals schon 66jährige Eichendorff vertieft dann noch die Bande, indem dieser Storm regelmäßig in seine »Donnerstagsgesellschaften« – eine Mixtur zwischen Jour fixe und literarischem Salon – einlädt. Im selben Jahre des Eichendorff-Diners (1854) schreibt Theodor Storm dann die traurige Liebesgeschichte *Angelica*, in der vor allem die stimmungsvolle Umgebung von Potsdam zur Geltung kommt:

»Am Himmel drangen einzelne Sterne hervor, der See wurde dunkel vom Abendrot; die Mädchen hatten die Hände in den Schoß gelegt und begannen mehrstimmige Lieder zu singen. Einzelne andere Boote, die noch auf dem See waren, nahten sich und folgten ihnen mit leisem Ruderschlag.

Allmählich wurde es kühler; der Abendwind erhob sich, und Ehrhard nahm ein Tuch von der Bank, um es über Angelikas Schoß zu legen. Aber sie setzte sich plötzlich auf die andere Seite, daß das Tuch wie zufällig zwischen ihnen niederfiel ...

Nach einer Weile stieß das Boot ans Ufer, und die Gesellschaft stieg aus, um zu Lande nach der noch eine halbe Stunde weit entlegenen Stadt zurückzukehren. Auf halbem Wege wurde Rast gemacht; man setzte sich in bunter Reihe auf einen kleinen Rasenabhang, der im Rücken durch eine Tannenwand geschützt war. In der Tiefe zu ihren Füßen jenseits eines abschüssigen Wiesengrundes lag die finstere Masse eines Buchenwaldes; von dort aus wetterleuchtete es manchmal; dazwischen flogen die Fledermäuse.«

Die Storms wohnten auf diesem südlichen Abschnitt der **Benkertstraße** nur sieben Monate. Immerhin zwei Jahre blieb im Nachbarhaus **Nummer 16** der sicher gefälligste – und daher stets überbeschäftigte – Architekt seiner Zeit, Carl Philipp Christian von Gontard (1731–1791), der dort sogar seine Spur hinterließ – in Gestalt des in Resten erhaltenen schönen Gartenpavillons hinter dem Haus. Der tüchtige Ingenieurcapitain fiel zwar wegen angeblicher Unstimmigkeiten (tatsächlich gab es keine!) in den Baurechnungen für die königliche Baubehörde bei Friedrich II. in Ungnade, aber einen Knick verzeichnete seine Karriere trotzdem nicht. Als er 1777 das Haus erwirbt, ist das Viertel bevorzugte Adresse für Künstler und Kunsthandwerker. Auch als er längst in Berlin wirkt und der Hauptstadt ihr frühklassizistisches Gesicht gibt, arbeitet er auch weiterhin für Potsdam: Rund 100 Bürgerpalais entwirft er; wichtige Teile der Baulandschaft von Sanssouci gestaltet er um; die Stadtseite des Brandenburger Tores von Potsdam wird neben den Domtürmen auf dem Berliner Gendarmenmarkt zu seiner künstlerischen Visitenkarte. Beim Denkmalpfleger Friedrich Mielke heißt es über ihn:

»Die einzige Epoche, die wir zu Recht mit einem Namen verbinden, ist die Zeit, in der Gontard prägend wirken konnte. Diese Epoche reichte von 1765 bis zum Tode Friedrichs II. im Jahr 1786; sie dauerte also etwas mehr als zwanzig Jahre. Gontards Wirken war nicht absolut, es wurde ständig durch Eigenwilligkeiten des Königs durchkreuzt. ... Die vom König angeordnete Verarbeitung fremder Vorlagen ... konnte für Gontard nicht willkommen sein, hatte er doch als Schüler von Jacques François Blondel* gelernt, eine eigene Ausdrucksweise zu finden. Immerhin hat der Zwang zur Übernahme fremder Architektur-Ideen unzweifelhaft das Repertoire des Architekten bereichert und eine Mischung bewirkt, die wir heute als Potsdamer Architektur ansehen.«

Ein paar Blicke ist auch der nördliche Abschnitt der **Benkertstraße** wert. Zum Beispiel die Halbruine, die unter der **Nummer 23** auf bessere bauliche Zeiten wartet. Dabei hat dieses Haus Bildungsgeschichte geschrieben: Hier wurde im Beisein von König Friedrich Wilhelm III. im Jahr 1827 die erste Schule im Holländischen Viertel eröffnet. 4000 Taler aus seiner persönlichen Schatulle hatte Seine Majestät für den Um- und Ausbau samt der Möblierung und der Anschaffung von Lernmitteln gestiftet. Und der Pestalozzi-Schüler Karl Christian Wilhelm von Türk (vgl. S. 264) entwarf seit 1817 als Potsdamer Schulrat dafür ein neues pädagogisches Konzept. Nachdem die Schule um 1900 in einen Neubau an der Kurfürstenstraße umgezogen war, machte hier eine kommunale »Klein Kinderschule und Bewahranstalt« auf. Wie der Schriftzug belegt, wurde noch zu DDR-Zeiten das Gebäude als Kindergarten genutzt. Seit 1986 steht es leer und verfällt. Gerettet dagegen vor Ruin und Vergessen ist die **Nummer 2/3**. Der Bau, der nach 1750 mehreren Generationen von Bildhauern Atelier und Unterkunft bot, wurde behutsam rekonstruiert und restauriert, als das PotsdamMuseum hier Teile seiner Gemäldesammlung unterbrachte. Bleibt zum Schluß eine Nasevoll Duft von frisch gebranntem Kaffee zu genießen, denn in der **Benkertstraße/Ecke Mittelstraße** betreibt La Maison du Chocolat nicht nur seinen Trinkschokoladenkult, sondern auch eine kleine aber feine Kafferösterei.

Mit ein paar Schritten weiter nach Osten, vorbei an Kultur im Denkmal e. V. **Mittelstraße 18** mit seinem urigen Biergarten im Schatten eines Nußbaums, erreichen wir die ehemalige Wohnung des Schriftstellers, Verlagslektors und späteren Rundfunkredakteurs Werner Wilk. Der Opponent gegen Hitler war bereits frühzeitig bei den Nazis in Ungnade gefallen und 1935 aus der Reichsschrifttumskammer ausgeschlossen worden. In der **Mittelstraße 22** wohnte er von 1942 bis 1951 eher ungern und mit vielen Skrupeln:

»Wie sollte ich in einer Stadt leben und mich wohl fühlen, die der Hort des Militarismus war, das durch Gardeleutnants-Arroganz verdorbene Symbol Preußens, deren ›Geist‹ schon Heinrich von Kleist nicht hatte ertragen können, deren Luft zu atmen schon Theodor Storm schwergefallen war, der sehr herbe Äußerungen über die ›adlichen Officiers-Casinos‹ tat. Und war nicht erst jüngst mit Hitler in der Garnisonkirche ein Akt übelster politischer Heuchelei und Verderbtheit den Annalen Potsdams hinzugefügt worden?«

Zwar bekam er als politisch Unbelasteter nach der Befreiung Deutschlands schnell eine Stellung als Lektor im von den Sowjets lizenzierten Verlag Rütten & Loening, aber auf Grund von politischen Differenzen mit der Einheitspartei sah er sich gezwungen, Potsdam 1951 in Richtung Westberlin fluchtartig zu verlassen. Dort wurde er Redakteur beim Rundfunk im Amerikanischen Sektor RIAS … und auf dem Höhepunkt des Kalten Krieges wegen seiner ehemaligen Mitarbeit an sowjetischen ›Druckerzeugnissen‹ vorübergehend von der Arbeit beim Rundfunk suspendiert. Damals schrieb er seine surrealistische Erzählung *Die dicken Köpfe der Geschöpfe*, in der ein Autor von seinen erfundenen literarischen Gestalten eines Verbrechens bezichtigt wird:

»Die Nacht in der Zelle war kaum erträglich. Auf der unbequemen Pritsche schlief ich wenig, unruhig, von quälenden Gedanken und Träumen bedrängt, wälzte ich mich von einer Seite auf die andere. Aber in der Frühe wurde die Tür geöffnet, und ich wurde einem Kommissar, einem Beamten zur Vernehmung vorgeführt. Er saß mir gegenüber, ein normalgesichtiger Herr meines Alters, ein bißchen dicklich. Alle Menschen hierzulande, die etwas darstellen, sind dicklich, haben ihr Maß auch im Fleisch. Er behandelte mich mit überlegener – wie es mir vorkam, mit hämischer – Freundlichkeit. Er habe bereits soviel gesehen, sagte er, daß er feststelle, es habe sich mit aller Wahrscheinlichkeit um groben Unfug gehandelt.

»Ein Totschlag –«, warf ich ein.

»… dieser Art ist grober Unfug.«

»Hier geht es um Literatur!« sagte ich.

»Sehen Sie«, lächelte er mich an, »das vermutete ich. Für uns ist das grober Unfug. Aber dürfte ich Ihre Gründe erfahren?«

Ich war in arger Bedrängnis. Wie sollte ich ihm auseinandersetzen, daß meine Geschöpfe sich geweigert haben, nach meinen Ansichten, nach meinem Willen zu verfahren? Ich sah verlegen zum Fenster hinaus und sagte leise, es seien künstlerische Gründe.

»Wie bitte?« fragte er mit verletzender Deutlichkeit und Betonung.

»Künstlerische Gründe«, wiederholte ich.

Er lachte unbekümmert und fröhlich.

»Künstlerische Gründe! Na also! Da haben wir es ja! Ihren Gründen sind wir wohlgesonnen. Staat, Recht und Verwaltung wissen, was wir Ihren Gründen schuldig sind. Sie können gehen. Sie sind frei. Es wird keine Folgen haben.«

Obwohl Werner Wilk sich sonst nur ungern an seine Zeit im Holländischen Viertel erinnerte, sprach er immer freundlich von seinen Potsdamer Kollegen: von den geduldeten Hugo Hartung und Hermann Kasack; vom verfolgten Horst Bienek, von den gerühmten Eduard Claudius und Hans Marchwitza. Wilk, der immer auf der Suche war nach Ideen und Texten, die bleiben, schreibt später rückschauend und enttäuscht von Relativität und Vergänglichkeit:

»Unsere Zeit ist wie jede andere nur bedingt aufnahmefähig und aufnahmewillig. Sie nennt den einen groß, den andern klein, nach ihren Maßstäben. Aber diese Verallgemeinerung trifft schon wieder nicht zu. Es ist nicht unsere Zeit, es sind einzelne in ihr, die so verfahren. Unsere Zeit ist vielgesichtig wie jede Zeit. Sie bringt ihre Richtlinien hervor, ihre Normen und Konventionen, ihre Moden. Aber sie sind kurzlebig, wandeln sich, stimmen mit dem Verhalten großer Teile der Zeitgenossen nicht überein, die unter sich nun wiederum eine Masse von einzelnen mit unterschiedlichen Anschauungen ausmachen.

Wenn wir unser Jahrhundert betrachten, finden wir obendrein nicht unsere Zeit, sondern einige unserer Zeiten. Das Jahrzehnt vor dem ersten Weltkrieg war eine ganz andere Zeit als die fünfzehn Jahre, die ihm folgten; dann kam abermals eine sehr andere, die zum zweiten Weltkrieg führte, und nach ihm gab es bereits ein paar Zeiten, die eigene Züge hatten, Not etwa und Wohlstand.«

Rechts um die Ecke warten auf uns schon die Häuser **Hebbelstraße 53, 54 und 55.** Von der Nummer 53 hieß es noch 1995: »Leider steht das Haus seit fast zehn Jahren leer und verfällt.« Dem ist Gott sei dank nicht mehr so. Von den Investitionen in den Berliner Speckgürtel fielen auch ein paar Brocken für dieses Giebelhaus ab. Unter Respektierung einer Entscheidung, die bereits 1977 gefallen war und den Erhalt des Hauses in seiner umgebauten Gestalt von 1906 vorsah, ist ein prunkvoller Jugendstilbau wiedererstanden. Und geht man durch die eigenwillige Fassade hindurch auf die entkernten und neu gestalteten Innenhöfe, dann landet man je nach Geschmack und Laune in einer Galerie, einer Clownskneipe, einer Weinstube oder einem griechischen Restaurant beziehungsweise in deren winzigen aber bildhübschen Hofgärten.

Wand an Wand wohnten seit den 60er Jahren des 18. Jahrhunderts zwei junge Männer, die vor allen den friderizianischen Potsdam und Berlin Gesicht und Gestalt gaben: In der **Nummer 54** der Vedutenmaler und Vergolder Karl Christian Wilhelm Baron, der sich über sein Malerhandwerk hinaus auf einem Gebiet betätigte, das wir heute Innenarchitektur nennen würden. Und **im Hause 55** Gontards prominentester Schüler und später auch Konkurrent, der Hofrat im Baucomptoir Georg Christian Unger. Die Kunsthistoriker schreiben ihm allein in Potsdam rund 200 Bürgerpalais zu; dazu am Berliner Gendarmenmarkt weitere 15 und nochmals 40 Unter den Linden. Von den Arbeiten am Brandenburger Tor von Potsdam, dem Belvedere im Park von Sanssouci und der Berliner Charité ganz zu schweigen. Offenbar wollte der Kriegsgott dem Baumeister nicht wohl: Während von den Knobelsdorff, Langhans und Gontard doch relativ viele Bauten erhalten blieben und restauriert werden konnten, hat der Zweite Weltkrieg bis auf ganz wenige Reste das Lebenswerk von Unger zerstört. Übrigens muß er ein um Verbindlichkeit, Ausgleich und Harmonie bemühter Mann gewesen sein. Denn bei Friedrich Mielke heißt es:

»Schon seit 1768 war die Zusammenarbeit zwischen dem

König und seinem im Jahr zuvor nobilitierten Architekten so gespannt, daß Friedrich sich von ihm nicht mehr sprechen ließ. Alle Aufträge hatte Unger zu besorgen. Wie die anderen friderizianischen Baumeister mußte es sich auch Gontard gefallen lassen, gelegentlich für kurze Zeit auf der Wache arretiert zu werden. Einmal – im Dezember 1774 – wurde er sogar dreiundvierzig Tage lang in Arrest gehalten.«

Am südlichen Ende der Hebbelstraße steht die restaurierte und im Jahr 2000 wieder neu eingeweihte **Französische Kirche**. Sie bewachte einst den Zugang zum französischen Quartier. In seiner *Beschreibung der königlichen Residenzstadt Potsdam* von 1786 berichtet Friedrich Nicolai:

»Hier stehen lauter neue, zwei Geschoß hoch erbaute schöne Häuser, mehrenteils nach Ungers Zeichnungen. Die äußere Figur der Französischen Kirche ist einigermaßen vom Pantheon in Rom entlehnt. Neben dem Eingange in einem Vorsprunge stehen in zwei Blenden zwei Figuren: die Liebe und die Hoffnung. Neben der Kirche sind einige Fabrikenhäuser, von K. Friedrich II. in holländischem Geschmack erbauet.«

Die von Nicolai erwähnten allegorischen Figuren von Friedrich Christian Glume sind die Mutter mit dem Kind (Liebe) und die Frau mit dem Anker (Glaube). Der von Jan Bouman nach Plänen Georg Wenzeslaus von Knobelsdorffs geschaffene Bau gleicht der Hedwigskathedrale von Berlin und steht mit ihr zusammen für die von Friedrich II. proklamierte Idee der religiösen Toleranz. Der König schenkte der französisch-hugenottischen Flüchtlinsgemeinde die Kirche am 16. September 1753. »Sie ist vermutlich der letzte Kirchenbau, der im Lande Brandenburg speziell für eine Französisch-reformierte Gemeinde entstand.« (Werner Gahrig)

Vor uns öffnet sich nun der **Bassinplatz** mit der Gutenbergstraße auf der Nordseite und der Straße Am Bassin im Westen der weiträumigen Fläche. Sie und die ihr vorausgehenden Wasserflächen waren und sind nichts anderes als der Versuch der Stadtplaner, aus der Not eine Tugend zu machen. Die Not war, daß sich die Stadterweiterung von 1732/33 an ein umfangreiches Sumpfgebiet anlehnen mußte. Das Areal war mit Müh und Not trockenzulegen; bebaubar wurde es jedoch nicht – jedenfalls nicht mit den damaligen technischen Mitteln. Die Tugend hieß daher: Legen wir doch ein großes Bassin an, das per unterirdischer Rohrsysteme den Grundwasserspiegel der Stadt senken und den Stadtkanal ableiten hilft. Und schaffen wir einen Verbindungskanal zum Heiligen See, durch den das buchstäblich überfließende Wasser in die Havel eingespeist werden kann. Gleichzeitig schuf man mit dem Bassin und der umgebenden Gartenanlage ein – wie wir heute sagen würden – attraktives Naherholungsgebiet. Das Volk nahm die Anlage schnell und gerne an, und der Volksmund taufte das Bassin wegen seiner ausschweifenden Formen »die Rokoko-Bratenschüssel«.

Genau **im Schnittpunkt von Brandenburger und Benkertstraße** (damals Kreuzstraße) ließ der Soldatenkönig 1739 auf einer künstlichen Insel mitten im Bassin eine Gloriette* anlegen. Auch hierzu gab der Volksmund schnell seinen Kommentar ab, indem er das Tempelchen mit seinem barocken Dach mal das »Tabakskollegium«, mal das »Tabakhäuschen« nannte. Aber weder Friedrich Wilhelm I. noch sein Sohn Friedrich II. haben hier jemals diese ihre derbdeftigen Männer- beziehungsweise Offizierstreffen mit langen Meerschaumpfeifen, üblem holländischen Knaster und Bierbesäufnissen veranstaltet. Nur von gelegentlichen Essen ist glaubhaft die Rede gewesen. Die Stadtchronik weiß indes nur von einem: »Der Pavillon war in erster Linie als Point de vue gedacht und erst in zweiter Linie nutzbar. Friedrich Wilhelm hat dort einmal ein Essen gegeben, das einen umständlichen Speisen-Transport über das Wasser erforderlich machte.« Denn trockenen Fußes war die Gloriette nur per Floß oder per Boot zu erreichen.

Das Bassin entpuppt sich bald als höchst kostenträchtige Fehlplanung. In den ersten 44 Jahren ihres Bestehens muß die Anlage siebenmal instand gesetzt und erneuert werden. Anwohner und Spaziergänger beklagen die ständige Verschmutzung von Becken und Kanal, bald auch die auf dem Platz abgeladenen Mengen von Unrat ... und den Gestank. In den 20er Jahren des 19. Jahrhunderts läßt Preußens genialster Gartenbau-Direktor Peter Joseph Lenné das Bassin zuschütten. Rund um einen kleinen Restteich und die Gloriette legt er eine Parkanlage mit 100 Linden an, von denen einige auch im Jahr 2003 immer noch stehen. Nach dem Zweiten Weltkrieg hat das Häuschen einem sowjetischen Ehrenmal für im Endkampf um Berlin gefallene Offiziere und Mannschaften der Roten Armee zu weichen, deren sorgsam gepflegte und bepflanzte Gräber einen Obelisken mit vier soldatischen Figuren umliegen.

In der **Gutenbergstraße 71/72** interessiert uns zunächst der Hinterhof, in der sich seit Ende der 1990er Jahre die Alfaruk-Moschee versteckt, wo bis 1933 *Die Weltbühne* gedruckt wurde. Und das auf den Maschinen eines durchaus nicht »links« orientierten Unternehmens – nämlich der Vereinsdruckerei des Evangelisch-Kirchlichen Hülfsvereins (sic!), »von SM dem Kaiser und König Wilhelm II. ins Leben gerufen und unter dem Protektorat der Kaiserin und Königin Auguste Victoria. Der Zweck des Vereins ist: die Bestrebungen zur Bekämpfung der religiös-sittlichen Notstände in Stadt und Land – besonders in Berlin und anderen größeren Städten – und den Industriebezirken des preußischen Staates zu unterstützen.« Ob das wohl die Tucholskys und Ossietzkys gewußt hatten?

Immer noch zum Vereinsvermögen gehört die Stiftsbuchhandlung, ein ruhiger anspruchsvoller Sortimenter, dem das Evangelische ebenso am Herzen liegt wie das Potsdamerische und allerlei modernes Belletristisches. Mit dieser Adresse ist gleichsam der ökumenische Parcours eröffnet, der von einer Dependance der Herrnhuter Brüdergemeinde und den Werkstätten des Orgelbauers Schuke (**im Hause Nr. 76**) über das Gemeindehaus (**Nr. 77**, mit dem Hugenottenkreuz über dem Eingang) sowie das Seminar- und Gästehaus »Hochland« der Französisch Reformierten Gemeinde (**Nr. 78**) bis zum Pater-Bruns-Haus der Katholischen Gemeinde (**Am Bassin 2**) reicht.

Von der Reformation bis zum Jahre 1714 hatte es in Potsdam weder katholische Seelsorge noch gar ein gottesdienstliches Leben gegeben. Und die paar Katholiken, die weit verstreut in Brandenburg lebten, gehörten rechtlich zu den evangelischen Pfarrgemeinden. Amtshandlungen wie Taufe, Heirat und Bestattung nahmen die protestantischen Pastoren vor. Das sollte sich erst ändern, seit der Soldatenkönig darangegangen war, aus Potsdam die wichtigste Garnisonstadt Preußens und einen oft frequentierten Regierungssitz zu machen. Das diplomatische Personal, die zugewanderten Arbeitskräfte und die zumeist »gepreßten« Soldaten waren oft Katholiken und verlangten immer häufiger ihr Recht auf freie Religionsausübung. Am nachdrücklichsten artikulierten sich die aus der damals größten Waffenschmiede Europas, nämlich aus dem wallonischen Lüttich angeworbenen Büchsenmacher, die erste Belegschaft der neugebauten Gewehrfabrik an der Hoffbauer Straße. Im *Bekenntnis zu Potsdam* erzählt Johannes Mertens:

»Die Gewehrarbeiter wollten gleich einen katholischen Priester mit nach Potsdam nehmen, der zudem ihre Sprachen beherrschen mußte, das Deutsche und das Wallonische. Auf ihrem Weg in die Mark Brandenburg kamen die Zuwanderer über Wesel und baten im dortigen Dominikanerkloster um einen Priester. Pater Ludovicus Belo ging mit ihnen; seiner Herkunft nach war er französischer Belgier ... Als die Gruppe 1722 in Potsdam eintraf, zeigte sich der König bei Pater Belos Anblick völlig überrascht: ›Was will Er denn hier?‹ Als man ihn an die vereinbarte freie Religionsausübung erinnerte, erwiderte er: ›Gut, dann kann Er auch meine katholischen Soldaten pastorieren.‹ Er bewilligte dem Geistlichen das hohe Gehalt von 500 Talern und ordnete an, daß die Messe in einem Saal des königlichen Stadtschlosses gefeiert wurde, bis der erste Kirchenbau auf dem Gelände der Gewehrfabrik fertig war. Damit war die katholische Gemeinde von Potsdam ins Leben getreten.«

Dem 1731 gestorbenen Pater Belo folgte wieder ein Dominikaner, Pater Raymundus Bruns aus dem Kloster in Halberstadt.

Er war nicht nur Militärseelsorger und Missionspfarrer, Bauherr und Autor eines weit verbreiteten Katechismus, er wurde und war vor allem der bevorzugte philosophische und theologische Gesprächspartner von Friedrich Wilhelm I., der ihm mit fast kindlicher Naivität in allen geistlichen Dingen vertraute. Dazu nochmals Johannes Mertens:

»›Mein Pater, Er muß mich doch für einen Ketzer halten und verdammen.‹ Der Pater schenkte ihm nichts: ›So ist es, und wenn ich etwas anderes sagen würde, spräche ich nicht die Wahrheit. Aber Eure Majestät mögen mir gestatten, dies noch zu erklären: Wir verdammen nicht die Menschen, denn das kommt allein Gott zu. Aber wir verwerfen jede Lehre, die der katholischen Kirche widerspricht, und das fordert außer der Heiligen Schrift die gesunde Vernunft, denn was sich widerspricht, kann nicht gleichzeitig wahr sein. Was aber die sogenannten Häretiker betrifft, so unterscheiden wir Katholiken zwischen formellen und materiellen Häretikern. Formelle Häretiker nennen wir jene, die an einem erkannten Irrtum hartnäkkig festhalten; materielle Häretiker hingegen nennen wir diejenigen, die in einer anderen Religion geboren und erzogen sind und weder wissen noch wissen können, daß sie sich im Irrtum befinden.‹ Darauf erwiderte der Soldatenkönig: ›Teuerster Pater! Wenn ich wissen und erkennen sollte, daß ich mich im Irrtum befände, so würde ich heute noch katholisch. Ich glaube aber, daß alle Christen gerettet werden können, welcher Konfession sie auch angehören, denn obwohl sie in einigen unwesentlichen Punkten voneinander abweichen, stimmen sie doch alle in der Hauptsache überein.‹«

Jochen Klepper schreibt über die Vertrautheit und Nähe zwischen dem protestantischen Herrscher und dem katholischen Mönch: »Es war eine gute, eine ernste Freundschaft zwischen dem Pater und dem Monarchen; und niemand konnte sie sich ganz erklären ... Vielleicht war die Freundschaft des Priesters mit dem König ... allein darin begründet, daß einer die Frömmigkeit des anderen in ihrer ganzen Tiefe ahnte.«

Der geistliche Herr überlebte seinen weltlichen Gönner um 40 Jahre. Ein knappes Jahr davon in Festungshaft, in die der angeblich so tolerante Friedrich II. den Pater Bruns werfen ließ – ohne Untersuchung, ohne Verhör, ohne Anklage. Die Geschichtsforschung kennt die Gründe bis heute nicht.

Der erste katholische Kirchbau – ein schlichtes Fachwerkhaus ohne Glocke auf dem Gelände der Gewehrfabrik – blieb bis in die zweite Hälfte des 19. Jahrhunderts in Diensten. Erst 1867 wurde beschlossen, den Restteich des Bassinplatzes zuzuschütten, das Gelände umzugestalten und als städtebauliches Gegengewicht zur Französisch-reformierten Kirche eine katholische **Kirche St. Peter und Paul** zu bauen. 1870 wurde das Gotteshaus eingeweiht und ist seither der größte Sakralbau Potsdams. Sein Architekt, der Schinkel-Schüler Wilhelm Salzenberg, war vor seiner eigentlichen Entwurfsarbeit zu baukünstlerischen Studien extra nach Italien und Byzanz alias Konstantinopel gereist. Für den Innenraum ließ sich Salzenberg ganz offensichtlich von der Hagia Sophia inspirieren; und der Zwilling des Glockenturms steht in Verona.

Gleich neben dem Pater-Bruns-Haus befindet sich im Haus **Nummer 4** das Theodor-Fontane-Archiv. Das Archiv ist eine wissenschaftliche Institution des Landes Brandenburg, die sich der Forschung zu Person und Werk des wohl berühmtesten brandenburgischen Schriftstellers Theodor Fontane (1819-1898) widmet. Die Sammlungen imponieren nach Zahl und Umfang. Hier die *Bestandsliste*, wie sie Ende 2002 im Internet stand:

- ca. 8800 Handschriften (Werkmanuskripte, Fragmente, Briefe, Notiz- und Tagebücher, darunter 25 Prozent Leihgaben
- ca. 5400 Abschriften und Kopien von zum Teil verschollenen Handschriften Fontanes
- ca. 5000 Bände Literatur von und über Fontane, darunter Erstdrucke, Erst- und Gesamtausgaben, bibliophile Drucke, Übersetzungen und Drehbücher

- ca. 10000 Zeitungsartikel und Zeitschriftenaufsätze
- 148 Bände aus Fontanes Bibliothek
- zahlreiche Bild-, Film- und Tondokumente.

Das Archiv feierte 1995 seinen 60. Geburtstag, zu dem eine von Manfred Horlitz herausgegebene Festschrift erschien. Das Archiv gibt die Halbjahres-Zeitschrift *Fontane Blätter* heraus. In Arbeit ist eine Edition der Großen Brandenburger Fontane-Ausgabe sowie eine umfassende Bibliographie zur Primär- und Sekundärliteratur.

An dem 1733 von Gontard errichteten Gebäude **Nr. 10 der Straße Am Bassin**, dem »Blankenhornschen Haus«, ... erinnert eine Tafel an den Aufenthalt Wolfgang Amadeus Mozarts, der sich vom 25. April bis zum 28. Mai 1789 in der Havelstadt aufhielt, wo er im Hause des Hornisten Türrschmidt, eines alten Freundes aus Pariser Tagen, unterkam, der hier mit seiner Schwester, einer Sängerin an der Hofoper, lebte. Der mittellose Mozart hoffte, Mitglied der Hofkapelle Friedrich Wilhelm II. werden zu können.

Obwohl Mozart einer persönlichen Einladung des Königs gefolgt war, suchte er zunächst den Hofkompositeur Jean-Pierre Duport auf, der gleich schräg gegenüber wohnte. Offenbar wollte Mozart über den Kollegen, der sich bei Hofe großer Beliebtheit erfreute, um eine Audienz ersuchen. Doch müssen die beiden Herren, da sie ja Konkurrenten waren, wohl miteinander in einem sehr kühlen Französisch umgegangen sein. Mozart kehrte jedenfalls bald unverrichteter Dinge zurück und wütete noch lange Zeit, »daß ein welscher Fratz, der jahrelang in deutschen Landen ist und deutsches Brot frißt, muß auch deutsch reden oder radebrechen so gut oder so schlecht ihm sein französisches Maul dazu gewachsen ist«.

Friedrich Wilhelm II. empfing Mozart außerordentlich freundlich, bat ihn, mit ihm selbst – er spielte vorzüglich Cello – und der Hofkapelle zu musizieren und bot ihm den Posten des Hofkapellmeisters für ein Jahresgehalt von 3000 Talern an – eine buchstäblich fürstliche Bezahlung! Als Mozart kokett auswich mit der Bemerkung, er könne doch seinen Kaiser Joseph in Wien nicht verlassen, bekam er wenigstens Aufträge für sechs Streichquartette und sechs Klaviersonaten mit auf den Heimweg. Geschrieben hat er jedoch nur noch die sogenannten drei Preußischen Quartette – das erste wahrscheinlich sogar hier am Bassinplatz (Köchelverzeichnis 575, 589 und 590). Für die anderen Auftragskompositionen ließ ihm der Tod keine Zeit mehr.

Bleiben uns ein paar letzte Schritte bis **Am Bassin 12** – dem sogenannten Eichnerschen Haus. Hier »wohnte die Witwe des angesehenen Fagott-Virtuosen und Konzertmeisters der Hofkapelle, Ernst Eichner, mit ihrer Tochter Adelheid und der Bedienung, einer alten Köchin, dem Hausmädchen, dem Gärtner und der Kammerjungfer Grethe. Frau Eichner war eine der bedeutendsten Sängerinnen der italienischen Oper« (Karl Voss).

Das Haus, zu dem ein herrlicher Garten gehört haben soll, beherbergte in den 40er Jahren des 18. Jahrhunderts den Lyriker Johann Wilhelm Ludwig Gleim. Der studierte Jurist war zunächst als Hauslehrer tätig, wurde jedoch bald der Sekretär des Prinzen Wilhelm von Brandenburg-Schwedt, den er auch in den 2. Schlesischen Krieg begleitete. Von 1748 bis zu seinem Tode (1803) arbeitete er für das Domkapitel in Halberstadt. Gleim und seine Studienfreunde Johann Peter Uz und Johann Nikolaus Götz bildeten den Halleschen Dichterkreis der Anakreontiker*, auf deren Spuren der Poet später eine Dichterschule aufzubauen suchte. Von seinen anakreontischen Texten heißt es, daß diese »vor dem Hintergrund einer antiken Dichtungstradition gelesen werden mußten, also nur für ein gebildetes Publikum verständlich« gewesen seien. Da Gleim jedoch sehr an Volkstümlichkeit gelegen war, schrieb er später *Preußische Kriegslieder*, in denen er insbesondere Friedrich den Großen als siegreichen Heerführer glorifizierte. »Die Lieder sind bewußt in einer einfachen Soldatensprache geschrieben. Gleim verwendete Redewendungen der militärischen Umgangssprache und mundartliche Ausdrücke.« Nachträglich besingt er zum Beispiel den Beginn des Siebenjährigen Krieges:

»Krieg ist mein Lied! Weil alle Welt
Krieg will, so sei es Krieg!
Berlin sei Sparta! Preußens Held
gekrönt mit Ruhm und Sieg!

Gern will ich seine Taten tun
Die Leier in der Hand,
Wenn meine blutgen Waffen ruhn
Und hangen an der Wand.

Auch stimm ich hohen Schlachtgesang
Mit seinen Helden an
Bei Pauken- und Trompetenklang,
Im Lärm von Roß und Mann;

Und streit, ein tapfrer Grenadier,
Von Friedrichs Mut erfüllt!
Was acht ich es, wenn über mir
Kanonendonner brüllt?

Ein Held fall ich; noch sterbend droht
Mein Säbel in der Hand!
Unsterblich macht der Helden Tod
Der Tod fürs Vaterland!
...

FÜNFTER SPAZIERGANG

Weltkulturerbe I: Im Schloßpark Sanssouci und drum herum

Was der Philosoph sich ausgedacht, der Romantiker verfeinert, der Bürger bewundert und der Eroberer verschont hat

Weil es Sanssouci gibt, hat Potsdam selbst ein Problem: Alle Welt macht sich auf zur staunenden Wallfahrt ins friderizianische Rokoko und in die preußische Romantik, aber zu wenige interessieren sich für die Stadt selbst. Das mag zur BUGA 2001, der Bundesgartenschau auf dem Bornstedter Feld, anders gewesen sein, das mag in Zukunft auch durch ein paar »Events« vorübergehend umzusteuern sein, aber es bleibt die Regel. Und ähnlich steht's um den Großen König. Wer Sanssouci besucht, will eintauchen ins Flair von Preußens bedeutendstem und umstrittenstem Monarchen: Friedrich und sein Baumeister Knobelsdorff. Friedrich und seine Flötenmusik. Friedrich mit seinen elf Windspielen. Friedrich beim Spaziergang mit Voltaire. Friedrich bei der Planung des nächsten glorreichen Feldzugs. Friedrich, der ungerechte Eiferer. Friedrich, der gerechte Spötter. Friedrich, der religiöse Skeptiker. Friedrich, der Schwule. Friedrich, der vereinsamte Misanthrop. Park, Schloß und Mühle werden danach abgeschritten, ob sie etwas von ihm verortet, aufbewahrt, gesichert haben. Es scheint, als habe der legendäre – und so oft mißverstandene wie mißgedeutete – Geist von Potsdam sich minimiert auf die paar Anekdoten rund um Sanssouci, in denen sich König Friedrich II., genannt der Große, bis in die Schulbücher der Hauptschule gerettet hat.

Dabei war doch der Erbauer und erste Bewohner von Sanssouci – jedenfalls nach seiner Selbsteinschätzung – ein ganz anderer. Als 1748 Voltaire in einem *Brief an König Friedrich* sein Erstaunen über die emphatisch geäußerte Friedensliebe des Monarchen ausdrückte, antwortete dieser:

»Ich bin ein Freund der Philosophie und der Verse. Mit Philosophie meine ich übrigens weder Mathematik noch Metaphysik. Die erstere ist zwar etwas Erhabenes, aber nichts für die menschliche Gemeinschaft. Ich überlasse sie gern irgendeinem englischen Grübler: mag er nach Belieben den Himmel regieren; ich halte mich an den Planeten, auf dem ich wohne. Und die Metaphysik ist, wie Sie sehr richtig sagen, eine vom Wind geschwellte Blase. Wenn man in jenes Land reist, verirrt man sich zwischen Klüften und Abgründen. Ich bin überzeugt, daß die Natur uns nicht geschaffen hat, um ihre Geheimnisse zu ergründen, sondern damit wir an dem Plane mitarbeiten, den sie sich vorgesetzt hat. Nutzen wir das Leben, so gut wir es vermögen, und beunruhigen wir uns nicht, ob wir aus höheren Antrieben handeln oder unserm freien Willen folgen. Wenn ich trotzdem meine Meinung über diese Frage äußern darf, so scheint es mir, daß unsere Leidenschaften und die Verhältnisse, in die wir gesetzt sind, unser Tun und Lassen bestimmen. Wollen Sie bis zu den letzten Ursachen vordringen, so weiß ich nicht, was sich daraus folgern ließe. ›Ich fühle, es ist mein Wille, gute oder schlechte Verse zu machen, aber ich weiß nicht, ob eine fremde Triebkraft mich dazu drängt. Dann müßte ich ihr allerdings wenig Dank dafür wissen, daß sie mich nicht besser inspiriert.

Erstaunen Sie nicht ob meiner ›Ode über den Krieg‹; ich muß gestehen, daß ich so und nicht anders denke. Unterscheiden Sie den Staatsmann vom Philosophen, und lassen Sie sich sagen, daß man aus Vernunftgründen Krieg führen, aus Pflicht ein Staatsmann und aus Neigung ein Philosoph sein kann. Die wenigsten haben sich ihre Stellung in der Welt selbst ausgesucht. Geburt oder irgendein andrer Zufall entscheidet über ihren Stand; daher gibt es so viele schlechte Schuhmacher, Priester, Minister und Fürsten.

Wär' alles richtiger bestellt
Auf dieser lächerlichen Welt,
So wär' der Handwerksmann viel besser
Ein Seeheld oder ein Korsar,

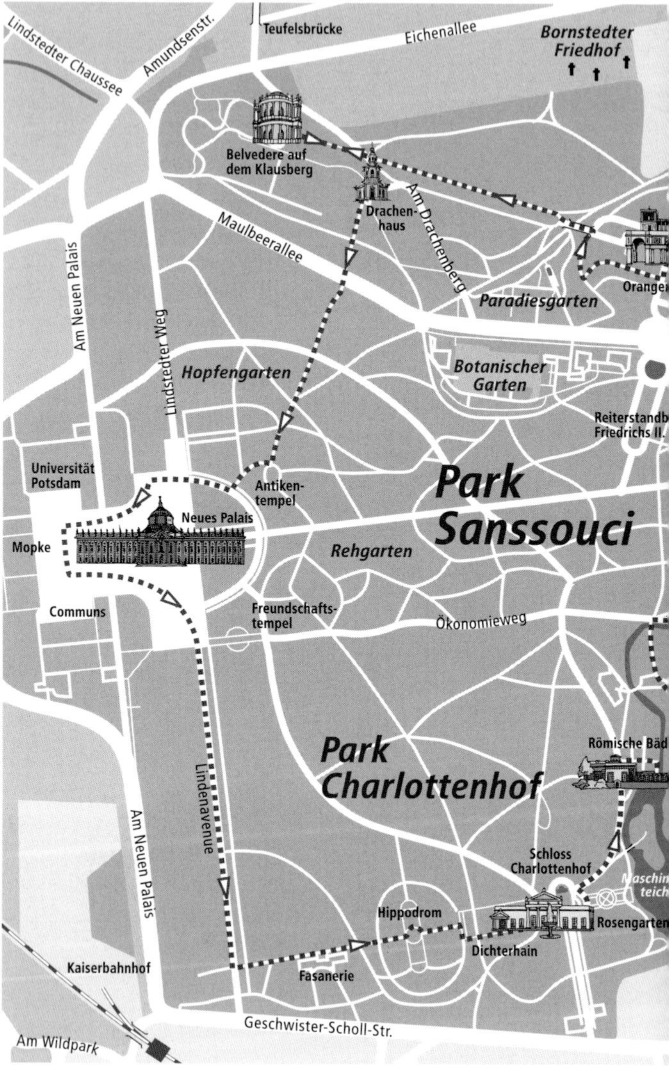

Lindstedter Chaussee
Amundsenstr.
Teufelsbrücke
Eichenallee
Bornstedter Friedhof
Belvedere auf dem Klausberg
Drachenhaus
Am Drachenberg
Maulbeerallee
Paradiesgarten
Am Neuen Palais
Lindstedter Weg
Hopfengarten
Botanischer Garten
Reiterstandb
Friedrichs II.
Universität Potsdam
Antikentempel
Park Sanssouci
Neues Palais
Mopke
Rehgarten
Communs
Freundschaftstempel
Ökonomieweg
Park Charlottenhof
Lindenavenue
Am Neuen Palais
Schloss Charlottenhof
Hippodrom
Rosengarten
Dichterhain
Kaiserbahnhof
Fasanerie
Geschwister-Scholl-Str.
Am Wildpark

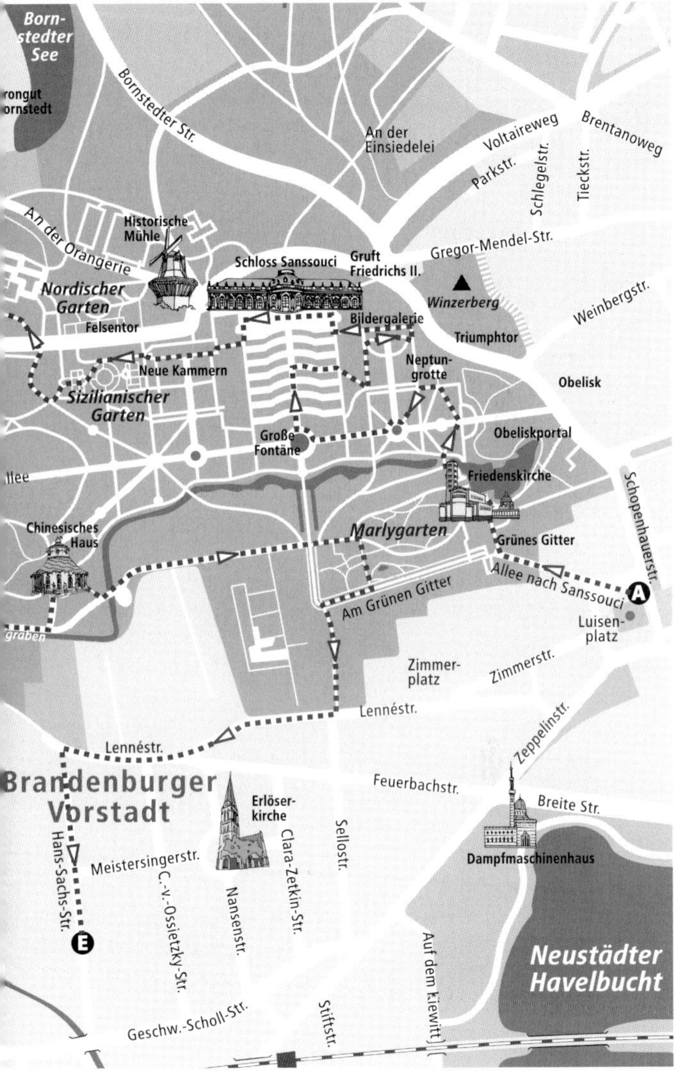

Born-
stedter
See
rongut
ornstedt
Bornstedter Str.
An der
Einsiedelei
Voltaireweg
Brentanoweg
Parkstr.
Schlegelstr.
Tieckstr.
An der Orangerie
Historische
Mühle
Schloss Sanssouci
Gruft
Friedrichs II.
Gregor-Mendel-Str.
Nordischer
Garten
Winzerberg
Weinbergstr.
Felsentor
Bildergalerie
Triumphtor
Neue Kammern
Neptun-
grotte
Obelisk
Sizilianischer
Garten
Große
Fontäne
Obeliskportal
llee
Friedenskirche
Schopenhauerstr.
Chinesisches
Haus
Marlygarten
Grünes Gitter
Allee nach Sanssouci
A
Am Grünen Gitter
Luisen-
platz
graben
Zimmer-
platz
Zimmerstr.
Lennéstr.
Lennéstr.
Zeppelinstr.
Brandenburger
Vorstadt
Feuerbachstr.
Erlöser-
kirche
Breite Str.
Hans-Sachs-Str.
Clara-Zetkin-Str.
Sellostr.
Meistersingerstr.
C.-v.-Ossietzky-Str.
Dampfmaschinenhaus
Nansenstr.
E
Auf dem Kiewitt
Neustädter
Havelbucht
Geschw.-Scholl-Str.
Stiftstr.

Der General ein Gelderpresser,
Der König wohl ein Köhler gar.
Der Hirt wär' reich an Landbesitz,
Der Autor führe wie ein Blitz
Im Krieg daher. Allein gemach!
Ein jeder bleibt bei seinem Fach
Und folgt der ausgetretenen Spur.
Ja bis zur letzten Kreatur
Bleibt stets das alte Weh und Ach!«

Selbst wenn man übersieht, daß schon der Soldatenkönig Friedrich Wilhelm I., der ungeliebte Vater des alten Fritz, seine Hand im Spiel hatte beim Entstehen des Parks vor den Toren Potsdams, dann geht die Gleichung Sanssouci = Friedrichs selbstgeschaffenes Arkadien immer noch nicht auf. Es bedurfte erst des sprichwörtlichen »Romantikers auf dem Thron«, um Friedrichs Halbedelstein zu diesem funkelnden Krondiamanten zu machen, der er bis heute ist. Ein idealisiertes Italien mit empfindsamer Seele suchend hat Friedrich Wilhelm IV. vor allem seinen aus Potsdam gebürtigen Hofarchitekten, den Schinkel-Schüler Ludwig Persius angewiesen, die mediterrane Klassik in den märkischen Sand zu setzen: die Römischen Bäder, die Friedenskirche, das Orangerieschloß. Wobei das Wort »anweisen« den Kern der Sache beschreibt: Der König verstand sich als Künstler und wünschte seine Anregungen und Vorstellungen ohne Widerrede und zügig in Bauten, in eine riesige lebende Landschaftsmalerei umgesetzt sehen. In seinem Buch *Friedrich Wilhelm IV. von Preußen. Ein Baukünstler der Romantik* schreibt Ludwig Dehio:

»Es gehört zu den Wesensarten des ewig planenden Fürsten, daß er Jahrzehnte hindurch unermüdlich, fast darf man sagen Abend für Abend, Architekturskizzen zu Papier brachte, genauso wie der Liebhaber von Musik den Tag auf dem Klavier ausklingen läßt. Während Alexander von Humboldt oder Louis Schneider vorlasen, oder auch die Unterhaltung im engsten

Kreise des Hofes umging, saß der sonst so quecksilber-bewegliche Herr wie festgebannt über irgendeinem Papierbogen niedergebeugt – und sei es dem Wachrapport[1], dem Programm einer Conseilsitzung, der Anzeige der kommenden Sonntagspredigt oder der letzten Menükarte – gleichgültig, wenn sein emsiger Stift nur freien Raum fand; regelrechte Zeichenzurüstung hätte die Laune des Improvisierens verscheucht. So entstanden Tausende meist kleiner und kleinster Grundrisse oder Ansichten.«

Mit anderen Worten: Es war im wesentlichen der Geschmack des Monarchen – seine »Sehnsucht nach dem Schönen« –, die zur gestalterlichen Doktrin wurde. Künstler und Handwerker hatten im zweiten Glied zu bleiben.

So in die autokratischen Spielregeln des Entstehens des Gesamtkunstwerkes Sanssouci eingewiesen, können wir uns nun auf den etwa zwölf Kilometer langen – am besten auf zwei Tage verteilten – Spaziergang machen. Wir beginnen ihn über die Allee nach Sanssouci von Süden – und nicht wie die meisten von Osten, vom Obelisken – kommend **Am Grünen Gitter**.

»Ich ging im Park spazieren an dem hohen Gitter entlang, das den Garten von der Straße trennt. Am einsamen Herbstmorgen. Die Kastanien waren reif, und vor mir auf dem Kiesweg lag eine dieser blanken braunen Früchte, mit denen die Kinder so gerne spielen. Ein kleines Mädchen aber stand draußen, außerhalb des Parkes, drückte das Gesicht an die Stäbe des Gitters und sah sehnsüchtig nach der schönen Frucht hin. Die hätte sie gar zu gern gehabt, konnte aber nicht heran, weil auf tausend Schritte rechts und links kein Tor war. Und deshalb bat sie mich nun recht herzlich und freundlich und sagte: ›Lieber Herr, geben Sie mir doch bitte diese Kastanie da her.‹ Und ich hob die Kastanie

1 Dem König jeden Morgen vorzulegender Bericht des Offiziers von der Wache, in dem alle Personalien sowie die Besuchsabsicht von Fremden aufgezeichnet wurde, die nach Schließung der Tore in die Stadt Potsdam eingelassen werden wollten. Da Friedrich II. sehr neugierig war, lud er oft Besucher aus dem Wachrapport an seine Mittagstafel.

auf, brachte sie dem Mädchen und reichte sie ihr durch die Eisenstäbe hin. So standen wir uns am Gitter gegenüber und sahen uns freundlich lächelnd an. Und dabei muß es nun der Kleinen eingefallen sein, daß ja eigentlich ich eingeschlossen sei, weil eben im Gitter kein Tor war. Sie sah sich erst verschmitzt und vorsichtig nach allen Seiten um, dann beugte sie sich vor, spie mir mit aller Kraft ins Gesicht und lief hurtig von dannen. Ich säuberte mein Gesicht, blickte dem kleinen Mädchen nach und sagte vor mich hin: Schau, schau, die Kleine hat Einfälle, und sie hat Initiative. Sie wird es weit im Leben bringen. Sie wird vielleicht eine große Künstlerin oder eine berühmte Schriftstellerin werden, eine Zierde der Heimatkunst. Und ich setzte meinen Spaziergang nachdenklich fort und überlegte mir, wie ich meinerseits es doch eigentlich zu gar nichts Rechtem gebracht habe in diesem Leben.«

Soweit der große Feuilletonist Victor Aubertin *»unterm Strich«* in seinem *Berliner Tagblatt. Kastanie* hieß diese Causerie aus dem Jahr 1911. – Bevor wir uns Aubertin anschließen, werfen wir noch einen kurzen Blick auf das Haus **Am Grünen Gitter 1**, in dem auf Einladung des preußischen Königs der »König der Romantik«, der Dichter, Theaterdramaturg und Shakespeare-Übersetzer Ludwig Tieck nach dem Ableben seiner Frau zusammen mit seiner Tochter in den Sommermonaten lebte.

Im Vorwort zu *Tiecks ausgewählte Werke* schreibt sein Biograph und Herausgeber Georg Witkowski:

»Friedrich Wilhelm IV. hatte 1840 den Thron bestiegen. Sein lebhaftes Interesse war der Kunst und Wissenschaft zugewandt, seine Gesinnung begünstigte die Romantik und sie erlebte nun einen kurzen Nachsommer unter des Strahlen der königlichen Gunst. Tieck, ihr Altmeister, wurde als hochgeschätzter Gast in Sanssouci empfangen, er las vor und erregte die Begeisterung des Königs durch die Aufführung der *Antigone* auf einer der altgriechischen nachgebildeten Bühne. Der Gedanke, seine Erfahrungen und sein Talent zur Bühnenleitung für das Hoftheater zu verwerten, lag nahe, und nachdem er den folgenden Winter wieder in Dresden verbracht hatte, erhielt er eine erneute Einladung, nun dauernd mit hohem Jahresgehalt als Freund und künstlerischer Berater des Königs zu dienen. Er nahm sie an und siedelte 1842 für immer nach Berlin über. Dort ... verlebte er von nun an die Wintermonate, den Sommer in der vom König für ihn liebevoll eingerichteten Potsdamer Wohnung.«

Tieck, der bei seiner Übersiedelung bereits 69 Jahre alt war, litt seit langem an Gicht und war verkrüppelt. So recht wollte das mit seiner Mitarbeit am Hoftheater nicht klappen, da er – wie es bei Witkowski heißt – »jede Fühlung mit dem Geiste, der seine Vaterstadt Berlin beherrschte, verloren hatte«. Tieck starb 1853 – tief verbittert über die 48er Revolution ebenso wie über die anschließende Restauration.

Aus welcher Richtung man auch immer sich der **Friedenskirche** nähert, stets ist ihre architektonische Wirkung beeindrukkend, ganz besonders jedoch vom Friedensteich her, den Peter Joseph Lenné extra anlegen mußte, damit sich das Ensemble im Wasser widerspiegele. Friedrich Wilhelm hatte tief in die Erinnerungen an seine Italienreise gegriffen und seinem »lieben Persius« lauter Entwürfe gezeichnet: allesamt Anleihen von Kirchen in Rom, Cosmedin, Venedig. Die Kirchen hatte Friedrich Wilhelm als junger Kronprinz ausführlich besichtigt; und auch San Cipriano auf der Insel Murano vor Venedig, deren Apsismosaik er kaufte, bevor sie abgerissen wurde, um sie erst Jahrzehnte später in die Friedenskirche zu »translozieren«.

Der König war durchaus geschichtsbewußt. So datierte er die Grundsteinlegung auf den 14. April 1848, »weil auf den Tag einhundert Jahre zuvor Friedrich II. den Grundstein zum Schloß Sanssouci gelegt hatte« (Friedrich Mielke). Während der große König strikt daran festhielt, daß sein Domizil nicht nur für Frauen, sondern auch für Geistliche tabu war, und er von daher gar nicht auf die Idee gekommen wäre, in der Nähe von Sanssouci – außer der Kapelle in den Communs (vgl. S. 195) – eine Kirche errichten zu lassen, wollte der Großneffe »eine Kirche, welche zu einem Pallast-Bezirk gehört, der den Namen Sans Souci ›ohne Sorge‹, trägt, dem ewigen Friedensfürsten weihen und so das wesentlich negative ›Ohne Sorge‹, dem geistlich positiven ›Frieden‹ entgegen oder vielmehr gegenüber stellen«, wie er Bischof Eylert mitteilte. Darüber hinaus war es ihm wichtig, daß die Grundsteinlegung »im 30sten Jahre des Friedens nach dem Sturz Napoleons« stattfand, weil damit auch der »von seinem Vater so hingebungsvoll verfolgten Friedenspolitik gedacht« würde.

In der Gruft unter dem Chor wurden Friedrich Wilhelm IV. 1861 und seine Frau Elisabeth Prinzessin von Bayern 1873 beigesetzt. Neben **Atrium**, **Kreuzgang**, **Arkaden** und **Pfarrhaus** gehört zu dem Komplex das neobarocke **Mausoleum** aus dem Jahre 1888, eine Kopie der Heiligen Grabeskirche aus dem Südtiroler Innichen, die Kronprinz Friedrich auf einer seiner Reisen sehr gefallen hatte. So wird sie seinem Wunsche entsprechend als seine Grablege nachgebaut, als er nach nur 99 Tagen Kaiser-Herrschaft in Potsdam an Kehlkopfkrebs stirbt. Neben ihm liegt seine englische Frau Victoria und zwei früh verstorbene Kinder der beiden Majestäten. Im August 1991 kam der Sarkophag des Soldatenkönigs Friedrich Wilhelm I. dazu.

Umgeben ist das Friedenskirchenensemble vom **Marlygarten.** Anlegen lassen hatte ihn der Soldatenkönig als Küchengarten des Hofes – samt Meierei und Kuhstall – und ... als Schießstand für sich selbst. Sein **Kugelfang** wurde später in den Brunnen auf der Westseite der Friedenskirche eingefügt. Mit dem Namen spielte der König ironisch an den Jardin Marly an, das aufwendige gärtnerische Kleinod von Ludwig XIV. in Versailles. Parallel zum Bau der Friedenskirche machten Lenné und Persius aus dem Marly und dem Friedensgarten einen **englischen Landschaftspark** mit **Blumengarten** und **Pleasureground.**

Wir verlassen den Garten durch die **Erlöserpforte** (auch Christuspforte genannt), überqueren die Hauptallee für einen Abstecher zur von Knobelsdorff geschaffenen **Neptunsgrotte,** jener Rokoko-verspielten Verbindung von Baukunst und Natur, kehren zurück zur Hauptallee und laufen vor bis zum **Französischen Rondell** mit der **Großen Fontäne.** »Zu Friedrichs Lebzeiten hatte man es nicht geschafft, die Wasserspiele in Gang zu bringen. Nur einmal, am Pfingstsonntag 1754, soll die Große Fontäne eine Stunde lang gesprudelt haben. Erst 1842 konnte sie durch den Bau des Pumpwerks in der Moschee (vgl. S. 72) an der Neustädter Havelbucht endgültig in Betrieb genommen werden« (Christiane Petri). Die Schwierigkeiten mit der Wasserführung machten Friedrich den Großen verdrossen, wie wir aus einem Gespräch mit Giacomo Casanova wissen, den der König im Juli 1764 zu einem gemeinsamen Spaziergang durch den Schloß-Park empfangen hatte:

»Während er mich fragt, worüber ich mit ihm sprechen will, befiehlt er mir zugleich, mein Urteil über seinen Park zu sagen. Jedem anderen hätte ich geantwortet, daß ich nichts davon verstünde; aber da der König geruhte, mich für einen Kenner zu halten, so hätte es ausgesehen, als wenn ich ihm unrecht geben wollte, und das verzeiht ein König niemals, selbst wenn er ein Philosoph ist. Aber auf die Gefahr hin, einen schlechten Geschmack zu zeigen, antwortete ich daher, ich fände den Garten prachtvoll.

›Aber der Park von Versailles ist doch viel schöner.‹

›Allerdings, Majestät, aber hauptsächlich wegen der Wasserspiele.‹

›Ganz recht, aber das ist nicht meine Schuld: Hier gibt es kein Wasser. Ich habe mehr als dreihunderttausend Taler ausgegeben, um Wasser zu bekommen; aber ohne Erfolg.‹

›Dreihunderttausend Taler, Majestät! Wenn Eure Majestät die ganze Summe auf einmal ausgegeben hätten, müßte Wasser da sein.‹

›Ah, ich sehe, Sie haben sich mit dem Wasserbau befaßt.‹

Hätte ich ihm sagen sollen, daß er sich täuscht? Ich fürchtete, ihm zu mißfallen, und senkte nur den Kopf; das hieß weder ja noch nein.«

Der Blick vom Französischen Rondell die Treppe durch den Weinberg hinan zum Schloß ist vermutlich das am weitesten verbreitete Bild von Potsdam. Er lockt jährlich mehrere Hunderttausend Besucher nach Sanssouci, obwohl er längst nicht alle Besucher auch entzückt hat. Heinrich Heine zum Beispiel reagierte ziemlich mißmutig; er schrieb an seine Berliner Freundin Friederike Robert:

»Vorgestern war ich in Sanssouci, wo alles glüht und blüht, aber wie! Du heiliger Geist. Das ist alles nur ein gewärmter, grünangestrichener Winter, und auf den Terrassen stehen Fichtenstämmchen, die sich in Orangenbäume maskiert haben. Ich spazierte umher und sang im Kopfe: ›Du moment qu'on aime, / l'on devient si doux! / Et je suis moi-même / aussi tremblant que vous.‹ Das singt nämlich das Ungeheuer in ›Zemire und Azor‹.* Ich armes Ungeheuer, ich armer verwünschter Prinz, ich bin so kummerweich gestimmt, daß ich sterben möchte. Und ach! Wer tot zu sein wünscht, der ist es schon zur Hälfte.«

Ein anderes Mal heißt es noch galliger bei ihm:

»Wie poesielos sind diese Orangenbäume! Dabei hat jeder Baum seine Nummer. ... Diese nummerierte Natur hat etwas so korporalstöckig Gezwungenes. Es wollte mich dünken, als schnupften sie Tabak, diese Orangenbäume, wie ihr seeliger

Herr, der Alte Fritz, welcher, wie Sie wissen, ein großer heros gewesen.«

Doch gehört Heine eher zu den Ausnahmen; mehrheitlich waren gerade Dichter, Schriftsteller und Philosophen stets entzückt, wenn sie die Schlösser und Gärten von Sanssouci besuchten. Stellvertretend für viele literarische Huldigungen lassen wir Theodor Fontane zu Wort kommen mit ein paar Zeilen aus dem poetischen Text *Auf der Treppe von Sanssouci*:

»Vom Marly kommend und der Friedenskirche,
hin am Bassin (es plätscherte kein Springstrahl)
stieg ich treppan; die Sterne blinkten, blitzten,
und auf den Stufen-Aufbau der Terrasse
warf Baum und Strauchwerk seine dünnen Schatten,
durchsichtige, wie Schatten nur von Schatten.
Rings tiefe Stille, selbst der Wache Schritt
blieb lautlos auf dem überreifen Boden,
und nur von rechts her, von der Stadt herüber,
erscholl das Glockenspiel.«

Unsere nächste Station – die **Bildergalerie** – erreichen wir entweder über den **Weinberg** zu halber Höhe oder über die Schloßterrasse. Sie war der erste eigenständige Museumsbau Europas und ist das älteste erhaltene Bauwerk seiner Art in Deutschland. Da des Königs bevorzugter Baumeister Georg Wenzeslaus von Knobelsdorff 1753 gestorben war, konnte der Schöpfer von Sanssouci und dem westlichen Trabantenbau zum Schloß – den sogenannten Neuen Kammern – das östliche Gegenstück nicht mehr selbst bauen. Der König betraute Johann Gottfried Büring mit der Aufgabe. Büring hatte sich gerade mit dem Neubau des Nauener Tores seine Sporen verdient. Nun trieb ihn Friedrich zu größter Eile an, an der Stelle von zwei Gewächshäusern die Galerie hochzuziehen, wobei er dem Architekten nicht nur zur Auflage machte, sich eng an die bereits bestehenden Knobelsdorffschen Fassaden zu halten, sondern ihn auch ständig mit seinen eigenen Wünschen, Ideen, Vorstellungen und Skizzen buchstäblich traktierte. Als ihm die Entwurfsarbeit nicht schnell genug lief, ließ er sogar schon mit den Abbruch- und Erdarbeiten beginnen. 1755-64 entstand dann der Bau. Der russische Schriftsteller Anton Zailonow erinnert sich:

»Die Bildergalerie liegt nicht weit vom Schlosse. Friedrich der Große pflegte um elf Uhr Mittags dorthin zu gehen und sich eine Stunde daselbst aufzuhalten. Gewöhnlich begleitete ihn dann der Aufseher der Galerie; aber bisweilen warf er gleich beim Eintritt die Türe hinter sich zu und blieb allein. Dies geschah, wenn Mißmuth seine Stirne umwölkte; doch nie kehrte er aus diesem Saale anders als mit heiterm Auge und einer wohlwollenden Miene zurück.«

Der König wollte mit der Galerie zweierlei erreichen. Zum einen wollte er einen Raum, in dem er seine bereits bestehenden Sammlungen unterbringen könnte, wofür die kleine Galerie im Schloß selbst längst zu eng geworden war. Zum anderen wollte er vor allem die Gemälde einer größeren Öffentlichkeit zugänglich machen und durch Zukäufe einen kunstgeschichtlichen Überblick vor allem über die (italienische) Renaissance und den (flämisch-holländischen) Barock schaffen. Noch bevor die Fundamente fertig gesetzt waren, begab er sich daher 1755 auf eine Reise nach Holland, von der Franz Kugler in seiner *Geschichte Friedrichs des Großen* sehr amüsant zu berichten weiß:

»Er ging nach Holland, vornehmlich in der Absicht, die dortigen Kunstschätze zu besichtigen, denn er selber hatte jetzt im Sinne, in Sanssouci eine große Gemäldegalerie anzulegen. Doch legte er, um ungestört seinem Plane folgen zu können, ... die Zeichen seiner königlichen Würde ab. ... Er nahm den Charakter eines reisenden Flötenspielers an; sein ganzes Gefolge bestand aus dem Obersten Balbi, der ein Kunstkenner war, und aus einem Pagen; er trug eine schlichte schwarze Perücke und ein zimtfarbenes Kleid mit goldenen Knöpfen.

Es werden manche komischen Szenen erzählt, zu denen dies Inkognito Anlaß gab. So im Gasthofe zu Amsterdam, wo er sich eine besonders kostbare Pastete, deren Geschmack ihm höchstlicht gerühmt worden war, bestellen ließ. Die Wirtin, die von dem unscheinbaren Äußeren ihrer Gäste auf ihren Geldbeutel schloß, fragte, ob man denn auch imstande sein werde, das teure Gericht zu bezahlen. Sie erhielt zur Antwort, der Herr sei ein Virtuos, der mit seinem Flötenspiel in einer Stunde wohl mehr verdienen könne, als zehn Pasteten wert seien. Dies erweckte ihre Neugierde; sie eilte zu Friedrich, und ruhte nicht eher, als bis er sich vor ihr auf seinem Instrumente hören ließ. Ganz fortgerissen von der Schönheit seines Vortrages, rief sie endlich aus: ›Gut, mein Herr, Sie können gar schön pfeifen und wohl einige Batzen verdienen: Ich werde Ihnen die Pastete machen!‹«

Tatsächlich schuf Büler einen Saal, einen Korridor, von 80 auf 10 Metern, dessen Innenraum in Weiß, Gold und Braun von ganz besonderer Schönheit ist. »Marmor in verschiedenen Farben, vergoldete Bronzen, Schnitzereien und Stuckaturen vereinen sich mit den Gemälden zu einem Gesamtkunstwerk« (Christiane Petri). Für uns Zeitgenossen ganz ungewohnt, hängen die etwa 125 Bilder nach barocker Manier dicht an dicht, bilden optisch selbst die Längswand gegenüber der Fensterfront. Die ursprüngliche Sammlung ging im Zweiten Weltkrieg zu etwa 60 Prozent verloren, doch konnte nach der Wiedervereinigung aus Westberliner Beständen das Ensemble so aufgefüllt werden, daß sich der Betrachter vom Geschmack des Sammlers Friedrich von Hohenzollern jetzt wieder eine Vorstellung machen kann.

Ein paar Schritte oberhalb der Bildergalerie kommen wir zur **Grabstelle Friedrichs des Großen.**

»Friedrich verknüpfte mit dem Namen Sanssouci eine geheime, tiefere Bedeutung. Er hatte sich zur Seite des Schlosses, noch ehe dessen Grund gelegt war, eine Gruft bauen lassen, die dereinst seine irdischen Reste aufnehmen sollte. Sie ward mit Marmor überkleidet und ihr Zweck durch die Bildsäule einer Flora, welche darauf lagerte, spielend verhüllt. Die Gruft, deren Dasein niemand ahnen konnte, war eigentlich mit jenem Namen gemeint. Einem Freunde sprach er einst davon und sagte, auf die Gruft deutend: ›Quand je serai là, je serai *sans souci*!‹ (Wenn ich dort bin, werde ich ohne Sorge sein!) Aus dem Fenster seines Studierzimmers hatte er täglich das Bild der Blumengöttin, der Hüterin seines Grabes, vor Augen.« (Franz Kugler)

Der Alte Fritz hatte in seinem Testament bestimmt, daß er ohne jede Bestattungsfeierlichkeiten in dieser Gruft – in der Nähe seiner geliebten Windspiele – beigesetzt werde. Doch erfüllte sein Nachfolger Friedrich Wilhelm II. diesen Wunsch nicht, sondern ließ den Leichnam aus übergeordneten Gründen der Staatsraison im Rahmen eines großen Staatsbegräbnisses in der Gruft der Garnisonkirche an der Seite seines Vaters beisetzen. Nach der Ausrufung des sogenannten Totalen Krieges 1943 brachte die Wehrmacht die Sarkophage zunächst in einen Bunker des Hauptquartiers von Reichsmarschall Hermann Göring in Potsdam-Wildpark; als die alliierten Truppen im März 1945 nahten, in ein Salzbergwerk bei Bernterode im Kreis Heiligenstadt in Thüringen. Nach dem Krieg wurden die Särge zunächst in der Marburger Elisabethkirche beigesetzt und von dort 1952 auf die Stammburg der Hohenzollern in Hechingen in Württemberg verbracht. Erst nach der deutschen Wiedervereinigung wurden beide Könige nach Potsdam »heimgeholt«. Friedrich Wilhelms Sarg steht seither im Mausoleum an der Friedenskirche; der von Friedrich kam endlich an den Ort, den er selbst bestimmt hatte. Unter Vorantritt des damaligen Chefs des Hauses Hohenzollern, Prinz Louis Ferdinand, unter Beteiligung der Bundeswehr mit Stabsmusikkorps und vor den Augen zahlreicher Konservativer und Reaktionäre.

Nur noch ein paar Schritte vom Grab nach Westen und dann sehen wir vor dem **Schloß**, 132 Treppenstufen über der Hauptallee durch den Park von Sanssouci. Friedrich, der sich nach seiner Thronbesteigung immer wieder nach einem Platz sehnte ähnlich seiner Kronprinzenresidenz Rheinsberg, hatte bei ei-

nem Picknick bei Bornstedt den »Wüsten Berg« entdeckt und zu dem Platz bestimmt, auf dem er ein Lustschloß gebaut bekommen wollte. Noch vor Beginn des Zweiten Schlesischen Krieges gibt er Anweisungen, den Berg zu einer Obstplantage umzugestalten und Entwürfe für einen Rokokobau anzufertigen. Der ihm schon aus Rheinsberger Zeiten vertraute Georg Wenzeslaus von Knobelsdorff macht sich an die Arbeit. Friedrich widerspricht, skizziert seine eigenen (dilettantischen, da zumeist angelesenen) Ideen. Knobelsdorff nimmt sie auf. Wieder geraten die beiden in Streit, und sie kabbeln sich immer noch, da ist der Bau (ab Januar 1745) schon längst im Entstehen.

Hauptsächlich gingen die Streitereien zwischen Friedrich und seinem Baumeister um die Position des Schlosses. Knobelsdorff wollte den Bau auf einen Sockel und bis dicht an die Terrassenkante setzen. Der König bestand auf Ebenerdigkeit und ausnahmslos französische Fenster, weil er von überall und zu jeder Zeit direkt in die Natur hinaustreten können wollte. So entstand ein Bau des französischen Typs der maison de plaisance (Lusthaus) »nach dem Vorbild des Grand Trianon bei Versailles: ein einstöckiges, eng mit dem Garten verbundenes Gebäude mit ebenerdigen breiten Fenstertüren und einem zentralen Saal. In Sanssouci liegen ein prachtvoll ausgestattetes Vestibül und ein ovaler, marmorverkleideter Saal in der Mittelachse. Seitlich schließen jeweils fünf Räume an: fünf königliche Gemächer auf der Ostseite, fünf Gästezimmer im Westen.

Das Haus war nur für den König und seine Gäste konzipiert. Fernab vom Hofstaat sollte es Friedrich ermöglichen, wie ein Privatmann ... zu leben. Vor allem als junger König umgab er sich gern mit intellektuellen und geistreichen Persönlichkeiten, mit denen er sich im ovalen **Marmorsaal** zu den berühmten Tafelrunden traf.« (Silke Herz)

Voltaire liefert in seinen *Mémoires pour servir à la vie de M. de Voltaire*, einer autobiographischen Mischung aus Dichtung und Wahrheit, die Goethe einmal »das Muster aller Schandschriften« genannt hatte, zum Leben ohne Sorge ein paar pikante Details :

»Wenn Seine Majestät angekleidet war und die Stiefel angezogen hatte, widmete der Stoiker einige Augenblicke den Anhängern Epikurs. Er ließ zwei oder drei Günstlinge kommen, Leutnants seines Regiments, Pagen, Heiducken* oder junge Kadetten, und nahm mit ihnen den Kaffee. Derjenige, dem er ein Taschentuch zuwarf, blieb ein kleines Stündchen mit ihm allein. In Anbetracht dessen, daß der Fürst zu Lebzeiten seines Vaters bei seinen flüchtigen Liebesabenteuern sehr schlecht gefahren war und nicht weniger schlecht geheilt wurde, kam es dabei nicht zum Alleräußersten. Er konnte nicht die erste Rolle spielen und mußte sich mit der zweiten begnügen. – Wenn diese Schuljungenvergnügen beendet, so kamen die Staatsgeschäfte an die Reihe.«

Nach wie vor umstritten ist, ob Friedrichs homosexuelles Leben erst mit seinem Freund Leutnant Katte begonnen hatte, der Ende 1730 vor den Augen des 18jährigen Kronprinzen in Küstrin hingerichtet wurde, oder schon eher. Fest steht jedenfalls, daß er seine drei Jahre später geschlossene Ehe mit Elisabeth-Christine von Braunschweig nie vollzogen und auch danach keine Frau mehr angerührt hat. Die ihm immer wieder als »Verhältnis« angedichtete und angediente Primaballerina Barbara Barberina Campanini, die er zur Gräfin erhob, inklusive. Was Thomas Mann in seinem Essay *Friedrich und die große Koalition* erzählt, klingt jedenfalls eher gut erfunden:

»Als er mit sechzehn Jahren den voluptiösen Dresdener Hof besuchte, wo es ihm nicht wenig gefiel, verliebte er sich bis über beide Ohren in die Gräfin Orselska, Tochter und Favoritin Augusts II.; aber der König, der etwas eifersüchtig war, bot ihm statt ihrer die wohlgeformte Gräfin Formera an, nachdem er sie ihm zuvor als lebendes Bild gezeigt hatte, und so ward sie Friedrichs erste Mätresse. Aber später bekam er die Orselska dennoch.«

Der französische Publizist Dieudonné Thiébault ist in seinem Erinnerungsbuch *Vom alten Fritz* nicht so indiskret wie Voltaire, wenngleich nicht weniger »sinnlich«:

»Punkt 12 Uhr speiste er mit den Gästen, die er um 10 Uhr dazu einladen ließ. Diese Gäste waren nach Zeit und Umständen teils Gelehrte, die sich in Potsdam aufhielten, teils Hofleute, Militärs oder fürstliche Personen, die Prinzen von Braunschweig usw. Das Frühstück des Königs bestand gewöhnlich aus Schokolade oder Früchten. Seine Mittagstafel war dagegen sehr reichlich serviert, denn wie er von Natur eigentlich ein Langschläfer war, so war er auch ein starker Esser. Dazu war das Mittagsmahl auch für ihn eine Zeit der Erholung und er gab sich gewöhnlich dabei sehr aufgeräumt und gesprächig. Hatte er etwas Besonderes vor, so verlängerte er die Tafelzeit oft bis 3 Uhr; sonst hob er sie schon nach einer Stunde auf. Wenn der Nachtisch aufgetragen war, nahte sich ihm einer der beiden Haushofmeister mit einem Täfelchen und einem Bleistifte, und der König schrieb dann eigenhändig die Gerichte auf, die er den folgenden Tag zu haben wünschte.

Zu seinen Lieblingsspeisen gehörten Polenta, Aalpasteten und gute Käsesorten, die er von weither aus den verschiedensten Ländern Europas kommen ließ. An Weinen zog er zum gewöhnlichen Getränk die französischen allen anderen vor. Eine lange Zeit trank er nichts als Champagner, den er mit Wasser vermischte; er behauptete, es wäre dies das gesündeste Getränk, das es gäbe.«

So gut wie nie speiste der König allein. Er liebte es, sich in Sanssouci mit vielen interessanten Männern zu treffen. Was tat er nicht alles, um sie nach Potsdam zu locken; allen voran Voltaire, den er schon als Kronprinz umworben hatte. Endlich, im Juni 1750, hatte dieser dem zärtlichen Drängen nachgegeben. Unter dem Zeichen des silbernen Kammerherrenschlüssels wurde der Gast mit Privilegien überschüttet und fürstlich bezahlt. Als Gegenleistung forderte der König zwei Stunden täglich wissenschaftlich-literarische Arbeit und aktive Teilnahme an den abendlichen Tafelrunden.

Doch sollten die Bande der geistigen Genüsse und zärtlichen Sklaverei nicht lange halten. Friedrichs Schwester machte Voltaire früh darauf aufmerksam, daß ihr Bruder launisch, mißtrauisch, unberechenbar, undankbar und geizig sei. Anfangs wollte ihr Voltaire das gar nicht glauben, aber in einem *Brief vom Herbst 1750 an seine Nichte*, die sein Pariser Haus hütete, schreibt er bereits voller Vorahnung:

»Man weiß also bereits in Paris, daß wir in Potsdam ›Cäsars Tod‹* gespielt haben, daß der Prinz Heinrich ein guter Schauspieler und sehr liebenswürdig ist und daß es hier Vergnügungen gibt? All das ist wahr, aber, aber … Die königlichen Soupers sind köstlich, man spricht dort über Vernunft, Geist, Wissenschaft, es herrscht Freiheit, und Er ist die Seele von allem; keine schlechte Laune, keine Wolke, zumindest kein Gewitter. Mein Leben ist frei und schaffensreich, aber, aber …«

Keine zwei Jahre dauert das Melodram, dann trennen sich die beiden wieder – einvernehmlich, aber nicht in gutem Einvernehmen. Bitter schreibt *Voltaire an Friedrich*:

»Sire, ich will den Tag segnen, an dem ich sterbend aufhöre, durch Sie zu leiden. Sie besitzen einen wundervollen Fond an Weisheit; nur ist er verderbt durch die Leidenschaften, die offenbar untrennbar sind vom Höhenflug der Phantasie, verderbt auch ein wenig durch Ihre Gemütsart und Ihre dornige Lage, die Ihre Seele mit Bitterkeit erfüllt, und schließlich durch das unselige Vergnügen, von dem Sie nicht lassen können, andere Menschen immer demütigen zu wollen, ein Vergnügen, das Ihrer unwürdig ist. Ich zweifle nicht, daß Sie diese Wahrheit selbst fühlen. Es ist mein ehrlicher Wunsch, daß ein Mann wie Sie auch so glücklich und in allem so groß sein möge, wie er es sein muß. Voltaire.«

Seinem Lebensplan entsprechend wollte der Alte Fritz in Sanssouci sterben; also ließ der bereits Schwerkranke sich im Frühjahr 1786 vom Potsdamer Stadtschloß hinauf nach Sanssouci bringen, wo er in der Nacht vom 16. auf den 17. August 1786 starb, in den Armen seines Kammerdieners Schöning und im Beisein von zwei Kammerherren und des Doktors Zimmermann.

In Sanssouci wurde es für die nächsten Jahre sehr still, nachdem die Handwerker auf Anweisung Friedrich Wilhelms II. die stark verwohnten Zimmer des alten Fritz sorgfältig renoviert hatten. Der hessische Finanzminister Conrad August von Hoffmann hielt in den *Notizen einer Reise* von seinem Besuch im Jahr 1801 von dem **Wohnflügel des Königs**, der zum **Museum** geworden war, u. a. fest:

»Friedrich der Große wohnte am rechten Ende, genommen, wenn man von der Terrasse gegen das Palais stehet. Das äußerste Zimmer ist seine aus französischen Büchern bestehende Handbibliothek, an der nichts verändert worden, wo jeder Stuhl noch der ist, der bey seinen Lebzeiten darinnen war. Alles ist von Zedernholz und Bronze, – zur Auszierung stehen auf den Bücherschränken blos die antiken Köpfe Homers, eines unbekannten Philosophen, Apollos und Sokrates. Gleich daneben ist das Schlafzimmer des großen Mannes, in dem er auch starb.

Leider hat der kleine Mann, der ihm folgte, alles modernisieren lassen und man kann nur noch die Stelle sehen, wo der große König sein thatenreiches Leben beschloß. Die Gerechtigkeit muß man jedoch dem König Friedrich Wilhelm II. wiederfahren lassen, daß er alles sehr schön und geschmackvoll hat einrichten lassen.«

Sehr zögerlich kehrte das Leben nach Sanssouci zurück, wenn das Kronprinzenpaar Friedrich Wilhelm (der spätere III.) und seine Frau Luise Prinzessin von Mecklenburg-Neustrelitz während der Sommermonate in Potsdam residierten. Das recht bescheiden lebende Paar, das zum Vorbild der bürgerlichen Ehe und Familie werden sollte, hatte es auch als Majestäten abgelehnt, die Stadtschlösser von Berlin und Potsdam – vor allem wegen der dann notwendigen umfangreichen und damit kostspieligen Hofhaltung – zu beziehen. In den Wintermonaten bewohnten sie daher weiter das Berliner Kronprinzenpalais Unter den Linden; im Sommer zog es sie nach Paretz, einen Landsitz von strenger Schönheit, den der Kronprinz von Preußen seiner Frau gekauft und geschenkt hatte (vgl. S. 369). Doch gelegentlich brachte sie ihre grenzenlose Verehrung für Friedrich den Großen soweit, nach Sanssouci auf Stippvisite zu gehen. Anläßlich des üblichen großen Herbstmanövers zum Beispiel vermerkt der venezolanisch-spanische Offizier und Weltreisende Francisco Graf Miranda in seinen *Reisetagebüchern* am 20. September 1785:

»Den Gouverneur und den ersten Generaladjutanten besucht und uns pflichtschuldigst um 11 Uhr im Palais von Sans-Souci eingestellt. Alle Generäle und fremden Offiziere waren anwesend. Ich wurde durch den Marquis zum Prinzen von Preußen und den Adjutanten des Königs geführt, General Möllendorf und andere. Im Palais gespeist, das Essen ziemlich gewöhnlich, die Weine vorzüglich, die Pagen und Lakaien reich gekleidet. Ein Jägeroberst, der in Spanien Hauptmann der Schweizergarde gewesen war und der neben mir saß, unterrichtete mich genau über das Heer, wir blieben ungefähr eine Stunde zu Tisch. Silbernes Geschirr. Der Prinz von Preußen gab sich sehr vorteilhaft, sein Gesichtsausdruck war nachdenklich und seine Augen sind eher schmeichelnd als streng.«

Auch die Königin lud gelegentlich – zumal wenn ihr Mann in Kriegs- und anderen Geschäften unterwegs war – in den **Marmorsaal** zum Essen, zum Beispiel den Dichter Jean Paul:

»Ich sprach und aß in Sanssouci mit der gekrönten Aphrodite, deren Sprache und Umgang eben so reizend ist als ihre edle Musengestalt. Sie stieg mit mir überall auf der heiligen Stätte herum, wo der große Geist des Erbauers sich und Europa beherrscht hatte. Geheiligt und gerührt stand ich in diesem Tempel des aufgeflogenen Adlers. Die Königin selber verehrt Friedrich so sehr, daß sie sagte, durch ihre Gegenwart würde diese Stelle entweiht, was wohl niemand zugiebt, der Augen hat für – ihre. ... An der Tafel herrschte Unbefangenheit und Scherz.«

Noch Jahre später erinnert er sich dieser Begegnung mit der da schon längst Verstorbenen und widmet ihr das Gedicht *Unserer unvergeßlichen Luise*:

»Oft hat sie mich begrüßt in der Morgenröte der Jugend,
Wallend am Schwesternarm; hier oft verhallte ihr Laut.
Oft hat ihr Blick hier geruht, umflossen vom Lichte
des Himmels;
Lieblich erstrahlte von ihm Liebe und Milde für uns.
Aber ach, sie war nur zu früh im Sturme der Zeiten
geschieden.
Nie mehr nahet sie euch, grüßet ferner nicht mehr.
Sah nicht Borussias* Aare führen des Heeres Triumph.
Ach, sie ruhte, die Hand im Dunkel der Trauercypressen,
Welche die Fahne des Siegs, Freiheit für's Vaterland hob.«

Erst 1840 zogen zunächst die Bauleute und dann König Friedrich Wilhelm IV. mit seiner Frau Elisabeth Prinzessin von Bayern in Sanssouci ein. Der 45jährige König hatte es zur Hauptresidenz erklärt, doch davon ausdrücklich die fünf Privat-Räume seines Urgroßonkels ausgenommen. Sie blieben Museum. Um trotzdem genügend Platz zu haben, wurde Ludwig Persius beauftragt, einen neuen **Damenflügel** für Hofdamen und Kammerherren anzubauen sowie den Wirtschaftsflügel mit der **Schloßküche** zu modernisieren und zu erweitern.

Westlich und ein wenig unterhalb des Schlosses stehen die **Neuen Kammern**, noch während der Arbeiten am Hauptbau von Knobelsdorff als Quartier für die nicht winterfesten Orangen-, Zitronen- und Aprikosenbäumchen und andere empfindliche Pflanzen errichtet. Deshalb wurde der Bau auch immer mal wieder **Orangerie** genannt und wird des öfteren mit dem Orangerieschloß verwechselt. Im Sommer spielte man hier Theater der leichten Muse. Um sich und seine Privatsphäre ein wenig von Gästen und Besuchern zu entlasten, wies der Alte Fritz 1771 den jungen Architekten Unger an, die Orangerie in Gästewohnungen umzuwandeln (daher auch der Name Neue Kammern). Voller literarischer wie erotischer Anspielungen ist die **Ovidgalerie**: Auf der Grundlage der »Metamorphosen« erzählen vergoldete Reliefs Liebeshändel antiker Göttinnen und Götter.

Im Vergleich zu den beiden anderen Knobelsdorffentwürfen des Weinbergschlosses und der Bildergalerie fällt eine reichhaltige Versammlung von Marmorfiguren auf, die den Komplex zum Garten hin auszuweiten scheint. Gleich neben den Neuen Kammern stehen im Sizilianischen Garten »die griechischen Staatsmänner von Sanssouci« Demosthenes* und Sophokles, beide Kopien der Originale, die sich im Vatikanischen beziehungsweise im Lateranmuseum von Rom befinden. Sie entstanden um 1860, als Friedrich Wilhelm auf Grund seiner Geisteskrankheit schon nicht mehr verstand, was die Figuren bezweckten. Tatsächlich hatte er selbst ein paar Jahre zuvor gewünscht, die beiden als Heroen verehrten Köpfe der Oligarchenregierung von Athen hier aufzustellen.

Gleich hinter den Neuen Kammern und nur ein paar Schritte über die Maulbeerallee hinweg klappert seit 1993 wieder die **Historische Windmühle**, ein 25 Meter hoher Galerieholländer, seit einigen Jahren auch wieder Arbeitsplatz für einen gelernten Müller. Die so beliebte Schulbuch-Legende vom tapferen Müller von Sanssouci, der seinem König mit dessen eigenem Kammergericht gedroht habe, ist leider nur gut erfunden. Im Kern handelt es sich bei der Anekdote wohl um die Weiterdichtung des Justizskandals um den Müller Christian Arnold aus der Neumark. Dem »war von der Justiz so übel mitgespielt worden, daß Friedrich höchstpersönlich in die Rechtsprechung eingriff. Er beschimpfte die Richter als ›Straßen Räuber‹ und ›Diebesbande‹ und entließ seinen Großkanzler Max von Fürst mit den Worten: ›Marsch, marsch! Seine Stelle ist schon besetzt!‹« (Christiane Petri)

Es gehört zu den Annehmlichkeiten des Ortes, daß bei der Mühle auch wieder ein echter Rastplatz entstanden ist, das Gasthaus **Zur historischen Mühle**. Die schönsten Plätze sind im Palmenhaus!

Weiter nach Westen durch den Nordischen Garten erreichen wir das **Orangerieschloß**, das Ludwig Persius, August Stüler und Ludwig Ferdinand Hesse nach zahllosen Skizzen und Notizen des Königs 1851-60 als Friedrich Wilhelms IV. steinernes Vermächtnis gegen die 48er Revolution, gegen die bürgerliche Demokratie und gegen den freisinnigen Reformgeist konzipiert und realisiert haben. Zur Einstimmung daher eine bereits 1847 an König Friedrich Wilhelm IV. adressierte *Eingabe an Seine Majestät den König* des Berliner Vormärz-Literaten und Coupletdichters Adolf Glaßbrenner (Pseudonym Adolf Brennglas), von dem es heißt, er habe mit seinem Werk den Aufstieg der Vormärzbewegung nahtlos bis zur Revolution begleitet. »Im aufsässig-freisinnigen, oft derben Witz wie auch in der duckmäuserischen Verzagtheit seiner Figuren ist ein fast vollständiges Zeitpanorama festgehalten.« (Manfred Rauschenbach) Glassbrenner gehörte zu den ersten Opfern der anti-intellektuellen Restauration, indem er 1850 zusammen mit seiner Frau, der Schauspielerin Adele Peroni, des Landes Preußen verwiesen wurde.

»Lieber König Wohlgebohren!
Magesteht!
Aus unterteenjen Herzen schreibe ich an Ihn, mit mein Blut und Tränen, denn ich bin ein janz Armer Mann, der nicht weis, wo er Haupt herkriechen soll, un wo Er sein Brod hinlegen soll. Sie sind wohlhabend und kennen Ein unterstitzen, der ein untertan von Ihn ist, und der in elend ist wie viele sind, die nich König Magesteht sind, was nich Jeder sein kann, sondern sich so lange rechtschafen ernehren muß biß er nich mehr kann. Dann muß Er sich an den juten König Magesteht wenden, weil er sich nicht mehr ernehren kann, un weil so viel Unjlick is, deß die meisten Arbeiter nichts zu essen haben, und doch jeden Menschen sein Brod zukommt, weil er sonst nich Untertan seind kann und seine kinder von den Staat ernehren kann. Eier Wohljebohren König Magesteht sind so jut ein Mensch wie ich, und wenn Sie nichts zu essen hätten, dann wirde ihnen auch hungern, und dann wirden Sie auch klagen, daß Sie Ihre Prinzen nich ernehren kennten, wehrend sie jetzt zu leben haben. Ich war früher Weber und habe es orndtlich jelernt, und habe meine Abgaben orndtlich jezahlt, was von so einen armen Man viel is und ich nich einsehe, warum solche arme Menschen noch was abjeben müßen. Aber nu kann ich keine arbeit mehr kriejen un habe Unjlick, un nu möchte ich den lieben König Wohljeboren Magesteht bitten, daß er mir allens das Jeld wiederjibbt, was ich for den Staat jejeben habe, weil der Staat nischt vor mir jedhan hat un das Bettlen nich erlaubt is. Vielleicht is es möglich, daß ein paar Mann Soldaten entbehrt wern können, wovon ich denn mit meine Familche janz jut leben kennte, un wollte jerne arbeiten. In Erwartung einer schnellen jehorsamen Antwort un jütigen Bescheid, herzlich grüßend,
Ihr, König Magesteht Wohljeboren
mit Respekt
Gottlieb Kreese, früher Weber.«

Der angebliche »Romantiker« auf dem Königsthron war ein durchaus intelligenter und empfindsamer Mann, der jedoch sein ganzes Monarchenleben damit belastete, daß er weder philosophisch noch moralisch wußte, was er wirklich wollte. Im Prinzip wollte er es nur allen recht machen: dem revolutionären Volk auf der Straße, der reaktionären Hofkamarilla in den Vorzimmern der Königsherrschaft, seinen konservativen *und* liberalen Beratern, seiner kinderlos gebliebenen und ständig kränkelnden Ehefrau Elise, dem dräuenden Staatsprotestantismus der preußischen Unionskirche und dem nicht minder kämpferischen Milieukatholizismus des Erzbistums Köln; nicht zu vergessen den Wünschen und Leidenschaften seiner ganz persönlichen und privaten Traumwelt. Und so reagierte er – und dies vor allem in re-aktionärem Sinne – uneinsichtig und unduldsam, wenn er diese Traumwelt bedroht glaubte.

Denn »er suchte nicht wirklich nach Antworten auf die brennenden Fragen seiner Zeit, sondern entschied sich in den Tagen der Barrikaden in Berlin, nun erst recht die lang erträumte Orangerie neben Schloß Sanssouci zu bauen. Er scheute sich nicht einmal, auch an den Revolutionstagen auf dem Baugelände seine Vorstellungen zu überprüfen« (Inge Maisch).

Gedacht war die 300 Meter breite Anlage tatsächlich auch als Winterquartier für die anfälligen Kübelpflanzen des Parks. Aber in erster Linie sollten großzügige Gästeräume, ein repräsentativer Empfangsraum in Gestalt des Raffaelsaales und Dienstwohnungen für Hofbeamte im Flair einer romantischen italienischen Renaissance-Kulturlandschaft entstehen, die Friedrich Wilhelm IV. persönlich überwacht. Denn seit 1873 steht er im mittleren Torbogen des Orangerieschlosses – in weißem Marmor. 1930 besuchte der Publizist Ludwig Sternaux das Denkmal Friedrich Wilhelms und schrieb im Feuilleton des *Berliner Tagblatt*:

»Noch einmal die Orangerie, nun von oben, zauberhaft im sinkenden Licht, das Bassin spiegelt rosige Wolken, Goldfische äugen aus der Tiefe, in der das Gestern Friedrich Wilhelms IV.

schläft. Da steht er selbst, weißer Marmor, und ergriffen erkennt man in dem Antlitz mit den toten Augen die Ähnlichkeit mit der Mutter, mit Luisen. Zu seinen Füßen verdämmert der Park, den er so sehr geliebt. Sanssouci, der Hof mit der Kolonnade. Die Kastellane haben Feierabend gemacht, sie stehen vor den Türen, schnappen nach Luft nach dem heißen Tag, rauchen. Die stille Luft trägt die blauen Wölkchen, leise ziehen sie, zerteilen sich, entschwinden zwischen den Säulen, die noch einmal die heroische Barocklandschaft des Ruinenberges rahmen.«

Ab 1909 war der Südostflügel der Orangerie Dienstwohnung des Direktors der Berliner National-Galerie, des Kunsthistorikers Ludwig Justi. Der hatte nach dem Ende des Kaiserreiches im Kronprinzenpalais der damaligen künstlerischen Avantgarde der »Brücke«, des »Blauen Reiters« und des »Bauhauses« eine großzügige künstlerische Heimat geschaffen. Unmittelbar nach der Machtübernahme wurde er Opfer einer Hetzkampagne von Nazi-Kunstkritikern, die ihm die Förderung »undeutscher« und »entarteter Kunst« vorwarfen. Nach der Befreiung wurde Justi Generaldirektor der Staatlichen Museen von Berlin (Ost).

Von der oberen Terrasse des Orangerieschlosses laufen wir über die Lindenallee zum **Drachenhaus** und zum **Belvedere** auf dem Klausberg. Beide gehören zu den letzten Parkmöblierungen, die Friedrich II. nach der Fertigstellung des Neuen Palais zwar noch persönlich, aber eher schon lustlos in Auftrag gegeben hat. Am Drachenhaus wenden wir uns nach Süden, überqueren die Maulbeerallee und stoßen rund 50 Meter weiter rechts über einen Trampelpfad auf ein Ambiente, das gelegentlich immer noch als »Prinzenspielburg« oder »Prinzenspielplatz« oder »Prinzenspiele« gekennzeichnet wird. Dabei hat **das Fort** mit einer vormilitärischen Pädagogik der Kinder von Kaiser Wilhelm II. nichts, sehr viel dagegen mit des Kaisers Vorbereitungen auf einen erneuten Waffengang mit Frankreich zu tun. Was Peter Feist in *Das Fort im Park von Sanssouci* – aufbauend auf Akten, die erst 1992 gefunden wurden – nachweist. Er beschreibt zunächst die bedeutenden Änderungen, die sich aus der Modernisierung der Artillerie zum Ende des 19. Jahrhunderts sowohl für die Infanterie-Schlachten wie für die Verteidigung von Festungsstädten ergeben hatten und resümiert dann, daß Kaiser Wilhelm II. ab 1893 seine Rüstungsentscheidungen für Festungsbau, Bewaffnung und Panzerung an Hand eines Modellforts traf, das er sich hier errichten ließ.

»Mit der Konstruktion und der Leitung des Baus wurde der Oberstleutnant a. D. H. Diener beauftragt. Dieser hatte ab 1877 den Kronprinzen ... im Befestigungsbau unterrichtet. Das Modellfort hat eine Gesamtlänge von ca. 40 m und eine Tiefe von ca. 15 m und wurde im Maßstab 1:10 errichtet. ... Das Fort-Modell ist in ein **Zentralwerk** sowie eine linke und eine rechte **Anschlußbatterie** gegliedert. ... Im Juli 1893 wurde das Fort dem Kaiser übergeben, der bei einem ›Festschmaus‹ den Maurerpolier für seine hervorragende Arbeit auszeichnete.«

Tatsächlich wurden danach verschiedene überkommene Bauweisen nicht mehr angewandt und mehrere vorgeschlagene Bewaffnungen nicht weiterentwickelt. Statt dessen wurden neue Panzerungen konstruiert und ins Fort Mutzig-Molsheim sowie in die Panzerfestung von Metz eingebaut.

Am nicht zugänglichen **Antikentempel** vorbei, der bis zur Renovierung der Hohenzollerngruft im Berliner Dom eine Reihe von Hohenzollern-Grabstätten enthielt, biegen wir rechts ab, passieren die Nordseite des Neuen Palais und stehen auf dem weiten Platz zwischen dem Riesenbau und den Communs. Architektur-Kritiker und SPIEGEL-Redakteur Karl Heinz Krüger verspottet in *Preußenstadt Potsdam* die geltungssüchtigen und kostspieligen Bauabenteuer des zwar siegreichen, aber insolventen Friedrich II. am Beispiel dieses **Neuen Palais**:

»Kritiker bezeichneten das gewaltige Massiv als ›ruhmredig‹, er selbst nannte es eine ›Fanfaronnade‹, eine Prahlerei – und das war es auch. Mit dem Neuen Palais setzte er dem friderizianischen Absolutismus ein verräterisches Monument. Frontlänge: 240 Meter. Zahl der Zimmer: 200.

Als der 28jährige Goethe am Nachmittag des 15. Mai 1778 den Park von Sanssouci besuchte, notierte er in seinem Reisetagebuch lediglich: ›Kastellan ein Flegel, Engelsköpfe pp.‹.

Damit kann er nur die 196 grimassierenden Putten gemeint haben, die an allen Fronten des Neuen Palais angebracht waren, überragt von 292 großen Sandsteinfiguren nebst den drei Grazien. Die langen Figurenreihen vor der Fassade und auf dem Dach stellten nicht nur eine Verherrlichung preußischen Königtums dar, sie waren auch Ausdruck von Friedrichs Skulpturen-Tick. Der Menschenverächter hatte ein Faible für tote Figuren; Bildhauer waren immer gut beschäftigt in Sanssouci.«

Apropos **drei Grazien***. Der Frankfurter Verfassungsrechtler Otto Ernst Kempen, in Potsdam geboren und ab 1948 dort auch zur SBZ- und DDR-Grundschule gegangen, erinnert sich im *PreußenJahrBuch 2001* auf seine Art an das Spektakel des Hauses Brandenburg, das er aus kindlicher Perspektive sieht:

»In der Volksschule hörte ich, daß wir Potsdamer im Herzen des früheren preußischen Militärstaates lebten, dessen düstere Ruinen nunmehr von dem Unglück kündeten, welches seine machtversessenen Könige und Generäle samt ihren faschistischen Nachfolgern über Deutschland gebracht hätten. Wirklich geglaubt habe ich das allerdings nicht, schienen doch die friedlichen Parks mit ihren heiteren und feierlichen Bauten, ebenso wie die riesengroßen Kasernen, in denen unzählige, die ganze Stadt beherrschende sowjetische Soldaten hausten, das krasse Gegenteil zu beweisen.

Wohl auch um uns Kinder vor dieser bedrohlichen Realität zu bewahren, haben uns unsere Eltern und Großeltern damals immer wieder in die scheinbar heile Gegenwelt von Sanssouci geführt. Dort rauschten die Fontänen, dort waren treue Hündchen begraben, dort schimmerten Marmorbilder in schattigen Alleen und vor allem wurden dort von den Schloßführern immer wieder dieselben alten Heldengeschichten erzählt, in deren Mittelpunkt stets der ›alte Fritz‹ gestanden hat. Letzter Höhepunkt solcher sonntäglichen Spaziergänge war dann das Neue

Palais, auf dessen riesigen hellen Klotz die dunkle Kuppel aufgesetzt erschien. Aber darüber in höchster Höhe glänzten die drei goldenen Grazien im Licht, und sie trugen gemeinsam die monumentale preußische Krone auf ihren Häuptern!

In Potsdam wußte man selbstverständlich, daß der große König dieses Schloß ab 1763 auch deshalb hatte erbauen lassen, um einer vermutlich ungläubigen Mitwelt darzutun, daß selbst nach dem opferreichen Siebenjährigen Krieg seine Kassen noch nicht erschöpft seien. Vor allem war uns die zugehörige preußenfromme Legende bekannt, der zufolge jene drei Goldgrazien niemand anderen darstellen sollten als Friedrichs große Gegnerinnen Maria-Theresia von Österreich, Elisabeth von Rußland und die französische Marquise de Pompadour. Als Figurengruppe waren sie gemeinsam dazu verdammt, die Krone Preußens auf der Schloßkuppel zum höheren Ruhme des siegreichen Königs gen Himmel zu stemmen.«

Bewohnt hat übrigens der Bauherr selbst sein prahlerisches Gesamtkunstwerk nie. Er überließ das Neue Palais vielen seiner Gäste als Luxusquartier, den Hofbeamten zur Inszenierung feierlicher politischer Ereignisse oder großer Hofbälle und den folgenden Generationen als gewaltigen finanziellen Klotz am Bein. In *Mein Brandenburg* berichtet Günter de Bruyn u. a. von einem Fest *Zauber der weißen Rose* zu Ehren der Zarin Alexandra Feodorowna, die vor ihrer Heirat Charlotte von Preußen hieß und der erklärte Liebling ihres Vaters, Friedrich Wilhelms III., gewesen sein soll. Da gibt es im Hoftheater »von Schauspielern gestellte lebende Bilder allegorischen Inhalts. ... Zur Erholung folgt ein Souper. ... Dann geht es in den Grottensaal. ... Nach einem Ballett folgt der Ball.« Den Höhepunkt vom Ganzen jedoch bildet ein traditionelles Ritterspiel:

»Alles, was in Berlin, Potsdam und Umgebung Rang und Namen hat, ist mitwirkend oder zuschauend daran beteiligt. Das Hofgelände zwischen dem Palais und den Communs ist zu einem mittelalterlichen Tournierplatz umgestaltet worden, geschmückt mit Fahnen und Standarten, die das Symbol des Fe-

Der Alte Fritz selbst nannte sein Neues Palais eine »Prahlerei«.

stes, die weiße Rose, zeigen. Die Freitreppen der Communs sind die Tribünen. Mitglieder der besseren Gesellschaft haben hierfür Eintrittskarten kaufen können. Die gegenüber liegenden zeltüberdachten Treppen des Palais sind für die königliche Familie und den Hof bestimmt. In der Mitte sitzt, unter golddurchwirktem Baldachin, neben ihrem königlichen Vater die Herrin des Festes, die seit ihrer Kindheit in der Familie Blancheflour, die weiße Rose, heißt ...

Unter Trompetenschall reiten die ritterspielenden Aristokraten, ganz echt mit Rüstung und Helm verkleidet, mit Schwert, Schild und Lanze bewehrt, in die Arena, allen voran der Kronprinz, der spätere König Friedrich Wilhelm IV. – den neunzehn Jahre danach seine Untertanen mit einer Revolution überraschen werden. Nach dem Reiten beginnen die Kampfspiele. Man sticht mit Lanzen nach blumenumkränzten Scheiben, wirft den Spieß, schlägt mit dem Säbel wächserne Mohrenköpfe entzwei und reitet auch, die blanke Klinge schwingend, aufeinander zu, ohne sich weh zu tun. Dann sucht jeder Ritter seine zeitgerecht verkleidete Dame, man formiert sich zu einem farbenprächtigen Zug und verschwindet im Schloß. Das große Publikum kann nach Hause gehen. Wer aber zum Hof und zu dessen engerer Umgebung gehört, hat erst ein Drittel des Festes hinter sich. Das Ganze dauert zwölf Stunden.«

Das Neue Palais steht jedoch nicht nur für Friedrichs II. Sucht nach wuchtiger Repräsentation und Friedrich Wilhelms IV. nach festlicher Romantik, sondern auch für das tragische Leben und Sterben des »ewigen« Kronprinzen Friedrich Wilhelm, der mit Frau und Kindern so gerne im Palais wohnte, daß er ihm den Beinamen **Schloß Friedrichskron** gab. Zunächst mußte der Prinz Jahrzehnte warten, bis sein Vater Wilhelm I. hochbetagt starb; dann gab es für ihn – nach der Thronbesteigung als Kaiser Friedrich III. – nur noch 99 Tage Leidenszeit, bis er seinem Kehlkopfkrebs erlag. Fast noch tragischer jedoch ist das Schicksal der »Kaiserin Friedrich« – älteste Tochter der britischen Königin Victoria –, deren englische Rationalität, Liberalität und Lebensart ihrem Sohn Wilhelm verhaßt waren. Nicht nur, daß er ihr die Schuld an seiner eigenen perinatalen Behinderung[1] sowie am langen Siechtum seines Vaters gab, weil Vicky beide Male darauf bestanden hatte, englische Ärzte zu konsultieren. Auch politisch war sie ihm ein derartiger Greuel, daß er sie unter den Verdacht des Hoch- und Landesverrats zugunsten britischer Interessen unmittelbar nach dem Tode Friedrichs unter Hausarrest stellte.

»Die kaiserliche Standarte auf der Plattform des neuen Palais senkte sich auf Halbmast, flatterte in einer Windbö träge auf und blieb dann in schlaffen Falten reglos hängen.

Von ihren Unterkünften näherten sich im Laufschritt die seit Tagen in Alarmbereitschaft gehaltenen Kompanien des Potsdamer Lehrbataillons und umstellten die Residenz. Säbelklir-

1 Wilhelm hatte einen verkrüppelten linken Arm. Während seiner sehr schwierigen und langwierigen Geburt hatte der entbindende Arzt das Kind drehen müssen, dafür »nicht ohne erhebliche Anstrengung« den Arm heruntergezogen und dabei das Nervengeflecht am Hals des Kindes zerrissen, das für die Bewegungen des Armes verantwortlich ist.

rende Offiziere eilten geschäftig hin und her, schnurr- und bakkenbärtige Unteroffiziere jagten mit rauen, befehlsgewohnten Stimmen die Neugierigen davon. Eine Postenkette ausgesuchter Soldaten stellte sich mit geladenen Gewehren rings um die Sokkelterrasse, Front zum Palais. Aus der Ferne näherte sich das harte Stakkato herantrabender Pferdehufe. Die bunten Uniformen der Gardehusaren tauchten auf, die Läufe ihrer Karabiner blinkten in der Sonne.

Durch das Hauptportal trat ein Major, kniff die Augen zusammen und blickte hinüber zu den Husaren. Über sein hartes Gesicht mit dem aufwärts gezwirbelten Schnurrbart und den zusammengepreßten Augenbrauen huschte ein kurzes, zufriedenes Lächeln.

Ausgezeichnet! Es klappte wie am Schnürchen!

›Mein Pferd, Herr von Mahlzahn!‹

›Bereits nach hier unterwegs, Herr Major‹, beeilte sich der junge Leutnant zu sagen, der hinter dem Major ins Freie getreten war.

Ein Reitknecht führte einen hochbeinigen, unruhig tänzelnden Falben heran.

›Kontrollieren Sie die Posten, Herr von Mahlzahn. Die Befehle sind Ihnen bekannt. Niemand darf das Palais verlassen. Wer Widerstand leistet, wird verhaftet.‹

›Zu Befehl. Wenn ich mir noch eine Frage erlauben darf, Herr Major ... Gilt diese Anordnung auch für die Mitglieder der Familie Seiner Majestät? Es ist doch anzunehmen, daß gerade jetzt ...‹

›Für alle!‹ unterbrach ihn der Major ungeduldig. ›Vor allem aber für den Hofstaat Ihrer Majestät. Wenn begründeter Verdacht besteht, daß etwas – eh – herausgeschmuggelt werden soll, ist Leibes- und Gepäckvisitation durchzuführen. Wie Sie sich im Einzelfall zu verhalten haben, bleibt Ihrem Taktgefühl überlassen. In dringenden Zweifelsfällen wenden Sie sich an mich. Alles klar?‹

›Zu Befehl‹ ...

Scharfe Kommandos schnitten durch die laue Juniluft. Exakt wie auf dem Exerzierfeld teilte sich die geschlossene Kolonne der Schwadron. Die einzelnen Züge ritten im scharfen Trab davon und besetzten die äußeren Zugänge zum Palais.

Die Residenz des eben verstorbenen deutschen Kaisers Friedrich III. war von der Außenwelt hermetisch abgeschlossen.«

Im Roman *Charlotta, Gräfin von Potsdam* von Igor von Percha gelingt es einer Hofdame, die der Kaiserin Friedrich alias Princess Royal Victoria ergeben ist, ein versiegeltes Päckchen mit Briefen, Dokumenten und Akten dennoch beiseite zu schaffen. Tatsächlich jedoch hatte die englische Prinzessin bereits Monate vor dem Tode ihres Mannes dafür gesorgt, daß private Aufzeichnungen und geheime Akten in die Verwahrung des Londoner Hofes kamen.

Kurz nach der Bekanntgabe der Todesursache des Vaters ließ der Sohn Wilhelm seine Mutter auf das Krongut Bornstedt bringen. Wahrscheinlich hatte sie schon geahnt, daß sie lediglich ihren allerpersönlichsten Besitz wie Kleidung und Schmuck mitnehmen durfte, als sie des Palais verwiesen und mit Hausverbot für alle anderen Residenzschlösser belegt wurde. Als sie ihre kostbaren Gobelins abnehmen ließ, die ebenfalls zu ihrem Privatbesitz gehörten, schickte der Sohn der Mutter noch ein Billet: »Dekorationen, welche an den Wänden befestigt sind, dürfen von Mietern nicht entfernt werden!«

Wir drehen uns um und betrachten die bereits erwähnten **Communs**, kaum zu glauben, aber wahr. Die beiden Paläste dienten ihrem Bauherren zu minderen Zwecken: Zum einen sollten sie dem in der Pracht Lebenden den Blick verstellen für das armselige Dorf Eiche inmitten seines sumpfigen Ödlandes. Zum anderen wurden sie als Wirtschaftsgebäude konzipiert. Im nördlichen lagen die Unterkünfte für die Bediensteten des Hofes und seiner noblen Gäste; im südlichen war die Küche untergebracht und durch einen unterirdischen Gang mit dem Neuen Palais verbunden. Und dann gab es noch eine Kapelle für fromme Gäste und fürs Personal. Wozu also die Kolonnaden, korinthischen Säulen und weit ausschwingenden Treppenanlagen?

Communs heißt im Deutschen soviel wie Bauten fürs gemeine Volk; dazu paßt wohl die folgende Episode:

»Die braunen Machthaber waren in den letzten Apriltagen des Jahres 1945 willens, die Stellung bis zum letzten Blutstropfen zu halten. Zum Glück wurden Schlösser und Gärten durch sowjetische Truppen vor der befohlenen Zerstörung bewahrt. Im Neuen Palais lagerten mit Sack und Pack aus allen Himmelsrichtungen zusammengewehte Flüchtlinge, denen das Bombardement der Royal Air Force noch lähmend in den Gliedern steckte. Aus den schwelenden Ruinen der Potsdamer Innenstadt waren sie hierher geflohen, wo die kleine Vorhut der Roten Armee sie antraf, die ohne viel Aufhebens das Palais besetzte. Jeder glaubte, nun sei für ihn der Krieg vorbei. Plötzlich bellten schwere Maschinengewehre über den weiten Platz. Angestachelt von ein paar Totenkopfmännern hatte sich ein Haufen fanatischer Hitlerjungen in den Communs verschanzt und lieferte auf dem ›Ruhmeshof‹ von wahrhaft preußischer Größe noch ein letztes unsinniges Scharmützel. Es gab Tote und Verletzte auf beiden Seiten. Auch die palmwedelnden Göttinnen auf den Kuppeln der Communs mußten dran glauben. Sie stürzten ins brennende Gemäuer, brachen sich den Hals und blieben lange so liegen.« (Gisela Heller)

Nach der Gründung der DDR arbeitete in den einigermaßen wiederhergestellten Communs die neugeschaffene Pädagogische Hochschule. Heute werden die beiden Bauwerke von der Universität genutzt.

Am **Schloßtheater** (bespielt vom städtischen Hans-Otto-Theater) im Südflügel vorbei gehen wir in den Park zurück, halten uns rechts, durchqueren auf der Lindenavenue den Rehgarten bis wir links zur **Fasanerie** abbiegen. Hier zog das erzählenswerte Leben erst nach den Tagen des Kaisers ein, beginnend im Jahr 1918 mit dem Verleger Gustav Kiepenheuer und noch lange nicht endend mit dem Dirigenten Wilhelm Furtwängler nach der Befreiung Deutschlands 1945 vom Nazismus. Ich habe mich bisher zurückgehalten mit dem, was die Amerikaner wohlgefällig das Name-dropping nennen, das selbstgefällige Aufzählen der Namen jener Menschen, die man je nach Empathie und Respekt entweder seine Freunde oder zumindest seine »guten Bekannten« nennt. Für Kiepenheuer und seine drei Ehefrauen muß es sein – denn die Bewohner der Fasanerie im Park von Sanssouci rund um den Verleger Gustav Kiepenheuer sind verbunden mit den Häusern der Verleger Alfred Protte und Werner E. Stichnote, allesamt 1918 Gegner der Hohenzollern-Monarchie und längst vor 1933 Feinde des nationalsozialistischen Ungeistes aus dem Abgrund:

Bert Brecht, Wolfgang von Einsiedel, Wilhelm Furtwängler, Bettina und Martin Hürlimann, Hermann Kasack, Wilhelm Kempff, Hermann Kesten, Irmgard Kiepenheuer, Noa Kiepenheuer alias Matthias Holnstein, Egon Erwin Kisch, Hermann Kükelhaus, Fritz Landshoff, Walter Mehring, Harald Poelchau, Paul Ortwin Rave, Netty Reiling alias Anna Seghers, Joachim Ringelnatz – bürgerlich Hans Bötticher, Wolfgang Schadewald, Carl Sternheim, Peter Suhrkamp, Ernst Toller, Frank Thieß, Paul Tillich, Adam von Trott zu Solz, Andreas Wolff.

Kiepenheuers Tochter Bettina aus der (ersten) Ehe mit Irmgard und verheiratete Hürlimann schreibt in ihrem Erinnerungsbuch *Sieben Häuser* über die Fasanerie:

»Ein junger ehemaliger Matrose der Kriegsmarine, damals Gärtner im Park, Sozialist, der aktiv an der Revolution teilgenommen hatte, blond und strahlend blauäugig, der heute (1975) noch im Park lebt, erzählte damals (1918) meiner Mutter, daß eines der Häuser im Park, die Fasanerie zu mieten sei. Das sollte zwei Jahre später bedeutsame Folgen für unser aller Leben haben ... Dieses schönste Haus, das man sich vorstellen kann, lag an einem der Ausgänge des neueren Teils des Parkes von Sanssouci beim Wildpark, hieß Fasanerie und war von Persius ... um 1830 in klassizistischem Stil erbaut. ›Fasanerie‹ bedeutet, daß Fasanenställe dazu gehörten, die in höchst romantischer neugotischer Holzarchitektur erstellt waren und wo bis zum Ende des Kaiserreiches Fasanen gefüttert wurden, die satt und etwas faul von da in die Freiheit entsandt wurden und von Jagdpartien des Kaisers leicht erlegt werden konnten.

Es war ein etwas verkommenes Haus, ... das von einem der schönsten Parks umgeben war, die ich kenne. Es bildete unsere Jugend hindurch den Ausgangspunkt unserer Erlebnisse.«

Wie die Lebensverhältnisse rund um Gustav Kiepenheuer ausgesehen haben, davon erzählt Gisela Heller:

»Er war ein schlechter Geschäftsmann, gewiß, aber ein unermüdlicher Anreger und Förderer echter Talente ... Er druckte die ersten Dramen Bert Brechts und trank mit Ringelnatz und Walter Mehring manchen Morgen heran. Ernst Toller, Carl Sternheim und Egon Erwin Kisch schätzten ihn, weil er nie den geldgebenden Verleger herauskehrte und mittellose, aber hoffnungsvolle Talente, auch wenn sie links standen, großzügig unterstützte. Im Mai 1933 loderten Bücher auch seines Verlages auf dem Scheiterhaufen in Berlin ...

Allen, die ihn kannten und achteten, war unbegreiflich, wie es ihm gelang, trotz Haussuchungen und Verhören, Verwarnung und Verfemung diese zwölf Jahre zu überstehen, ohne die geringste Klage. Er begnügte sich mit Tütensuppe und weinte seinem verlorenen Vermögen keine Träne nach. Nur zweimal sahen ihn seine Freunde innerlich gebrochen: als die Judenverfolgung begann und als der Krieg mit der Sowjetunion ausbrach ...

Als ein Flaksplitter seinen rechten Arm zerschmetterte, scherzte er grimmig: ›Ist es mir nicht vergönnt gewesen, für unseren ‚Führer‘ zu sterben, bin ich immerhin in der glücklichen Lage, kein falsches Protokoll bei der Gestapo unterschreiben zu können. Das ist auch was wert.‹ Seine Hand war zerbrochen, aber nicht sein Mut.«

Von März 1931 bis Dezember 1951 bewohnte der politisch nicht unumstrittene Star-Dirigent Wilhelm Furtwängler ebenfalls die Fasanerie, zunächst nur als Wochenendgast ein Zimmer in der großen Wohnung der mit ihm befreundeten Verlegerin Irmgard Kiepenheuer. Als ihr linker Verlag dem Druck der Nazis nicht mehr standhalten konnte, übernahm Furtwängler pro forma die ganze Wohnung. Während Furtwängler nach seinem Entnazifizierungsverfahren im Westen schnell wieder seine Privilegien genießen konnte, hatte er mit den Sowjets und der DDR wegen seiner allzu engen Nähe zu den Größen des Dritten Reiches so seine Schwierigkeiten.

»Immerhin: Im Dezember 1949 kann er noch einmal in Potsdam dirigieren. Erst Ende 1951, so hat Heide Schönmann (die Haushälterin, d. Verf.) mitgeteilt, habe Furtwängler, ›als für ihn erkennbar wurde, daß die alten Zeiten freien geistigen Lebens keine Fortsetzung haben würden‹, die Wohnung aufgegeben. Durch Vermittlung von Curt Bois sei sie an Egon Monk gegangen, dem Brecht damals die Inszenierung des *Urfaust* am Berliner Ensemble übertragen hatte. Die Premiere (oder – bei Brecht üblich – Vorpremiere) fand im Theater im Neuen Palais statt. Paul Dessau saß mit der jungen Ruth Berghaus* vor mir – Egon Monk hatte es nicht weit zu seiner Wohnung ...«

Soweit der historisierende Blick Günter Wirths auf das problematische Verhältnis zwischen Wilhelm Furtwängler und Potsdam nach dem Krieg in *Der andere Geist von Potsdam*. In dem Entwicklungsroman *Jonas vor Potsdam* von Dieter Lattmann geht es sehr viel poetischer zu, wenn die Oberschullehrerin Anima ihren Lieblingsschüler Leo in seinem Berufswunsch bestärkt, Musiker zu werden. Bei den drei persönlichen, wenngleich flüchtigen Begegnungen mit dem Dirigenten erliegt Leo dessen »Magie«.

»Einige Zeit darauf organisierte Anima eine Klassenfahrt. Sie kannte eine Beschließerin, die das zeitweilige Domizil des großen Dirigenten in der Fasanerie des Parks von Sanssouci verwaltete. Über diesen Hausgeist bewirkte die Lehrerin nicht nur, daß ihre Schüler wieder Karten für ein Konzert erhielten, sondern auch anschließend von dem Maestro in seiner Garderobe empfangen wurden. Dieser Abend gehörte Bruckners Achter Sinfonie. Leo fand, Furtwängler dirigierte gar nicht sehr exakt. Eher bewegten sich seine Arme und Hände in Schlangenlinien, aus einer unerschöpflichen Quelle von Gebärden. Für das Orchester war alles im einzelnen unverkennbar. Der Dirigent enthüllte ein Gesetz, und beim Hören entstand der Eindruck, diese Komposition konnte nicht anders aufgeführt werden, als er sie auffaßte. Für Leo war es wieder ein magisches Ereignis, und er glaubte zu begreifen, von welchem Geist diese Sinfonie war.«

Wir haben es ebenfalls nicht weit, um durch das Hippodrom und den Dichterhain das Schloß Charlottenhof zu erreichen. Am **Hippodrom** selbst – einer antiken Reit- und Rennbahn nachempfunden – ist die ursprüngliche gärtnerische Idee von Lenné kaum noch wiederzuentdecken: Unterschiedlich schnell wachsende Gehölze sollten ursprünglich nämlich an die abgestuften Sitzreihen des antiken Vorbildes erinnern.

Wenige Schritte westlich der schlichten Eingangsseite des Schlosses liegt der sogenannte **Dichterhain**: Die italienischen »Klassiker« Dante, Petrarca, Ariost und Tasso samt den Weimarer Klassikern Wieland, Herder, Goethe und Schiller rahmen den Zugang zu **Neptun in seiner Fontäne**.

»Auch wenn er die Ideen von Schinkel und Lenné förderte, so bremste Friedrich Wilhelm auch wieder die Tatkraft der beiden außergewöhnlichen Männer, wenn ihn ihre Pläne zuviel kosteten« (Inge Maisch). Alle, die direkt als Gestalter oder indirekt als Lieferanten mit dem Knauser zu schaffen hatten, wußten, daß sie gewonnen hatten, wenn von Seiner Majestät der genehmigende Satz fiel, »daß es auch ja billig käme«. Billig kommen sollte auch das Weihnachtsgeschenk, das Friedrich Wilhelm III. dem Kronprinzen zum Fest 1825 machte: das damals hinter der Mauer von Sanssouci liegende Gut Charlottenhof der Maria Charlotte von Gentzkow. Der Bau lag inmitten von 120 Morgen Sumpf- und Sandland und war etwas heruntergekommen, obwohl drei Hofbaumeister nacheinander das Gutshaus bewohnt hatten: Bouman, Büring und Gontard. Jedenfalls kam das ganze »auch ja billig«. Zwar mußte es mit dem Umbau auch billig weitergehen, aber trotzdem kam dabei ein Schmuckstück heraus. – »Das vollendetste Ergebnis der Zusammenarbeit von Schinkel, Lenné und Friedrich Wilhelm IV., an dem die Anteile des Einzelnen gar nicht mehr auszumachen sind, ist das **Schloß Charlottenhof** ... Schinkel nutzte die Mauern des Gebäudes aus dem 18. Jahrhundert und machte mit Hilfe seines Schülers und Baumeisters Ludwig Persius daraus nicht nur eines der schönsten klassizistischen Schlösser, sondern schuf mit den Römischen Bädern und anderen in der von Lenné konzipierten Gartenlandschaft bewußt plazierten Gebäuden ein ganzes ›Gebiet Charlottenhof‹.« (Inge Maisch)

Schloß Charlottenhof ist übrigens auch innen so erhalten geblieben, wie es von dem Kronprinzenpaar um 1830 bewohnt wurde. Alexander von Humboldt war hier übrigens fünf Sommer lang mit untergebracht, »... in zwei Räumen, einem Arbeitszimmer mit einem komplizierten Schreibsekretär, an dem er sein Hauptwerk, den ›Kosmos‹, zu Papier brachte und bei dessen Vorlesung einem Gerücht nach der Hofstaat sich einem sanften Schlummer hingegeben haben soll, und einem Schlafzimmer, das wegen seiner mit weißblauem Stoff gestreiften Decke und Wände das **Zeltzimmer** genannt wurde« (Karl Voss). Friedrich Wilhelm IV. »interessierte sich vornehmlich für die spannenden Erzählungen Humboldts über dessen abenteuerliche Forschungsreisen. Als Kammerherr und Vorleser mußte Humboldt dem König sieben bis acht Stunden täglich widmen. Zur wissenschaftlichen Arbeit blieb da oft nur die Zeit von 23 Uhr bis 3 Uhr morgens. Der Unverheiratete wohnte meist ganz in der Nähe der königlichen Familie: im Schloß Sanssouci, das spätestens im November ›des vielen Marmors wegen einer buddhistischen kalten Höhle glich‹, in den Neuen Kammern, die wegen der ›Urkamine‹ auch nicht viel wärmer gewesen sein sollen, und im – wenn auch etwas feuchten, so doch intimeren – Schloß Charlottenhof. Humboldt atmete auf, wenn in die durch Öfen wohlgeheizten Zimmer des Stadtschlosses umgezogen wurde« (Hanne Bahra).

Nach der erfolgreichen Zusammenarbeit hatten sich Schinkel und der Kronprinz darauf geeinigt, bei sich bietender Gelegenheit weitere ästhetische Lebenswelten zu schaffen: »Kopf hoch, Schinkel, wenn ich erst König bin, dann werden wir zusammen bauen, und dann werden wir zeigen, was wir können!« Und tatsächlich: Kaum hatte 1840 Friedrich Wilhelm IV. den Thron bestiegen, bestellte er Schinkel dringend zu sich.

»Man suchte ihn tagelang. Er war zu Tode ermattet von einer Kur zurückgekommen und wollte sich bei seiner Schwester in Ruppin noch ein wenig ausruhen. Der tatendurstige König aber übersah Schinkels Erschöpfung und schnarrte ihn an, warum er so spät käme, er habe sich wohl vor dem Kanonendonner gefürchtet, der dem Volke seine Thronbesteigung verkündete ... Das traf ihn wie einen Keulenschlag.

Er raffte sich noch einmal auf, um mit dem Bildhauer Rauch und dem Theatermaler Gropius Pläne zu einem kolossalen Panorama zu besprechen, in dem die geistigen Kulturen aller Völker und Zeiten malerisch dargestellt werden sollten – ein Unternehmen von unschätzbarem volksbildendem Wert zu einer Zeit, die noch kein Fernsehen und keine Dokumentarfilme kannte! –, doch wurde nichts davon verwirklicht. Am Tage darauf fiel Schinkel in einen ohnmachtsähnlichen Schlaf, aus dem er nie wieder erwachte.« (Gisela Heller)

An der vielteiligen Anlage der **Römischen Bäder** vorbei – sie wurde nie als Bad genutzt – überqueren wir rechts den Schafgraben, passieren die **Meierei** und laufen über eine zweite Schafgrabenbrücke bis zum **Chinesischen (Tee)Haus**. Das nächste Haus des Ökonomieweges rechts ist die **Villa Eulenburg**.

1876 waren Kronprinz Wilhelm und Philipp Fürst zu Eulenburg-Hertefeld einander zum ersten Mal begegnet. Da war der spätere Kaiser Wilhelm II. 27 Jahre alt. Er schwor dem nur zwei Jahre älteren musisch-empfindsamen Mann ewige Freundestreue, nannte ihn immer wieder – auch in der Öffentlichkeit –

seinen einzigen »Busenfreund«. Und er bat ihn, bei ihm in Sanssouci in einer Villa zu wohnen, als er 1888 mit der Kaiserwürde auch die Berlin-brandenburgischen Schlösser und Gärten erbte. Eulenburg hatte zwar Jura studiert, dem musischen Mann lagen aber weder der Richterberuf noch der Militärdienst. So trat er in den diplomatischen Dienst ein, verbrachte jedoch später viel Zeit in der unmittelbaren Nähe des Königs und Kaisers, auf den er großen beraterischen Einfluß ausübte. Ganz ungeniert sprach man in Potsdam und Berlin davon, daß Eulenburg der Mittelpunkt einer von ihm selbst geschaffenen Hof-Kamarilla wäre. 1906 brach über die beiden Freunde eine Katastrophe herein:

»Der Publizist Maximilian Harden (Felix Witkowski) griff 1906/07 in seiner Wochenzeitschrift ›Die Zukunft‹ Eulenburgs ›Liebenberger Kreis‹,* in dem der Kaiser verkehrte, mehrfach scharf an und scheute schließlich auch vor der Verdächtigung nicht zurück, daß drei kaiserliche Flügeladjutanten, die zugleich Mitglieder des ›Liebenberger Kreises‹ waren, homosexuell seien. Der Kaiser war über diese Behauptung konsterniert und brach alle Beziehungen zu Fürst Eulenburg und seinem Kreis ab. Doch konnten Hardens Beschuldigungen selbst vor Gericht nie bewiesen werden, und erst viel später hat der Kaiser seinen alten Freund Eulenburg rehabilitiert. Da war dieser allerdings schon gestorben.« (Kurt Düwell, in: *Drei deutsche Kaiser*, hg. von Wilhelm Treue)

150 Meter weiter östlich, in der Höhe der Großen Fontäne, biegen wir rechts ab und sehen gleich zur Linken die **Villa Illaire**. Ursprünglich stand hier zu Zeiten des Soldatenkönigs das Küchengärtnerhaus des Marlygartens. Persius machte aus dem Bau eine der hübschesten Villen Potsdams. Und sie war dem Geheimen Kabinettsrat Emil Illaire, einem Hugenottenabkömmling, nicht etwa nur überlassen worden; nein, der auf dem Bornstedter Sello-Privatfriedhof (vgl. S. 354) beigesetzte Beamte war Besitzer des Hauses. Einen ähnlichen Privatbesitz auf königlichem Grund und Boden stellt die **Villa Liegnitz** dar, die

schräg gegenüber auf der anderen Seite der Allee **Am Grünen Gitter** liegt. Denn zwar bekam Auguste Fürstin von Liegnitz, geborene Gräfin Harrach, von Friedrich Wilhelm IV. das Grundstück geschenkt, aber die Villa selbst samt dem Wintergarten dran (damals hieß so etwas Blumenhaus), das ihr Albert Dietrich Schadow baute, hatte die zweite, sogenannte morganatische* Ehefrau Königs Friedrich Wilhelm III. aus ihrer Privatschatulle bezahlt.

»Heute Nachmittag und Abend durchlief wie ein Lauffeuer die ganze Stadt (Berlin, d. Verf.) die zuverlässige Nachricht ›Unser König hat sich vorgestern verheiratet‹. Wie ein Donnerschlag traf die Nachricht unter die Leute, und die meisten verweigerten ihr allen Glauben«, vermerkt am 11. November 1824 Rahels Ehemann, Karl August Varnhagen van Ense in seinem *Tagebuch*. 30 Jahre ist die Braut jünger als der königliche Witwer, dem eine Wiederheirat 14 Jahren nach dem Tode Luisens immer noch wie ein Verrat vorkommt. Und sein Volk empfindet ähnlich. Vom Berliner Bischof Eylert wissen wir, wie schwer ihm seine Entscheidung fiel: »Eine Luise bekomme ich nie wieder. Eine Königin geniert mich, und ich geniere mich nicht gern. Eine junge Fürstin nimmt mich aus wahrer Liebe nicht, und eine alte Hagebutte, die einst eine Rose war, will ich nicht.« – Heinz Ohff erzählt in *Preußens Könige*:

»Der König hatte Auguste in Teplitz kennengelernt, wo die Oberen Zehntausend kuren. Zurückgezogen in Dresden aufgewachsen, stammt sie väterlicherseits aus einem in Österreich angesehenen Geschlecht, die Mutter kommt aus sächsischem Kleinadel. Auguste ist katholisch erzogen, tritt aber zwei Jahre nach der Vermählung zum evangelischen Glauben über. Sie lebt sehr diskret und ein bißchen verschüchtert an der Seite des ihr angetrauten Mannes, ist aber keine Königin, besitzt nicht einmal einen ›Hofstaat‹ mit den üblichen Bediensteten in der üblichen Rangordnung. ... Nie hat sie sich beklagt, nie von sich reden gemacht. Es ist erstaunlich, daß sie sich trotzdem viel Sympathie in militärischen und höfischen Kreisen erwerben kann.

Nicht einmal das Schloß Charlottenburg steht ihr zur Verfügung. Obwohl sie sich nie danach gedrängt hat, an dem Andenken der Königin Luise zu rütteln, läßt ihr der König gleich neben dem Schloß von Karl Friedrich Schinkel ein bescheidenes Palais nach dem Vorbild einer italienischen Villa bauen, in der er einmal auf einer Südlandreise gewohnt hat, den heutigen ›Schinkel-Pavillon‹. Auguste von Liegnitz wird ihren Gemahl um ein Menschenalter überleben.«

Und das genau in dieser Villa Liegnitz, weil sie den Schinkel-Pavillon nach dem Tode Friedrich Wilhelms III. alsbald verlassen muß. Es ist fast anrührend, daß die große Schar ihrer »Urstiefenkelinnen und -enkel« gerne und häufig zu ihr geht. Selbst der prüde und arrogante Wilhelm II. vermerkt in seinen Jugend-*Erinnerungen*: »Unter den Verwandten, die wir häufig besuchten, gedenke ich in erster Linie der Fürstin Liegnitz. ... Auch meine Eltern waren ihr sehr zugetan und schickten mich oft mit Blumen zu ihr. ... Ihre schwierige Stellung hat sie ihr Leben lang mit feinstem Takt gewahrt und dadurch sich allgemeine Verehrung gewonnen.« Sie starb nach 31 Witwen-Jahren. Da war Wilhelm I. schon über zwei Jahre Deutscher Kaiser.

Wir lassen die Villa linker Hand liegen und schlendern weiter nach Süden. Ganz am Ende des Parks Sanssouci steht rechts das **Haus des Marschall Keith**, wahrscheinlich des einzigen wahrhaftigen Freundes, den Friedrich der Große zu Lebzeiten gehabt hat, obwohl der exilierte schottische Edelmann 26 Jahre älter war als der König. Als Friedrich den Earl Marishal of Scotland George und dessen Bruder James 1747 kennenlernte, waren die beiden Grafen bereits 54 und 51 Jahre alt. Der jüngere James kam zuerst, trat in preußische Dienste, zeichnete sich im Siebenjährigen Krieg aus und starb als Feldmarschall in der Schlacht bei Hochkirch im Jahr 1758 den sogenannten Heldentod. Den älteren George, der nach dem Sturz des Hauses Stuart unter Verlust seines ganzen Besitzes etwas später Schottland fluchtartig verlassen mußte, lud Fritz zu sich nach Potsdam und in die Tafelrunde ein und beauftragte 1764 den Baumeister Heinrich

Ludwig Manger, dem Freund das einstöckige Lordmarschallhaus am Eingang zum Park zu erbauen.

»In seinem Haus lebte Keith in der phantastischen Gesellschaft schwarzer Diener in scharlachroter Tracht und weißem Turban, einem Türken und der schönen Sklavin und Pflegetochter Emmetha Uellah, die Eminé genannt wurde. Als der greise Lordmarschall gelähmt wurde und das Haus nicht mehr verlassen konnte, besuchte der Monarch täglich seinen sechsundachtzigjährigen Freund, der als Letzter seines Hauses am 25. Mai 1778 starb.« (Karl Voss)

Von Besuchern aus Großbritannien sind *Reisetagebücher* erhalten, die persönliche Eindrücke aus der Begegnung mit Keith weiterreichen; zum Beispiel erzählt der Musikwissenschaftler Charles Burney:

»Se. Lordschaft wohnt in einem sehr artigen Hause in der Vorstadt, welches, wie mit der Kutscher ungefragt erzählte, der König für ihn hat bauen lassen. ... Es war schon so dunkel, daß ich ihn kaum mehr sehen konnte. Er sagte mir mit einem sehr gütigen Tone der Stimme, ich möchte mich setzen. ... Als Licht gebracht wurde, gefiel mir sein Gesicht ebenso sehr, als mir vorher seine Stimme gefallen hatte. Es ist das angenehmste, wohlgebildste und sanfteste, das man sich erdenken kann. Ich blieb hier drei Stunden, während welcher Zeit er mich mit einer Menge von Anekdoten unterhielt, davon viele Beziehung auf die Musik hatten. ... Se. Lordschaft erzeigte mir die Ehre, mich auf den folgenden Tag zum Mittagsessen einzuladen, und gab mir von demjenigen Nachricht, was in Potsdam und Sanssouci das Besehen am meisten verdiente; was aber die Musik anbeträfe, sagte er, wär' es ein Unglück für mich, daß ich an ihn adressiert wäre, denn er sei ein solcher Gote und Wende, daß er keine Musik verstünde und keine leiden möchte, ausgenommen die Sackpfeife seiner Landsleute.«

Im selben Jahr besuchte auch der Herzog von Hamilton und Brandon zusammen mit seinem irischen Sekretär Dr. Moore den alten Lord George. Er berichtet:

»Der liebenswürdige Charakter dieses Lords ist wohl bekannt. Bald nach unserer Ankunft machten wir ihm unsere Aufwartung, und seither haben wir verschiedene Male bei ihm zu Mittag gespeist. An der Front seines Hauses stehet die Aufschrift: FRIDERICUS II. NOBIS HAEC OTIA FECIT*. An dieses Haus stößt ein kleiner Garten, mit einer Türe in des Königs Gärten zu Sanssouci; daß also Mylord diese Gärten ganz mitgenießt. Der König hat auch einen Schlüssel zu Mylords kleinem Garten, und spaziert oft durch diesen Gang ihn zu besuchen.«

Bleiben zwei Nachträge zu zwei großen Persönlichkeiten der Potsdamer Kultur: zu Hermann Kasack und zu Jewgenij Fjodorowitsch Ludschuweit. Und wir beginnen mit Versen, die in Potsdam entstanden, bereits um 1920. Damals hatte Hermann Kasack fast gleichzeitig mit dem Band *Die Insel* sein zweites Œuvre veröffentlicht und sein Lektorat im Kiepenheuer Verlag angetreten. Unter dem Titel *Höhere Dämmerung* heißt es ein wenig expressionistisch:

»Wir wollen die Rosen auf Hügel heben
Und glühende Dämmerung entfachen;
Die Sterne werden in uns erwachen
Und über den Schatten des Lebens schweben.

Wir sind die Erde zu Ende gegangen,
Durch sterbender Landschaften tote Zeiten;
Wir mußten in dunklen Talen schreiten,
Und blieben im Segel der Sehnsucht gefangen.

Wir können die Erde nicht mehr loben,
In höhere Dämmerung fließt unser Leben –
Wir wollen die Rosen auf Hügel heben:
Wir stehen ... Wir steigen ... Wir fliegen nach oben.«

Vier Adressen hat Kasack in Potsdam gehabt. 25 Jahre Kindheit und Jugend lebte er in seinem bildungsbürgerlichen Elternhaus

Am Kanal 15. Seine Lektorenjahre verbrachte er privat in der Wörthstraße 3. Von 1927-45 besaß und bewohnte er das Haus Hegelallee 13. 1945-49 schließlich lebte er in der Hans-Sachs-Straße 13, bis er die Sowjetische Besatzungszone verließ. Schon 1933 hatten ihm die Nazis jede öffentliche Tätigkeit verboten. Nachdem sein Anwesen unmittelbar nach der Eroberung Potsdams von der Roten Armee beschlagnahmt wurde, lebte und arbeitete er die letzten fast fünf Jahre seiner Potsdamer Existenz in seinem selbst sogenannten »Exil« **Hans-Sachs-Straße 13**, keinen halben Kilometer vom Park-Ausgang Affengang und dem Marschall-Keith-Haus entfernt, bis er 1949 aus politischen Gründen in den Westen – nach Stuttgart – ging. Kasack hatte 1948 das Deutsche P.E.N.-Zentrum mitgegründet und war von 1953-63 Präsident der Deutschen Akademie für Sprache und Dichtung.

An diesen vier Adressen verkehrten Bert Brecht, Günter Eich, Peter Huchel, Hermann Kesten, der früh verstorbene Edlef Köppen, Gertrud Kolmar, Fritz Landshoff, sein engster Freund Oskar Loerke, Hans Erich Nossack, Emil Orlik, Siegward Sprotte ... und nicht zuletzt auch Peter Suhrkamp. Der damalige Chef des S. Fischer Verlages, bei dem Kasack nach dem Tode Loerkes 1941 als Lektor getarnt unterkam, weil er zum »unerwünschten Autor« erklärt worden war, erinnert sich:

»Wir saßen miteinander am Schreibtisch, der zwischen zwei Fenster gerückt war. Ein großes Photo von einem Säulentorso darauf fesselte mich zwischendurch immer wieder. Später bot uns Maria an einem ovalen Tisch, hinter dem ein Sofa stand, den Tee. In den Bücherregalen, die drei Wände einnahmen, dominierten die Werke von Zeitgenossen zwischen 1910 und 1935 sowie Zeitschriften und Verlagsalmanache aus den 20er Jahren. Die Sammlung wirkte dennoch wie eine von langher und langsam gewachsene Bibliothek. Später stellte ich fest, daß überall im Hause, selbst im Korridor, noch Bücher in Schränken und Regalen standen, und daß in jedem Buch der Tag des Zugangs und die Nummer im Bibliotheksbestand notiert waren.

Es war das Studier- und Arbeitszimmer eines Privatgelehrten, jedoch nicht düster oder grau, sondern biedermeierlich hell, das Frühlingslicht des Nachmittags in Gläsern und Möbeln, in kleinen Gefäßen, Schälchen und Gegenständen spiegelnd. Ich kann nicht sagen, woher mir die Impression von späten Arbeitsnächten in die Stube kam. Vielleicht war es die auffällige Stille, das Schweigen, das die Atmosphäre bestimmte. Vielleicht ging der Eindruck von dem schmalen zartgliederigen Mann mit dem müden, dabei doch hellen Gesicht aus, in dem die Brillengläser die Augen eher abblendeten und verdeckten als konzentrierten.«

Um das Ehepaar Kasack hatte sich so etwas wie ein Ort des inneren Exils gebildet für kritisch-liberale Büchermacher wie Goverts, Stichnote und Suhrkamp. Als letzterer am 13. April 1944 von der Gestapo verhaftet wurde, konnte er wenigstens sicher sein, daß die Freunde sich um seine Frau kümmern würden. In einem Brief informiert der Verleger Henry Goverts dann später den in der Schweiz lebenden Hermann Hesse:

»Am 9. Februar 1945 erschien Suhrkamp morgens um 4 Uhr nach durch zwei Fliegeralarme unterbrochener Fahrt von Oranienburg in Potsdam und klingelte an Kasacks Haustür. Frau Kasack öffnete und prallte beim Anblick eines totenkopfähnlichen Gesichtes zurück, worauf ihr ein Zettel hingehalten wurde mit den Worten: Lesen Sie, ich bin wirklich entlassen. Kasack selbst erschrak ebenfalls ob dieser ausgemergelten Gestalt. Peter Suhrkamp setzte sich in Kasacks Zimmer und entlud sich, sprach sich aus bis in den Morgen hinein. Dann brach er zusammen, hatte 40 Grad Fieber und eine Lungenentzündung. Die Ärzte glaubten nicht, daß sie diesen bis aufs äußerste geschwächten Körper würden durchbringen können, zumal aller Lebenswille erloschen schien. Aber es gelang, und an diesem Gelingen sind auch Sie nicht ganz unschuldig. Suhrkamp läßt sie grüßen und Ihnen sagen, daß es einer seiner innigsten Wünsche und ihm Kraft verleihende Hoffnung wäre, noch einmal mit Ihnen zusammen zu sitzen und sich mit Ihnen über alles, was ist und was war, zu unterhalten, auszusprechen. Das sollte ich Ihnen bestellen.«

Bis zum Großangriff auf Potsdam kämpften die Ärzte um Suhrkamps Überleben; nach der Zerstörung des Krankenhauses ließ er sich – nicht mehr heilbar – zu seinen Freunden Stichnote entlassen und wohnte später bis September 1945 im Arminschen Haus. Dann ging er für immer weg aus Potsdam.

Letzte Hand legte Kasack an seine große Anti-Utopie, den surrealistischen Roman *Die Stadt hinter dem Strom*, in der Hans-Sachs-Straße. Der überwiegende Teil dieser nihilistisch anmutenden Warnung vor Technik, Ideologie und Macht war 1942-44 noch in der damaligen Kaiser-Wilhelm-Straße entstanden; nun schrieb der Autor unter einigem Druck zu Ende, denn das Feuilleton der Westberliner Tageszeitung *Der Tagesspiegel* wartete, um diesen – viele jüngere Menschen der Nachkriegszeit prägenden – Text 1946 als Fortsetzungsroman (vor)abdrucken zu können.

Obwohl Hermann Kasack den Kulturbund und den Nachkriegs-P. E. N. mitgegründet hatte und sich durchaus des kritischen Wohlwollens des sowjetischen Kulturoffiziers Alexander Dymschitz erfreute, war für einen bürgerlichen Preußen seines Zuschnitts in SBZ und DDR prinzipiell kein Platz mehr.

Noch einen zweiten sowjetischen Kulturoffizier gab es in den ersten Nachkriegsmonaten, der sich um das befreite Potsdam verdient gemacht hat: den Kunsthistoriker, Orientalisten und Oberleutnant Professor Dr. Jewgenij Fjodorowitsch Ludschuweit. Der leitete vorübergehend die Verwaltung Schlösser und Gärten und residierte im Verwaltungsbau – dem Schloß und der Großen Fontäne direkt gegenüber. Und das kam so:

Noch am 25. April 1945 – die Innenstadt von Potsdam lag bereits in Schutt und Asche – hatte der letzte Nazi-Gauleiter von Brandenburg angeordnet, daß beim Herannahen der Roten Armee der Park von Sanssouci zu schleifen und die Schlösser zu sprengen seien: »Sanssouci muß zerstört werden! Unsere heiligsten Güter dürfen nicht in die Hände der roten Barbaren fallen!« Die Horchposten der 47. Armee der 1. Bjelorussischen Front bekamen diesen Funkspruch mit. Am nächsten Tag stand der Beschluß des Armee-Oberkommandos fest: Es wird alles versucht, um Sanssouci zu retten. Am 27. April wurde Oberleutnant Ludschuweit zu seinem Vorgesetzten gerufen, der ihm zunächst nur knapp mitteilte: »Der Kampf um Potsdam beginnt. Wir fahren gleich in die Hauptkampflinie!« Ludschuweit berichtet:

»Und fort ging es in Richtung Potsdam-Eiche. Die Chaussee wurde von Nazi-Artillerie methodisch beschossen, doch wir kamen glücklich durch. Als wir an Sanssouci vorbeifuhren, sagte mir Oberst Sawkin: ›Das wird Ihre Chosjeistwo, Ihre Wirtschaft, sein!‹ Er meinte damit mein neues Aufgabengebiet, von dem ich so das erstemal erfuhr.«

Einen Tag drauf bot Ludschuweit per Funkspruch dem Chef der sogenannten Entsatzarmee, dem General Walther Wenck an, daß beide Seiten davon absehen, die Schlösser und Gärten von Sanssouci zu beschießen; im Gegenteil: sie aus den Kampfhandlungen heraushalten. Wenck funkte sein Einverständnis. Für Ludschuweit das Signal, sofort dafür zu sorgen, daß die Anlagen vor Plünderung und Vandalentum geschützt werden.

»Deutsche Antifaschisten, die sowjetischen Soldaten mit weißen Fahnen entgegenkamen, zeigten ihnen die verschiedenen Zugänge zum Park. Neben Friedrichs Hundegräbern war ein Gefechtsstand postiert, auf dem säulenumstandenen Halbrund ein Minenwerfer verschanzt. Beide wurden abgezogen, damit sie nicht noch Feuer auf sich und das Schloß lenkten. Aus Leichtverwundeten, Genesenden und drei deutschen Frauen, die gerade aus dem Gestapogefängnis befreit worden waren, wurde eine kleine ›Parkarmee‹ zusammengestellt.« (Gisela Heller)

Als am 30. April die Rote Armee die Stadt eroberte, wurden die Anlagen bereits sorgfältig bewacht. Und nicht nur das.

»Die Tage, die folgten, brachten harte Arbeit. Ich erinnere mich noch genau (1965, d. Verf.), als ich in die Orangerie kam und die Kakteen sah. Zwar ist Botanik nicht mein Spezialfach, aber einiges verstehe ich davon. Ich wußte also, daß diese prächtigen Pflanzen etwa 33 Grad Wärme brauchten. Das bedeutete für uns: heizen und nochmals heizen. Aber dann kam gleich die erste Sorge: Woher die Kohlen nehmen? Einen kleinen Vorrat hatten wir, das übrige wurde besorgt.... Wir haben es geschafft, die Pracht in den Gewächshäusern hat es überstanden, und die Natur kam uns mit gutem Wetter zu Hilfe.« (Jewgenij Ludschuweit)

Potsdam bedankte sich im Jahr 1965 – zum 20. Jahrestag der Befreiung – für die Rettung der Kunst- und Naturschätze von Sanssouci bei dem zum Gardehauptmann beförderten Professor an der Moskauer Lomonossow-Universität offiziell und feierlich und benannte sogar eine Straße nach ihm. Bedauerlicherweise wurde nach der Wende die Prof.-Ludschuweit-Allee in Kastanienallee umgetauft ...

SECHSTER SPAZIERGANG

Weltkulturerbe II: Vom Palais Lichtenau durch den Neuen Garten zum Schloß Cecilienhof und auf den Pfingstberg

Was Wilhelmine geliebt, die Kronprinzessin möbliert, Bruno H. Bürgel beobachtet und Stalin angeordnet hat

Darin sind sich die Chronisten einig: In Preußens Königshaus gab es kaum jemals eine innigere Beziehung als die zwischen Friedrich Wilhelm II. und der Gräfin Lichtenau. Nur war die Gräfin keine Gräfin von edlem Geblüt, sondern lediglich eine »erhobene« Mätresse bürgerlicher Herkunft, die schöne Wilhelmine, Tochter des Waldhornisten Encke aus Dessau. Der war 1763 in die Hofkapelle Friedrichs II. – den wir »den Großen« zu nennen gewohnt sind – berufen worden, wohnte mit seiner ganzen Familie zunächst in der Spandauer Straße in Berlin, später in Potsdam gleich neben dem Stadtschloß.

Friedrich Wilhelm ist 19 Jahre alt und seit fünf Jahren offizieller Thronfolger, als er die 10jährige Wilhelmine zum ersten Mal in seiner Umgebung wahrnimmt. Da hatte der junge Herr längst diverse Affären mit Berliner Schauspielerinnen hinter sich. Mit 13 ist Wilhelmine Encke bereits derart hübsch und – wie man so sagt – »fraulich gut entwickelt«, daß sich der Kronprinz buchstäblich unsterblich in die junge Frau verliebt. Beide wissen schnell, daß sie ihren Lebenspartner gefunden haben, den sie dennoch niemals heiraten dürfen. 1770 geloben sie sich – schriftlich und mit ihrem Blut statt Tinte – ewige Treue; da ist sie 17 und er 26. Düster schreibt »der alte Fritz« ein Jahr vor seinem Tode zu dieser Mesalliance: »Ich werde Ihnen sagen, wie es nach meinem Tode gehen wird, es wird ein lustiges Leben am Hof werden, mein Neffe wird den Schatz verschwenden, die Armee ausarten lassen. Die Weiber werden regieren und der Staat zugrunde gehen.«

Mit der Weiberherrschaft hat der Alte so unrecht nicht. Nach den schon erwähnten Techtelmechteln in der Berliner Theater-

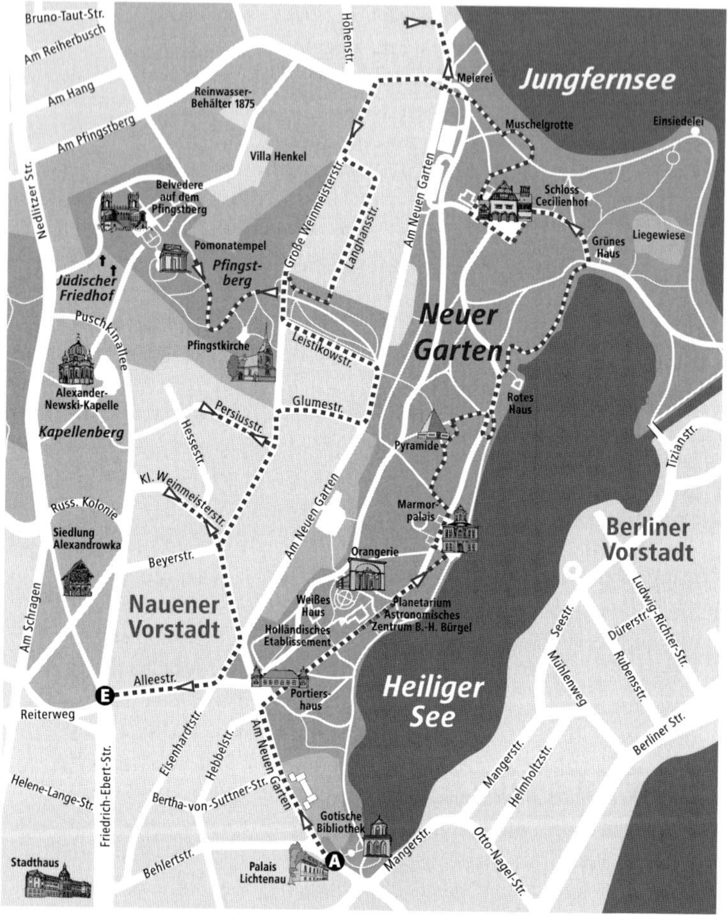

Jungfernsee
Meierei
Muschelgrotte
Einsiedelei
Schloss Cecilienhof
Grünes Haus
Liegewiese
Neuer Garten
Rotes Haus
Pyramide
Marmorpalais
Orangerie
Weißes Haus
Holländisches Etablissement
Planetarium Astronomisches Zentrum B.-H. Bürgel
Portiershaus
Heiliger See
Gotische Bibliothek
Palais Lichtenau
Stadthaus
Berliner Vorstadt
Nauener Vorstadt
Siedlung Alexandrowka
Russ. Kolonie
Kapellenberg
Alexander-Newski-Kapelle
Jüdischer Friedhof
Pfingstberg
Belvedere auf dem Pfingstberg
Pomonatempel
Pfingstkirche
Villa Henkel
Reinwasser-Behälter 1875
Bruno-Taut-Str.
Am Reiherbusch
Am Hang
Am Pfingstberg
Nedlitzer Str.
Höhenstr.
Große Weinmeisterstr.
Langhansstr.
Am Neuen Garten
Leistikowstr.
Puschkinallee
Glumestr.
Persiusstr.
Hessestr.
Kl. Weinmeisterstr.
Beyerstr.
Am Schragen
Alleestr.
Reiterweg
Friedrich-Ebert-Str.
Helene-Lange-Str.
Eisenhardtstr.
Hebbelstr.
Bertha-von-Suttner-Str.
Behlertstr.
Mangerstr.
Helmholtzstr.
Otto-Nagel-Str.
Mühlenweg
Seestr.
Dürerstr.
Rubensstr.
Ludwig-Richter-Str.
Berliner Str.
Tizianstr.
A
E

szene bringt der »dicke« Wilhelm nämlich bis zu seiner Thronbesteigung noch vier Ehen hinter sich: Die erste schließt er mit der hübschen und geistreichen Elisabeth von Braunschweig. Die schaut nicht lange zu, wie der Kronprinz ihr Hörner aufsetzt. Als ein Kind kommt, von dem die Mutter zugeben muß, daß es nicht den Hohenzollernschen Lenden entstammt, betreibt der Hof schleunigst die Scheidung. Der Braunschweigerin folgt die »herzensgute« und gebärfreudige, aber sonst wenig bemerkenswerte, geschweige denn attraktive Friederike Luise von Hessen-Darmstadt, die in den anschließenden 14 Ehejahren sieben legitimen Kindern das Leben schenken soll. Als der Kronprinz Gunst und Leidenschaft an die anziehende Hofdame Julie von Voß »verschwendet«, läßt sich die Kronprinzessin die Zustimmung zu einer Ehe »linker Hand« mit Hunderttausend Talern bezahlen. Als die schöne Julie zwei Jahre später an Lungen-Tuberkulose stirbt, folgt ihr – ebenfalls morganatisch* angetraut – noch eine Gräfin Dönhoff. Die ihrerseits fällt jedoch schnell wieder in Ungnade, weil sie sich herausnimmt, in der Politik mitreden zu wollen. Unangefochten von allen Lieben und Liebschaften des »Herren und Gebieter« sowie ganz und gar unpolitisch bleibt allein die durch und durch bürgerliche Beziehung mit Wilhelmine, »... die es verstand, für Friedrich Wilhelm einen familiären Ruhepunkt zu schaffen – die Kinder, die in diese Familie hineingeboren wurden, liebte er abgöttisch –. Sie hatte auch mit seinen sonstigen Liebschaften wenig Probleme. Ja sie wurde sogar zu seiner Vertrauten im Liebeskummer und sorgte, wenn sie ihm selbst nicht zur Verfügung stehen konnte, für sein sexuelles Wohlbefinden, indem sie ihm das eine oder andere Ballettmädchen zuführte« (Heinz Ohff).

Von Anfang an hat Friedrich Wilhelm alles in seiner Macht Stehende getan, um aus der attraktiven Hornistentochter eine Mätresse comme il faut zu machen. Er selbst gibt ihr Unterricht, liest mit ihr Shakespeare, Vergil und Homer. Für den gesellschaftlichen Schliff heuert er eine französische Erzieherin an. Er schickt sie für ein Jahr auf Bildungs- und Benimmreise an den

Hof von Versailles und Paris. Dort wohnt sie beim Kommandanten der Bastille, gehört schnell zur Entourage des Königspaares und erwirbt sich schon als 14jährige das notwendige erotische Flair. Und als sie noch Mitte der 90er Jahre viele Monate in Neapel die Schönen Künste studiert, bezahlt ihr Friedrich Wilhelm II. ihren kostspieligen Aufenthalt und erhebt die mittlerweile 41jährige Geliebte zur Gräfin, damit sie Zugang zum dortigen Hof bekommt, der offenbar prüder ist als der des XV. Ludwig. Er verheiratet sie unter dem Namen Friederique mit seinem Geheimkämmerer Johann Friedrich Ritz und schenkt dem Paar ein Grundstück in Sichtweite des Marmorpalais. Nur mit einem muß er länger als 20 Jahre auf den Tod seines Onkels warten: Erst nach seiner eigenen Inthronisation kann er die Aufenthaltsbeschränkungen aufheben, die Friedrich der Große über die Mätresse verhängt hatte und die besagten: Kein Zugang zum Berliner Schloß und striktes Verbot, die königlichen Gebäude von Potsdam zu betreten.

Als ihr im März 1797 der Baumeister Michael Philipp Bouman endlich ihr neues Potsdamer Palais samt luxuriöser Innenausstattung übergibt, haben Friedrich Wilhelm und Wilhelmine nicht mehr viel Zeit, ihr Leben in der **Behlertstraße 31** auszukosten. Denn der König leidet an Wassersucht und stirbt im November desselben Jahres – bis fast zum letzten Seufzer von ihr gepflegt. Nur seine allerletzte Stunde erlebt sie nicht mit ihm:

»Am Abend des 15. November 1797 hatte Geheimrat Selle (einer der Leibärzte des Königs, d. Verf.) der 43jährigen Bettruhe verordnet, weil sie durch den Kummer und die Aufregung über den Zustand des alten Königs in schlechter körperlicher Verfassung war. Noch am Morgen des 16. November erzählt man ihr, um sie zu schonen, der Monarch habe gut geschlafen. Erst durch ihre Mutter, ihren aus Verbindung mit dem Geheimen Kämmerer Ritz hervorgegangenen Sohn und dessen Hofmeister* will sie, im Kavaliershaus des Neuen Gartens von Potsdam im Bett liegend, vom Tod ihres Gönners erfahren haben. ... In dieser Stimmung, die an Verzweiflung grenzte, umgeben von ihren trauernden Angehörigen, wurde ihr durch den Generaladjudanten von Zastrow und dem Major Friedrich Heinrich von Kleist mitgeteilt, daß sie unter Arrest stehe.«

Das hält Thomas Stamm-Kuhlmann in *König in Preußens großer Zeit* fest. Der Tote ist also noch nicht kalt, da hat schon sein Sohn und Nachfolger Friedrich Wilhelm III. die »Kebse des Vaters« arretieren und enteignen lassen. Es ist seine erste Regierungshandlung. Wilhelmine Friederique Gräfin Lichtenau soll das vielfach bewunderte frühklassizistische Haus, das sie in Zusammenarbeit mit dem Architekten Langhans selbst entworfen hat, nie mehr bewohnen. Zwar wird sie nach wenigen Jahren rehabilitiert, darf sich mit einem 26 Jahre jüngeren Adligen in zweiter Ehe verheiraten, erhält eine großzügige Leibrente und eine hübsche Stadtvilla an der Berliner Mohrenstraße. Aber es bleiben die Anzüglichkeiten, Anwürfe und Verdächtigungen in Sachen »lasziver Vergnügungen«, die der Pöbel wie die Menschen von (An)Stand in Berlin und Potsdam stets reichlich für sie bereit hatten.

Im Gegensatz zu Gesindel und Adel warfen die bürgerlichen Berliner und Potsdamer Untertanen der Lichtenau ihren Lebenswandel kaum vor; mehr jedoch das Amt, welches ihr der König bald nach seiner Thronbesteigung 1786 übertragen hatte: das einer zwar sachkundigen, aber verschwenderischen Kunst- und Baubeauftragten. Deren Pflichten und Aufgaben nahm sie in der mit elf Jahren relativ kurzen Regierungszeit von König Friedrich Wilhelm II. sehr genau wahr. Wissen sollte man, daß dieser selbst als Kronprinz weder das Potsdamer Stadtschloß noch Sanssouci betreten durfte. Statt dessen wies Friedrich der Große dem Neffen ein eher schäbiges Bürgerhaus am Neuen Markt als Kronprinzenpalais zu. Nach seiner Thronbesteigung wollte wiederum Friedrich Wilhelm keinen Fuß dahin setzen, wo sein Onkel gewohnt hatte. Wilhelmine machte sich deshalb mit dem eher überforderten Gontard sowie den schleunigst berufenen zeitgenössischen Stars der Baukunst

Schadow (aus Rom), Langhans (aus Breslau), Erdmannsdorff (aus Dessau) und David Gilly (aus Pommern) daran, ihrem vielgeliebten Wilhelm »sein« Schloß – das Marmorpalais – und sich selbst ein paar Schritte entfernt als vorübergehende Bleibe das Kavaliershaus* zu bauen.

Drehen wir also dem Palais Lichtenau den Rücken, übersehen wir den heruntergekommenen Bau eines Jugendheimes samt seiner verwahrlosten Umgebung und bummeln wir ein paar Meter die stark befahrene Straße Am Neuen Garten hinunter, der wir durch **die historische Haupteinfahrt** zwischen den beiden **Torwärterhäuschen** in den Park entfliehen. Insgesamt sechs Jahre brauchte Johann August Eyserbeck, Sohn des Dessauer Hofgärtners und Schöpfers der Wörlitzer Parkanlagen, bis der durch zahlreiche Grundstückskäufe auf 74 ha vergrößerte Neue Garten im englischen Stil fertig gestaltet und bepflanzt war. Zahlreiche Obstbäume und viele Weinberge mußten fallen. Dafür wurden Hunderte von jungen Akazienbäumchen gepflanzt und Dutzende von bereits »erwachsenen« Bäumen nach Potsdam transportiert – von der Hemlocktanne über den Riesenwacholder bis zur Pappel. Jahrzehnte danach hat dann der junge Peter Joseph Lenné dem Neuen Garten ein völlig anderes Aussehen verliehen: Er legte ein anderes Wegenetz an, schuf große Rasenflächen und ließ in den Bestand von Bäumen und Sträuchern die berühmten Sichtachsen schlagen.

Schon der Stil des **Portierhäuschens** weist darauf hin, was uns als erstes erwartet, nämlich das **Holländische Etablissement**, zu dem außer den Torbauten selbst noch weitere acht Gebäude gehörten: Das **Damenhaus**, auch Kavaliershaus genannt, **vier Hofbedienstetenhäuser**, zwei Stallungen und eine Remise. Die Gebäude sind heute Dienstwohnungen, also nicht zu besichtigen … bis auf eines, das Haus **Im Neuen Garten 6**: Es beherbergt seit 1968 das Astronomische Zentrum mit einem Planetarium, einem Observatorium und der Gedenkstätte für den Astronomen und Schriftsteller Bruno H. Bürgel (1875-1948).

Bürgel kam – wie man so sagt – aus kleinen Verhältnissen, war zunächst Schuster, dann Drucker und erwarb sich sein umfangreiches astronomisches und philosophisches Wissen als Autodidakt. Erst nach jahrelanger Mitarbeit an der Berliner URANIA-Sternwarte öffnete sich ihm dann auch die Friedrich-Wilhelms-Universität für Gastvorlesungen und Forschungsprojekte. Seine besondere Begabung lag im populärwissenschaftlichen Schreiben, das ihm nicht nur eine große Lesergemeinde sondern auch – wegen seines einlinigen Fortschritts- und Aufstiegsoptimismus – die Rolle eines weltanschaulichen Lehrers vor allem in atheistischen und freisinnigen Kreisen der Arbeiterschaft und des Kleinbürgertums eintrug. Bürgel, schon aufgrund seiner Herkunft überzeugter Republikaner und Sozialdemokrat, konnte die Nazi-Zeit in der inneren Emigration überleben und galt bei der Befreiung Potsdams durch die Rote Armee als Unbelasteter. Zusammen mit anderen, vornehmlich bürgerlichen Künstlern und Intellektuellen wie dem Maler Otto Nagel, dem Schriftsteller Hermann Kasack oder der Filmschauspielerin Jenny Jugo gründete er 1945 den Kulturbund zur demokratischen Erneuerung Deutschlands für die Mark Brandenburg. Seine letzte Adresse in Potsdam war die Merkurstraße 10 im Ortsteil Babelsberg. Doch ist die gesamte Einrichtung seines Arbeitszimmers zusammen mit seinem Archiv jetzt in das Foyer des Planetariums gewandert.

Zum vorläufig letzten Mal holländisch ist die Anmutung ein paar Schritte weiter beim **Kavaliershaus**, das von Anfang an auch das Damenhaus genannt wurde und damit verriet, wozu es eigentlich diente: als Wartezimmer der jeweiligen Favoritin vor dem großen erotischen Auftritt bei Seiner Majestät. Dabei wurde der Hofetikette aber auch durchaus ein gewisses Maß an Diskretion und gegenseitiger Rücksichtnahme erbracht. Der Schriftsteller Ernst von Salomon, übrigens ein Mitverschwörer im Kreis der faschistischen Attentäter, die den Reichsaußenminister Walter Rathenau erschossen, erzählt in seiner *Schönen Wilhelmine*:

»Wilhelmine ging nie zu Hof, hier war die Königin Gast des Königs, sie wohnte zuweilen im Marmor-Palais, wie Wilhelmine zuweilen auf Wunsch des Königs dort wohnte. Im Damenhaus war neutraler Boden. Auf diesem Boden trafen sich die Königin und Wilhelmine, wenn sie Dinge zu bereden hatten, die sie gemeinsam interessierten. ... Der König gesellte sich den beiden Frauen zu.

Er ließ sich ächzend nieder und wischte sich den Schweiß von der Stirn. Die Königin reichte ihm Tee. Wilhelmine reichte ihm Zucker. Er schlürfte den Tee. Er sagte: ›Erinnerst du dich, Linchen, wie ich dir einmal Punschels Gasthaus zeigte und dir sagte: Hier soll einmal ein Palais aus lauter Marmor stehen, mitten in einem schönen Garten am Heiligen See?‹

Wilhelmine sah ihn aufmerksam an und nickte.

Der König sagte: ›Da drüben steht es! Und hier ist der Garten. Ich habe gemacht, was ich mir vorgenommen habe. Alles, was ich mir vorgenommen habe, habe ich auch gemacht.‹

Der König starrte vor sich hin und sagte plötzlich: ›Und nun habe ich es satt!‹

Stille. Nur die Kinder lärmten.«

Das klingt ganz und gar nicht mehr nach »König Lustig«, wie die Zeitgenossen ihren »dicken Wilhelm« auch gerne genannt hatten ... und vor allem die bürgerlichen Untertanen unter ihnen.

Gleich neben dem Kavaliers- alias Damenhaus, rechts vom **Marmorobelisken**, den Langhans ein paar Jahre später errichtete, stoßen wir auf ein Gemäuer, eine Tempel-Ruine, die halb im See zu versinken scheint ... der ehemalige **Küchenbau** des Marmorpalais, mit demselben durch einen 80 m langen unterirdischen Gang verbunden. Der prominente Denkmalschützer Friedrich Mielke meint:

»Im Neuen Garten zielt der Dualismus »Residenz : Dienstleistung« auf eine Kontrastwirkung. Dem klaren Würfel des Palais wurde die unklare Erscheinung eines geborstenen und versunkenen antiken Tempels gegenüber gesetzt, von dem man

Die Schloßküche des Marmorpalais als Tempelruine getarnt.

nicht weiß, wie sein Unterbau aussieht und wo der Säulenumgang endet. Die vollkommene Form steht der unvollkommenen gegenüber, das Perfekte kontrastiert mit einer Ruine.«

Nördlich des Marmorpalais steht noch so ein zweiter gastronomischer Zweckbau – und ebenfalls getarnt, diesmal als ägyptische **Pyramide**, und wieder ist der Überraschungseffekt wichtig, »daß Außenansicht und Nutzzweck sich zu widersprechen haben« (Friedrich Mielke). Allenthalben waren während des 18. Jahrhunderts Pyramiden entstanden, doch hatten sie meist sakrale Funktion als Grablege. Dem Zeitgeschmack des Exotismus beziehungsweise Orientalismus jedoch seinen Tribut dergestalt zu zollen, daß anstelle eines hohen Toten im Tiefkeller Eisblöcke ruhten, das sich auszudenken brachte nur der praktische Sinn Wilhelmines fertig. Tatsächlich mußte an strengen Wintertagen das Personal aus Küche und Gärtnerei hinaus auf den zugefrorenen Heiligen See, das Eis in handliche Formate hacken und tief unter der Pyramide einlagern – »zur Frischhaltung des Wiltbrets, der Butter und mehrerer Speisen bey der Sommerhitze«. Zuverlässige Schätzungen gehen davon aus, daß der Vorrat bis weit über die Mitte des Jahres reichte; bei kühlen Sommern sogar bis in die Herbstmonate hinein.

Die Idee, ein **Marmorpalais** zu bauen, entsprang einer der preußischen Tugenden: der Sparsamkeit. Denn als Friedrich Wilhelm II. kurz nach seiner Inthronisation wissen wollte, was eigentlich so alles an Baumaterialien auf dem königlichen Bauhof hinter dem Brandenburger Tor (vgl. S. 86) lagerte, erfuhr er zu seiner Überraschung, daß es vor allem reichlich Marmor gäbe. Und das kam so: Als Georg Wenzeslaus von Knobelsdorff 1747 mit der Fertigstellung des Marmorsaales dem Schlößchen Sanssouci sein kostbarstes Juwel eingepaßt hatte, zeigte es sich, daß er zuvor in den italienischen Marmorbrüchen viel zu reichlich eingekauft hatte. Viele Tonnen Marmor blieben liegen. Die Resteverwertung bot sich in diesem Falle an, weil dem Monarchen seinerseits von Anfang an ein ganz besonderes Schmuckstück der Baukunst vorgeschwebt hatte. Also erteilte er zur Jahreswende 1786/87 Carl von Gontard den Auftrag, einen Bau von italienischer Strenge aus Marmor zu schaffen, der zur Hälfte in den Heiligen See hineinragen sollte. Sogar den Standort legte Friedrich Wilhelm genau fest:

»Potsdamer Offiziere pflegten sich am Westufer des Heiligen Sees zu treffen und vorzugsweise in dem Hause eines Herrn Punschel ihre Festlichkeiten zu arrangieren. Vom Ufer des Sees bis auf die Höhe des Pfingstberges war damals das ganze Gelände mit Wein bepflanzt. Etwa vierzehn Weingärten lagen in unmittelbarer Nähe des Wassers, und in jedem gab es ein Winzerhaus. Eines davon gehörte Punschel. Von den anderen Winzerhäusern dieser Weingärten sind einige bis in die jüngste Zeit erhalten geblieben und je nach der Farbe ihrer Außenwände als **Rotes, Grünes** oder **Weißes Haus** bekannt« (Christiane Petri).

Und so entstand ab 1787 ein zwar aufwendiger, aber starrer Kubus von zwei Etagen mit einem Belvedere darauf, der reizvolle Ausblicke über die romantische Seenlandschaft eröffnete.

Doch stellte sich nach dem Einzug des Königs schnell heraus, daß die streng schematisierte Architektur weder ein komfortables Wohnen noch eine prunkvolle Hofhaltung ermöglichte. 1796 beschlossen darum der schon kränkelnde Friedrich Wilhelm zusammen mit Wilhelmine Ritz und ihrem baukünstlerischen Favoriten, Carl Gotthard Langhans, die Erweiterung des Marmorpalais um zwei Seitenflügel. Über die Bauarbeiten starb der König; sein Sohn und Nachfolger hatte kein Interesse an dem Kebsen-Bau. Erst Friedrich Wilhelm IV. ließ das Palais knapp 50 Jahre später fertigstellen. Parallel übrigens zur Aufnahme der Arbeiten zur Vollendung des Kölner Domes und zum Wiederaufbau der Burg Stolzenfels am Rhein.

Damals wurde auch die gegenüberliegende Uferstraße – jetzt **Manger-** und **Seestraße** – entlang des Heiligen Sees angelegt und zu einem Wohnviertel der »feineren Leute« gemacht. Zu denen gehörte während der Nazizeit mancher, der den »anderen«, preußisch-aristokratischen Geist von Potsdam verkörperte. Leider habe ich nicht herausgefunden, an welche historische Gestalt der Autor gedacht haben mag, als er von dem wegen ideologischer Unzuverlässigkeit in den vorläufigen Ruhestand geschickten Beamten des Auswärtigen Amtes, Herbert von Kemnath, schrieb. Dessen 18jährige Tochter Ilse ist die Titelheldin von *Die Potsdamerin* – einem postum erschienenen Roman von Hugo Hartung.

Neues Leben zog erst wieder Ende Juni 1905 ins Marmorpalais ein. Ein Jahr zuvor hatte sich anläßlich einer Hochzeitsfeier im Hause Mecklenburg-Schwerin der 22jährige Kronprinz Wilhelm in eine der Schwestern des Bräutigams verliebt, in die erst 17jährige Prinzessin Cecilie. Man kam sich schnell näher. Bei sprichwörtlichem »Kaiserwetter« und unter dem Jubel der Berliner Bevölkerung heirateten am 6. Juni 1905 Wilhelm, Kronprinz von Preußen und des Deutschen Reiches, die jüngste Tochter des Schweriner Großherzogs. In Emil Ludwigs biographischem *Wilhelm der Zweite* heißt es:

»Noch spät am Abend des Hochzeitstages fährt das junge

Paar an den Werbellin-See zum Jagdschloß Hubertusstock. Der Kaiser und seine übrigen fünf Söhne stehen auf dem Stettiner Bahnhof, um den beiden ein Lebewohl zu sagen. Am 20. Juni kommt der Kronprinz mit seiner Gattin nach Potsdam, wo eine Kompanie des Ersten Garde-Regiments zur Begrüßung ihres Chefs am Bahnhof Aufstellung genommen hat. Für die nächsten zehn Jahre wird das Marmorpalais dem Paar als Residenz dienen.«

Nein, wir haben über so viele Palais-Plaudereien die **Orangerie** nicht vergessen, auch sie ein gemeinsames Produkt von Wilhelm, seinem Linchen und deren Langhans. Wobei von Anfang an klar war, daß – anders als sein Onkel Fritz – der Neffe nicht an einem Gewächshaus interessiert war, sondern an einem Konzertsaal.

Friedrich der Große lud zu seinen Konzerten nach Sanssouci – je nach Genre und Besetzung – ins Konzertzimmer, in den Marmorsaal oder auch schon mal ins Vestibül. Der Neffe und Thronfolger hatte in seinem Domizil am Neuen Markt kaum Platz, um zu üben und zu proben; von Hauskonzerten oder Kammermusik ganz zu schweigen. Doch hatte der Große König immerhin einmal zugegeben, sein Neffe habe wenigstens einige musikalische Gaben. Um die nicht verkümmern zu lassen, bot der König dem Prinzen einen Teil der sogenannten alten Orangerie im Lustgarten für die Konzerte der Hofkapelle an – mit und ohne Friedrich Wilhelm am Cello. Man musizierte dann unter einem Dach mit Stallungen, Futterkammern und Remisen.

Weil der Prinz tatsächlich ein exzellenter Cellist gewesen sein muß, hatte Mozart bei seinem Potsdamer Aufenthalt (vgl. S. 159) eigens für ihn einen umfangreichen Cello-Part in sein erstes der Preußischen Quartette, in D-Dur, hineingeschrieben. Ob Friedrich Wilhelm II. bei der Uraufführung diesen Part selbst gespielt oder ob das Konzert nur *vor* ihm stattgefunden hat, ist nicht mehr eindeutig festzustellen. Auch nicht, ob das Werk in der Orangerie oder in Sanssouci uraufgeführt wurde.

Wir wissen nur, daß auch nach dem Tode Friedrichs II. der Nachfolger höchst ungern die Residenzen seines Onkels betrat. So lag es auf jeden Fall nahe, daß er wieder in einer Orangerie – aber jetzt in seiner eigenen – musizierte. Auch sie übrigens mit diversen Tributen des Orientialismus versehen, wie es der Zeitgeist gern hatte: mit Sphinx und Pharaonen.

Während die Stiftung Preußische Schlösser und Gärten Berlin-Brandenburg bereits kurz nach dem Beitritt der neuen Bundesländer zum Geltungsbereich des Grundgesetzes daran gingen, die Gebäude des Neuen Gartens von Grund auf zu sanieren, zu rekonstruieren und zu restaurieren, die südlich des Schlosses Cecilienhof liegen, dauert die Erneuerung der drei Parkbauten entlang des Jungfernsee – also der Havel – noch an. Da **die Meierei, die Muschelgrotte** und **die Einsiedelei** im Grenzgebiet und Niemandsland vor Westberlin lagen, trugen die Grenztruppen große Teile der Einsiedelei ab, um Schußfeld zu bekommen; die beiden anderen Bauten verrotteten und verfielen.

Zwar hat die Bundesgartenschau 2001 wenigstens die schlimmsten Spuren kulturellen Rabaukentums beseitigt und sogar wieder das Pumpwerk in der Meierei in Gang gesetzt, das der Bewässerung des gesamten Neuen Gartens dient, aber im übrigen bleibt noch manches zu tun ...

Vor uns liegt immer noch die eigentliche Attraktion des Neuen Gartens: das Schloß Cecilienhof – das Landhaus Cecilienhof, wie es sein Architekt nannte, die Villa Cecilienhof im Sprachgebrauch des Kronprinzen Wilhelm. Das ist jener vom Vater ungeliebte älteste Sohn, für den Kaiser Wilhelm II. gleich mit abdankt, als er am 9. November 1918 de facto vom letzten Reichskanzler des Kaiserreiches, Prinz Max von Baden, per Staatsstreich entmachtet wird. Emil Ludwig schreibt:

»Der Kaiser wird nach dem Mittagsmahl, das der Kronprinz als ›grauenvolles Totenmahl‹ bezeichnet, ›bei dem den Teilnehmern die Bissen im Munde quollen und nicht durch die Kehle wollten‹ ins Nebenzimmer gerufen. ›Dort ist General von Gontard soeben eingetreten, in den bebenden Händen ein Schriftstück. Schwer geht sein Atem, wie im Schüttelfrost klappern die Zähne, und Tränen rollen über die Wangen. Man hat den Kaiser und Kronprinzen abgesetzt.‹

Auf der Depesche steht: ›Der Kaiser hat als Deutscher Kaiser und König von Preußen abgedankt, der Kronprinz auf seine Thronrechte verzichtet. Ebert ist zum Reichskanzler ernannt worden.‹

Wie eine Bombe schlägt diese Nachricht in das Hauptquartier. Empörung überall.

Admiral von Hintze: ›Daß ein Prinz von Baden den König von Preußen gestürzt.‹

Der Kaiser: ›Verrat, schamloser, empörender Verrat.‹

Der Kronprinz und Schulenburg beschwören den Kaiser, sich der Vergewaltigung durch diesen Staatsstreich unter keinen Umständen zu beugen.

Graf Schulenburg: ›Ich darf mich darauf verlassen, daß Euer Majestät beim Heer ausharren?‹

Der Kaiser: ›Sie kennen meinen Entschluß, Graf!‹

Der Kronprinz kehrt wieder zu seiner Armee zurück, in der festen Meinung, daß der Kaiser beim Heer bleiben werde.«

Wenig später erfährt Prinz Wilhelm, daß sein Vater ins holländische Exil gegangen sei und er selbst sich in Hausarrest auf eine kleine Insel im Ijsselmeer zu begeben habe. Erst fünf Jahre später sollte er das Schloß wiedersehen, das sein Vater für den Nachfolger, dessen Frau Cecilie und die Enkelkinder hatte bauen lassen – auch als einen schüchternen Hinweis auf seine Zuneigung: Schloß Cecilienhof. Im Jahr 1911 hatte Kaiser Wilhelm II. 1,5 Millionen Goldmark für den Neubau bereitgestellt; kurz vor dem Ersten Weltkrieg hatten die Bauarbeiten begonnen, die bis weit in den Krieg hinein andauerten. Es wurde der vierzehnte Schloßbau der Hohenzollern in Potsdam und der letzte der Brandenburg-preußischen Herrscherfamilie überhaupt. Daß der Bau trotz der Kriegsereignisse durchgezogen wurde, hatte im Volke Unmut erregt. Rolf Schneider empört sich in seinem *Potsdam*-Essay zu Recht.

»Zu denken gibt die Bauzeit. Nicht der Baubeginn, vielmehr die Fortführung der Arbeiten noch nach 1914. Während die Bevölkerung kriegswichtige Metalle, Gold und Schmuck dem Staat darbrachte, während Hekatomben junger gesunder Männer auf dem ›Altar des Vaterlandes‹ geopfert wurden, hatte der zweitprominenteste Vertreter der preußisch-deutschen Monarchie, der nominierte Anwärter auf den Thron, nichts Besseres zu tun, als sich ungeachtet der Nöte seines Volkes einen splendiden Wohnsitz mit 176 Räumen zu schaffen, der schließlich acht Millionen Goldmark gekostet hat. Genau zur selben Zeit verbluteten deutsche Armeen von Februar bis Juli 1916 vor Verdun und von Juni bis November 1916 an der Somme. Als sich die deutsche Oberste Heeresleitung 1917 entschließen mußte, die Westfront in die sogenannte Siegfriedlinie* zurückzunehmen, war das vom Kriegsgeschehen unberührt weiter gebaute Schloß Cecilienhof fertig. Mit ihm war der Exklusivität des Königshauses ein Denkmal gesetzt. Der Kronprinz konnte seinen Landsitz noch zwei Jahre nutzen, dann verzichtete die preußische Monarchie selbst auf ihre Existenzberechtigung.«

Unfreiwillig verzichten mußte der Kronprinz auch auf Teile des Hohenzollernvermögens, das die neue Republik von Weimar zunächst insgesamt beschlagnahmt hatte. Im Herbst 1926 kam es jedoch unter der Überschrift »Fürstenabfindung« zu einem Vergleich zwischen dem preußischen Staat und der ehemaligen preußischen Krone. Was Potsdam angeht, so gingen u.a. das Stadtschloß und das Schloß Sanssouci endgültig in Staatseigentum über. Aber für die Hohenzollern blieb immer noch reichlich Schloßbesitz übrig: Jeder der Kaisersöhne behielt seine luxuriöse Potsdamer Privatvilla. Schloß Babelsberg wurde zum Gästehaus, und auf Schloß Cecilienhof residierte fortan Prinz Wilhelm mit Familie und Gefolge.

»Der Kaiser ging, der Anhang blieb. Sein Sohn kehrte zurück und fand im Neuen Garten kaum etwas verändert. Im Damenhaus wohnte wie immer die Oberhofmeisterin, in den holländischen Giebelhäusern die Damen, die die Frau Kronprinzessin fünfmal am Tage an- und auskleideten. Im Braunen Haus lebte der Hofrat, im Grünen Haus der Gartenaufseher mit der Wäschevorsteherin, im Grauen Haus der Oberwagenmeister, im Schindelhaus der Haushofmeister und in den anderen Diensthäusern Kellermeister, Kastellan, Gärtner, Kutscher, Aufseher und Portier. Es war alles so wie früher. Nur außerhalb des Gartens hatte sich Entscheidendes geändert. Das merkte die letzte der Hofdamen erst, als 1945 Soldaten mit einem roten Stern an der Mütze an die Tür polterten.« (Gisela Heller)

Wie schon ihr ursprünglicher Name sagt, unterscheidet sich die Villa Cecilienhof erheblich von den anderen königlich-kaiserlichen Bauten in Potsdam. Obwohl es ganz im Zeitgeist gelegen hätte, die Reihe der neugotischen, neobarocken, spätklassischen und wilhelminisch-prächtigen Konstruktionen zu verlängern – man denke nur an das Jagdschloß Klein-Glienicke, an die Hoffbauerstiftung auf der Halbinsel Hermannswerder oder den Bahnhof Charlottenhof –, wurde die ursprüngliche Idee, das sogenannte Interimsquartier Marmorpalais zu erweitern und dabei in einen dieser historisierenden Stile umzubauen, bald wieder aufgegeben. Ausschlaggebend vielmehr wurde nun Prinz Wilhelms Anglophilie: Er schätzte nicht nur die Marine und Jagd, sondern auch Gartenkunst und die Liebe zum Landleben in England. Von der Liebe zu seiner britischen Verwandtschaft ganz zu schweigen! Die übrigens von seiner Frau Cecilie geteilt und von Wilhelms Groß- und Patenonkel, dem britischen König Edward VII., auch ganz persönlich erwidert wurde.

Es war vor allem die von ihrem Schwiegervater durchaus gern gesehene Kronprinzessin, die durchsetzte, den Auftrag für ein neues Schloß im Stile eines englischen Herrenhauses vergeben zu dürfen. Er ging schließlich an Paul Schultze-Naumburg, eine ausgedehnte Studienreise durch England inklusive. Danach »entwarf Schultze-Naumburg ein Schlößchen, das sich durch seinen Grundriß und die natürlich-ländlichen Baustoffe in die Landschaft geradezu einschmiegte. Er verstand es meisterhaft, feudale Bequemlichkeit und den Anspruch auf moderne Funktionalität zu vereinen. Problematisch war allerdings, daß sich die aufwendige kronprinzliche Hofhaltung kaum in ein kleines Landhaus zwängen ließ. Deshalb staffelte er verschieden große Baugruppen geschickt in- und übereinander, und so entstand ein Komplex von immerhin 176 Zimmern, gruppiert um fünf Höfe« (Christiane Petri).

Von diesem modernen Konzept profitiert noch heute das **Schloßhotel Cecilienhof**. Und noch etwas war neu an und in diesem malerischen Fachwerkbau: »Anders als seine Vorfahren bewohnte das Kronprinzenpaar sein Domizil sommers wie winters. So markierte Schloß Cecilienhof kulturgeschichtlich das Ende des nur im Sommer bewohnbaren ›maison de plaisance‹« (Christiane Petri).

Bis zum Beginn des Zweiten Weltkrieges hat mancher Prominente seine Einladung nach Cecilienhof bekommen. Zu ihnen gehörte der Reichskanzler und Außenminister Gustav Stresemann ebenso wie der katholische Schriftsteller und Monarchist Reinhold Schneider, der antidemokratische Geschichtsphilosoph Oswald Spengler oder der französische Botschafter André François-Poncet. Stresemann, der sich politisch sehr für die Rückkehr des Kronprinzen aus dem Exil eingesetzt hatte, wurde bereits im Juli 1925 zu einem großen Diner gebeten. Er vermerkte in seinem *Tagebuch*:

»Auf Einladung des Kronprinzen nahm ich heute an einem Diner in der Villa Cecilienhof in Potsdam teil. Der Kronprinz war außerordentlich nett und liebenswürdig, wie das seiner Natur entspricht, und schien mir politisch sehr verständig zu sein. Bei Tisch trank er mir zuerst zu mit den Worten: ›Ich werde Ihnen das, was Sie für mich getan haben, nie vergessen.‹

Von seinen beiden Söhnen soll Louis Ferdinand der geistig Befähigtere sein. Ich habe ihn selbst nicht gesprochen, da ich neben dem Ältesten, Prinzen Wilhelm, saß. Dieser macht einen ganz vorzüglichen Eindruck, ist außerordentlich gut erzogen, sehr bescheiden und doch wieder für alle Dinge interessiert. Der ganze Abend verlief ohne jeden Mißklang in reizender Weise.«

Reinhold Schneider, von 1932-37 Potsdamer Bürger, hatte kurz nach der Hitlerschen Machtergreifung seine Hohenzollern-Biographie fertiggestellt – in ihrer Tendenz nationalistisch aber nicht nationalsozialistisch –, die er selbst einen »Aufruf zur Monarchie in letzter, wahrscheinlich schon zu später Stunde« genannt hatte. Im Sommer 1933 war er mehrfach zu Besuch in Cecilienhof. In den Gesprächen ging es um das schlechte Gewissen des *Kronprinzen Wilhelm* wegen seiner Anbiederung bei den Nazis. – Insgesamt jedoch gilt wohl für die Jahre 1925-40 die Einschätzung von Wilhelms Biographen Christian Penzler:

»In dieser Zeit führte der Kronprinz das Leben eines wohlhabenden und eleganten Privatmannes, und seine Passionen aus der Vorkriegszeit – Reiten, Autofahren, Polospielen, schöne Frauen, die Aufzucht von Hunden und Pferden – waren die gleichen geblieben. Große Sportveranstaltungen, Theaterpremieren, gesellschaftliche Veranstaltungen und einige Bars des Berliner Westens zählten ihn zu ihren regelmäßigen Besuchern. Er war im Laufe der Jahre zu einem Bestandteil des Berliner und Potsdamer Lebens geworden, wobei er weniger Aufmerksamkeit in seiner Eigenschaft als ›Kronprätendent‹ als wegen seiner blendenden Erscheinung, seiner gewinnenden Liebenswürdigkeit und Urbanität und seiner häufig sehr auffälligen Begleiterinnen erregte.«

Diese Damen durften die »Villa« jedoch nie betreten. Denn wie einst bei Friedrich Wilhelm II. blieb auch bei Prinz Wilhelm die Residenz der Angetrauten vorbehalten. Aber da gab es ja noch in Berlin das Niederländische Palais Unter den Linden, in dem der Kronprinz seine ganz persönliche Wohnung hatte und last but not least die Suiten der Berliner Hotels Adlon und Kaiserhof. »Die Ehe des Kronprinzen begann mit einer rasenden Verliebtheit beider Partner. Doch schon in den Flitterwochen hatten sie sich nichts mehr zu sagen, und bald sehnte sich der Thronfolger nach seinen alten Freunden (und Freundinnen, d. Verf.). Wenig taktvoll erklärte er seiner jungen Gattin ruhig, daß sie dabei störe. Das war nicht zart, und ihr Groll war berechtigt.« (Christian Penzler)

Trotzdem bewohnte man Cecilienhof gemeinsam noch bis zu den Festtagen um die Jahreswende 1944/45, bis sich Gattin und Gatte mit ihren jeweiligen wesentlich jüngeren »Begleitern« in Richtung Westen absetzten. Wer sehen will, wie man residiert hatte, findet seit einigen Jahren im Obergeschoß von Cäcilienhof einige Privaträume des Kronprinzenpaares wieder mit den alten Möbeln ausgestattet.

Nachdem die sowjetischen Truppen am 27. April 1945 das Schloß besetzt hatten, wurde schnell klar, daß es für die Gipfelkonferenz der Großen Drei, also der Siegermächte des Zweiten Weltkrieges, ein passendes Ambiente bieten würde. Denn in dem zerbombten und zerschossenen Berlin hatten die Spürhunde des siegreichen General Schukow keinen geeigneten Konferenzort gefunden. Also ließ Stalin den Cecilienhof und je acht unbeschädigte Villen für die drei Verhandlungsdelegationen im fast unzerstörten Wohnviertel der UFA-Stars in Neu-Babelsberg (vgl. S. 261) beschlagnahmen, einen großen runden Konferenztisch bauen sowie US-Präsident Truman und Kriegs-Premier Churchill zum 17. Juli in den Neuen Garten laden. In seinen *Memoiren* erzählt Winston S. Churchill von einem Bankett, das er für den US-Präsidenten und den sowjetischen Diktator in Cecilienhof gegeben hat:

»Mein großer Gast erhob sich von seinem Stuhl und ging mit der Menükarte in der Hand rund um den Tisch, um die Unterschriften vieler der Anwesenden zu sammeln. Nie hätte ich gedacht, ihn einmal als Autogrammjäger zu sehen! Als er zurückkam, schrieb ich auf seinen Wunsch meinen Namen; dann sahen wir uns an und lachten. Stalins Augen zwinkerten vor Vergnügen und guter Laune. ... Bei diesen Banketten bedienten sich die Sowjetvertreter für die Trinksprüche ganz kleiner Gläser; auch Stalin war kein einziges Mal davon abgewichen. Jetzt schoß es mir durch den Kopf, ihn herauszufordern. Ich füllte zwei kleine Rotweingläser mit Brandy und sah ihn voll an. Beide

Cecilienhof mit der Gedenkstätte Potsdamer Abkommen

leerten wir unsere Gläser in einem Zug und blickten uns anerkennend in die Augen.«

Ursprünglich – d.h. während der beiden anderen großen Kriegs- und Gipfelkonferenzen in Teheran und Jalta hießen die »Großen Drei« Winston S. Churchill, Franklin D. Roosevelt und Josef W. Stalin. Roosevelt starb am 12. April 1945, also zwischen Jalta und Potsdam; Churchill, mit 71 Jahren nicht nur ein erfahrener Kriegsveteran, wurde von Großbritanniens Bevölkerung während der Konferenz abgewählt. Nur Stalin blieb, der Rächer für den Nazi-Überfall auf die Sowjetunion, der gegenüber dem nachgerückten US-Präsidenten Harry S. Truman und dem neugewählten britischen Premier Clement R. Attlee leichtes Spiel hatte, seine Forderungen an das besiegte Deutsche Reich durchzusetzen. In der *Abschlußerklärung von Potsdam* – bekannter unter der Bezeichnung »Potsdamer Abkommen« – heißt es:

»Alliierte Armeen führen die Besetzung von ganz Deutschland durch, und das deutsche Volk fängt an, die furchtbaren Verbrechen zu büßen, die unter der Leitung derer, welche es zur Zeit ihrer Erfolge offen gebilligt hat und denen es bald gehorcht hat, begangen wurden. ... Es ist nicht die Absicht der Alliierten, das deutsche Volk zu vernichten oder zu versklaven. Die Alliierten wollen dem deutschen Volk die Möglichkeit geben, sich darauf vorzubereiten, sein Leben auf einer demokratischen und friedlichen von neuem wieder aufzubauen.«

Übrigens verhandelten im Schloß Cecilienhof erstmals die Siegermächte unter steigendem Mißtrauen miteinander. Von einer deutschen Teilung war trotzdem in den Konferenz-Räumen, die heute die **Historische Gedenkstätte Potsdamer Abkommen** bilden, noch keine Rede. Schon zu Kriegsbeginn hatte der Potsdamer Lyriker Peter Huchel über die Zukunft *Deutschlands* vorausschauend geschrieben:

»Welt der Wölfe. Welt der Ratten.
Blut und Aas am kalten Herde.

Aber noch streifen die Schatten
der toten Götter die Erde.

Göttlich bleibt der Mensch und versöhnt.
Und sein Atem wird frei wieder wehen.
Wenn auch die heulende Rotte höhnt,
sie wird vergehen.«

Draußen vor den Gittern und Toren des Neuen Garten liegt die **Nauener Vorstadt** mit dem Pfingstberg – Quartier der Privilegierten im letzten Drittel des 19. Jahrhunderts, und erneut zwischen Hitlers Machtübernahme und dem Beginn des Zweiten Weltkriegs, nachdem der Architekt Otto von Estorff seine Landhaussiedlung geschaffen hatte. Heute ist sie fast lückenlos wiederhergestellt und steht unter Denkmalschutz. Da stehen die kleinen sommerlichen Schmuckstücke dicht an dicht **Am (nördlichen) Neuen Garten**, an der parallel verlaufenden nördlichen **Großen Weinmeisterstraße** und der zwischen beiden versteckten stillen, fast idyllischen **Langhansstraße**, in der auch der Pianist Wilhelm Kempff gewohnt hatte, bevor das ganze Quartier für die sowjetischen Geheimdienste beschlagnahmt wurde.

Bevor wir uns auf die Weinmeisterstraße begeben, werfen wir schnell einen Blick auf die dem nördlichen Gartenausgang und der Meierei gegenüber liegenden verwahrlosten ehemaligen Besitzungen der Berliner Bankiersfamilie Mendelssohn-Bartholdy, deren berühmtester Sohn Felix – Komponist, Dirigent und Pianist – Berlin und Potsdam eher gemieden hat. Das Anwesen **Bertinistraße 1-5**, bestehend aus Villa, Gärtnerwohnhaus, Waschhaus und Stallgebäude sowie der Gartenanlage mit der Platanenallee, steht unter Denkmalschutz.

Wir beginnen unsere Vorstadttour an der **Großen Weinmeisterstraße 45**, wo der Theologe und Orientmissionar Johannes Lepsius (1858-1926) lebte. Während des Ersten Weltkrieges, den die Regierung der Hohen Pforte an der Seite des Deutschen Reiches und Österreichs führte, machte er die deutsche Öffentlichkeit auf den türkischen Völkermord an den Armeniern aufmerksam. Dabei geriet er mehrfach in Kollision mit der deutschen Zensur, die eine türkenkritische Berichterstattung nicht zulassen wollte. 1915 versandte Johannes Lepsius seinen *Bericht über die Lage des armenischen Volkes in der Türkei* an alle Abgeordneten des Deutschen Reichstags. Darin erzählt er unter anderem von einer Audienz bei Kriegsminister Enver Pascha in Istanbul. Dieser osmanische Verehrer Friedrichs des Großen hatte lange in Berlin gelebt (vgl. S. 275) und persönlich dafür gesorgt, daß die Türkei nicht an der Seite Großbritanniens in den Krieg gezogen war.

Schräg gegenüber öffnet sich die **Leistikowstraße**. Die Halbruine mit der **Hausnummer 1** sagt bereits per Spruchband, daß man hier einst »Von Potsdam nach Workuta« kam – hier residierte der sowjetische Geheimdienst KGB. Horst Bienek trat 1951 von hier seinen Leidensweg in die sibirische Zwangsarbeit an. Wegen angeblicher Spionage und antisowjetischer Hetze war er zu 25 Jahren Haft verurteilt worden. Als er 1955 amnestiert wurde, kehrte er nicht in die DDR zurück, sondern ging in die Bundesrepublik.

Apropos Leistikow: In *Märkische Heide, märkischer Sand … Literarische Streifzüge durch die Mark Brandenburg* habe ich einen ungewöhnlichen Fund gemacht: ein Gedicht auf Walter Leistikow* … von Alfred Kerr. Daß diese bedeutendste Instanz der deutschen Theaterkritik wunderhübsch hingetupfte impressionistische Reiseliteratur veröffentlich hatte, war mir bekannt. Aber das hier nicht:

»Dunkler See und Kiefernstämme
Ernst und ehrlich anzuschaun.
Sacht umbuschte Höhenkämme
Wipfeldächer, grünlichbraun.

Und das Licht zum Abstieg neigend
Am geklärten Horizont.

Und der Grunewald wie schweigend
Von dem kargen Schein besonnt.

Fest und still im Schmucklos-Schlichten,
Auch der dürftigen Schönheit froh,
Fein (besonders im Verzichten …)
Das war Walter Leistikow.

Am Ende der kurzen Leistikowstraße stoßen wir an der Ecke auf einen wundervoll verwilderten Park. Wir biegen rechts in die Straße **Am Neuen Garten** ein, dessen ganze Front bis zur Glumestraße von den **Hausnummern 29-32** besetzt ist. Durch das Dickicht nehmen wir die kolossale Halbruine des ehemaligen Kaiserin-Augusta-Stiftes wahr, neben dem Potsdamer Lyzeum die wichtigste weiterführende Bildungsstätte für Mädchen zwischen 1902 und dem Ende des Zweiten Weltkrieges. Jedenfalls was Töchter aus den Elternhäusern preußischer Adliger, Bildungsbürger und Offiziere betrifft. Hier konnte die Antifaschistin Maimi von Mirbach als »Kriegsdienstverpflichtete« durch privaten Cello-Unterricht für sechs Schülerinnen aus dem Internat wenigstens ihr Leben fristen. Und hier erlebte die Darmstädter Offizierstochter *Christa Winsloe* um 1900 auf einer »Freistelle für Töchter unbemittelter verdienter Offiziere« die aufwühlende Liebesbeziehung zu einer Erzieherin, die Grundlage eines Romans wurde, der seinerseits als Beginn der deutschsprachigen lesbischen Literatur gilt.

Zunächst als ein nicht sonderlich erfolgreiches Bühnenstück (»Gestern und Heute«) konzipiert, machte die Winsloe dann aus dem Stoff ein Drehbuch, das 1931 unter dem Titel *Mädchen in Uniform* mit Emilia Unda und Dorothea Wieck zum ersten Mal verfilmt und zu einem Welterfolg wurde. Bald darauf folgte – quasi als Buch zum Film – eine Romanfassung des Stoffes *Das Mädchen Manuela*, nach 1958 und dem erneuten Erfolg auch des Film-Remakes mit Romy Schneider und Lilli Palmer ebenfalls in *Mädchen in Uniform* umbenannt.

»›Wenn ich abends zu Bett gehe, und Sie machen die Tür zu, dann habe ich ... solche Sehnsucht, weil Sie nicht mehr da sind, und ich muß immer auf die Tür starren, und dann denke ich, das darf ich nicht, und halt mich fest am Bett ...‹

Fräulein von Bernburg ist aufgestanden und wendet Manuela den Rücken zu. Manuela blickt ihr nach:

›Immer sind Sie so weit weg, immer so fern, nie kann man bei Ihnen sein und nie Ihre Hand fassen und nie Sie küssen, nie nah sein ...‹

›Aber Kind – sag mal.‹

Allein, Lela läßt sie nicht mehr zu Worte kommen. Zu lang hat sie dies alles zurückgedrängt. Beide Arme um die Hüften der vor ihr stehenden Frau, läßt sie die Worte aus sich hervorstürzen.

›Ich kann, ich kann nicht anders. Ich liebe Sie, liebes Fräulein von Bernburg. Ich liebe Sie, so, so sehr wie meine Mutter, ja, und noch viel, viel mehr. Wenn ich Ihre Hände sehe, zieht es mich hin, sie zu fühlen. Ihre Stimme, wenn Sie rufen, packt mich, reißt mich – ich kann nichts dafür, ich liebe, liebe Sie ...‹

Jetzt nimmt Fräulein von Bernburg energisch die Hände des Kindes und befreit sich. Sie geht durchs Zimmer, weit fort, bis an die Wand, und Lela verfolgt sie, erschrocken über das, was geschehen ist, mit den Blicken.

Dann hat Fräulein von Bernsdorf sich gefaßt:

›Hör mal zu, Manuela. Das alles darf ich mir gar nicht anhören, was du mir da erzählst. Ich glaube, du übertreibst das jetzt, ohne es vielleicht selber zu wollen. So schlimm kann das alles nicht sein. Du mußt dich zusammennehmen. Man muß sich beherrschen können. Verstehst du? Jeder Mensch muß sich beherrschen können, Manuela. Ich beherrsche mich auch!‹

Groß schlägt Manuela die Augen auf. Sie ist zu kindlich, um auch nur zu ahnen, welch schweres Geständnis die Frau da drüben ihr eben gemacht hat.«

Die erste Filmfassung von 1931 wird in Deutschland, in ganz Europa, in den USA und sogar in Mexiko ein riesiger Erfolg. Mit einem Schlag ist die Autorin weltberühmt. Doch als der Roman 1933 fertig ist, haben die Nazis in Deutschland das Sagen, die Homosexualität politisch und strafrechtlich scharf verfolgen. Das Buch erscheint in Amsterdam und Wien in Auflagen, die nicht nennenswert sind. Von sich aus weigert sich Christa Winsloe, in die rassisch und politisch gesäuberte »Reichsschrifttumskammer« einzutreten. Im August 1938 verzichtet sie unter politischem Druck auf ihr Vermögen, reist nach Frankreich aus und lebt bis 1944 mit ihrer franco-schweizerischen Lebensgefährtin Simone Gentet in Cagnes-sur-Mer, der »Hauptstadt« des deutschen literarischen Exils. Kurz vor der Invasion der Alliierten gerät sie unter den falschen Verdacht, mit der deutschen Besatzungsmacht zu kollaborieren. Zusammen mit ihrer Freundin wird sie von fünf Männern verschleppt und erschossen. Bis heute ist ungeklärt, ob diesen Doppelmord Männer der Résistance oder Kriminelle verübten.

Ein paar Schritte weiter – und an den beiden Leerständen vorbei – erreichen wir die strahlend restaurierte Villa von Mirbach mit der Adresse **Am Neuen Garten 25**. Die Neubesitzer wehren sich mit allen Kräften gegen den Durchgangsverkehr, der dieses einmalige Denkmal des Wilhelminismus permanent schädigt. Erbaut 1874, wurde der Prunkbau mit dem symbolischen Fassadenschmuck eines Geweihs und einer Biene für Ernst Otto Karl Ludwig Adolf Freiherr von Mirbach, »Kammerherr Sr. Majestät des Kaisers und Königs, Oberhofmeister* Ihrer Majestät der Kaiserin und Königin, Oberst im Garde-Füsilier-Landwehr-Regiment«, 1898 erweitert.

30 Jahre, nachdem der Oberhofmeister von Auguste Victoria sein Hofamt verlor, empfing in der Villa der lokale Resident des KGB seine Gäste. In seiner Kolportage *Üb immer Treu und Redlichkeit* erzählt Curt Riess von einer amour fou zwischen dem langjährigen Potsdamer KGB-Chef und der ehemaligen Nazi- und späteren SED-Aktivistin Luise von Scharnitz:

»Am Abend kam Lu zu ihm. Sie ging in das Haus, in dem er damals gewohnt hatte. Sie wollte den Posten fragen, ob er wieder dort wohne. Aber sie kam gar nicht dazu. Der Posten fragte: ›Sie … Gräfin Scharnitz?‹

›Ja …‹

›Major Surow erwartet Sie!‹

Er hatte bereits das Glas mit Wodka gefüllt. ›Du bist reizender denn je!‹ rief er aus. ›Ja, du bist wirklich schön …‹ Das stimmte und stimmte auch nicht. Sie war nicht mehr so jung. Und man sah ihr das Leben an, das sie in den letzten Jahren geführt hatte.

Sie wurde böse. ›Du hieltest es also für selbstverständlich, daß ich kommen würde.‹

›Ich hoffte es …‹

›Und deshalb hast du meine Familie bedroht?‹

›Bedroht?‹

›Wie sonst würdest du es nennen?‹

›Vielleicht will ich wirklich das eine oder das andere wissen? Vielleicht möchte ich wirklich, daß Gräfin Agnes mir ein paar Antworten gibt?‹

›Dann gehe ich wohl besser …‹

›Nein, bleib!‹

Sie zögerte.

Er drehte sich um. Er wollte nicht, daß sie sein Gesicht sah. ›Möchtest du denn nicht bleiben?‹

›Du gingst damals einfach fort! Ohne ein Wort … Woher weißt du, daß du für mich noch heute … Ich hätte dich hundertmal vergessen können in diesen Jahren …‹

›Ich habe dich nicht vergessen können, Lu!‹

›Ich habe dich auch nicht vergessen können. Es ist mir, als ob ich an dich geschmiedet wäre!‹

›Wir sind aneinandergeschmiedet …‹«

Zurück durch die Glumestraße bis zur Großen Weinmeisterstraße und quer hinüber in die verzauberte Sackgasse der Persiusstraße kommen wir auf die Spuren einer anderen adeligen Autorin: Marie Luise Freifrau von Kaschnitz, Tochter eines preußischen Generalobersten von Holzing-Berstett, die von

1902-1917 vor allem die Sommermonate im idyllischen »*Löwenzahngarten*« **Persiustraße 1** verbrachte, hat ähnliche Erfahrungen mit den kaiserlichen Kinderzimmern zu erzählen wie Erika von Hornstein. Aber in *Orte* beschreibt Marie Luise Kaschnitz auch die eigenen Interieurs:

»Als ich ein Kind war, war alles noch unübersehbar, die vielen Gärten voller Geheimnisse, die Wälder ohne Ende, das Dunkel ohne Licht. Die Orte, die wir aufsuchten, hatten schöne redende Namen, Zaubernamen, Pfingstberg, Marmorpalais, Lustgarten, Jungfernsee, Heiliger See. In den Gärten gab es noch keine Alpenpflanzen und keine Staudenbeete, aber es gab Schlingrosen und Hochstammrosen, Flieder und Faulbaum und Wiesen voller Butterblumen und Löwenzahn. ... Die Häuser der Eltern und der Verwandten und Freunde waren weitläufig, mit unbenutzten Zimmern, deren Möbel sich unter Leinenbussen verbargen, und wo Männer mit der Hand am Degen und Frauen in schönen sonderbaren Kleidern den Vorübereilenden mit den Blicken verfolgten. Alle diese Häuser hatten und mehr als heute, ihre besonderen Gerüche, einen zarten, überaus reinen Lavendelgeruch des Schlafzimmers unserer Lieblingstante, einen ewigen Honig- und Weihnachtsduft der runde Salon der Großeltern, wo wir mit unsagbarem Hochgefühl das Pianola traten und wo ich über einem Buch, das ›Nur ein Geiger‹ hieß, meine ersten literarischen Tränen vergoß. Daß es in den Souterrainräumen aller dieser Häuser, dort, wo Köchinnen und Stubenmädchen, die Offiziersburschen und Lieferanten sich aufhielten, höher und auf jeden Fall interessanter zuging als oben, war so gewiß, wie daß man uns dort nicht haben wollte – nur der schwarzwangige Riese, der Flügelmann eines Garderegiments, duldete, wenn er die Klingen durch die lederbezogenen Räder der Messerputzmaschine zog, unsere Gegenwart, finster und stumm.«

In der **Persiusstraße 7**, da wo die Galerie Egon von Kameke ihre zeitgenössische internationale Malerei ausstellt, kam kurz vor Weihnachten 1948 die Familie Korfes unter. Im Obergeschoß wohnte der Kunstmaler von Kameke mit seiner Frau und dem »stillen und friedlichen Kater Hulleputz«; in die sechs Zimmer im Erdgeschoß zogen Dr. Otto Korfes mit Frau, Schwiegermutter, fünf Töchtern und der ostpreußischen »Perle« Frau Kischkat ein. Korfes war einer der Generäle der 6. Armee gewesen, deren Reste nach der Schlacht von Stalingrad gegen den ausdrücklichen Befehl Hitlers kapitulierten und in sowjetische Kriegsgefangenschaft gingen. Als Mitbegründer des »Bundes Deutscher Offiziere« im »National Komitee Freies Deutschland« – der organisierten Hitler-Opposition von Emigranten und Gefangenen in der Sowjetunion – war er in Abwesenheit vom Volksgerichtshof zum Tode verurteilt worden. Seine Frau, die Schwester des noch in der Nacht nach dem 20. Juli 1944 standrechtlich erschossenen Verschwörers Albrecht Ritter Mertz von Quirnheim, wurde von der SS in Sippenhaft genommen und ins Konzentrationslager gebracht. Die Korfes-Tochter Gudrun W. Kluge erinnert sich in *Aber der Wagen, der rollt ...* an den Schreck zum Heiligenabend 1948:

»An diesem Vormittag hielt unerwartet ein dunkles Auto mit zwei männlichen Personen vor dem Gartentor. Dem Auto entstieg ein ... Offizier der Sowjetarmee. Er kam auf unsere Haustüre zu, klingelte und stellte sich, als ihm von Mutti geöffnet wurde, vor. ›Mein Name ist Rosenzweig. Darf ich bitte Doktor Otto Korfes sprechen.‹ Meine Mutter führte ihn in unser Eßzimmer, das Wohnzimmer war ja für den Heiligen Abend verschlossen, und rief ihren Mann. Als der Vater ins Zimmer trat, erhob sich Herr Rosenzweig und sprach in einem durch einen starken Dialekt recht eigentümlich aber hübsch klingenden Deutsch zum Vater: ›Bitte ziehen Sie sich an und kommen Sie und Ihre Frau mit mir mit. Ich habe Befehl, Sie beide zur Kommandantur zu bringen. Mein Auto wartet auf der Straße! Machen Sie sich keine Sorgen.‹

Meine Mutter erbleichte. Ihre Augen weiteten sich angstvoll. ... In diesem Augenblick erinnerte sie sich deutlich an ihre Verhaftung nach dem 20. Juli. Damals war einer der SS-Männer ebenfalls sehr freundlich gewesen, hatte sogar die weinende Ellen auf seinen Schoß genommen, sie zu trösten versucht und Witze mit einem Taschentuchknoten gemacht, den Knoten sprechen, singen und tanzen lassen. ... Sie hatte Angst, nackte, schreckliche Angst.«

Den Eltern bleibt nichts anderes übrig als mitzufahren. Großmutter, Kinder und »Perle« verbringen einen qualvollen Tag, steigern sich von einer Schreckensphantasie in die andere. Erst am Abend werden die beiden unversehrt von dem Offizier Rosenzweig und seinem Fahrer in die Persiusstraße zurückgebracht. Otto Korfes hat den offiziellen Auftrag bekommen, als ehemaliger beamteter Historiker des Reichsarchives in Potsdam die Archive der sowjetischen Besatzungszone aufzubauen. Und Mutter Korfes hatte drei geheimnisvolle Kartons mitgebracht.

»Mutti erzählte, daß der russische Offizier auf der Kommandantur sie gefragt hätte, wie es ihr und den Kindern der Familie gehe, ob sie alle den Umzug gut überstanden hätten, ob alle wohlauf wären. Und dann hätte er sie nach ihren Sorgen gefragt. Da sei es ihr ganz unbedacht herausgefahren, daß sie sich solche Sorgen mache, die Kinder hätten für den Winter keine Schuhe, nur diese schlimmen, harten, überhaupt nicht wärmenden Schuhe aus Igelitt. Und sogleich, als ihr bewußt geworden war, daß sie geklagt hatte, bereute sie ihre vorschnellen Worte, wollte sie diese Worte, die aus dem sorgenvollen und immer noch verängstigten Herzen gar zu schnell auf ihre Lippen gekommen waren, wieder zurückholen. So habe sie schnell einlenkend gesagt, daß es uns allen wirklich gut gehen würde, daß die Kinder gesund seien. Dann als sie gerade im Begriff waren, das Zimmer des Kommandanten verlassen zu wollen, da wäre eine junge Frau in Uniform hereingekommen und hätte ihr die drei Kartons gegeben. Die Uniformierte hätte den Eltern gesagt: ›Nehmen Sie die Kartons, da sind Schuhe für ihre Kinder drin. Wir haben unweit von Potsdam ein Lager der SS gefunden, in dem sind Pelze, Kleider, Anzüge und auch Schuhe gewesen. Machen Sie sich keine Gedanken, wir haben die Schuhe niemandem weggenommen.‹«

Gleich um die Ecke in der **Kleinen Weinmeisterstraße 8** wohnte in einem der denkmalgeschützten Siedlungshäuser des ehemaligen Beamten-Wohnungs-Vereins seit 1923 die Schriftstellerin und Lyrikerin *Charlotte Elisabeth Francke*. Die Autorin hatte dem bedeutenden deutschen Naturalisten Johannes Schlaf bei seiner schweren Nervenerkrankung und bei seiner von öffentlichen Diffamierungen begleiteten Trennung von seinem Kollegen Arno Holz beigestanden. Neben Hermann Sudermann und Gerhard Hauptmann hatte das Dramatiker-Gespann Holz/Schlaf das Berliner naturalistische Theater bestimmt. Schlaf, der die Mehrzahl seiner literarischen Texte in enger Zusammenarbeit mit Freunden und Kollegen hatte entstehen lassen, veröffentlichte gemeinsam mit der Francke den Gedichtband *Die Linden*.

Wir folgen der Großen Weinmeisterstraße in südlicher Richtung bis zu ihrem Ende.

Insgesamt denkmalgeschützt ist der Platz vor dem Haupteingang zum Neuen Garten mit Grünanlage, der Denkmalsstele und den Villen samt Vorgärten der Endgrundstücke Hebbelstraße, Eisenhartstraße, Alleestraße und Birkenstraße. In der **Birkenstraße 1** wohnte seit 1935 der katholische Monarchist und Nationalist Reinhold Schneider, Lyriker, Erzähler, Dramatiker und Essayist, dem die Nazis 1940 Schreibverbot erteilten und noch 1945 des Hochverrates anklagten. Eine Tafel am Hause erinnert nicht nur an Schneider selbst, sondern vor allem an die Besuche, die ihm hier sein Freund Jochen Klepper abstattete. Der grüblerische konservative Protestant gibt in seinem postum erschienenen Tagebuch Auskunft darüber, wie ihn die Begegnungen mit dem katholischen Dichter geprägt haben. Klepper, der nach einem Theologiestudium Rundfunkredakteur geworden war, wurde 1933 entlassen, weil er sich von seiner jüdischen Ehefrau nicht trennen wollte. Dem zunehmenden Verfolgungsdruck entzogen sich Klepper, seine Frau und eine Stieftochter 1942 durch gemeinsamen Selbstmord. Hauptwerk des tragischen Melancholikers ist *Der Vater*, ein historischer Roman über den Soldatenkönig Friedrich Wilhelm I. und dessen »Ethos, das nur die Pflicht gegenüber Gott kennt und das seinem Träger manchmal selbst gottähnliche Züge verleiht« (Kindlers Literaturlexikon). In dem Buch, das bei intellektuellen Protestanten, religiösen Preußen und geschichtsbewußten Nazis zu einem Bestseller wurde, heißt es zum religiös konstituierten Verhältnis zwischen dem pflichttreuen und sparsamen Vater und seinem leichtsinnigen und verschuldeten 16jährigen Sohn:

»Kronprinz Friedrich verzehrte sich im Lesen. Das nächste Buch und nicht die nächste Rechnung bedrängte ihn. Die Nächte in dem riesigen, zugigen Kamin taten das Ihre. Der Prinz war sehr krank.

Der König, der ihn um des unbewältigten Pensums willen von sich fernhielt, erkundigte sich erregt nach dem Gewichtsverlust. Er sandte ihm einen englischen Koch und gab auch diesem noch genaueste Anweisungen. Mittags riet er eine Suppe von zwei Pfund Fleisch an, ein Frikassee oder Fisch und Braten. So auch abends. Er wartete gespannt auf die Wirkung seiner kräftigen Brühe.

Inzwischen, bis Meldung kam, bereitete er in einem Brief den Dessauer*, den söhnereichen Vater, auf das vor, was er entsetzlich drohend nach dem Knabensterben seines Hauses vor sich sah: ›Mein ältester Sohn ist sehr krank und wie eine Abzehrung, isset nits ich halte Ihn kaput wo es sich in kurtzen nit enderdt den ich so viell exempels habe. Sie können sich einbilden, wie mir zumute dazu ist. Ich will bis Montag abwarten; wo es dann nit besser wird, ein Konsilium aller Doctor halten; denn sie nit sagen können, wo es ihm sitzet, und er so mager als ein Schatten wird, doch nit hustet. Also Gott sei anbefohlen, dem müssen wir uns alle unterwerfen. Aber indessen geht es sehr hart, da ich soll itzo von die Früchte genießen, da er anfenget, raisonnabel zu werden, und müßte ihn in seiner Blüte einbüßen. Enfin, ist es

Gottes Wille, der machet Alles recht; er hat es gegeben, er kann es nehmen, auch wiedergeben. Sein Will gescheh im Himmel als auf Erden. Ich wünsche Euer Liebden von Herzen, daß Sie der liebe Gott möge vor alle Unglücke und solche Chagrin bewahren. Wen die Kinder gesund sein, dann weiß man nit, daß man sie lieb hat ...‹

Friedrichs Konfirmation konnte jedoch zum vorgesehenen Zeitpunkt stattfinden. Allerdings mußte in letzter Zeit noch ein besonderer geistlicher Lehrer den Erziehern beigegeben werden. Die Glaubenslehre saß gar nicht recht fest. Vom Religionsunterricht hatte er laut Gouverneursgutachten seit acht Monaten nicht viel profitiert. Der Vater schrieb es der Krankheit zu. Er wußte nicht, daß sein Sohn die Nächte, die dem tiefen Knabenschlaf gehören sollten, zu vielen, vielen Stunden unter den Weisen der Antike und unter den Fackelträgern einer neuen Epoche der Vernunft verbrachte.«

Rechts hinein in die **Alleestraße**: Am Haus **Nummer 10** verweist die Tafel darauf, daß hier eine »Gerechte der Völker« gewohnt hatte. Etwa 1500mal hat die israelische Holocaust-Gedenkstätte Yad Vashem diesen Ehrentitel an Nichtjuden vergeben, die unter großer Gefahr für das eigene Leben verfolgten Juden Schutz und Hilfe gewährt hatten. Zu den rund 150 so geehrten Deutschen gehörte auch Maria Celina Gabrielle Antoinette von Mirbach (1899-1984), die Nichte des kaiserlich-königlichen Oberhofmeisters von Mirbach (vgl. S. 238), die jeder nur unter dem Namen Baroneß Maimi kannte.

Als sie diese höchste Auszeichnung erhielt, die der Staat Israel an Nichtjuden vergibt, war die Cellistin und Musiklehrerin bereits 81, Bürgerin Westberlins, krebskrank und nicht mehr reisefähig. In ihrem Sammelband *Potsdamer Frauen, 10 Frauenschicksale vom Kaiserreich bis heute*, schreibt Gabriele Schnell über Maimi:

»Endlich Kriegsende! Was folgt, sind Einquartierungen, Hunger und die innere Gewißheit, zahlreiche liebe Menschen verloren zu haben.

Maimi von Mirbach wird von den neuen Mächtigen als eine betrachtet, die selbst dann noch genug hat, als für sie und die Mädchen nur zwei Kämmerchen des Hauses bleiben. Diese undichten Mansardenstübchen dienten vor und während des Krieges als Abstellkammern. Um von einem Kämmerchen ins andere zu gelangen, muß der Hof überquert werden. In den Wohnräumen des Hauses leben russische Familien und eine deutsche. Gisela von Treichel, die Klavierlehrerin werden will und an der Berliner Musikhochschule zum Studium eingeschrieben ist, kann daheim nicht üben. Das Zimmer mit dem Flügel ist von anderen bewohnt, und in ihre Kammer, die sie mit der Schwester teilt, paßt kein Instrument hinein. Jeden Tag läuft sie deshalb zu einer weit entfernten Freundin zum Üben. Sie und ihre Schwester putzen die Zimmer der russischen Offiziersfamilien, besorgen auch das Kochen und die Einkäufe. Maimi von Mirbach ist nicht imstande, für die Lebensmittel auf Marken stundenlang anzustehen, weil sich ihr Gesundheitszustand verschlechtert hat.

Im ersten Sommer nach dem Krieg leidet sie unter der stickigen Hitze in ihrer Kammer, im folgenden Winter unter Raumtemperaturen von höchstens 15 Grad. Auch die Mädchen werden krank. ...

Zahlreichen Schmähungen und Beleidigungen ist Maimi von Mirbach in der Sowjetischen Besatzungszone und später in der DDR ausgesetzt. Einer Baroneß, auch wenn sie Antifaschistin war, verzeiht in einem Arbeiter- und Bauern-Staat kaum jemand ihre Herkunft.«

Privilegiert zu sein, das bedeutete in Potsdam für Jahrhunderte nicht nur die feine Wohnadresse auf der Visitenkarte und die Nähe zu den Spitzen von Staat und Armee, sondern auch Disponibilität für die Bedürfnisse des Hofes. Und die konnte in gewissen Familien schon im Kindesalter einsetzen, wenn man auserkoren worden war, mit Kaisers Kindern und Enkeln zu spielen. Eine solche Spielgefährtin war Erika von Hornstein, deren Vater um 1900 Page der Kaiserin wurde und als einer der ersten Offiziere des Ersten Weltkrieges bereits im September 1914 gefallen war. Erikas Mutter heiratete vier Jahre danach Ulrich von Sell, den letzten Vermögensverwalter des im holländischen Exil lebenden Kaisers Wilhelm II. und der Hohenzollern-Dynastie. Zu seinem Freundeskreis gehörte auch der »Nachbar« Reinhold Schneider. Erika war im »gelben Haus« Albrechtstraße 8 (heute Am Neuen Garten) geboren worden, verbrachte jedoch viel Kinderzeit im Eckhaus **Alleestraße 13** bei Großmutter und Tanten. In *Adieu Potsdam* erzählt Erika von Hornstein von einem blaublütigen Kindernachmittag im Schloß Cecilienhof:

»In der Halle empfing mich Fräulein Böse, die Kinderfrau. Es ging durch einen Irrgarten von Zimmern, Fluren, Sälen. Ich lief im Trab neben Fräulein Böse her, die im Marschschritt die Räume durchmaß. Schließlich trafen wir in einem Salon zwei Damen in Schlauchröcken und Ballonfrisuren – so wie ich sie überall in Potsdam sah –, eine von beiden, in einem gelben Taftkleid mit raschelnden Volants, war die Kronprinzessin.

Ihr zierlicher Kopf mit der Stupsnase neigte sich aus großer Höhe freundlich zu mir herab, ich machte meinen Knicks und streckte ihr meine Faust entgegen, dann öffnete ich sie und ließ einen kleinen Papierknudel sehen, mein Geschenk.

›Soll das für mich sein? Hast du mir das mitgebracht?‹ fragte die Kronprinzessin.

Ich nickte. Sie nahm den warmen Knudel aus meiner Hand, dabei rasselten die goldenen Reifen an ihrem Arm, und wickelte ihn auseinander, zog das Zehnpfennigstück hervor und wunderte sich: ›Zehn Pfennig? Das soll für mich sein?‹

Ich nickte und flüsterte zu ihr hinauf: ›Weil alle immer sagen, ach die *arme* Kronprinzessin!‹

Die Hofdame erlaubte sich diskret zu lächeln, auch die Kronprinzessin lächelte. Dann schickte sie mich weiter mit den Worten: ›Das ist aber nett von dir, ich werde dir dafür eine Tafel Schokolade schenken. Nun lauf, mit Fritzi spielen!‹

Fritzi, blondgescheitelt, hohenzollernäugig, im Matrosenanzug, erwartete mich schon im Kinderzimmer. Er war der jüngste der vier Kronprinzensöhne, älter als ich, aber noch nicht zehn. Mit zehn Jahren, erzählte er mir stolz, würde er, wie seine Brüder, Leutnant des Ersten Garderegimentes zu Fuß werden und bei der Kaiserparade im Lustgarten an der Spitze seiner Kompanie marschieren. … Ich war froh, daß mein Prinz noch nicht Leutnant war und mit mir ›reisen‹ spielte. Wir bauten aus Stühlen kunstvolle Kutschen und fuhren darin spazieren, während Fräulein Böse in der Ecke feldgraue Pulswärmer strickte.«

Bleibt der großartigste Blick über die Potsdamer Kulturlandschaft zu riskieren – der vom Belvedere auf dem Pfingstberg aus. Ihn besteigt man ganz nach Lust, Laune und Gelegenheit entweder vom Meiereitor des Neuen Gartens, der Busendhaltestelle und dem Lepsiushaus aus über die Straße **Am Pfingstberg** am Reinwasserbehälter von 1875 und an der Villa Henkel entlang. Oder man klettert vom **Mirbach-Wäldchen** an der Leistikowstraße und der Villa Quand an der Großen Weinmeisterstraße aus den breiten Parkweg hinan. Und schließlich bleibt auch die Möglichkeit, über die **Puschkinallee** entlang der Russischen Kolonie Alexandrowka und dem Kapellenberg bis zum Jüdischen Friedhof zu spazieren und von hier aus die Höhe zu erklimmen. Hier hat Arnold Zweig seine *Junge Frau von 1914* Abstand von den Kümmernissen des Kriegsalltages und der Angst vor der außerehelichen Schwangerschaft gewinnen lassen:

»Nein, sie konnte nicht mehr schlafen. Sie tauchte im Badezimmer leise das Gesicht in kaltes Wasser, zog sich wenige Kleidungsstücke über, winkte Boll, der sein Halsband schüttelte, stieg aufs Fahrrad, glitt dahin. Der große Park atmete unter einem blassen, unirdisch klaren Himmel noch vor der Sonne. In den obersten Wipfelspitzen meldeten sich frühe Drosseln. Im Osten lag eine niedere Röte dem Horizont auf wie ein fahler Brand. Die Stadt schwieg. Noch niemals hatten ihre Häuser so sehr mit Ecken und Mauern die Dreikantigkeit des Würfels körperhaft in den Raum gebaut. … Die lange Straße hinunter standen schlafende Häuser und Villen. … Schließlich schleiften die Räder sacht auf Wegen im Freien. Zwischen hohen Kiefern und Birken, lautlos vor dem Morgenwind, stieg sie ab, saß auf einer Bank, leise wehende Ruhe. Auch in ihrem Innern ging Klarheit auf – nüchtern und erhaben. ... Unaufhaltsam zog ihr Weg sie weiter hinan – sie erhob sich in Gedanken, führte ihr Rad, schritt aus zwischen tautriefenden Wiesen und Büschen, während Boll aufgeregt Gerüche einsog, die ihm so deutlich schon lange nicht mehr die Nase gekitzelt hatten, Meldungen von Kaninchen, von Igeln, von Mäusen – unaufhaltsam zog ihr Weg sie abwärts. ... Ihr Herz ruckte fühlbar und fühlend in ihrer Brust, bis in die Kniekehlen spürte sie ein erweichendes Pochen. Mitleid mit sich selbst. Aber ihre langen Zöpfe zurückwerfend, nicht aufgesteckt für diese Fahrt, nahm sie sich scharf heran. ... Nein, es hatte gar keinen Sinn, die Augen zuzumachen, und noch weniger Sinn, sich zu bemitleiden. Man mußte sich nicht immer wieder in der Phantasie vorwegnehmen, was der Arzt wohl sagen werde. Ertragen zählte bei den Frauen von je als tätige Leistung, und sie wollte es so gut bewältigen wie irgendeine.«

In früher geschichtlicher Stunde hat die Anhöhe vermutlich Eichberg geheißen; später dann sicherlich Judenberg. Als Königin Luise am Pfingstmorgen des Jahres 1804 hier herauf einen Spaziergang gemacht und den **Pomonatempel** besucht hatte, war sie von der Landschaft und dem Schinkelbau nicht weniger entzückt als von der grandiosen Aussicht über Stadt und Land. Friedrich Wilhelm III. nannte daraufhin seiner Gattin zuliebe den Ort Pfingstberg. Der Berliner Mundartdichter Franz Lederer nannte übrigens diese Aussicht »eine der schönsten im ganzen nördlichen Deutschland«. Und Alexander von Humboldt sprach von einem »unvergleichlichen Blick«.

Der Pomonatempel, ein kleines Lusthaus, das einst wie jetzt wieder für Landpartien, Feste und Empfänge begehrt ist, war die architektonische Visitenkarte des damals erst 19jährigen Karl Friedrich Schinkel, mit der seine unaufhaltsame Karriere in Brandenburg und Preußen begann. Nach dem lateinischen pomum (Apfel, Frucht) war Pomona die römische Göttin der Früchte und des Obstbaus. Der Mythos erzählt von einer zu Herzen gehenden Romanze: Der Gott Vertumnus hatte sich in die Schöne verliebt, wurde jedoch abgewiesen. Also verwandelte er sich in eine alte Frau, die Pomona gegenüber in bewegenden Worten von allen Tugenden und Vorzügen des verschmähten Liebhabers sprach. Dann verwandelte er sich zurück, arrangierte eine zweite Begegnung ... und wurde erhört.

Als der König am und auf dem Pfingstberg Grundflächen kaufte, um eine grüne Verbindung vom Neuen Garten und dem Marmorpalais zur Aussichtskanzel und dem Tempelchen zu schaffen, war er bereits Witwer. Erst Friedrich Wilhelm IV., der verhinderte Architekt und Designer, skizzierte dann 1844 das gigantische Projekt eines **Belvederes**, zu dem die Bauarbeiten von 1849-52 dauerten. Fertig geworden ist das Pfingstbergprojekt nie; 1863 – nach dem Tode des Königs – wurde das Baufragment mit einer Eingangshalle »ad interim« abgeschlossen. So recht genutzt wurden die beiden 25 Meter hohen Türme und die Aussichtsterrasse nie. Die Zeitläufte, den Zweiten Weltkrieg, den real existierenden Sozialismus hatten die Gebäude zunächst ohne größere Schäden überstanden. Wie es dann weiterging, erzählt Ingo Lamberty:

»Dieser Bau hatte keinerlei Kriegsschäden davongetragen, sondern wurde in den letzten Jahren dem Verfall preisgegeben. Bis in die 60er Jahre wohnte noch ein altes Ehepaar hier oben. Erst später nahm die Zerstörung des Belvedere durch Vandalismus und Brände stark zu. Davon zeugen die vielen kyrillischen Graffiti auf den Mauern. Für die Soldaten bedeutete es in den vergangenen Jahren eine Art Mutprobe, an möglichst unzugänglichen Wänden die Namen ihrer Liebsten oder die Wut über ihre Vorgesetzte zu verewigen. ... Daß der Pfingstberg nicht vollkommen vergessen wurde, ist vor allem einer rührigen Potsdamer Bürgerinitiative zu verdanken: der AG Pfingstberg. Seit 1988 kamen ihre Mitglieder und Freunde jedes zweite Wochenende zu einem freiwilligen Arbeitseinsatz auf die Kuppe des Hügels. In einer Sisyphusarbeit kämpften sie hier mit einfachstem Gerät gegen den nahezu unaufhaltsamen Vormarsch von Unkraut und Gestrüpp. Ideelle Unterstützung bekamen sie von der Bauhütte in Sanssouci, wo noch die originalen Pläne von Lenné vorhanden sind. ... Aus Kreisen der Bürgerinitiative gibt es die These, das Belvedere wäre von der Staatsmacht gerade wegen der guten Aussicht nicht gepflegt worden. Denn vom Turm aus hatte man auch einen hervorragenden Überblick über die Grenzanlagen nach West-Berlin.«

Seit dem Jahre 2001 gehen die Wiederherstellung der Bauten und der Lennéschen Parkanlage mit Hochdruck voran. Ob wohl der linientreue Potsdamer Autor Gerd Eggers hier mal Ende der 70er Jahre gestanden und hinübergeschaut hat, bevor er eines seiner hämischen *Vorzimmerlieder* dichtete?

»WIR HABEN GUTE FREUNDE DRÜBEN
die den Sozialismus lieben,
ihn nur noch verbessern möchten,
zum Beispiel mit mehr Menschenrechten
für die Krupps und ITT,
die Chilenen wissen, wie.

Doch auch die unheimlichen Linken
helfen mit praktischen Winken:
Ihnen wären wir nicht so fad,
lösten wir nur auf den Staat,
das ist alles, was sie möchten;
Staatsmacht lassen wir den Rechten.

Andere Schwestern da und Brüder
raten uns, wir sollten wieder
unser Brandenburger Tor
aufmachen, daß wie zuvor,
während sie uns sanft enthäuten,
ihre Freiheitskassen läuten.

Wenn die Werke dort und Wälder
die Bundeswehr, der ganze Staat,
volkseigen sind, ja, Leute, dann
hören wir gern auf euren Rat,
wie man es besser machen kann.«

SIEBTER SPAZIERGANG

Vom S-Bahnhof Griebnitzsee durch Neubabelsberg zum Geburtshaus von Peter Weiss

Was Präsident Truman befohlen, ein preußischer Schulrat geschaffen, wen UFA-Star Fröhlich abgewatscht und was ein bayerischer Arzt gekauft hat

Wo anfangen und wo enden? Für einen Spaziergang durch Babelsberg ist guter Rat wirklich teuer. Machen wir's über die Alte Königsstraße, die von Berlin über Teltow zum Jagdschloß Glienicke führte? Dann könnte man wieder anknüpfen an Johann Kun(c)kel von Löwenstern, der südwestlich des Neuendorfer Angers nahe dem Nutheufer dem Großen Kurfürsten Gold zu machen versprach, aber beim Experimentieren erst gewinnbringendes Kristallglas und später sein herrliches Rubinglas (er)fand (vgl. S. 318). Oder folgen wir lieber preußischen Pfaden, passieren per Lankestraßenbrücke die Glienicker Lake und machen da weiter, wo einst Friedrich Wilhelms III. Söhne Carl und Wilhelm Seit an Seit gebaut haben? Am Schloß Babelsberg in Sichtweite von Klein-Glienicke (vgl. S. 309) und nur einen Zuruf weit vom Jagdschloß. Oder verfolgen wir doch lieber zunächst die Spuren des Genius loci, der hier seit 1911 die Filmemacher inspiriert hat – die bunten, die braunen und die roten? Immerhin war die Filmstadt mal die größte der Welt und die Zahl der Filmproduktionen in Babelsberg lagen in den 20er Jahren gleich hinter Hollywood auf Platz 2 der internationalen Statistik.

Gut, schon überredet! Wir fangen also an am Bahnhofsgebäude und erinnern uns, daß hier seit 1838 die erste Eisenbahn in Preußen verkehrte – die sogenannte Wannseebahn, die das Berliner Stadtschloß fast direkt mit dem Stadtschloß Potsdam verband. Vom **Bahnhof Griebnitzsee**, der damals Neubabelsberg hieß (und von den Nazis 1933 in UFA-Stadt unbenannt wurde), fuhr regelmäßig der Kaiser. Denn sommers residierte der Hof in Potsdam, und Wilhelm I. hielt sich mit seiner Frau Augusta

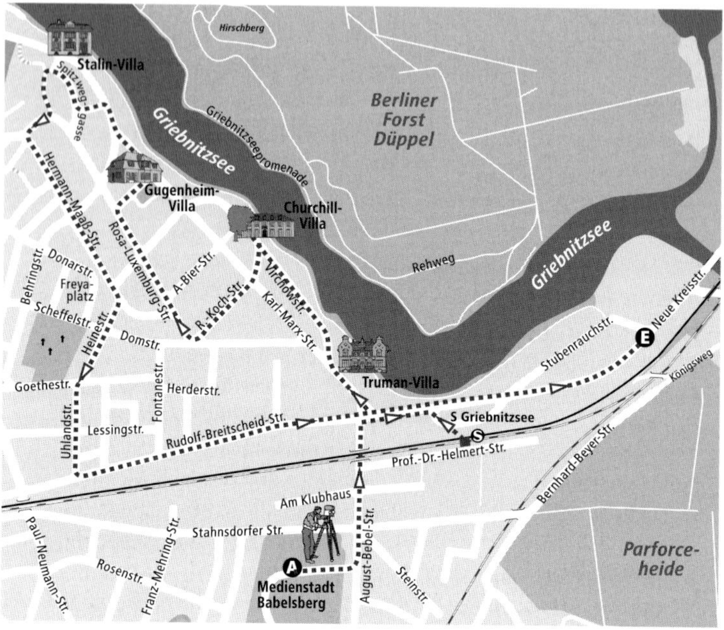

Hirschberg
Stalin-Villa
Spitzweg-gasse
Griebnitzsee
Griebnitzseepromenade
Berliner Forst Düppel
Gugenheim-Villa
Churchill-Villa
Hermann-Maaß-Str.
Rosa-Luxemburg-Str.
A-Bier-Str.
R.-Koch-Str.
Virchowstr.
Karl-Marx-Str.
Rehweg
Griebnitzsee
Neue Kreisstr.
Behringstr.
Donarstr.
Freya-platz
Scheffelstr.
Heinestr.
Domstr.
Truman-Villa
Stubenrauchstr.
Königsweg
Goethestr.
Fontanestr.
Herderstr.
Uhlandstr.
Lessingstr.
Rudolf-Breitscheid-Str.
S Griebnitzsee
Prof.-Dr.-Helmert-Str.
Am Klubhaus
Paul-Neumann-Str.
Stahnsdorfer Str.
Franz-Mehring-Str.
Rosenstr.
August-Bebel-Str.
Steinstr.
Bernhard-Beyer-Str.
Medienstadt Babelsberg
Parforce-heide

Prinzessin von Sachsen-Weimar vorzugsweise im Schloß Babelsberg auf, das ihm persönlich gehörte. Trotzdem wurde weiter von Berlin aus regiert, so daß S. M. in arbeitsamen Wochen fast täglich mit dem Zug nach Berlin fuhr – übrigens mit dem fahrplanmäßigen. Mit zunehmendem Alter war Wilhelm – der schon 64 Jahre alt war, als er den preußischen Königsthron bestieg – nämlich ziemlich knauserig geworden; also ließ er seinen Salonzug ungenutzt und fuhr in der Ersten von drei Klassen und mit einer ordnungsgemäß gekauften und gelochten Fahrkarte »zum Regieren ins Berliner Büro«. Das tat er aber auch und vor allem, um den ständigen Einmischungen seiner Frau in die Staatsgeschäfte, die er nicht zu verhindern wußte, wenigstens ein paar Stunden täglich zu entgehen. Schon als er für seinen älteren Bruder Friedrich Wilhelm IV. nach dessen Schlaganfällen im Herbst 1857 als Regent eingesetzt worden war, hatte sie »die Neue Ära«* ausgerufen und ein liberales Ministerium – alias Kabinett – verlangt ... und bekommen. Nach der Thronbesteigung legte sie sich mit ihrem Gatten wegen dessen kriegsvorbereitender Militärpolitik an, »denn nichts ist mir so verhaßt wie der Krieg«. Und nach der Proklamation Wilhelms zum Deutschen Kaiser zog sie sich den preußischen Ministerpräsidenten und deutschen Reichskanzler Otto von Bismarck zu einem Todfeind heran, weil sie dessen Politik für reaktionär, stockkonservativ, kriegslüstern, international unerträglich und »ein trauriges Stück Zeitgeschichte« hielt – und ihm dies ebenso unverhohlen mitteilte wie ihrem längst nicht mehr geliebten Ehemann. Wie gesagt: Der fahrplanmäßige Zug der Wannseebahn schuf wenigstens ein bißchen Distanz zwischen dem Boudoir »einer geborenen Kaiserin« und dem Ministerium »des eisernen Kanzlers«.

Ein paar hundert Meter die August-Bebel-Straße nach Süden entlang, und schon ist man an dem rund 46 ha großen **Studiogelände** (Parkplatz von der Großbeerenstraße aus anfahren). Nur in ihm erinnern drei **Straßennamen** an die Diven und Stars, die hier einst auf Zelluloid gebannt wurden: **Marlene Dietrich**, **Heinrich George** und **Emil Jannings**.

Maria Magdalena »Marlene« Dietrich hatte unter der Regie von Josef von Sternberg mit *Der blaue Engel* in den Babelsberger Studios 1929 einen Publikums- und Kassenknüller eingedreht; aber nach der sogenannten Machtergreifung der Nazis keinen Hehl daraus gemacht, daß sie mit dem Dritten Reich und dessen gleichgeschalteter Filmindustrie nichts zu tun haben wolle. Bei den beiden Herren dagegen handelt es sich um die »Übervӓter auf der Leinwand des Dritten Reiches«, »oft starrköpfig, alte Despoten, aber im Vollbesitz ihrer Macht«, »mit Einnahmen von mehr als 100000 RM im Kalenderjahr«, Lieblingsdarsteller von Hitler und Goebbels«. Insbesondere seit Kriegsbeginn wurden sie häufig besetzt – nicht zuletzt auch in den von Reichspropagandaminister Joseph Goebbels besonders geforderten und geförderten sogenannten Durchhaltefilmen.

Heinrich George zum Beispiel in *Das unsterbliche Herz* (1939); *Jud Süß* (1940); *Andreas Schlüter* (1942); *Kolberg* (1945). Und Emil Jannings, 1928 einer der ersten Oscar-Preisträger und ab 1940 sogar Leiter der UFA, spielte den Soldatenkönig Friedrich Wilhelm, Robert Koch und Ohm Krüger. Bereits 1936 hatte ihm Doktor Goebbels persönlich den Nationalpreis für Kultur verliehen. Da hatte längst der Arierparagraph gegriffen, der »nur deutschstämmigen Künstlern die Mitwirkung am Kulturgut Film« erlaubte und Regisseure wie Fritz Lang und Billy Wilder oder Darsteller wie Elisabeth Bergner und Peter Lorre ins Exil jagte. Joseph Goebbels log im Berliner Hotel Kaiserhof Ende März 1933 vor den deutschen Filmschaffenden: »Man soll nicht von früh bis abends in Gesinnung machen. Wir empfinden dabei selbst zu leicht, zu künstlerisch. Die Kunst ist frei, und die Kunst soll frei bleiben.«

In seinem Buch über *Die UFA-Stars im Dritten Reich* kommentiert Friedemann Beyer das Ereignis: »Der frischgebackene Propagandaminister lieferte ein Lehrstück in Propaganda – indem er angeblich nichts von ihr wissen wollte.« Doch während Goebbels noch von der Freiheit der Kunst bramarbasierte, etablierte er die rigide Filmzensur. Vom neu eingesetzten Leiter der

Filmprüfstelle, Regierungsrat Heinrich Zimmermann, und seiner Arbeit berichtete das *Berliner Tageblatt*:

»Durch das Filmzensurgesetz sei zum erstenmal in der ganzen Zensurgeschichte das Negative, die Verbotsstimmung, hergeleitet worden aus der positiven Generalaufgabe einer kulturellen Förderung des deutschen Films, oder seine Hinaufhebung auf die Stufe edler Unterhaltung und eigengesetzlicher Kunst. Gegenüber den, auch noch heute (Ende 1934, d. Verf.) zuweilen erhobenen Angriffen auf die Zensur, betonte Regierungsrat Zimmermann, daß der Zensor nicht vom Standpunkt des einzelnen handeln könne, sondern das Allgemeine und Gemeinsame beachten müsse.«

In die ewige Bestenliste der *100 kultigsten Kultfilme der Welt* sind aus den Babelsberger Studios drei Streifen geraten, von denen zwei der Nazi-Nachzensur zum Opfer fielen und im Deutschen Reich nicht mehr gezeigt werden durften: Der Stummfilm *Metropolis* von 1927 und der erste deutsche Thriller *M (Eine Stadt sucht einen Mörder)* von 1931, beide unter der Regie von Fritz Lang. Bleibt ein bräunliches Ei im sonst demokratisch-bunten Kino-Nest: Die 1943 uraufgeführte *Feuerzangenbowle* des Regisseurs Helmut Weiss mit Heinz Rühmann als Dr. Johannes Pfeiffer (»Mit drei f, Herr Studienrat, eins vor und zwei nach dem ei«) nach dem Roman von Heinrich Spoerl, der das Drehbuch selbst schreiben durfte.

Nach militärischer Niederlage und Befreiung der Deutschen von der Nazi-Diktatur beeilte sich die Sowjetische Militäradministration SMA, die Deutsche Film AG DEFA zu gründen und ihr das Neubabelsberger Studiogelände der UFA als Produktionsstätte zu übergeben. Und wieder wurde der Spielfilm per Zensur zur Sache der politischen Allgemeinheit. Wieder wurde verurteilt, wer nicht paßte und spurte. Und wieder wurde aus propagandistischen Gründen gelogen. In *Der DEFA-Spielfilm in den 80er Jahren* erinnert Bärbel Dalichow an das Jahr 1965, als auf dem 11. Plenum der SED wieder einmal die Zügel angezogen wurde in den Künsten:

»Den Mitgliedern des Zentralkomitees war eine Lesemappe zur Verfügung gestellt worden, die beweisen sollte, daß in allen Sparten, vom Kabarett über die Dramatik bis zur bildenden Kunst, Kritiker des Sozialismus ihr freches Haupt erhoben.

Damit mußte Schluß sein. Kunst sollte nicht negieren, sondern für den Aufbau motivieren. Sie sollte nicht nur Fragen stellen, sondern Antworten finden, nicht Ängste schüren, sondern aufrichten. Kunst sollte ein Instrument des Staates werden, wie ein Löffel, der hilft, sich die Welt in verdaulichen Portionen einzuschaufeln, damit das Volk Kraft für den Aufbau des Sozialismus bekäme.

Alle, die diesem Künstlerbild durch ihre Handlungen geschadet hatten, wurden in den folgenden Monaten gemaßregelt – vom Lyriker bis zum Minister. Der Jagd fielen u. a. auch zehn Filme zum Opfer, eine besonders berüchtigte Aktion, weil man fast die ganze Jahresproduktion des Landes kassierte. Aber es ging nicht um die Filme, obwohl den Mitgliedern des Zentralkomitees während des Plenums zwei Filme – nämlich *Das Kaninchen bin ich* von Kurt Maetzig und *Denk bloß nicht, ich heule* von Frank Vogel – als krasse Beispiele für die Negation des Sozialismus gezeigt worden waren und sich daher viele Redner auf die Filme bezogen.

Walter Ulbricht in seinem Schlußwort: ›Also worum geht es? Um die Gewährung der Freiheiten in der DDR, die in der bürgerlichen Gesellschaft des Westens üblich sind? – Aber wir haben viel weitergehende Freiheiten, wir haben nur keine Freiheit für Verrückte, sonst haben wir absolute Freiheit überall ...‹«

Doch waren neben den schon gebrandmarkten Streifen auf dem Tummelplatz der Verrückten auch noch manch andere bemerkenswerte Filme entstanden: Wolfgang Staudte schuf schon 1946 *Die Mörder sind unter uns* mit Hildegard Knef und 1951 *Der Untertan* (nach Heinrich Mann) mit Werner Peters. Nicht zu vergessen die Abrechnungen mit Nazismus und Antisemitismus wie *Ehe im Schatten* (der Erstling von Kurt

Maetzig 1947) und *Die Affaire Blum* (von Erich Engel, Theaterregisseur und Freund von Bert Brecht). Oder die Literaturverfilmungen *Nackt unter Wölfen (*Bruno Apitz*)*, und *Der geteilte Himmel* (Christa Wolf). Schließlich auch *Spur der Steine* mit Manfred Krug, der bald danach in den Westen wechselte. – Dazu abschließend: *Der geschenkte Gaul* von und mit Hildegard Knef:

»An der Zonengrenze zwischen Berlin und Nowawes standen russische Posten, sie riefen ›Stoy‹, betrachteten unsere Ausweise. Ich fühlte leichtes Bibbern in den Kniekehlen, Schweißtropfen auf der Stirn, sie gingen in eine Hütte, besprachen sich, Staudte rief ›Artista‹ und ›Film‹, das Zauberwort war gesprochen, wir durften passieren. ... Während der nächsten Monate pendelte ich zwischen amerikanisch lizenziertem Theater[1] und russisch lizenziertem Film. Die ›Mörder-unter-uns‹-Mannschaft[2] bekam einige Male russische Freßpakete mit Speck und Mehl, die Amerikaner hatten sich zu einer einmal wöchentlich stattfindenden Suppenspeisung für das Schloßtheater-Ensemble entschlossen. Wir nahmen die alliierte Rettungsaktion mit gebührender Demut entgegen, vermerkten beseligt ein Nachlassen der gewohnten Magenkrämpfe. Wir wurden eingeladen, nahmen an ›Parties‹, bis dahin als Wort und Institution unbekannt, teil, hörten AFN, lernten Jitterbug, genossen die wodka- und whiskygetränkten Kräche zwischen Weißrussen in amerikanischer Uniform und Rotrussen in russischer Uniform, bestaunten die Gewohnheiten der sich allmählich heimisch fühlenden Besatzer. ...

Wir verbrachten einen Großteil der Arbeitszeit im Lattengefecht gegen interessiert herbeieilende Rattenhorden oder im Kampf gegen verröchelnde Scheinwerfer, zusammenbrechende Kameras, versagende Mikrofone, reißende Filmperforation.

1 Hilde Knef spielte damals bei Boleslav Barlog im (West-)Berliner Schloßparktheater kleinere Rollen.

2 Der erste deutsche Nachkriegsfilm mit Hildegard Knef und Wilhelm Borchert, Regie Wolfgang Staudte.

Stuntshow im Filmpark Babelsberg

Von keinem Verleiher angetrieben, von keinem Reporter aufgehalten, von keinem Geldgefasel entnervt und Imagegequassel verblödet, warteten wir geduldig, beglückt, den ersten Film drehen zu dürfen.«

Und nun machen Sie bitte Ihre **Studio-Tour** durchs Gelände zu ORB und ZDF und SAT 1, zum Neubau der Hochschule für Filmkunst und zum Film-Produktionszentrum der Vivendi, bis 2002 inspiriert von Oscar-Preisträger Volker Schlöndorff, der neuerdings auch in der Villenkolonie Neubabelsberg wohnt. Lassen Sie sich ein bißchen erzählen von der Geschichte des Ortes, die 1911 begann, die trotz aller technischen, kriegerischen, politischen und finanziellen Krisen auch eine ohne Ende zu werden verspricht. Und von der manches sinnlich nacherlebbar wird im 1993 eröffneten **Film-Erlebnispark.**

Ob vor, nach, mit oder ohne Besuch im Studiogelände – beginnen wir unsere Suche nach den Stars und Diven jedenfalls mit dem Grundstück **Karl-Marx-Straße 2**. Der Neubau linker Hand ist das Hauptquartier der Friedrich-Nauman-Stiftung, die der Bundes-FDP nahesteht. Rechts daneben – vor ein paar

Jahren ausgebrannt und wiederhergestellt – steht die pompöse **Villa Müller-Grote**, 1892 von den Architekten Kayser und von Großheim für den Verleger und Buchhändler Carl Müller-Grote gebaut. Dessen Familie mußte im Frühsommer 1945 binnen vier Stunden das Haus verlassen, weil es vom sowjetischen Vorkommando der Potsdamer Konferenz (vgl. S. 231) als Residenz für den US-Präsidenten Harry S. Truman beschlagnahmt worden war. Truman beschreibt sein neues Domizil in seinem *Tagebuch*:

»Der Vorort Neubabelsberg liegt ungefähr zwanzig Kilometer südwestlich von Berlin auf dem Wege nach Potsdam in einer dicht bewaldeten Gegend zwischen dem Teltower Kanal und dem gewundenen Gribnitzsee. Er war vor dem Krieg der Sitz der Filmindustrie und ein beliebter Sommeraufenthalt. Ich wurde in einer dreistöckigen Villa, Kaiserstraße Nr. 2, untergebracht, die das Heim des Generaldirektors einer deutschen Filmgesellschaft gewesen war. Das Haus lag unmittelbar am See und war an drei Seiten von Sträuchern und Baumgruppen umgeben, die einen wunderschönen Park bildeten. Während des Krieges war die Einrichtung aus dem Haus entfernt worden, und die Russen hatten es für uns möblieren müssen. Trotz seines gelben Anstriches erhielt es prompt den Spitznamen ›das Kleine Weiße Haus‹ ...

Ungefähr zwei Straßenblöcke von mir entfernt war Premierminister Churchill in einem ungefähr ebenso großen Hause an der Ringstraße Nr. 23 untergebracht. Auch Marschall Stalin wohnte in Neubabelsberg, ungefähr anderthalb Kilometer von mir entfernt, auf dem Wege nach dem Cecilienhof, wo die Konferenz tagte.«

Wegen der britischen Unterhauswahlen samt dem sich daraus ergebenden Regierungswechsel in London sowie einer Erkrankung Stalins zog sich die Konferenz etwas hin, so daß Truman länger in Deutschland bleiben mußte als vorgesehen. Neben business as usual wie einer Truppeninspektion in Frankfurt/Main gab er vom Little White House aus den Befehl, am

6. und 9. August 1945 die ersten beiden Atombomben über Hiroshima und Nagasaki auszuklinken.

Die Ritterburg im schottischen Tudorstil schräg gegenüber in der **Karl-Marx-Straße 66** stammt von dem Lebenskünstler Gustav Lilienthal, dem jüngeren Bruder des Flugpioniers Otto. Lilienthal, dessen Arbeiten als Baumeister sich auf nur 15 seiner insgesamt 84 Lebensjahre konzentrierten, ging auch nach dem Tod seines Bruders vor allem weiterhin seinen flugtechnischen Ambitionen nach. Er erfand zusammen mit seinem Bruder den legendären Anker-Steinbaukasten, lebte als Farmer in Australien und gründete eine genossenschaftliche Gartenheimstätte – die Berliner »Freie Scholle«.

Das 1895 für den Kommandeur der Lichterfelder Kadettenanstalt gebaute Haus machte die UFA in den 30er Jahren zu ihrem Gästehaus. Heinz Rühmann, der sich als junger Theaterschauspieler zusammen mit einem befreundeten Kollegen 1927 zunächst »in Halensee eine gemeinsame Jungegesellenwohnung, mit Diener« genommen hatte, wohnte hier ab 1930 während diverser Filmaufnahmen (u.a. *Bomben auf Monte Carlo*). 1938 kaufte Rühmann sich ein Haus, das er jedoch erst nach seiner Hochzeit mit seiner zweiten Frau Hertha Feiler im Juli 1939 bezog. In seinen Erinnerungen *Das war's* vermerkt er:

»Wir wohnten nicht weit von den Studios in Babelsberg, die wir in fünf Minuten mit dem Auto erreichten. Als es kein Benzin mehr gab, steckten wir den Holzgasofen an, der im Kofferraum des Autos eingebaut war. Mal wollte er, mal nicht. Meistens nicht. Später wurde der Wagen requiriert, und wir zockelten mit Pferdchen und Wagen zur Arbeit. ...

Keiner aus meinem Freundeskreis hat sich nach dem Wohlwollen der braunen Herren gedrängt, aber wenn ein Künstlerempfang angesetzt war, mußten wir hin. Hans Moser konnte genauso wenig dafür, daß Hitler an ihm geradezu einen Narren gefressen hatte, wie ich, daß Hitler mir – so komisch es klingt – einmal wörtlich erklärte, er habe ›in einer schweren Stunde, mitten im entscheidenden Kampf um die Macht in den Münchner Kammerspielen, Ende der 20er Jahre, durch Maria Bard und mich ›erlösende Kräfte‹ geschöpft. Wir spielten damals leicht frivole französische Salonstücke!«

Unsere nächste Adresse heißt **Karl-Marx-Straße 8**, doch müssen wir dazu mit der Virchowstraße rechts abbiegen, weil das versteckte Haus nur von hier aus – zwischen den Nummern 8 und 12 – einigermaßen auszumachen ist. Spektakuläres hat hier stattgefunden, als der UFA-Star Gustav Fröhlich vorübergehend das Haus bewohnte; doch wie und wo es wirklich gewesen ist, dazu kursierten von Anfang an die unterschiedlichsten Gerüchte. Die Neubabelsberger behaupten selbstverständlich, es habe bei ihnen stattgefunden; doch manches spricht dafür, daß es doch unweit der Goebbels-Villa auf dem Berliner Schwanenwerder gewesen sei. Jedenfalls kolportiert Friedemann Beyer:

»Solange es bei flüchtigen Abenteuern blieb, duldete Magda Goebbels zähneknirschend die Seitensprünge ihres Mannes. Dann aber lernte der Herr Propagandaminister kurz vor der Olympiade 1936 Lida Baarova kennen. Er verliebte sich in die junge tschechische Schauspielerin, als er in Neubabelsberg die Dreharbeiten zu Paul Wegeners Film *Stunde der Versuchung* besuchte, in dem sie neben Gustav Fröhlich die Hauptrolle spielte.

Lida Baarova war dunkel, zierlich und hatte wunderschöne Mandelaugen. Sie war mit ihrem Filmpartner befreundet und bewohnte mit ihm zusammen ein Haus. ... Gerüchte machten die Runde, von denen auch Gustav Fröhlich hörte. Der wollte wissen, woran er war, und lauerte eines Abends Goebbels auf, der mit Lida Baarova im Auto gerade heftig knutschte. Fröhlich soll den Reichspropagandaminister aus dem Auto gezerrt und abgewatscht haben – das jedenfalls kolportierte man in Berlin, wo sich der Zwischenfall sofort herumsprach. Wahrscheinlicher ist, daß Fröhlich nicht Goebbels, sondern seine Freundin geohrfeigt hat. Jedenfalls gab Fröhlich Lida Baarova den

Laufpaß, und Magda Goebbels ging zu Hitler und bat ihn, sich scheiden lassen zu dürfen. Hitler stellte Goebbels vor die Wahl, sich entweder von Lida Baarova zu trennen oder als Propagandaminister zurückzutreten. Goebbels soll sich eine Weile mit dem Gedanken getragen haben, als Botschafter nach Japan zu gehen. Doch was sollte dann aus der deutschen Vorzeigefamilie werden?

So entschied er sich für die Pflicht: Lida Baarova wurde auf Betreiben Hitlers ausgewiesen. Sie kehrte nach Prag zurück, wo sie bis Kriegsende blieb. Seit den 50er Jahren lebte sie zurückgezogen in Salzburg. Goebbels hat Lida Baarova nie mehr gesehen.«

Übrigens wurde aus der »dem ProMi*-ein-paar-Ohrfeigen-verpaßt-haben-Affäre« auch noch ein Spruch aus Volkes Mund, der sich seinerseits auf einen hübschen Satz des Kabarettisten Werner Finck berief: »Ich möchte gerne mal F'fröhlich sein!«

Auf dem Weg zur Sichtschneise auf das Fröhlich-Domizil passieren wir das Anwesen **Virchowstraße 1-5**. Hier wohnte ursprünglich einmal 29 Jahre lang der »preußische Pestalozzi«, der Regierungsschulrat Wilhelm Carl Christian von Türk, ein Jurist, der seit seinem vierten Lebensjahr auf dem linken Auge blind und auf dem linken Ohr taub war. Nach dem Studium in Jena ging er zunächst in den Verwaltungsdienst, in dem er zum ersten Mal massiv mit der »Unbildung der Unterthanen« konfrontiert war. Nach zwei längeren Studienaufenthalten bei Pestalozzi persönlich baut er – während der napoleonischen Kriege im Exil – im schweizerischen Vevay seine erste eigene Privatschule auf. Nachdem er der »Frau Minister von Humboldt« und ihren drei Töchtern im Verlauf einer gemeinsamen Bildungs- und Vergnügungsreise die Schönheiten der Schweiz gezeigt hat, wird er zunächst in Frankfurt/Oder und ab 1817 in Potsdam in den preußischen Staatsdienst berufen. Zwar wird er nach einer Choleraerkrankung mit 59 Jahren bei Fortzahlung seines Gehaltes von 1000 Talern pensioniert, aber jetzt erst recht schafft er sich in Gestalt der »Waisenversorgungsanstalt zu Klein-Glienicke« – anfangs mit 14 Zöglingen – seine pädagogische Provinz im dortigen Jagdschloß. »Für den Kauf des Schlosses hatte er seine geliebte und wertvolle Gemäldesammlung hingeben müssen. Da er seit 1829 wieder einige Schüler als Pensionäre um sich gesammelt hatte und mitnimmt, sehen wir hierin den Beginn der Waisenversorgungsanstalt, die dann 1832 ins Leben gerufen wird. Namhafte Bürger aus Potsdam und Berlin hatten dazu beigetragen. ...« Ein paar Jahre nach dem Tode des Regierungsschulrates – mittlerweile betrug die Zahl der Zöglinge 66 – kaufte Preußenprinz Carl der Stiftung das Jagdschloß ab »und vergrößerte es zu einem Wohnsitz weiterer Familienmitglieder. Dafür erbaute er für die Stiftung dem Schloß gegenüber ein neues Haus in seinem Pomeranzengarten, der dem Waisenhaus als Eigentum verblieb.« (Georg Kuhnke)

Nach zwei Umbauten des privaten Anwesens der von Türk kaufte der Rüstungsindustrielle Günther Quandt 1928 Haus und Grundstück – gerade recht zur Heirat des 47jährigen mit dem 21 Jahre jüngeren, exzentrischen Starlet Magda geborene Behrend, adoptierte Friedländer, legitimierte Ritschel. Sie hat mit Günther Quandt einen Sohn, langweilt sich im Luxus der Virchowstraße, läßt sich vom Erscheinungsbild des aufstrebenden Nationalsozialismus und sehr bald vom Gauleiter Joseph Goebbels selbst faszinieren, wird schnell dessen Geliebte und heiratet ihn gleich nach der Scheidung von Quandt Ende 1931. Nicht ohne vorher noch aus der Villa manches mitgenommen zu haben, obwohl sie eine fürstliche Abfindung bekommt.

Vorbei am Haus des Rennfahrers Hans Stuck, **Nummer 19**, in dem Erich Kästner während seines Berufsverbotes ebenso gern gesehen war wie bei Brigitte Horney, erreichen wir in der **Virchowstraße 21** die von Truman schon erwähnte Residenz von Winston Churchill. Dort wohnte der schon 70jährige Staatsmann mit seiner Tochter Mary, bis er die Potsdamer Konferenz nach der Wahlniederlage der englischen Konservativen verlassen und für seinen Nachfolger Clement Attlee von der Labour-

Party den Platz räumen mußte. Ursprünglich entstanden war das neobarock wirkende **Haus Urbig** in den Jahren 1915-17 – nach Plänen des berühmten Ludwig Mies van der Rohe. Da er sich sehr an den großbürgerlichen Bedürfnissen seines Bauherren orientieren mußte, ist noch nichts zu spüren von der funktionalen Sachlichkeit seiner späteren Entwürfe.

Die Tochter Elisabeth des Bankiers Franz Urbig, der als Mitinhaber im Aufsichtsrat der Deutschen Bank saß, konnte 1945 nur zwei Stühle und die Baupläne des Architekten »retten«. Sie ließ nach erfolgreicher Restitution das Haus 1992-94 gemäß dieser Originalentwürfe sorgfältig restaurieren. Im Hochschul-Gästehaus der DDR-Zeit konferieren jetzt die Mitarbeiter einer Filmproduktionsfirma. Ob sie wohl wissen, daß bereits Mitte der 20er Jahre in dieser ihrer Villa die UFA den Film *Frischer Wind aus Kalkutta* gedreht hat?

Über die Robert-Koch-Straße links spazieren wir zur **Domstraße 28/30**, der Villa des jüdischen Filmproduzenten Alfred Zeissler. Eine besondere Begabung zeigte er für Krimis, doch obwohl er in den Anfangsjahren des Tonfilms in seinem Genre erfolgreicher war als Alfred Hitchcock, nahmen ihm die Nazis mit der Gleichschaltung des deutschen Films und dem Rasseparagraphen der Reichskulturkammer jede Berufs- und Lebenschance. Bevor er Deutschland 1938 endgültig verließ, ging das kostbar möblierte Haus samt einem Teil seiner Kunstsammlungen in den Besitz des neuen Vorzeigepaars der UFA über – als Ehe- wie als Berufspartner: Marika Rökk, 25, und Georg Jacoby, 56. Die hatten sich vier Jahre zuvor ausgerechnet in der **Zeissler-Villa** kennen und zunächst ganz und gar nicht lieben gelernt. Rund 230 Filme drehte Jacoby; die erfolgreichsten des Regisseurs waren und blieben die mit seiner Frau. Schon während des ersten gemeinsamen Films – *Heißes Blut*, 1934 – kam man sich dann näher; aber erst während der Dreharbeiten zu *Kora Terry*, 1940, wurde geheiratet; und selbst als sie schon längst Eltern geworden und nach zehn Ehejahren wieder geschieden waren, leisteten sie sich noch einen großen gemeinsamen Erfolg: *Nachts im grünen Kakadu* von 1957. Namen über Namen kommen in Marika Rökks Autobiographie *Herz mit Paprika* vor, aber keiner so oft wie Jacoby.

»Ich weiß, daß ich Sex ausstrahle. Männer haben mich immer mit diesem Blick betrachtet, der eng mit dem Gedanken an ›Bett‹ zusammenhängt. Ich habe es, im Vertrauen gesagt, immer sehr genossen. Ich zeige heute noch gerne meine Beine (mit 61 Jahren, d. Verf.). Aber ich finde nicht, daß Sex sich in der Zahl der Affären ausdrückt, die man hinter sich bringt. Insofern bin ich ein braves Frauchen gewesen. Und ich weiß, daß man ein überschäumendes Temperament wie meines zum Beispiel auch bei einem Mann unterbringen kann, wenn der Mann danach ist. Jacoby war danach. ...«

Das teure »neue große Haus« hatte das Ehepaar Jacoby im Zuge der sogenannten Arisierung jüdischer Unternehmen und Besitztümer dem Kollegen Zeissler 1938 abgekauft und sogleich bezogen. Die Rökk wurde als Eigentümerin im Grundbuch eingetragen und hat nach der deutschen Wiedervereinigung prompt Rückübertragung des Anwesens beantragt, das die Rote Armee im Jahr 1945 beschlagnahmt hatte. Kurz bevor die Sowjets Neubabelsberg erreichten, war die hochschwangere Marika samt Familie nochmals nach Potsdam getrampt, um »aus unserer Wohnung in der Domstraße 11 (sic!) ein bißchen Schmuck, Wäsche, Pelze zu holen. Dann schlossen wir die Tür – zum letztenmal.«

Sehr bald nach der Wiederherstellung der deutschen Einheit kam es zu einem makabren Nachspiel der Arisierung des Zeissler-Hauses – mag sie nun erzwungen, erschlichen oder erpreßt worden sein. Sie gedieh zu einem handfesten Rechtsstreit zwischen den Rökks und den Zeisslers. Dazu berichtet Julius H. Schoeps, jüdischer Historiker am Moses-Mendelssohn-Zentrum von Potsdam:

»Ein Fall, der kürzlich Schlagzeilen machte, ist der Restitutionsanspruch der Schauspielerin Marika Rökk, die mit ihrem Lebensgefährten, dem Regisseur Georg Jacoby, in Babelsberg

1935 ein Haus von dem Regisseur Alfred Zeissler rechtmäßig erworben haben will. Der zwischenzeitlich verstorbene Zeissler hat das bestritten. Er habe das Haus nicht verkauft, es sei ihm vielmehr ›gestohlen‹ worden, heißt es angeblich auf einer von seinen Erben vorgelegten Tonbandaufzeichnung.« – Im Jahr 2001 hat die Rökk ihr Restitutionsbegehren zurückgezogen.

Nun gehen wir die **Rosa-Luxemburg-Straße** hinunter und halten bei der **Nummer 40** an. Der Architekt Jean Krämer baute das Haus um 1924 für den jüdischen Kaufmann Hans Norbert Wiener. Von Mai 1934 bis April 1935 lebte hier zurückgezogen der spätere erste Bundeskanzler Konrad Adenauer, ehemals Oberbürgermeister von Köln und Präsident des Preußischen Staatsrates. Die neuen Herren hatten den christlich-konservativen Mann angewiesen, seine Ämter niederzulegen und sich nicht länger politisch zu betätigen. Nach dem sogenannten Röhm-Putsch wurde er in Potsdam inhaftiert und verhört. Danach schien ihm die Villa Wiener nicht mehr sicher genug, und er tauchte bei anderen Freunden im Westerwald unter.

Auch der Startenor Richard Tauber mußte vor Nazismus und Rassismus 1933 fliehen und seine luxuriös ausgestattete Villa **Rosa-Luxemburg-Straße 24** verlassen. »Er verhalf dem jungen deutschen Tonfilm mit seiner unverwechselbaren Stimme zum Durchbruch. Auf der Leinwand und im Konzertsaal war Tauber der strahlende Tenor – auf der Straße wurde er wegen seines jüdischen Großvaters zusammengeschlagen.« (Renate Drommer/Gabriele Schwartzkopf, *MERIAN Potsdam*)

Lange Zeit waren sie Nachbarn gewesen in den Häusern **Rosa-Luxemburg-Straße 26 und 27** – die miteinander befreundeten DDR-Schriftsteller Eduard Claudius und Hans Marchwitza. Aber dann kam es zum Streit zwischen den beiden Frauen, so daß Claudius beschloß, sich auf seine älteren Tage am Finkenweg in der Templiner Vorstadt noch sein eigenes Landhaus zu bauen – die letzte Adresse des Hochgeehrten, der die DDR als hochrangiger Diplomat in Syrien und Vietnam vertrat. (Vgl. S. 327)

Die Gedenktafel am Hause **Nummer 27** erinnert an Hans Marchwitza – auch er mit dem Nationalpreis der DDR geehrt, und dies sogar zweimal – und seine zweite Frau, Hilde Stern. Der sogenannte schreibende Arbeiter, der im November 1946 aus dem US-Exil zurückkehrte und sich in der damaligen Sowjetischen Besatzungszone niederließ, war so etwas wie ein Vorzeige-Schriftsteller des »ersten Arbeiter- und Bauern-Staates auf deutschem Boden«. Was unter anderem eine Passage aus der Schrift *Zum Problem der Beziehungen zwischen Kunst und Wirklichkeit* des Leipziger Ästhetik-Professors Erhard John belegt:

»Kunstwerke sind danach zu bewerten, ob sie eine künstlerische Wahrheit verkörpern oder nicht, beziehungsweise inwiefern sie das tun. Deshalb muß auch die Literaturwissenschaft die Frage nach der künstlerischen Wahrheit als ein grundlegendes Kriterium für die Bewertung von Werken der Literatur stellen. ... Wir ... müssen fragen, was der Dichter denkt und fühlt, *wofür* er mit künstlerischen Mitteln kämpft und sich einsetzt. Wir begrüßen zutiefst die Ehrlichkeit eines Maxim Gorki und Erich Weinert, eines Pablo Neruda und Nazim Hikmet, eines Hans Marchwitza und eines Bruno Apitz, die ihre Ehre darein setzten, die große Wahrheit unserer Epoche, die historische Mission der Arbeiterklasse und die Gesetzmäßigkeit des sozialistischen Aufbaus zu erkennen, sie künstlerisch zu verkünden.«

Aus Anlaß seiner Heimkehr nach Deutschland schrieb Hans Marchwitza das Gedicht *Frieden*:

»Auf die kahlen Trümmer
Fällt ein Morgenrot,
Viele sehn es nimmer,
Sie liegen tot.

Könnt's ein Mund erzählen,
Wär's nur Gram und Blut,

Ihre Brände schwelen
Noch im Schutt.

Könnt's die Erde sagen,
Warum sie so leer,
Wär's ein einzig Klagen.
Ihr Kreuz war schwer.

Glocken hallen wieder,
läuten Frieden ein.
Tränen tropfen nieder,
Solln die letzten sein.«

Daß solche naiven Texte zu DDR-Literatur werden konnten, ist tatsächlich nur zu erklären durch die konsequente Parteilichkeit des Autors, der entschieden auftrat gegen die Unterdrückung von Geknechteten und Ausgebeuteten – im Rahmen einer proletarischen Musterbiographie: Sohn eines Tagelöhners und einer Erzschlepperin –, nach dem frühen Tod von Vater und Mutter schon mit 14 Jahren Ernährer der Geschwister als Steineschlepper in einer Erzgrube in Schlesien – Bergarbeiter an der Ruhr – Freiwilliger des Ersten Weltkriegs. Er verweigert den Gehorsam und wird dafür schwer bestraft – Hofsänger – Hausierer – Gelegenheitsjournalist – Mitglied der KP mit 33 Jahren – für seinen ersten Roman wegen literarischen Hochverrats verurteilt – von den Nazis zur »Ausmerzung« vorgesehen – Flucht über die Schweiz nach Paris – Offizier der 13. Internationalen Brigade im Spanischen Bürgerkrieg – schwer verwundet – nach der Flucht über die Pyrenäen in Frankreich interniert – Flucht in die Vereinigten Staaten – Heimkehrer 1946 – Gründungsmitglied der Akademie der Künste 1950. Beigesetzt wurde er auf dem Friedhof der Sozialisten in Berlin-Friedrichsfelde; eine Straße und das Kulturhaus Potsdam tragen seinen Namen.

Rechts ab zum **Johann-Strauß-Platz 11** zum **Haus Gugenheim**, das der einflußreiche Architekt, Diplomat und Kunstschriftsteller Hermann Muthesius 1921/22 als schlicht-sachlichen Landsitz aus Backsteinen hochzog. Bauherr war der jüdische Seidenfabrikant Hans Gugenheim, worauf die Initialen im Tor hinweisen. Muthesius gehörte zu den Mitbegründern des Deutschen Werkbundes und vertrat konsequent den Stil der profanen Neuen Sachlichkeit. Vor allem mit zahlreichen Land-, Klein- und Reihenhäusern hat er jahrzehntelang die deutsche Baukunst mit bestimmt. Als Gugenheim 1936 seine Seidenweberei in Potsdam-Nowawes und sein Landhaus aufgeben und das Deutsche Reich verlassen mußte, zog hier Brigitte Horney ein, die als die erotischste Schauspielerin des deutschen Films der 30er und 40er Jahre galt. Sie war befreundet mit dem Schauspieler-Kollegen Joachim Gottschalk, der sich weigerte, sich von seiner jüdischen Frau und seinem achtjährigen Sohn aus »rassepolitischen« Gründen zu trennen. Ende 1941 beging die Familie gemeinsam Selbstmord. Trotz eines Verbotes des Propagandaministeriums erschienen zur Bestattung die Schauspieler Ruth Hellberg, Brigitte Horney, René Deltgen, Gustav Knuth und Wolfgang Liebeneiner. Insbesondere die Horney wurde danach schikaniert und bedroht, verließ 1943 Deutschland in Richtung Schweiz und lebte ab 1950 in den USA. Bedarf es noch eines erinnernden Hinweises auf *Jakob und Adele* oder *Die Guldenburgs?!* Übrigens schrieb der bei seiner Freundin Biggi Horney untergeschlüpfte Erich Kästner in diesem Haus 1942 das Drehbuch zum letzten großen UFA-Film *Münchhausen*, obwohl er von der Reichsschrifttumskammer der Nazis mit Berufsverbot belegt worden war. Im Nachspann erschien ein Phantasiename.

Wir biegen links wieder in die **Karl-Marx-Straße** ein und besuchen **Nummer 24**. In diesem Haus lebte in den Kriegsjahren die Schwester von Henning von Tresckow, der ab August 1943 hier die konspirativen Treffen der Anti-Hitler-Verschwörung organisierte. Tresckow, der zunächst vom Dritten Reich sehr angetan war, wurde später aus Sorge um den Geist Preußens zum Hitler-Gegner und suchte nach dem Scheitern des

Attentats vom 20. Juli 1944 an der Ostfront den Freitod (vgl. S. 62).

In der **Karl-Marx-Straße 27** befand sich die dritte Residenz der Großen Drei der Potsdamer Konferenz und zwar die von Marschall Josef Stalin. In seinen *Erinnerungen* schreibt Marschall Georgi K. Schukow, der mit der Vorbereitung der Konferenz beauftragt worden war, über den 16. Juli 1945:

»Der Sonderzug mit Stalin, Molotow und anderen war eingelaufen. Ich begrüßte Stalin auf dem Bahnsteig. Er war gut gelaunt, ging auf die Gruppe der zum Empfang Erschienenen zu und hob zum Gruß kurz die Hand. Er ließ seinen Blick über den Bahnhofsplatz schweifen, setzte sich gemächlich in den Wagen, öffnete dann noch einmal die Tür und forderte mich auf, neben ihm Platz zu nehmen. Unterwegs erkundigte er sich, ob alles zur Eröffnung der Konferenz bereit wäre.

Stalin sah sich in der für ihn vorgesehenen Villa um und fragte, wem sie früher gehört hätte. Man teilte ihm mit, daß dies die Villa eines Generals gewesen sei. Stalin mochte keine Luxuseinrichtung. Nachdem er sich die Räumlichkeiten angesehen hatte, ordnete er an, überflüssiges Mobiliar fortzuschaffen. Dann erkundigte er sich, wo ich, Antonow und die anderen aus Moskau mitgekommenen Militärs uns aufhalten würden.

›Ganz in der Nähe, in Babelsberg‹, erwiderte ich. …

Gleich darauf trafen sich die Außenminister, während Premierminister Churchill und Präsident Truman Stalin einen Besuch abstatteten. Anderntags erwiderte Stalin ihren Besuch.«

Auch die Drehbuchautorin und Romanschriftstellerin Helga Schütz hat Erinnerungen an dieses Haus. Dem *Berliner Ring* vertraut sie unter der Überschrift *Im Grenzgebiet, warum zu Hause* an:

»Wir kauften uns schnellstens ein Paddelboot. … Es gab so viele blaue Wege und soviel Grün in Potsdam und rings um Berlin. Es war noch vor der Datschenzeit. Dichte Schilfgürtel säumten die Ufer. Es gab noch keine Mülldeponien für den Westdreck, wie zum Beispiel jetzt in Ketzin. Inzwischen saß da ein

Liebster mit im Boot und bald auch ein Knäblein. Ich war inzwischen mit meinem Abitur von Potsdam nach Potsdam-Babelsberg an eine Hochschule gegangen, eine für Filmkunst. Unserer Fachrichtung Dramaturgie gehörte das Stalin-Haus. Hier hatte Stalin während der Zeit der Potsdamer Konferenz gewohnt. Eine prächtige Villa am Ufer des Griebnitzsees. Ein Paradies. Die Erinnerungstafel war abgeschraubt worden. Sie stand im Keller. Wir fotografierten Buchstaben für einen Spruch von Eisenstein.

Die Zwänge lockerten sich. Wir schüttelten Angst ab und rieben uns den Schlaf aus den Augen ... Unser Paddelboot bekam einen neuen Liegeplatz am Stalin-Haus. Wir stiegen aus dem Wasser. Wo war die Mitte? Das Zentrum? Berlin? Was war aus dem Randland geworden? Eine alte schöne Brücke war durch eine neue ersetzt, das Stadtschloß war abgeräumt, die Garnisonkirche gesprengt, Kanäle zugeschüttet worden. Verloren waren kostbare Bauten und damit – so könnte es sein – auch Tugenden. Der Geist von Potsdam, der preußische Militarismus, sollte damit ausgerottet werden. Die preußischen Kasernen aber waren stehengeblieben und ausgebaut worden. Die neue Kriegsmaschinerie wütete in den Wäldern. Rechts und links der Straßen Übungsplätze.«

Erbaut hatte das Haus der schwedische Architekt Alfred Grenander, den die Berliner Biographen gerne den Haus- und Hofarchitekten der Berliner Verkehrsbetriebe nennen. Denn tatsächlich hat Grenander von 1900 bis zu seinem Tode 1931 vor allem Bahnhöfe und Viadukte für die Berliner Hoch- und Untergrundbahn-Gesellschaft gebaut. (Seine U-Bahnhöfe Wittenbergplatz (1913), Hermannplatz (1926) und Krumme Lanke (1928) sind sorgfältig restauriert worden und stehen unter Denkmalschutz.) Bauherr hier am Ufer des Griebnitzsees aber war Paul Herpich, Teppichfabrikant und Mitinhaber des Berliner Kaufhauses C. A. Herpich.

Das Haus Nummer 28/29 stand Anfang des Jahres 2001 zum Verkauf. 4,6 Millionen Mark verlangte – nach Auskunft einer

Maklerin – der Enkel des Berliner Bankiers Hans Mosler, für den Mies van der Rohe in den Jahren 1924-26 das vornehme Gebäude baute.

»Auf einen alten Toilettenpapier-Halter ist die junge Bauforscherin Claudia Mohn besonders stolz. Schließlich stammt das originale Stück aus einem Haus, das der weltberühmte Architekt Ludwig Mies van der Rohe (1886 bis 1969) entworfen hat. In einem Schuttcontainer vor einer Babelsberger Villa fand die Wissenschaftlerin den Klopapierhalter – zwischen Stücken von Villeroy-&-Boch-Fliesen und Parkett. ›Mit Preßlufthammer und Kreissäge‹ sei das Haus renoviert worden. Das Entsetzen spricht aus ihren Sätzen und ihrem Gesicht. Denn die Mies-Villa hatte die Jahre relativ gut überstanden – obwohl sie nach dem Mauerbau im Sperrbezirk an der Sektorengrenze lag, dann als Kinderkrankenhaus und schließlich als Behinderten-Wohnheim genutzt wurde. ›70 bis 80 Prozent der originalen Innenausstattung wären bis zum Sommer 2000 rettbar gewesen‹, sagt Mohn.« (Susanne Rost)

In **Nummer 31** wohnte der preußische Landrat von Achenbach, der 1901-06 südlich von Berlin den Teltow-Kanal bauen ließ. Und Heinrich Seeling – der Architekt des Theaters am Schiffbauerdamm, des heutigen Berliner Ensembles – genoß es, jeden Abend von der Arbeit in der Hauptstadt zur Erholung in die Vorstadt-Villa **Nummer 34** zurückkehren zu können.

Ein paar Schritte zurück und rechts hinauf durch den Bergweg erreichen wir die Villa **Spitzweggasse 6.** Otto Sior baute sie »im florentinischen Stil« für den Kunsthistoriker und Islamwissenschaftler Friedrich Sarre, der die islamische Abteilung des Pergamonmuseums leitete. Der Löwenfries am Turm entstand als »Resteverwertung«: Als im Museum das Ischtar-Tor aufgestellt wurde, mußten für den Löwenfries fehlende und beschädigte Köpfe nachgebrannt werden. Der Überschuß wanderte nach Babelsberg. In der Villa befand sich eine bedeutende Kunstsammlung, deren Objekte Professor Sarre auf seinen Orientreisen zusammengetragen hatte. Zu persönlichen Freunden des Hausherrn schon vor dem Ersten Weltkrieg gehörten u.a. AEG-Direktor Walther Rathenau und der türkische Militärattaché Enver Pascha, der im Hause Sarre viele seiner engen Beziehungen zu Deutschland knüpfte. Sie bewährten sich, als der Pascha sie beim Ausbruch des Krieges als einflußreiche und diskrete Fürsprecher für den Abschluß des geheimen türkisch-deutschen Defensiv-Bündnisses mobilisieren konnte. Als nach Kriegsende Enver Pascha vor ein Kriegsgericht gestellt werden sollte, flüchtete er sich kurzzeitig in das Haus Sarre.

Den nächsten Stopp machen wir vor der **Spitzweggasse 3**, dem ersten Bau des damals 20jährigen Mies van der Rohe. Nachdem ein Philosophieprofessor auf der Anhöhe über dem Griebnitzsee das Grundstück erworben hatte, schickte er den damals noch schlicht Ludwig Rohe heißenden Architekten auf eine sechswöchige Studienreise durch Italien. Er solle sich vor allem von norditalienischen Landhäusern inspirieren lassen, hieß die Devise. Von dem dabei herausgekommenen Entwurf von 1907 hat sich Mies später distanziert. Zu DDR-Zeiten waren in diesem Haus Teile der Filmhochschule untergebracht, dann stand es leer, bis es 1998 verkauft wurde – seitdem ist es in Privatbesitz.

Wir schlendern am umzäunten Gebiet der Sternwarte und des Astrophysikalischen Institutes entlang und biegen links ab zum Haus **Hermann-Maaß-Straße 67** (vormals Heimdalstraße), das im Dritten Reich Gertrud Droste gehörte und mehrfach Unterschlupf bot für Menschen aus dem Hitler-Widerstand. Vom 27. September 1944 bis zum 10. Mai 1945 war – nach zahlreichen konspirativen Wohnungswechseln – der Keller des Hauses Zuflucht für den katholischen Gewerkschafter Jakob Kaiser, für das Zentrum Abgeordneter des Deutschen Reichstages. Die Verschwörer des 20. Juli hatten ihn als Minister in der Reichsregierung unter Kanzler Goerdeler vorgesehen. Nach 1945 wurde Kaiser Mitbegründer der CDU in der Sowjetischen Besatzungszone. Nach harten Auseinandersetzungen mit kommunistischen Politikern und sowjetischen Verbindungsoffizieren ging er bereits 1946 nach Westberlin, wurde Stadtverordneter und vertrat die Stadt im Parlamentarischen Rat. Bundeskanzler Konrad Adenauer holte Kaiser als Minister für Gesamtdeutsche Fragen 1949 in die Bundesregierung, der er bis 1957 angehörte. Von den letzten Kriegsmonaten und der Befreiung erzählt Kaisers Mitarbeiterin Elfriede Nebgen in *Jakob Kaiser. Der Widerstandskämpfer*:

»Ein kleiner, aber sehr guter Radioapparat, von Freunden zur Verfügung gestellt, ließ ihm die Verbindung zur Welt. Aber auch sonst war es nicht einsam um ihn. Lektüre füllte viele Stunden. Oft saß er an seinem Tisch – ein auf einem Kofferständer aufgebauter Koffer – und studierte englische Vokabeln und Satzlehre. Er wollte in der Lage sein, sich beim Einzug der Amerikaner, mit dem jeder rechnete, in aller Form zu legitimieren. ...

Aber nicht die Amerikaner würden der Feind sein, der aufgehalten werden sollte. Magdeburg und Leipzig waren zwar von ihnen besetzt. Sie standen an der Elbe. Aber ihr Marsch auf Berlin, auf den wir warteten, fand nicht statt. Die Eroberung der Hauptstadt hatte man den Russen überlassen. Mit Erschrecken nahmen wir es auf. Jakob Kaiser hatte seine englischen Vokabeln und die Satzlehre umsonst gelernt. Und zum Studium des Russischen war es zu spät ...

Um Babelsberg selbst wurde nicht gekämpft, wohl aber hatten sich die Russen im Wald ringsum eingegraben und Geschütze aufgestellt. Am 26. April begann die fünf Tage dauernde Beschießung von Potsdam. Unaufhörlich gingen die Granaten über unsere Köpfe hinweg.

Am gleichen Tag erhielt Kaiser den ersten neugierigen Russenbesuch in seinem Keller. Er mußte Kostproben von eingemachten Früchten nehmen, die dann mitgenommen wurden. Im Anschluß daran der Versuch eines Gesprächs, das zwar von keiner Seite verstanden wurde, aber doch freundlich verlief. Bei den Nachrichten von immer neuen Brutalitäten schien das erstaunlich. Bei mir weckte allerdings auch weiterhin jeder Soldatenschritt, der sich dem Hause näherte, neue Sorge, während Jakob Kaiser den russischen Soldaten gegenüber stets unbefangen blieb. Vielleicht war das der Grund, daß uns nie Unfreundlichkeiten widerfuhren.«

Kaisers guter Engel, Gertrud Droste, erlebte das Ende des Krieges nicht mehr. Acht Tage vor der bedingungslosen Kapitulation ereilte sie eine verirrte Granate in ihrem Garten.

Bleiben zum Schluß eine Viertelstunde Fußweg zur **Rudolf-Breitscheid-Straße Nr. 232**, dem jüngst wiederhergestellten Geburtshaus des Schriftstellers und Regisseurs Peter Weiss, das nach dem Bau der Mauer weder von Ost noch von West einsehbar, geschweige denn begehbar gewesen ist. Aufgrund der politischen und beruflichen Tätigkeiten seines Vaters – eines getauften Juden, Funktionärs der Sozialdemokratischen Partei und Textilingenieurs – kommt Weiss jedoch schon als Kleinkind nach Bremen; die prägenden Jugendjahre erlebt er in Berlins jüdisch-großbürgerlichem Bayerischen Viertel, auf dem Heinrich-von-Kleist-Gymnasium und vor allem auf der Schulfarm Scharfenberg auf einer Insel im Tegeler See. Aus rassischen und politischen Gründen verfolgt, geht die Familie zunächst ins böhmische Warnsdorf und nach der Besetzung Prags durch die Nazi-Wehrmacht über die Schweiz nach Schweden. Erst nach dem Tod der Eltern kann sich Peter Weiss zu einem selbständigen Leben emanzipieren. Obwohl er schwedischer Bürger wird und weder in der Bundesrepublik noch in der DDR eine politische Heimat als unabhängiger Sozialist findet, wird er in den Jahren 1964-71 zum bedeutendsten politischen Dramatiker beider deutscher Staaten. Nach einem Herzinfarkt arbeitet der Autor seit 1972 an seinem Hauptwerk, dem dreibändigen Roman *Die Ästhetik des Widerstands*, die er kurz vor seinem Tode beendet. In ihr »auserwählt er Vertreter der Arbeiterklasse zu Partnern autonomer Kunst und lädt ihnen damit die Bürde auf, Kunst zu legitimieren. Er zeigt, daß die politische Revolution erst in der Kulturrevolution ihre Vollendung findet, das heißt, daß die wirkliche Emanzipation der Arbeiterklasse der Kunst bedarf« (Norbert Krenzlin). An seinem 75. Geburtstag wurde an dem Haus eine Gedenktafel enthüllt, die sein Lebensmotto trägt: »In Gegensätzen denken«. Auch ein Findling aus Stockholm soll vor dem Theaterhaus in Potsdam (vgl. S. 35) an Peter Weiss erinnern.

In seiner Erzählung *Fluchtpunkte* erklärt Peter Weiss, daß er alle »Zugehörigkeiten« ablehne und schreibt: »Nur für meine Flucht, meine Feigheit wollte ich eintreten, keinem Volk, keinem Ideal, keiner Stadt, keiner Sprache angehören, und nur in meiner Losgelöstheit eine Stärke sehen.« Diesen Spaziergang mag der, der sein Leben lang über das Exil nachgedacht hatte, dennoch mit einem Wort aus seinem *Abschied von den Eltern* beschließen:

»Meine Niederlage ist nicht die des Emigranten vor den Schwierigkeiten des Daseins im Exil, sondern die Niederlage dessen, der es nicht wagt, sich von seiner Gebundenheit zu befreien.«

ACHTER SPAZIERGANG

Weltkulturerbe III: Im Schloß und Park Babelsberg

Was Prinzessin Augusta gezeichnet, Fürst Pückler vergoldet, Bismarck gemauschelt und die UNESCO geadelt hat

Der Park von Babelsberg mit dem Schloß und der etwas eigenwilligen Landschaftsmöblierung stand schon bei den Zeitgenossen des späten 19. Jahrhunderts und noch lange Zeit danach exklusiv für »unsern Kaiser Willem«, den wir angeblich wiederhaben wollten. Aber um Verwechslungen mit seinem ungeliebten Sohn Wilhelm II. zu vermeiden, ausdrücklich »den mit (Backen)Bart«. Mehr als 50 Jahre hatte er Sommer für Sommer – und des öfteren auch mal zwischendurch – in seinem Babelsberg geschwelgt und von ihm geschwärmt. Als Bismarck ihn im Spiegelsaal von Versailles zum Deutschen Kaiser proklamieren ließ, war er bereits 73 Jahre alt. Er starb 91jährig. So mag sich erklären, daß jedenfalls im kollektiven Gedächtnis Babelsberg zum Synonym für den »greisen« Monarchen wurde, für den unverwüstlichen Soldaten-Kaiser, für den ergrauten Oberstkommandierenden der deutschen Einigungskriege.

Doch ist der Eindruck falsch, als seien Park und Schloß Babelsberg das Auftragsprodukt von Prinz Wilhelm, dem Kartätschenprinzen der 1948er Revolution, gewesen und als spiegele es daher viel von seinem martialischen Charakter wider. Nein, Babelsberg ist ganz und gar das planerische Werk von Wilhelms ungeliebter Ehefrau, Prinzessin Augusta, geprägt und inspiriert von ihrem heimatlichen Weimarer »Musenhof« samt der dort entstandenen Hochschätzung eines vernunftgesteuerten aufgeklärten Absolutismus und einer tiefen Abneigung gegen Militär und Krieg. Immer wieder betont ihre Biographin Karin Feuerstein-Praßer in *Die Deutschen Kaiserinnen* Augustas tief verwurzelten Pazifismus, der sie in Gegensatz zu ihrem Gatten brachte. Und das erstmals schon zur Geburt des lang ersehnten Thronfolgers Fritz im Potsdamer Neuen Palais:

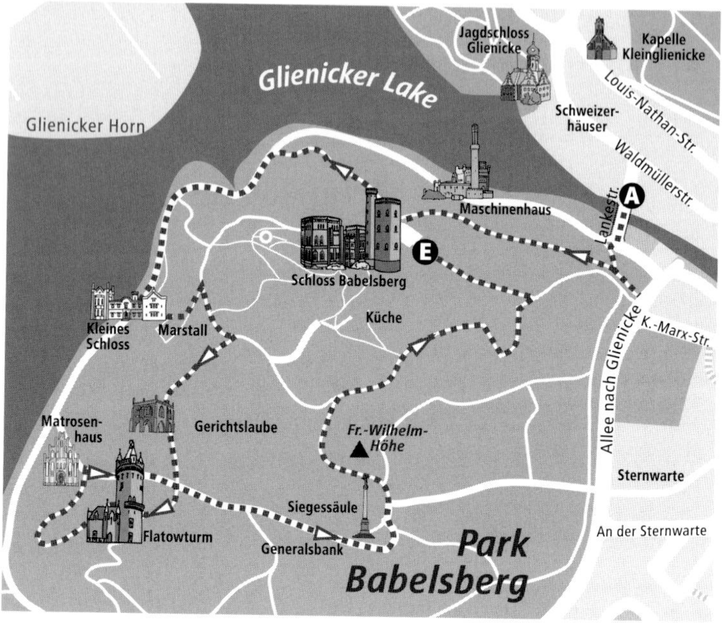

Glienicker Lake
Glienicker Horn
Jagdschloss Glienicke
Kapelle Kleinglienicke
Louis-Nathan-Str.
Schweizer-häuser
Waldmüllerstr.
Maschinenhaus
Lankestr.
A
E
Schloss Babelsberg
Kleines Schloss
Marstall
Küche
K.-Marx-Str.
Allee nach Glienicke
Matrosen-haus
Gerichtslaube
Fr.-Wilhelm-Höhe
Sternwarte
Siegessäule
Flatowturm
Generalsbank
Park Babelsberg
An der Sternwarte

»Augusta war von der schweren Geburt sichtlich erschöpft und brauchte längere Zeit, um sich zu erholen. Doch sie war vollkommen glücklich: ›Es ist eine Seligkeit‹, schrieb sie in einem Brief nach Weimar, ›die jede andere übersteigt.‹

Mit ihr und Wilhelm jubelte ganz Preußen, war doch nun endlich die Thronfolge gesichert, nachdem die Ehe des Kronprinzenpaares* nach wie vor kinderlos war. Stolz wurde der kleine *Muffi*, wie das Kind von seinen Eltern liebevoll genannt wurde, der Öffentlichkeit mit Militärmütze und Soldatenmäntelchen präsentiert. Schließlich hatte der Knabe nach guter Hohenzollern-Tradition in erster Linie seine soldatischen Fähigkeiten unter Beweis zu stellen, und damit konnte man offenbar nicht früh genug beginnen. Das war zwar nicht in Augustas Sinne, der alles Militärische zuwider war, aber hier hatte sie sich zu fügen. Gleichwohl tat sie natürlich ihr möglichstes, den Sohn auch in ihrem Sinne zu erziehen. ... Fritz sollte schließlich nicht nur Soldat, sondern später einmal ein umfassend gebildeter Regent werden.«

Und so kam der spätere Kaiser Friedrich als erste Königliche Hoheit der Hohenzollerndynastie auf die Universität. Was seinen Vater eher belustigte als verärgerte. Doch anderes erwartete Augusta auch nicht von ihrem intellektuell eher unbedarften Gatten, der es nach ihrer Einschätzung sowieso nur zu einem passablen Korporal gebracht hätte, wenn er nicht als Prinz geboren worden wäre. »Wilhelm lebte in alter Ritterromantik und mit handfesten Soldatenspielen. Es blieb einem Prinzen am preußischen Hof ja auch nicht viel mehr zu tun übrig.« (Gisela Heller)

»Treten wir in das Innere des Schlosses! Der Kastellan legt uns ein Fremdenbuch vor, auf dessen erster Seite von der Hand des Kaisers die Worte eingetragen sind: ›Am 3. August 1833 erteilte mir der König die Erlaubnis, meinen Lieblingsplan, auf dem Babelsberge ein Landhaus mit Garten gründen zu durfen, in Ausführung zu bringen.‹ Die weiteren Aufzeichnungen berichten von den Männern, die an der Ausführung des Planes mitgearbeitet, und von der Einweihung des Schlosses am 18. Oktober 1835, dem Geburtstage Friedrich Wilhelms, des nachmaligen Kaisers Friedrich.

Als Geburtstag von Schloß und Park ist der 3. August 1828 anzusehen. An diesem Tage war die königliche Familie zur Feier des Geburtstages Friedrich Wilhelms III. zum festlichen Mahle bei dem Prinzen Karl in Glienicke versammelt. Im Hinblick auf seine bevorstehende Vermählung äußerte Prinz Wilhelm dem späteren General-Garten-Direktor Lenné gegenüber den Wunsch, auch einen so schönen Besitz zu erwerben, wie Glienicke es war (vgl. S. 309), und meinte, der gegenüberliegende Babelsberg müßte dazu sehr geeignet sein. Zu seiner Freude erwiderte ihm der kunstsinnige Mann: ›Königliche Hoheit, das war schon längst meine Idee!‹«

Das schrieb ein gewisser C.F. Janke aus Potsdam im Jahr 1900 in einem *Lehrerhandbuch des brandenburgischen Pestalozzi-Vereins*. Der Autor erzählt von einer Schloßführung, an der er teilnahm, und erwähnt manche hübsche Kleinigkeit, die es heute nicht mehr zu sehen gibt. Aquarelle der Kaiserin, die sie Wilhelm zur Silbernen und zur Goldenen Hochzeit verehrt hatte, zum Beispiel oder Wilhelms Feldbett, das ihn auf mehreren Feldzügen begleitet hatte. Und Janke verzichtet auch nicht auf den Hinweis, daß Wilhelm – ähnlich wie viele seiner Vorfahren – darauf Wert legte, sein Ambiente jedem interessierten Besucher zu öffnen. Die Schaulust der Gäste zu befriedigen war ihm sogar wichtiger als die Erledigung der Staatsgeschäfte – von den privaten Bedürfnissen ganz zu schweigen.

»Als einst an einem heißen Sommertage im Arbeitszimmer ein Ministerrat stattfand, ließ er die offenstehenden Thüren schließen, damit die Fremden in dem Besuche des Schlosses nicht gestört würden. Er ertrug lieber die drückende Schwüle des Zimmers, als daß er die Besichtigung des Schlosses verboten hätte, und als er zu einer anderen Zeit im Bibliothekzimmer Anweisungen erteilte für die Aufstellung neuer Werke, da unterbrach er sich plötzlich, als er Fremde kommen hörte: ›Kommen Sie hinaus auf den Flur, bis die Gäste hier durchgeführt sind.‹«

Zugänge zum Park gibt es mehrere – vom Westen aus durch das Mühlenportal zum Beispiel, aber auch von Alt-Nowawes oder von der Sternwarte her. Wir beginnen unseren etwa zweistündigen Rundgang im äußersten Nordosten an der Lankebrücke, der ehemaligen kaiserlichen privaten **Parkbrücke**, welche die beiden Bruderschlösser von Klein-Glienicke und Babelsberg verband und nach dem Ende der deutschen Teilung seit 1989 wieder verbindet. Der Uferweg entlang des Teltowkanals, der hier Glienicker Lake heißt, ist zwar trotz der Baustelle des **Dampfmaschinenhauses** wieder begehbar. Aber »noch ist man dabei, etwa 15 Hektar zerstörtes Parkland am Ufer der Havel, mißbraucht und zerstört als Todesstreifen der ehemaligen Grenzanlage, zu rekultivieren. Auch das Maschinenhaus, in seinem ruinösen Zustand schauerlicher Nachlaß des Grenzregiments, heruntergekommen zur Hütte der ausgehungerten Wachhunde, die an Laufleinen zu jedem Fang bereit waren, wird restauriert« (Hanne Bahra).

Wir bummeln die Anhöhe hoch, sehen bei der alten Haupteinfahrt, daß das alte **Torhäuschen** in Gestalt eines schmucklosen normannischen Kastells zwar genutzt wird, aber immer noch seiner Restaurierung harrt und lassen uns auf diesem Zugang zum ersten Mal von den überraschenden Ausblicken der Panoramawege und Sichtachsen fesseln: auf das Jagdschloß Glienicke, auf die Glienicker Brücke, auf den Pfingstberg mit dem erst kürzlich wiederhergestellten Belvedere (vgl. S. 250). Nicht von ungefähr schwärmte der Potsdamer Museumspädagoge Gert Streidt aus Anlaß der BUGA 2001 von einem großzügigen Wegenetz, »das mit den Höhen und Tiefen des Geländes spielte und den Betrachter zu immer neuen und überraschenden Aussichten führte. Von allen Potsdamer Parkanlagen bietet Babelsberg die größte Fülle an Aussichten auf die Stadt und in die Landschaft« (*Potsdam Grün*).

»Wege sind die stummen Führer der Spazierengehenden und

Kaiserin Augusta verlangte es nach Kitsch: Schloß Babelsberg

müssen selbst dazu dienen, ihn ohne Zwang jeden Genuß auffinden zu lassen, den die Gegend darbieten kann.« Das vermerkt Hermann Fürst von Pückler-Muskau 1834 in seinen *Andeutungen über Landschaftsgärtnerei.* Da konnte er noch nicht ahnen, daß Augusta Prinzessin von Sachsen-Weimar-Eisenach, verehelichte von Preußen, fünf Jahre später im Leben des Fürsten die gute Fee spielen sollte, indem sie ihm das Gartenkunstwerk Babelsberg zur Gestaltung übertrug. Den Charmeur und Schürzenjäger hatte sie bereits in Weimar kennengelernt, wo er als Adjutant bei ihrem Großvater, dem Herzog Karl August, diente. Jetzt sollte er den Gartenbaudirektor Lenné, den sie für inkompetent und anmaßend hielt, ersetzen. Es ist das Jahr 1833:

»Schinkel baut nach der eigenhändigen Skizze von Prinz Wilhelms zickiger Gemahlin Augusta ein englisch-neugotisch-neurotisches Schlößchen. Lenné macht sich unverzagt ans Gärtnern. Doch es sollte ordentlich schiefgehen. Schinkel war bald von Augustens Aus- und Umbaulaunen so entnervt, daß er ihre architektonische Promenadenmischung nicht einmal in sein Werkverzeichnis aufnahm. Wilhelm, der dies alles aus eigener Tasche bezahlen mußte, da Babelsberg nicht zur Gartendirektion gehörte, ging das Geld aus. Lenné das Wasser. (Weil das Pumpenhaus für das vorgesehene Bewässerungssystem nicht gebaut werden konnte. D. Verf.) Ganze Anpflanzungen verdorrten. 1839 war Lenné den Auftrag los. Zum Zuge kam nun – pikant genug – sein Rivale Pückler, ein *homme à femmes*, der auch Madame schöne Augen machte und ihr in langen Jahren ein Meisterwerk seiner Gartenlust zu Füßen legte: einen *pleasure ground* mit 27 kunstvollen Blumenbeeten, deren unterschiedliche Blütezeit den Park vom Frühling bis tief in den Herbst in erlesener Farbenpracht erstrahlen ließ. Damit gelingt dem Gartenfürsten Pückler die Revanche für Glienicke, wo er, obwohl Schwiegersohn des ersten Auftraggebers Karl August von Hardenberg, das Nachsehen gehabt hatte.« (Erwin Brunner, *MERIAN*)

Daß wohl außer schönen Augen für und von Augusta für den unermüdlichen Liebhaber sonst nichts lief, was der Erwähnung wert gewesen wäre, entnehmen wir Eintragungen Pücklers in sein Tagebuch aus dem Jahre 1846:

»Seit sechs Tagen bin ich in Potsdam wegen des Babelsberges, dessen Anlagen ich mich in der That mit Selbstverläugnung widme. Die Spazierritte in der Umgebung sind ganz anmuthig, und die Einsamkeit im theuren Gasthof zum Einsiedler auch. ... Nun schon vierzehn Tage in Potsdam sehr einsam, aber angenehm gelebt, auch recht wohl. Täglich mehrere Stunden zu Pferde, dito auf dem Babelsberg pflanzend, und die Anlagen inspizierend. Arnim, Pückler, Eckenbrecher, Orlich kamen bei mir zu essen. Sonst sehe ich selten jemand. ...

In Babelsberg endlich der liebenswürdigen, schönen Herrin die neuen Anlagen gezeigt, und viel Beifall und freundliche gnädige Worte gehört. Es wird auch sehr hübsch, denn es wird kein Geld geschont, und ich habe plein pouvoir. Dies kompensirt reichlich die Dürftigkeit der Natur.«

Die knappe Kasse, ein langer heißer Sommer – das hatte

Lenné scheitern lassen. Das finanzielle Problem stellte sich für Pückler nicht, denn als endgültig klar wurde, daß Friedrich Wilhelm IV. und seine Frau Elisabeth Ludovika von Bayern kinderlos bleiben würden und Prinz Wilhelm 1840 zum Thronfolger seines königlichen Bruders ernannt worden war, flossen die Mittel reichlich. Wilhelm und Augusta mußten mehr und mehr repräsentative Aufgaben übernehmen – dies veranlaßte Augusta, aus dem kleinen, familiären und gemütlichen Normannenschloß einen 99-Zimmer-Palast und aus dem – von einem sparsamen, gut durchdachten Wegenetz erschlossenen – Stück gepflegter märkischer Landschaft ein gärtnerisches Gesamtkunstwerk machen zu lassen. Wobei übrigens Pückler großspuriger tat, als er am Ende war. Denn »das von Lenné genial angelegte Wegesystem …, welches im wechselvollen Spiel reizvolle Ausblicke auf die Havellandschaft freigibt, wurde von Pückler akzeptiert. Er ergänzte es durch eine Vielzahl von schmalen, elegant und phantasievoll geschwungenen Wegen« (Heidrun Liepe), die es bis heute gibt. In seinem stark autobiographisch geprägten Roman des wiedervereinigten Deutschland *Jonas vor Potsdam* von Dieter Lattmann nähert sich der Protagonist, ein aus Potsdam gebürtiger Offizier und Bundestagsabgeordneter, auf diesen Babelsberger Parkwegen nostalgisch und vorsichtig der ostdeutschen Gesellschaft an, die er sonst nur schwer zu verstehen vermag. Nach einer beglückenden Liebesnacht mit seiner Frau in einer schäbigen Unterkunft in der Straße An der Sternwarte heißt es von Jonas:

»Als er an diesem Morgen sah, wie ihr die Augen zufielen, deckte er ihr den Bettbezug über; die Decke hatte er herausgenommen, es waren heiße Tage gewesen. Nebenan im Duschraum zog er sich etwas Leichtes über und ging seinen Morgengang auf die Höhe. … Während er unter Buchen und Eichen ging und die Stämme hinaufsah zu den wehenden Kronen, begleiteten ihn die Stufen des Unterholzes mit ihrem Gebüsch. Bald stand er auf einem Grashang und schaute auf die Seen hinunter. Der Tag spiegelte sich in seinem Licht, und Jonas war angefüllt mit allem, was zwischen Lisa und ihm gewesen und neu geworden war. Die Tage mit ihr in Potsdam wurden ein Fest.«

So weit sind *wir* aber noch nicht. Wir passieren erst noch das von Ludwig Persius im normannischen Burgenstil entworfene Maschinenhaus, mit dessen Dampfkraft seit 1845 das Bewässerungssystem – eine Berieselungsanlage und die Havelfontäne – betrieben wurde. Auf den nächsten Metern übersehen wir dann, wie die Universitätsbauten aus der DDR-Zeit das Ambiente von Park und Schloß auch weiterhin verunzieren, bis wir die **Terrassen vor dem Schloß** erreichen. In der Monographie *Potsdam und Sanssouci*, die Inge Maisch zusammen mit dem Architekturfotografen Gert von Bassewitz verfaßt hat, schreibt die Hamburger Journalistin:

»Jedes Bauwerk, jede Gartenanlage war ein Mosaiksteinchen in dem ›herrlichsten und grandiosesten, meilengroßen, lebenden Landschafts-Gemälde‹, in das Friedrich Wilhelm schon als Kronprinz die Umgebung von Berlin und Potsdam umwandeln wollte. Für ihn war es deshalb auch selbstverständlich, daß er die Bauvorhaben seiner Brüder Carl und Wilhelm begleitete und beeinflußte. Waren Charlottenhof sowie das Carl zugestandene Schloß Klein-Glienicke Umbauten, weil der König mit Rücksicht auf den Staatshaushalt den drei Prinzen keine Neubauten gestattete, so mußte Wilhelm auf ein angemessenes ländliches Domizil in Potsdam zunächst ganz verzichten. Erst im Sommer 1833 bekam er vom König ›ein kleines Besitztum‹ auf dem Babelsberg genehmigt. Lenné soll dem Prinzen dieses Grundstück empfohlen haben. Der in der Nachbarschaft zu Schloß Klein-Glienicke gelegene Hang oberhalb der Havel sei ein idealer Ort für eine gotische Burg, wie sie der Prinz und seine Gemahlin sich wünschten. Lenné: ›Würde jener Abhang gewählt, so würden auch an der Havel zwei Bruderschlösser so traulich nah bei einander liegen, wie der Rhein sie aus sagenhaften Zeiten an seinen Ufern hat.‹ Selbst der italienbegeisterte Friedrich Wilhelm fand, daß eine gotische Burg das richtige

Bauprojekt für seinen Bruder und für den dunklen Babelsberger Hang sei und unterstützte es.«

Wie gesagt: Der Helfershelfer im Falle von Babelsberg war von Pückler; aber die »glitzernden Eingebungen« des Weltreisenden, Erotomanen und Exzentrikers sollten noch viel mehr gefallen, als es wohl die soliden Ideen des Oberstgärtners aus dem Rheinischen getan hätten. Leider ist weder von seinen künstlichen Quellen, Wasserspielen, Wasserfällen, Springbrunnen und Fontänen viel übrig geblieben noch von den »farbigen, auf die Blüten abgestimmten Porzellaneinfassungen der Beete und dem vergoldeten Eisendraht für den Rosengarten« (Inge Maisch). Und auch von den künstlichen Seen, die noch bis 1958 als Reservoirs für die 22 km lange Berieselungsanlagen dienten, ist nicht mehr viel zu sehen.

Die Teppichbeete auf der Schloßterrasse waren übrigens von vergoldeten Eisentauen gerahmt. Und die **Rosentreppe**, die am Rande des **Pleasureground** hinab zum Ufer führt, schmückte ein Laubengang, dessen Spaliere alljährlich mit Dukatendoppelgold neu vergoldet wurde! Doch damit noch nicht genug. Dem »nicht unbedingt stilsicheren« Geschmack der Weimarer Prinzessin gefiel es, solchen Schwulst auch im Innern des Schlosses fortzusetzen. Vor allem im erst 1849 eingeweihten Südwestflügel wurden Hofbaurat Johann Heinrich Strack und Hofbauinspektor Gottgetreu willige Vollstrecker der hochwohlgeborenen Geschmacklosigkeit – von der Barockmöblierung eines nur privat genutzten Vorzimmers über den Tanzsaal, dem eine sakrale Stimmung verpaßt wurde. Selbst der Hohenzollernbewunderer Ludwig Sternaux schrieb in den 20er Jahren zu dieser Ritterburg, sie sei »mit ihren Söllern und Altanen ein Phantasieschloß à la Walter Scott, ein malerischer Gebäudekomplex, den nur die Idee zusammenhält«. Folgerichtig wurden darum auch alle architektonischen und gärtnerischen Arbeiten mit dem Tode Kaiser Wilhelms I. im Jahr 1888 eingestellt. Die Kaiserin überlebte ihn um 18 Monate – an den Rollstuhl gefesselt und schwer krank vor allem in Baden-Baden Linderung suchend.

»Das **Schloß Babelsberg** ist zuallererst als ein Ausdruck des Geschmacks und der Lebensweise seiner ehemaligen Bewohner Prinz Wilhelm von Preußen und Prinzessin Augusta von Sachsen-Weimar zu verstehen«, so programmatisch lautet schon der erste Satz, mit dem Heidrun Liepe im *Amtlichen Führer* der Stiftung Preußische Schlösser und Gärten Berlin-Brandenburg zur Schloßbesichtigung einlädt. Doch gibt es seit 1992 außer dem **Eingangsflur** und dem **Vestibül** nicht mehr als sechs wiederhergestellte Räume zu besichtigen; und außerdem ist nach 1945 fast die komplette Inneneinrichtung – und damit mancher mögliche Stein des ästhetischen Anstoßes – sowieso verlorengegangen.

Im Winter 1975 bekam der Westberliner Schriftsteller und Maler Hans Scholz von der DDR-Regierung die Erlaubnis zu seinen *Wanderungen und Fahrten in der Mark Brandenburg.* Damals besuchte Scholz auch Babelsberg:

»Weihnachten steht vor der Tür, aber weiße Weihnachten werden es nicht werden. Der Erdboden ist überfroren. Raureif in Schilf und Geäst versucht mit unzulänglichen Mitteln, den fehlenden Schnee zu ersetzen. Am besten gelingt das noch auf den schwärzlichen Kiefernwipfeln drüben auf der West-Berliner Seite, die wie eisgrau gepudert aussehen. Der Himmel mit tiefziehenden umrißlosen Wolkenschwaden bedeckt, grau, Stratusgewölk, grau die kräftigen Buchenstämme, ein kaltes Grau, das Parkgelände gleichmäßig mit hell-rötlichbraunem Buchenlaub ausgestreut. Hügelauf und hügelab, Moränenlandschaft. In einem Tal gibt ein kleiner Reitturnierplatz mit zusammengestapelten Hürden und sonstigem Zubehör ein paar unzeitgemäße Farbtupfer in die ernste Zweifarbigkeit.

Das Museum für Ur- und Frühgeschichte ist geschlossen, verspricht aber seine Pforten im April wieder aufzumachen. Das Museum ist im Schloß untergebracht, in dem noch vor einigen Jahren eine Hochschule für Rechtswesen wirkte ... Im Schloß arbeiten Museumsleute, in einigen Räumen brennt elektrisch Licht. Blickt man von der Schloßterrasse havelauf nach Norden, so legt sich nicht allzu weit die Glienicker Brücke quer zur Blickrichtung …

Eisgrau sieht die Havel aus, sie ist nicht gefroren, aber von Unmengen kleiner Wellen aufgerauht. Mit bleichen Wiesenhängen neigt sich der Park zum Ufer. Betreten kann man es nicht. Alles ist mehrfach verzäunt und verdrahtet: die Staatsgrenze der ersten deutschen Arbeiter- und Bauernrepublik.«

Besagtes Museum bekam 1999 endlich ein anderes Domizil, so daß auch die zweite Etage, die einst die Privatwohnung des Kaiserpaares enthielt, den Restauratoren überlassen werden konnte. So zum Beispiel das Frühstückszimmer, in dem Augusta jahrelang für ihren Mann eine kritische Zeitungsschau abhielt, um ihn auf seinen Arbeitsalltag einzustimmen und vor allem auf seine Gespräche mit Bismarck und Roon* vorzubereiten.

Nach Maßgabe des Zuflusses öffentlicher Mittel wird nun an der integralen Wiederherstellung gearbeitet. Zugängig sind jedoch vorläufig nur die **Augustawohnung** in der ersten Etage mit Vorzimmer, Empfangszimmer und Arbeitszimmer sowie **der Teesalon, die Bibliothek und der Tanzsaal.** Von den ursprünglichen Ideen und Planungen Schinkels ist mit Ausnahme des Teesalons nur noch wenig zu sehen. Was Augusta nicht schon von Anfang an mit ihren Skizzen und Zeichnungen nach Büchern über englische Architektur und mittelalterlichen Handschriften den Bauleuten aufgezwungen hatte, ließ sie spätestens nach Schinkels Tod bei den Um- und Erweiterungsbauten in ihrem Sinne ändern. Dabei entstand im Innern ziemlich neureich wirkende Protzigkeit. »So saß man in klösterlichem Chorgestühl und schrieb an einem Tisch, der einer gotischen Kathedrale ähnelte. An allen Türen und Fenstern wallten schwere Samtvorhänge.« (Hanne Bahra)

Ähnliches galt auch für außen, wo »die klare Linienführung der Schinkelschen Fassadengestaltung sich in einer Vielzahl von Türmchen, Erkern und den unruhigen Fensterformen des Anbaus verlor. Vorragende Altane und wechselnde Höhen verstärken das unruhige Bild des Erweiterungsbaus« (Heidrun Liepe). Übrigens: Als Kind und als Heranwachsende hatte die Prinzessin bei niemand Geringerem als ihrem »großväterlichen Freund«, dem alternden Herrn von Goethe, mit gutem Erfolg Zeichenunterricht und naturwissenschaftliche Unterweisung bekommen. Der Greis lobt die 12jährige als ein »ganz liebenswürdiges und originelles Geschöpf« für »ihren hellen Verstand, die hohe Bildung, das reiche Wissen«, so daß sie »schon mitsprechen kann in der Welt«.

Neben dem, was sie bei Goethe gelernt hatte, bewies sie ihre Fähigkeiten und Fertigkeiten auch in manch anderen »schönen Künsten«: Aquarellmalerei, Klavierspiel, Gesellschaftstanz, Rhetorik, Gestik, Französisch, Russisch, Geschichte, Geographie, Philosophie und Religion. Und nicht zuletzt entwickelte sie – aufbauend auf liberale Grundüberzeugungen – einen politischen Instinkt, der sie zur Todfeindin Bismarcks werden ließ und der sie dem Kaiser auf Grund ihrer scharfsinnigen politischen Urteile immer tiefer entfremdete.

»›Feuerkopf‹, so pflegte Kaiser Wilhelm I. in vertraulichen, aus Verdruß, Respekt und Wohlwollen gemischten Stimmungen die Gemahlin zu bezeichnen und diesen Ausdruck mit einer Handbewegung zu begleiten, die etwa sagen wollte: ›Ich kann nichts ändern.‹ Ich fand diese Bezeichnung außerordentlich treffend; die Königin war, solange nicht physische Gefahren drohten, eine mutige Frau, getragen von einem hohen Pflichtgefühl, aber auf Grund ihres königlichen Empfindens abgeneigt, andere Autoritäten als die ihre währen zu lassen.«

Das schreibt rückblickend Otto von Bismarck über Augusta in seinen *Gedanken und Erinnerungen*. Sie verabscheute die konservative Diktion des politischen Emporkömmlings schon, bevor ihn König Wilhelm im September 1862 zum preußischen Ministerpräsidenten berief; sie fürchtete Preußens Untergang, als Bismarck ankündigte, »die großen Fragen der Zeit durch Eisen und Blut« zu regeln; und sie nahm es als Affront gegen sich persönlich und gegen ihre Ehe, als Kaiser Wilhelm diesen

Mann auch noch zum Kanzler des Deutschen Reiches machte. Tief besorgt um Preußen und verzweifelt über die Ignoranz und Verblendung ihres Gatten schrieb sie nach Hause: »Einmal wird er erwachen und leiden, falls er die Fähigkeit besitzt, die Ungeheuerlichkeit seiner Fehler, die Art, in der seine Schwächen ausgenutzt werden, zu erkennen.«

Die Königin machte es sich zur selbst auferlegten Pflicht, den König, soweit es überhaupt gehen konnte, auf Distanz zur kriegerischen deutschen Einigungspolitik zu bringen. Hinzu kommen ihre Rolle als internationale Zeitungsleserin, die täglichen politischen Briefe von Arbeitszimmer zu Arbeitszimmer und ihre »geheimdienstliche« Tätigkeit.

»Augusta schuf sich mit Hilfe eines Hörrohrs eine heimliche Verbindung von ihrem Schlafzimmer zum Arbeitszimmer ihres Mannes. Da hat sie ohne sein Wissen gelegentlich seine Unterredungen mit angehört; manchmal saß sie auf der eisernen Wendeltreppe, um den Gesprächen zu folgen. Da die alten Herren oft laut sprachen und die Türen offenstanden, konnte man oben auf der Treppe alles verstehen. Manchmal saß sie dort noch bis zum letzten Augenblick vor der Dinerstunde, dann frisierten die Kammer- und Garderobenfrauen die auf den Stufen Sitzende, bis sie sich entfernen mußte.« Soweit Augustas Hofdame Marie von Bunsen in ihren *Erinnerungen*.

Pathologisch, exzentrisch, schulmeisterlich, gehässig, hinterhältig, verräterisch, keine einfache Natur – die Zeitgenossen sparten nicht mit harschen Bemerkungen, um das Benehmen der Königin zu kritisieren. Doch während Wilhelm nichts anderes übrig blieb, als mit dem »Feuerkopf« zu leben, intrigierte Bismarck und ging gegen »die alte Fregatte« in die Offensive: Er »scheute nicht davor zurück, sich im Reichstag unmißverständlich über die Königin zu beschweren und die konservative Presse auf sie zu hetzen, alles Ungünstige gegen sie ... zu sammeln und das Material den Zeitungsleuten höchstpersönlich zu übergeben« (Karin Feuerstein). Wilhelm I. mußte 90 Jahre alt werden, bevor sie ihre politischen Streitereien mit ihm aufgab.

Sogar ins Lager des gehaßten Bismarck wechselte sie noch über, um ihm ihren Enkel Wilhelm II. ans Herz zu legen. Der »Feuerkopf« war kühler geworden.

Wir verlassen das neugotische Cottage nach links und gehen die heute nur noch grün lackierte **Goldene Rosentreppe** hinunter, links am **Bildstöckel** vorbei zum **Kleinen Schloß**, von Ludwig Persius ebenfalls in englischer Tudor-Gotik errichtet und heute von einem Restaurant belegt. Hier wohnte das Prinzenpaar vor der Fertigstellung des Hauptbaus. Hierher zog Kronprinz Fritz als Junge um – zunächst nur unter der Obhut von Frauen (daher auch der Beiname Damenhaus), später auch mit seinen zivilen und militärischen Erziehern. Friedrich und seine englische Gemahlin Victoria, genannt Vicky, lebten zunächst zusammen mit ihren Kindern unter ein und demselben Dach mit Wilhelm und Augusta, später zogen sie – vor allem wegen der unerträglichen Spannungen zwischen Schwiegermutter und Schwiegertochter – in dieses Schlößchen, sofern sie nicht im Neuen Palais – alias Schloß Friedrichskron – oder auf dem Krongut Bornstedt wohnten. (Vgl. S. 189 bzw. S. 359.)

Augusta war die englische Frau ihres einzigen Sohnes zu britisch, zu liberal, zu selbstbewußt, zu freizügig und ... zu religionslos, da diese konsequent für die Trennung von Staat und Kirche eintrat. In einem Brief ins heimatliche Windsor schreibt Vicky, warum weder sie noch irgend jemand anderes es längerfristig mit dem Feuerkopf aushalten könne:

»Meine Schwiegermutter ist phrasenhaft und gibt sich nicht natürlich ... Sie zermürbt alle, die zu ihrem Hofstaat gehören, auch die Herren, setzt sich nie nieder, redet 14-15 Stunden unausgesetzt laut und lang über aufregende Themen mit Dutzenden verschiedenen Personen und ist niemals allein ... Diese Art von Existenz ist ein Gift, das ihr allen Frieden und Ruhe nimmt und sie aufgeregt und reizbar macht. Da sie von Natur aus heftig veranlagt ist, bringt solche Lebensweise ihre Stimmung zu einem Hitzegrad, der für die Umwelt wirklich schwer zu ertragen ist.«

Wir folgen den Hinweisen, die an den größeren Wegekreuzungen auf Findlingen dezent versteckt sind, sehen auf halber Höhe über dem Kleinen Schloß den verwahrlosten **Marstall** und nähern uns dem heute privat genutzten **Matrosenhaus**. Nach dem Vorbild des Stendaler Rathauses wurde es 1842 als Unterkunft für den Matrosen errichtet, der für die nach Babelsberg gehörigen königlichen Schiffe, Boote und Gondeln zuständig war. Gleich hinter dem Matrosenhaus führt ein ansteigender Weg zur **Generalseiche**. Von hier konnten einst die Majestäten und können heute die Besucher vielfältige »Sichtbeziehungen« erleben, wie sie Lenné und Fürst Pückler für das preußische Arkadien auch außerhalb von Sanssouci hergestellt hatten – in unserem konkreten Falle von der Berliner Vorstadt bis zum Pfingstberg.

Unser nächster Halt ist am Wahrzeichen des Babelsberger Parks, dem 40 Meter hohen **Flatowturm**. Er entstand anstelle einer abgebrannten Mühle 1853-1856 auf der Anhöhe über dem Kindermannsee; Vorbild war der Turm des Eschenheimer Tors in Frankfurt am Main. Finanziert hatte Wilhelm diesen Bau u.a. aus Erträgen des westpreußischen Krongutes Flatow, das auch die Ziegel für den Bau lieferte. Der Turm sollte später noch einem ebenso banalen wie staatspolitischen Zweck dienen: Wenn Augusta wirklich mal nicht erfahren durfte oder sollte, was die hohe Politik oder auch ihr Mann privat vorhatte, dann zog sich Wilhelm mit seinen Beratern und Besuchern in sein zweites Arbeitszimmer hierher zurück. »In dem wenig stilvoll eingerichteten Balkonzimmer häufte Wilhelm wertvolles Kunsthandwerk und eine Nippessammlung an, darunter massenweise Tierfigürchen, venezianische Gläser und Nürnberger Krüge.« (Christiane Petri)

Über den breiten Fahrweg und durch die Findlinge auf den rechten Weg gewiesen wechseln wir hinüber zu der Anhöhe, auf der die **Gerichtslaube** steht.

»Die ursprüngliche Gerichtslaube stammte aus der zweiten Hälfte des 13. Jahrhunderts und befand sich an der Nordwestseite des heutigen Berliner Rathauses. Als ältestes Zeichen städtischer Gerichtsbarkeit und Selbständigkeit war sie Sitz des Gerichts. Im ebenerdigen Gewölbe, dem ›Schöffenstuhl‹, hielten der Schulze* und seine sieben Schöffen Gericht. Der Raum darüber war die Ratsstube des Magistrats. In diesem Raum fanden auch Empfänge und Hochzeiten reicher Bürger statt. Wurde die Gerichtslaube noch in den Rathausneubau des 16. Jahrhunderts einbezogen, so mußte sie 1868 dem Neubau des heutigen Berliner Roten Rathauses weichen. Im Park Babelsberg erfolgte 1871/72 eine Rekonstruktion der Gerichtslaube als freistehender, auf vier Seiten offener Pavillon. … Dabei wurden Bauelemente des ursprünglichen Baus verwendet.« (*Berlin Handbuch 1993*)

Angeblich war König Wilhelm sehr verärgert, als er von der öffentlichen Debatte der Berliner Stadtverordnetenversammlung und ihrem Beschluß erfuhr, den alten Bau abzureißen. Er bot an, die Laube zu kaufen, sie auf seine Kosten sorgsam abtragen und andernorts wieder aufbauen zu lassen. Da wollte sich jedoch der Berliner Magistrat seinerseits nicht lumpen lassen und schenkte schließlich S. M. den Bau samt seiner künstlerischen Elemente; darunter auch »eine mittelalterliche Spottfigur – den Kaak. … Die vogelartige Gestalt mit Menschenkopf – das Zeichen für Schimpf und Schande – markierte den Pranger« (Heidrun Liepe).

Am Wegekreuz unterhalb der Gerichtslaube folgen wir dem Pfeil zu Feldherrenbank und Siegessäule. Beide Denkmäler unterstreichen nochmals den martialischen Charakter von Babelsberg, das nach dem Willen Wilhelms I. – und gegen den seiner Thüringer Frau – stets und allenthalben auf die Bedeutung des preußischen Militärs für den deutschen Einigungsprozeß verweisen sollte.

Auf der **Generalsbank/Feldherrenbank** von 1882 standen bis zum Ende des Zweiten Weltkrieges die Bronzebüsten von neun bedeutenden preußischen beziehungsweise deutschen Militärs. Alle Figuren sind verschwunden.

Exil im Park Babelsberg: die Berliner Gerichtslaube

Es waren – geordnet nach dem preußischen Hofprotokoll:

Kaiser Friedrich III., der herrliche Siegfried des neuen Deutschen Reiches, das martialische Naturtalent, das als Kronprinz Friedrich Wilhelm hieß und lediglich 99 Tage regierte. Er starb 1888 an Kehlkopfkrebs.

Der milde König Albert I. von Sachsen, der als deutscher Generalfeldmarschall 1871 erfolgreich die Maasarmee kommandierte.

Friedrich Carl Prinz von Preußen, der schneidige, siegheischende Neffe Wilhelms I., der Heerführer in den drei deutschen Einigungskriegen war und dafür zum Generalfeldmarschall gemacht wurde.

Friedrich Franz II., nicht nur Großherzog von Mecklenburg-Schwerin, sondern auch tapferer preußischer General im Krieg von 1870/71 gegen Frankreich.

Helmuth Carl Bernhard Graf von Moltke, der preußische Feldmarschall, der als der führender Stratege zum Schlachtenlenker der Kriege 1864, 1866, 1870/71 wurde.

Otto Theodor Freiherr von Manteuffel, der scharfblickende Innenminister, Außenminister und Präsident des preußischen Staatsministeriums.

Albrecht Theodor Emil Graf von Roon, des Deutschen Reiches erster Waffenschmied und preußischer Feldmarschall, der seit 1859 Wilhelm I. als Kriegsminister diente.

Karl Friedrich von Steinmetz, der wetterharte Löwe von Nachod, der als preußischer Generalfeldmarschall am 27. 6. 1866 bei dieser böhmischen Stadt die Truppen der Österreicher schlug.

August von Goeben, der sinnige (sich) preußische General im Deutsch-Französischen Krieg …

Sie alle sahen eine Stele an mit der Portraitbüste des Eisernen Kanzlers Fürst Otto von Bismarck, der sein Einigungsversprechen, das er seinem König und der Nation gegeben hatte, einlöste … mit Blut und Eisen.

Ein paar Schritte hinter den Fragmenten der Feldherrenbank

erreichen wir die **Siegessäule**, die an die Gewinner des Preußisch-Österreichischen Krieges von 1866 erinnern will. Über den befestigten Weg spazieren wir unterhalb von Wilhelmshöhe und Fürstenhöhe durch die Wandelgänge einer märkischen Bilderbuchlandschaft zurück in Richtung Schloß. Vorbei am neogotischen **Küchenbau**, der durch einen unterirdischen Gang mit dem Schloß verbunden ist und gerade wieder hergestellt wird, sowie nach einer tiefen Verneigung vor dem zwischen den Schloßterrassen etwas versteckten **Gedenkstein des Fürsten Pückler** sowie zwei kleinen Verbeugungen, die den beiden zu Stein gewordenen **Hunden** des Herrscherpaares gelten, kehren wir zurück an den Ausgangspunkt unseres Rundweges.

Bevor wir uns hinüber zur Sternwarte oder gar in den Dorfkern des alten Nowawes begeben – über die Allee nach Glienicke entlang des nicht enden wollenden Gitterzaunes, der den Park nach Osten begrenzt – bekommt der Schöpfer dieser ganzen grünen Verschwendung das letzte Wort. Zum Thema *Umschließung* schrieb Fürst Hermann von Pückler-Muskau 1834 in seinen *Andeutungen über Landschaftsgärtnerei*:

»Ich habe oft die Meinung äußern hören: nichts sei dem Begriffe freier Natur, welchen die Landschafts-Gärtnerei doch beabsichtige, mehr entgegen, als die Umzäunung eines Parks.

Ich denke anders und stimme ganz den Engländern bei, die jeden Park sehr sorgfältig begrenzen; nur soll diese Begrenzung von mannigfaltiger Art und von innen meistenteils verborgen sein. Im Grunde ist sie mehr Gegenstand der Zweckmäßigkeit als der Ästhetik, aber auch in dieser Hinsicht möchte ich sie nicht verwerfen. Wie oft sind nicht selbst die schönsten Partien wilder Natur ebenfalls durch bestimmte Grenzen abgeschieden, und gelegentlich *vermehrt* ein solcher Abschnitt nur ihren Reiz. Ein von dichtem Wald oder unzugänglichen Felsen eingeschlossenes Tal, eine vom Wasser umflutete Insel geben uns ein Gefühl der Heimlichkeit, gewissermaßen des vollständigen Besitzes, der größten Sicherheit gegen jedes Eindringen, Störende, das uns die Schönheit der Umgebung mit doppelter Behaglichkeit genießen läßt – und ebenso muß uns in einem Park das Vorhandensein einer schützenden Mauer oder Zauns, wie gesagt, schon als etwas höchst Zweckmäßiges, ja nicht selten Notwendiges zum ruhigen und sichern Genuß willkommen sein, da ja nur der unberufene Eindringling dadurch ausgeschlossen, uns aber der Austritt ins Freie und Weitere nie verwehrt wird.«

An der Allee nach Glienicke liegt das Gelände der Babelsberger **Sternwarte** und des **Astrophysikalischen Institutes** Potsdam. Die Sternwarte entstand 1911-1913 als Nachfolgerin der Königlichen Berliner Sternwarte, die Alexander von Humboldt gegründet hatte. Sie lag am südlichen Ende der Berliner Charlottenstraße – ziemlich genau an der Stelle, an der sich heute der Berliner Blumengroßmarkt befindet. Schon um die Wende zum 20. Jahrhundert waren wegen der kompletten Umbauung des Geländes abends und nachts Lichtverhältnisse entstanden, die jede astronomische Arbeit fast unmöglich machten. Hinzu kamen die Industrialisierung Berlins mit der damit verbundenen manifesten Lufteintrübung, welche die wissenschaftliche Beobachtungs- und Forschungsarbeit immer stärker erschwerte. Wilhelm Foerster, der die Berliner Warte bis zu seiner Pensionierung 1903 insgesamt 48 Jahre lang geleitet hatte, betrieb daher zunächst mit großem Einsatz die Gründung des Astrophysikalischen Observatoriums, das seine Arbeit auf dem Telegrafenberg schon 1874 aufnahm. Als Foerster nach Potsdam in den Ruhestand ging, unterstützte er seinen Nachfolger Karl Hermann Struve ebenso intensiv bei dessen Planung einer neuen Warte dortselbst. Seit 1991 sind um sie herum die Neubauten des Astrophysikalischen Institutes entstanden.

Eigentlich wäre hier das Kapitel zu Ende ... Aber bevor wir Park und Schloß Babelsberg verlassen, halte ich es für wichtig, wenigstens einmal in diesem literarischen Reiseführer auf die wichtigste Grundlage zu verweisen, der sich jetzt und in Zukunft all die Schönheit verdankt: nämlich der offiziellen Anerkennung und damit auch Schutzwürdigkeit als Weltkulturerbe nach den internationalen Richtlinien der UNESCO.

»Das als ›Schlösser und Parks von Potsdam-Sanssouci und Berlin‹ eingetragene Welterbedenkmal, das auf längere Sicht das einzige in der Mark Brandenburg bleiben wird, besteht aus zwei räumlich getrennten Bereichen: aus dem Park Sanssouci mit allen Bauwerken, einschließlich Gut und See Bornstedt sowie Ruinenberg, und aus dem Landschaftsraum der Havel und Havelseen mit den Anlagen auf der Pfaueninsel, Sacrow mit Heilandskirche, Klein-Glienicke mit Nikolskoe sowie Park Babelsberg und Neuer Garten jeweils mit allen Bauten. ...

Der Wert der Aufnahme in die Welterbe-Liste besteht nicht zuletzt in der internationalen Anerkennung. Daß damit über die Werbewirkung auch ein bedeutender wirtschaftlicher Effekt entsteht, sei nur am Rande erwähnt. Die Eintragung in die Welterbe-Liste ist vor allem Verpflichtung. Die beiden Kernbereiche, das verlangt die von der Bundesrepublik ratifizierte Konvention, sind in ihrem Bestand und in ihrem Erscheinungsbild zu erhalten. Das erfordert eine sensible Behandlung der Umgebung und besonders der städtischen Zwischenräume. Die Probleme liegen weniger bei den Anlagen, die sich in der unmittelbaren Nachbarschaft der Kernbereiche befinden und unter Denkmalschutz stehen, wie das beim Schloß Lindstedt oder beim Pfingstberg mit dem Belvedere und dem Pomonatempel der Fall ist. Sie bestehen vor allem bei der Entwicklung der Stadt selbst. Für die historisch bedeutsamsten Teile bedient sich Potsdam deshalb des besonderen Planungsinstruments der Sanierungssatzungen, welche bisher – bei außergewöhnlicher Größe der Gebiete – für die Innenstadt und das historische Babelsberg aufgestellt wurden.«

So heißt es in der offiziellen Studie des Medienbeauftragten der Landeshauptstadt Potsdam *Potsdam und sein Kulturerbe* aus dem Jahr 1995.

Zum Schluß soll Otto von Bismarck noch einmal zu Wort kommen. In seinen *Gedanken und Erinnerungen* erzählt er von einer Audienz im Schloß Babelsberg am 22. September 1862. An diesem Tag wollte König Wilhelm I. eigentlich mit Bismarck lediglich noch die Regularien seiner Abdankung besprechen und sich aus der Politik zurückziehen, die nach seiner Meinung gefährlich von »liberaler Parlamentsherrschaft« bestimmt werde. Am Ende des politischen Ringens zwischen den beiden Männern blieb Wilhelm auf dem Thron und Bismarck fand sich zum Präsidenten des Staatsministeriums und zum Minister für auswärtige Angelegenheiten ernannt:

»Der König forderte mich auf, ihn in den Park zu begleiten. Auf diesem Spaziergang gab er mir ein Programm zu lesen, was in seiner engen Schrift acht Folioseiten füllte, alle Eventualitäten der damaligen Regierungspolitik umfaßte und auf Details wie die Reform der Kreistage einging. Ich lasse dahingestellt sein, ob dieses Elaborat schon Erörterungen mit meinen Vorgängern zur Unterlage gedient hatte oder ob dasselbe zur Sicherstellung gegen eine mir zugetraute konservative Durchgängerei dienen sollte. Ohne Zweifel war, als er damit umging, mich zu berufen, eine Befürchtung dieser Art in ihm von seiner Gemahlin geweckt worden, von deren politischer Begabung er ursprünglich eine hohe Meinung hatte, welche aus der Zeit datierte, wo Sr. Majestät nur eine kronprinzliche Kritik der Regierung des Bruders, ohne Pflicht zu eigner besserer Leistung, zugestanden hatte. In der Kritik war die Prinzessin ihrem Gemahl überlegen. Die ersten Zweifel an dieser geistigen Überlegenheit waren ihm gekommen, als er genötigt war, nicht mehr nur zu kritisieren, sondern selbst zu handeln und die amtliche Verantwortung für das Bessermachen zu tragen. Sobald die Aufgaben beider Herrschaften praktisch wurden, hatte der gesunde Verstand des Königs begonnen, sich allmählich von der schlagfertigen weiblichen Beredsamkeit mehr zu emanzipieren.

Es gelang mir, ihn zu überzeugen, daß es sich für ihn nicht um Konservativ oder Liberal in dieser oder jener Schattierung, sondern um Königliches Regiment oder Parlamentsherrschaft handle und daß die letzte notwendig und auch durch eine Periode der Diktatur abzuwenden sei. Ich sagte: ›In dieser Lage werde ich, selbst wenn Ew. Majestät mir Dinge befehlen sollten, die ich nicht für richtig hielte, Ihnen zwar diese meine Meinung offen entwickeln, aber wenn Sie auf der Ihrigen schließlich beharren, lieber mit dem König untergehen, als Ew. Majestät im Kampfe mit der Parlamentsherrschaft im Stiche lassen.‹«

NEUNTER SPAZIERGANG

Weltkulturerbe IV: Im Schloß und Volkspark Glienicke mit der Pfaueninsel, dem Balkon Nikolskoe und dem Jagdschloß Klein-Glienicke

Was ein Quartett ersonnen, die Romantiker begeistert, einen Zaren beherbergt und der Spionage gedient hat

Man mag König Friedrich Wilhelm III. manches nachsagen ... daß er ein Zauderer gewesen sei, ... daß er stets schüchtern und verbissen gewirkt habe, ... daß Intellekt und Phantasie seine Sache nicht gewesen seien ... Aber fest steht, daß er ein engagierter protestantischer Christ, ein buchstäblich preußischer Beamter, sein bester eigener Hausmeier sowie seinen beiden Frauen ein dankbarer Ehemann und seinen Kindern ein treusorgender Vater gewesen ist. Sowohl mit der Staatskasse als auch mit der Privatschatulle hantierte er sparsam, wenngleich ohne Geiz; aber wenn er die Notwendigkeit von Ausgaben einsah, dann gab er gut und gern.

»Einiges von dem Schönsten aber, was in der Ära Friedrich Wilhelms III. geschaffen wurde, verdankt Berlin nicht dem König, sondern seinen Söhnen, die sich meist italienisch – wie im Schloß Charlottenhof des Kronprinzen (des späteren Friedrich Wilhelm IV., d. Verf.) und Schloß Glienicke des Prinzen Carl – oder gotisch – wie im Babelsberg des Prinzen Wilhelm (des späteren Kaisers Wilhelm I., d. Verf.) – eingerichtet und dabei mit recht sparsamen Mitteln an der Kunstlandschaft Potsdam weiter gearbeitet haben.«

Seine geliebte Charlotte – die älteste von insgesamt vier Schwestern – überraschte er mit dem Blockhaus Nikolskoe im russischen Stil hoch oben auf den Havelhöhen, als sie unter ihrem neuen Namen Alexandra Feodorowna zusammen mit ihrem Mann, dem Großfürsten und späteren Zaren Nikolaus I. von Rußland, 1819 nach Berlin und Potsdam kam. Nachdem wenige Jahre später auch noch St. Peter und Paul mit russischer

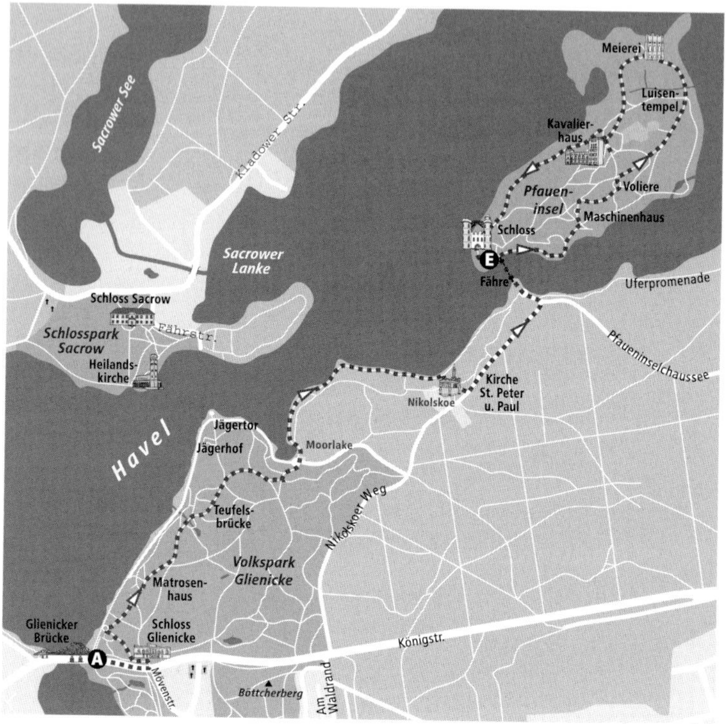
Sacrower See
Kladower Str.
Sacrower Lanke
Schloss Sacrow
Schlosspark Sacrow
Fährstr.
Heilands-kirche
Havel
Jägertor
Jägerhof
Moorlake
Teufels-brücke
Volkspark Glienicke
Matrosen-haus
Schloss Glienicke
Glienicker Brücke
Mövenstr.
Böttcherberg
Am Waldrand
Königstr.
Nikolskoer Weg
Nikolskoe
Kirche St. Peter u. Paul
Pfaueninselchaussee
Uferpromenade
Fähre
Schloss
Pfauen-insel
Maschinenhaus
Voliere
Kavalier-haus
Luisen-tempel
Meierei

Zwiebelkuppel daneben errichtet worden war, hatten Schloß und Kirche Sacrow sowie jenseits der Havel das Ensemble der Pfaueninsel zusammen mit den Anlagen von Klein-Glienicke für die Sommeraufenthalte des Hofes die Kulturlandschaft Potsdam harmonisch komplettiert.

Doch beginnen wir bei der **Glienicker Brücke**, die seit der Erhebung von Potsdam zur Sommerresidenz des Großen Kurfürsten an dieser Stelle stand und gleichzeitig die Grenze zwischen der nördlichen Oberhavel und der südlichen Unterhavel bildete. Die erste Holzbrücke, aber auch ihre späteren steinernen und stählernen Nachfolgerinnen waren so schwer nicht zu gründen, führten doch die Havelufer hier nicht Sand und Sumpf, sondern konstruktionsfreundlichen Lehm.

»Die Havelufer links und rechts des Flusses weisen strichweise einen guten Lehmboden (im Wendischen: *Glin*, der Lehm) auf, weshalb wir in allen hier in Betracht kommenden Landesteilen, also in Havelland, Zauche, Teltow, vielfach den Ortsbezeichnungen: Glin, Glindow, Glinicke begegnen. In unmittelbarere Nähe von Potsdam, zu Füßen von Babelsberg, liegt Klein-Glinicke mit seinen Schlössern und seiner Brücke.« (Theodor Fontane)

Heute verbindet die Brücke, die vom brandenburgischen Landtag 1949 ausgerechnet den Namen *Brücke der Einheit* bekam, den südwestlichen Berliner Bezirk Steglitz-Zehlendorf, Ortsteil Wannsee, mit der Berliner Vorstadt der Stadt Potsdam. Seit der definitiven Teilung Deutschlands im Jahr 1961 durften nur noch die Fahrzeuge der Gruppe der Sowjetischen Streitkräfte in Deutschland, der in Berlin akkreditierten Militärmissionen und der drei Westalliierten die Brücke passieren. Die USA und die UdSSR tauschten nämlich hier ihre politischen Gefangenen und Agenten aus: im Februar 1962 den über der Sowjetunion abgeschossenen US-Piloten Francis G. Power, der ein Spionageflugzeug gesteuert hatte, gegen den rechtskräftig verurteilten sowjetischen Agenten Rudolf J. Abel; im Juni 1985 23 politische Gefangene aus der DDR gegen vier in den USA verurteilte Ost-Spione. Ein Austausch am 11. Februar 1986 wurde als Spektakel inszeniert:

»Bereits seit Tagen warteten Hunderte von Journalisten vor der Glienicker Brücke, auf deren Mitte die Grenze zwischen West-Berlin und Potsdam verläuft und wo sich der Austausch abspielen soll. Gegen 11.45 Uhr nähert sich eine vom Ortsteil Wannsee kommende Wagenkolonne. An der Spitze fahren die Limousinen des US-Botschafters Richard Burt und des Ost-Berliner Anwalts Wolfgang Vogel.

Um den eigentlichen Ablauf der Operation vor der Presse geheim zu halten, stellen sich zwei US-amerikanische Kleinbusse kurz vor der Grenzlinie quer und versperren den Fotografen die Sicht. US-Botschafter Burt geht mit Staatssekretär Ludwig Rehlinger vom Innerdeutschen Ministerium über die Grenze. Eine Viertelstunde später kehren sie mit dem prominentesten Freigelassenen auf östlicher Seite, Anatoli Schtscharanski, zurück, steigen in einen Wagen und fahren in Richtung Westberlin. Kurz darauf werden die übrigen Häftlinge (vier West-Spione gegen vier Ost-Spione, d. Verf.) ausgetauscht. Anatoli Schtscharanski, der sich in der Sowjetunion für seine jüdischen Landsleute engagierte, reist sofort nach Israel weiter. 1978 wurde er wegen angeblicher Spionage für den CIA zu drei Jahren Gefängnis und zehn Jahren Lagerhaft verurteilt.« (*Die Chronik Berlins*)

Daß die Glienicker Brücke eher ein Symbol der deutschen Teilung als ein Element der Einheit war, zeigt ein tragikomischer Streit zwischen West und Ost, der im Jahr 1977 begann. Die damals 28 Jahre alte Nachkriegskonstruktion aus Stahl und Asphalt bedurfte dringender Reparaturen. Vor allem die alliierten Nutzer mahnten bei beiden deutschen Verwaltungen die Renovierung an. Doch diese stritten sich sieben Jahre lang um die Kostenteilung. Dann einigte man sich auf eine Lösung, die Schilda gut zu Gesicht gestanden hätte: Erst finanzierte der Westen die Instandsetzung »seiner« Brückenhälfte, mit westlichem »Personal«, versteht sich. Anschließend bezahlte der Westen in begehrter Westwährung auch die Arbeiten der einheimischen Baubrigade auf DDR-Seite. Einen einzigen Rabatt ließ sich die Verwaltung Ost dafür abhandeln: Das Bauwerk bekam seinen ursprünglichen Namen Glienicker Brücke zurück.

Wir bleiben noch für ein Weilchen südlich der Königsstraße, steigen herunter auf das Niveau der Glienicker Lake und bummeln am Ufer entlang zum **Jagdschloß Glienicke**, das während der Rücklegung dieses Buches durch einen Brand schwer beschädigt wurde. Es diente als Lazarett, Tapetenfabrik, Waisenhaus und Hotel; heute ist der Hauptbau Sitz einer internationalen Begegnungs- und Jugendbildungsstätte; die Nebengebäude nutzt eine Heimvolkshochschule. Weder vom Chièze-Bau des Jahres 1683 noch von den aufwendigen Umbauten (von Arnim 1859, Geyer 1889) ist etwas erhalten. In seiner derzeitigen entkernten, gepflegten (m. E. aber verbauten) Gestalt stammt der Bau aus den Jahren 1963/64 von dem im übrigen renommierten Architekten Max Taut.

Unmittelbar neben dem Jagdschloß liegen die beiden – je nach politischer Überzeugung – Enklaven beziehungsweise Exklaven des Dorfes **Klein-Glienicke** und des Böttcherberges: das **Dorf** mit den Resten seiner **Schweizerhäuser** aus der Mitte des 19. Jahrhunderts, ein mauerbewehrter Konflikt im äußersten Südwesten von Westberlin, und die 66 Meter hohe Anhöhe als westlicher Ausguck in den befestigten Arbeiter- und Bauernstaat. Die Grenzziehung von 1945 zwischen Sowjetischer Besatzungszone und dem amerikanisch besetzten Sektor Großberlins folgt den Katastern und damit den Grundstückgrenzen der ehemaligen Hohenzollernbesitzungen, die 1934-39 an Berlin verkauft wurden.

Georg Gafron, ehemaliger DDR-Flüchtling, seit 2001 Chefredakteur der Boulevardzeitung *BZ*, erinnert sich an die Spaziergänge auf den **Böttcherberg** unter dem Titel *Freier Blick auf die Vergangenheit*:

»Ende der siebziger Jahre ... machte mich ein guter Freund auf den U-förmigen Verlauf der Mauer unweit der Glienicker

Brücke aufmerksam. Und tatsächlich: 200 Meter von dem geschichtsträchtigen Bauwerk führte auf der Königstraße ein schmaler Pfad in ein parkähnliches Gelände hinein. Plötzlich war man mittendrin in einem Stück nahezu unberührter Natur. Nur ganz selten kam einem jemand entgegen. Keine Berliner mit Hunden, keine Touristen – die meisten hielten dieses Parkgelände wohl ganz einfach schon für den Osten.

... Der Weg verläuft leicht bergan, hinauf auf den 66 Meter hohen Böttcherberg. Nahm eben noch eine Rotwildfamilie den Blick gefangen, so rückte jetzt jäh die schlimme Realität der Teilung ins Bewußtsein. Der Todesstreifen mit zwei Mauern, Hundelaufanlagen, Fahrzeugstreifen und Schießtürmen lagen unter einem – keine zehn Meter entfernt. Gleich dahinter ein paar Häuser – Sperrgebiet.

Einmal, im Winter, winkten meine noch kleinen Söhne spielenden Kindern zu. Diese reagierten nicht und wurden kurz darauf von ihren Eltern ins Haus gerufen. Dafür tauchte ein Jeep der Grenztruppen auf. Wir wurden lange und immer wieder fotografiert, ein anderer telefonierte hektisch herum. Was für ein absurdes Geschehen an diesem Platz. Irgendwann wurde einem dann doch mulmig.

Doch ohne ein kurzes Innehalten an der 1869 von Alexander Gilly geschaffenen Loggia Alexandra – ein wundervoller Pavillon mit pompejanischen Fresken – konnte ich nicht in den Alltag zurückkehren. Das Kleinod preußischer Baukunst schien einem die Gewißheit zu geben, daß die Geschichte auch die Perversion der Mauer überwinden wird.

Auch heute versuche ich wenigstens einmal im Jahr auf dem Böttcherberg zu stehen – nur daß heute die Mauer verschwunden ist und die spielenden Kinder freundlich zurückwinken.«

Bauen ließ die **Loggia Alexandra** der Preußenprinz Carl neun Jahre nach ihrem Tod zum Gedächtnis an seine Lieblings-Schwester Charlotte. Anstelle einer verschwundenen Marmorskulptur genießt seit 1987 eine von Christian Daniel Rauch geschaffene Büste der Zarin die schöne Aussicht über die Havellandschaft hinüber zum Schloß Babelsberg (vgl. S. 279) und auf Potsdam.

Ausgedacht hatte sich das **Gesamtkunstwerk Klein-Glienicke**, das heute zum Kulturerbe der Menschheit gehört und die Kulturlandschaft Potsdam nach Osten abschließt, ein temperamentvolles romantisches Quartett, das bereits bei der Verschönerung der Potsdamer Stadtlandschaft die kreative Zusammenarbeit geprobt hatte: Prinz Carl (* 1801), dritter Sohn von König Friedrich Wilhelm III.; sein Bruder, der Kronprinz Fritz (* 1795), der ihm viele künstlerische Anregungen gab; der Landschaftsgestalter Peter Joseph Lenné (* 1789); und der Universalkünstler Karl Friedrich Schinkel (* 1781). Gebaut, gewerkelt und gepflanzt wurde an dem Ensemble von 1814 bis 1889. Die Zeitgenossen entzückte die harmonische Geschlossenheit des Ganzen. Der spätere preußische Generalfeldmarschall Helmuth Graf von Moltke erzählt seiner Braut Marie von Burt in einem Brief vom Juni 1841:

»Gewiß ist der Glienicker Park einer der schönsten in Deutschland. Es ist unglaublich, was die Kunst aus diesem dürren Boden zu machen gewußt hat. Eine Dampfmaschine arbeitet vom Morgen bis zum Abend, das Wasser aus der Havel auf die Sandhöhen hinaufzuheben und üppige Wiesen da zu schaffen, wo ohne sie nur Heidekraut fortkommen würde. Eine gewaltige Kaskade brauset über Klippen unter einem anscheinend von ihrem Ungestüm halb weggespülten Brückenbogen hindurch und wütet jählings fünfzig Fuß* hinab in die Havel, auf einem Terrain, wo die besonnene Mutter Natur nicht daran gedacht hätte, einen einzigen Eimer Wasser fließen zu lassen, weil der dürre Sand es sogleich durstig verschluckt hätte. Vierzig Fuß hohe Bäume werden gepflanzt, wo sie vierzig Jahre hätten stehen müssen, um diese Mächtigkeit zu erlangen ... Die Moose auf den Steinen sind aus Norwegen verschrieben, die Schaluppe auf dem Wasser aus England. Schöne Springbrunnen rauschen dreißig Fuß hoch in die Luft, und Marmorbilder stehen und sehen Dich an unter blühenden Zitronenbäumen. – Wunderhübsch ist der Hof, auf welchen meine Fenster gehen. Auf einem Grasteppich wie grüner Sammet steigt eine zierliche Fontäne empor, und rings umher zieht sich eine Veranda, die mit Passionsblumen und Aristolochien* dicht bekleidet ist. Ich freue mich schon darauf, Dir einmal alle die schönen Sachen zu zeigen.«

Maulbeer- und Obstbäume standen auf dem Landgut, das der Staatskanzler Karl August Graf von Hardenberg 1814 gekauft hatte. Als zwei Jahre später ein damals 26jähriger Gärtnergeselle, ein gewisser Peter Paul Joseph Lenné, aus dem rheinischen Bonn nach Potsdam kam, um auf Wunsch Friedrich Wilhelms III. den Neuen Garten umzugestalten, versicherte sich auch Hardenberg der Talente des Zugereisten. Sein Auftrag: die Obstbaumterrassen rund um das Gutshaus durch einen kleinen Landschaftsgarten zu ersetzen. Damit begann eine Beziehung zur **Parkanlage von Klein-Glienicke**, die ein ganzes Berufsleben dauern sollte. »Lenné schuf ein sanft hügeliges Gelände mit Wiesen, Baumgruppen und Blickachsen auf Potsdam und die Havelseen.« (Silke Herz) Als der junge Mann seine Aufgaben am Heiligen und am Jungfernsee erledigt hatte, wurde sein Einjahresvertrag in einen unbefristeten umgewandelt und er zum Königlichen Garten-Ingenieur ernannt.

Nach dem Tode des Kanzlers 1824 kaufte Prinz Carl dessen Sohn das ganze Anwesen zu einem passablen Preis ab und beauftragte Lenné umgehend, seine Arbeiten fortzusetzen. Es entstanden der **Blumengarten**, ein intimer **Pleasureground** und der großzügige und weitläufige **Landschaftsgarten**. Nach 14 Jahren erklärte der Hofgärtner sein Werk für abgeschlossen. Damals war er gerade 50 geworden. Zwei Jahre später erwarb der Hohenzollernprinz weiteres Gelände hinzu, das die Fläche des Parks noch einmal mehr als verdoppelte – insgesamt auf 116 Hektar. Als die Hofgärtnerei 1869 endlich Vollzug melden konnte, war der Schöpfer dieses Gartenkunstwerkes, der Generaldirektor der Königlichen Gärten und Ehrenbürger von Potsdam, bereits fast drei Jahre tot. Es liest sich wie ein verspäteter

Nachruf, wenn Harri Günther 1997 im *Bekenntnis zu Potsdam* schreibt:

»Spaziert man heute durch die Sanssouci-Gärten, den Neuen Garten, auch den Pleasureground von Klein-Glienicke, so lebt man im Gefühl, aller Menschenmühsal entrückt zu sein. Die von Lenné kunstvoll geordneten Baumwelten, die Gartenräume für lebhaft Träumende einfassen, halten eine harte Außenwelt schirmend ab. Das Sichtbare des Gartens scheint auf den Parkbesucher so einzuwirken, als würden in seinem Inneren Lennés Gartenschöpfungen mitsummen, wie eine Instrumentenseite bei verwandten Tönen mitklingt. Nicht das zu dreist Nützliche wirkt hier, sondern die kunstvolle Harmonie von Wiese, Wasser und Baum.

Man könnte leicht meinen, daß Lenné in einer Höhe lebte, zu welcher andere, wie Thomas Mann einmal schrieb, nur aufsteigen, wenn sie Märchen hören.«

Wir betreten das Ensemble durch den **Haupteingang – das Johannitertor** –, das ein Johanniterkreuz trägt. Es erinnert daran, daß König Friedrich Wilhelm IV. per Kabinettsorder den 1811 säkularisierten Johanniterorden* erneuert und seinen Bruder Carl zum Herrenmeister des ritterlichen Ordens St. Johannis vom Spital zu Jerusalem eingesetzt hatte. Im Rahmen eines Festgottesdienstes gelobte Carl im Mai 1853 stellvertretend für die versammelten ersten neuen Ritter, daß sie »gegen die Feinde der Kirche Christi und gegen die Zerstörer göttlicher und menschlicher Ordnung überall einen guten und ritterlichen Kampf kämpfen, sowie nach besten Kräften die christliche Krankenpflege des Ordens begünstigen, fördern und verbreiten«.

Eine römische Villa wünschte sich Carl, doch Schinkel wies darauf hin, daß dies den totalen Umbau des Hardenbergischen Landhauses zur Folge hätte. Aber so sollte es sein. Der verliebte junge Herr trieb seinen Architekten und dessen Baukolonnen an, sich zu sputen. Denn Goethes Patentochter Marie von Sachsen-Weimar hatte ihrem Carl unmißverständlich gezeigt, daß sie seinem heimlichen Werben gerne nachgeben würde, wenn sich nur beide Höfe einigten. Das taten sie zur Jahreswende 1825/26, so daß der Prinz ganz taumelig vor Glück seiner Schwägerin schrieb: »Denke es Dir, ich – Sir Charls Ginicke – ist Bräutigam – und mit wem? – mit einem Engel, der viel zu gut, viel zu hübsch für mich ist!!!« Im Frühling 1827 beendete Schinkel den Erweiterungsumbau des Landhauses zu einem veritablen **Schloß** samt seiner Kleinen Neugierde; im selben Frühling noch heiratete der Prinz aus Brandenburg die Prinzessin aus Thüringen, und schon im Frühsommer zogen Carl und Marie nach Klein-Glienicke, von dem sich der Preußenprinz unbeschwerte Tage und Wochen erhoffte wie einst in Paretz (vgl. S. 369).

Von Anfang an bewunderten Bewohner, Besucher und Zaungäste die heitere, verspielte, italienische Atmosphäre des Ensembles – offenbar das Ergebnis von zwei Italienreisen. Im Herbst und Winter 1822 hatte König Friedrich Wilhelm III. unter sachkundiger Führung durch Alexander von Humboldt Italien bereist und seine Söhne Wilhelm und Carl eingeladen, ihn zu begleiten. Und Schinkel hatte sich wenige Wochen nach Abschluß des Kaufvertrages mit den Hardenbergs ebenfalls auf eine italienische Reise begeben – im Gepäck manche Hinweise und Fragen, die sich aus dem wohlgefüllten Skizzenbuch ergaben, das Carl aus dem Süden – vor allem aus Verona, Venedig, Rom, Neapel, Pompeji, Florenz, Pisa, Genua und Mailand – mitgebracht hatte.

Während der König selbst Schinkel später nur ein einziges Mal bat, ein paar seiner italienischen Impressionen in einem Bau zu berücksichtigen – dem sogenannten Schinkel-Pavillon im Park des Charlottenburger Schlosses –, sprühte Prinz Carl nur so von ästhetischen Erinnerungen. So fügten sich Anregungen, die Schinkel zum Beispiel aus der römischen Villa Medici mitgebracht hatte zu den zahlreichen antiken Spolien*, die Carl gesammelt hatte und in Klein-Glienicke untergebracht wissen wollte. Zu diesem italienischen Ensemble gehören das Schloß selbst, das **Kasino**, die beiden Aussichtspavillons (**Große** und **Kleine Neugierde**), das **Stibadium***, das **Gärtner- und Maschinen-**

haus, der **Wirtschafts- oder Gutshof**, das **Matrosenhaus** und einige nicht mehr erhaltene Pförtnerhäuser.

Ein Wort noch muß gesagt werden zur Neugierde. Als der Volksmund die beiden Aussichtspavillons so taufte, meinte er es tatsächlich wortwörtlich. Seit nämlich in den Jahren 1789 bis 1795 der Verbindungsweg Berlin-Potsdam zur ersten preußischen Chaussee ausgebaut worden war, brachte die neue Straße einiges an Verkehr und damit an Neuigkeiten. »Weitab vom städtischen Leben in den Residenzen dürfte es für die hier ansässigen Herrschaften, wenn schon nicht wichtig, so doch interessant gewesen sein, den Verkehr zu beobachten und die passierenden Personen zu registrieren.« (Friedrich Mielke)

So entstand schon 1796 die **Kleine Neugierde**, die 1825 modernisiert und 1848 mit einer Vorhalle versehen wurde. Die jüngere Große Neugierde verdankt ihr Entstehen ähnlichen Motiven. Doch war es diesmal die 1834 fertiggestellte Ziegelsteinbrücke, deren Menschen- und Warenverkehr – von der Kurierpost ganz zu schweigen – die neugierigen Blicke der von und zu Klein-Glienicke anzog. So entstand 1835 bis 1837 als Beobachtungsposten die **Große Neugierde**.

Gleichgültig ob wir den Schloß- und Volkspark über den Uferweg der Havel oder über die Höhenwege durch den Berliner Forst verlassen, unser nächster Aufenthalt heißt **Nikólskoe**. Es ist heute nur noch ein Ensemble aus dem russischen Blockhaus, der Kirche St. Peter und Paul sowie einem kleinen Friedhof. Alte Stiche und Aquarelle belegen, daß um die Mitte des 19. Jahrhunderts hier oben an einem offenen Abbruch der Moränenlandschaft zum Havelurstromtal noch ein paar Gebäude mehr gestanden haben. Die Gruft der Familie Prinz Carl von Preußen als Anbau an die Kirche zum Beispiel; aber auch ein Küstergehöft und Schulhaus sowie Wohnraum für mehrere Gärtner- und Förster-Familien, die sich um Klein-Glienicke und die Pfaueninsel zu kümmern hatten.

Den Anfang bildete – wie die Kunsthistoriker sagen – ein Stück »Souvenir-Architektur«. Beim Besuch seiner in St. Petersburg verheirateten Tochter Charlotte im Jahr 1818 hatte Friedrich Wilhelm III. vermerkt, daß die nunmehr Alexandra Feodorowna genannte Großfürstin von dem Teil der Hoffeste besonders entzückt war, die in einem einfachen bäuerlichen Holzhaus stattfanden. »Es ist eine vollkommen treue Kopie des Blockhauses, das Dir so wohlgefiel, und in welchem wir froh waren, als ich Euch in Petersburg besuchte. Du wünschtest Dir damals ein solches Haus und meintest, man könne darin ebenso vergnügt sein, als in einem kaiserlichen Pallaste. Dieß Dein Wort habe ich behalten und zum Andenken daran gerade ein solches Haus hier Dir zuliebe erbauen lassen.« Die Hohenzollerntochter soll Nikolskoe dann ihrem russischen Kutscher für eine Schankwirtschaft überlassen haben.

Doch reichte dem König dieses Erinnerungsstück weder als Ausdruck seiner Russophilie noch als Beweis seines »sehr innigen Verhältnisses« zu seiner Tochter. Als diese nämlich bei einem Besuch der Pfaueninsel geäußert haben soll, »wie schön und erbaulich es sein müsse, wenn diese Abendstille auf der Insel vom Glockengeläut einer am andern Havel-Ufer errichteten Kapelle durchtönt würde«, wollte der Vater seiner Tochter diesen Wunsch auch noch erfüllen, indem er ihr eine »russische« Kirche bauen ließ. Friedrich Mielke erzählt, daß sich der König »am 2. Juni 1834 auf der Havel herumrudern ließ, um persönlich den geeigneten Bauplatz für die Kirche festzulegen. Nach seinen Weisungen mußten Matrosen verschiedene Stellen an den Hängen des Havel-Ufers markieren, die dann von ihm selbst vom Wasser her überprüft wurden. Für ihn kam – bedingt durch den Wunsch seiner Tochter – nur ein Bauplatz auf einer der Höhen des Havel-Ufers und im Blickfeld der Pfaueninsel in Frage.«

Am 13. August 1837 wurde die von Friedrich August Stüler und Albert Dietrich Schadow entworfene (evangelische) Kirche **St. Peter und Paul auf Nikolskoe** geweiht und den Gemeinden von Klein-Glienicke, Stolpe (heute Wannsee) und der Pfaueninsel als Pfarrkirche übergeben. Die Architekten »folgten dabei

Anregungen Karl Friedrich Schinkels und des Kronprinzen Friedrich Wilhelm (IV.). Insbesondere die Zwiebelkuppel des Turmes, deren Vergoldung an der Sparsamkeit Friedrich Wilhelms III. scheiterte, und die glatte Turmfront sollten die Assoziation an Rußland hervorrufen« (Silke Herz).

Schon kurz nach der Fertigstellung des Kirchbaus reichte der General-Gartendirektor Peter Joseph Lenné eine Skizze des geplanten **Kirchhofs** bei Hofmarschall von Massow ein. Die daraufhin unverzüglich genehmigten Arbeiten der Friedhofsgärtner zogen sich bis in den Spätherbst hin. So konnte Hofgärtner Gustav Adolph Fintelmann Anfang Dezember 1837 dem Hofmarschall melden: »Euer Hochwohlgeboren beehre ich mich untertänigst anzuzeigen, daß der bei der St. Peter- und Pauls-Kirche neu angelegte Kirchhof heut, d. 5. d. M., nachmittags 2 Uhr, eingeweiht worden, und zwar bei dem Begräbnis eines 1 ½jährigen Sohnes des Königlichen Schloß Knecht Mewes hierselbst.«

Bleiben ein paar musikalische Marginalien: Zur Kirchweih Mitte August wie zum Erntedankfest Anfang Oktober 1837 sangen die Knaben des Türkschen Waisenhauses. Dazu vermerkt die *Gemeinde-Chronik*:

»Am Erntedankfest besuchten Seine Majestät mit dem Hofe den Gottesdienst; die Zöglinge des Waisenhauses sangen die Liturgie und eine Motette, welche sich auf das Fest bezog. Seine Majestät bezeigten dem Herrn Regierungsrat von Türk (vgl. S. 264) mündlich Ihre Allerhöchste Zufriedenheit darüber und ließen folgenden Tages demselben 100 Rthlr. übersenden mit der Bestimmung, daß die Kinder dafür einen recht frohen Tag haben sollten.«

Die zweite Marginalie betrifft eine politische wie musikalische Geschmacklosigkeit, nämlich die Lautsprecheranlage in der linken offenen Loggia von St. Peter und Paul. Wie an anderer Stelle erzählt (vgl. S. 57) ging beim Flächenbombardement vom 14. April 1945 mit großen Teilen der Altstadt auch die Garnisonkirche unter. Und die Ruinen, die geblieben waren, wurden 1968 eher aus ideologischen als aus städtebaulichen Erwägungen auch noch gesprengt und abgetragen. Zum Wahrzeichen des militärischen Potsdam gehörte ein von Spielwalzen gesteuertes Glockenspiel und ein Carillon mit Spieltisch. Zur halben Stunde hieß es:

»Üb immer Treu und Redlichkeit / Bis an dein kühles Grab; / Und weiche keinen Fingerbreit / Von Gottes Wegen ab.«

Da nichts dafür sprach, daß in Potsdam jemals wieder eine solche musikalische Apparatur entstehen würde, wollte die Evangelische Kirche von Berlin und Brandenburg diese Tradition wenigstens per Tonband erhalten. Christine Brückner, die Internatsschülerin in der Hoffbauerstiftung auf der Insel Hermannswerder gewesen ist, erinnert sich in ihrem Buch *Jauche und Levkojen*:

»Wie ein einzigartiges Juwel ist das Eiland dem Kleinod des Reiches, der Stadt Potsdam vorgelagert, und das Glockenspiel der Garnisonkirche mit seinen mahnenden Weisen tönt halbstündlich herüber ... Das Potsdamer Glockenspiel erklingt noch heute stündlich, allerdings vom Turm der kleinen Waldkirche St. Peter und Paul auf Nikolskoe in West-Berlin.«

Doch sorgte der seit 1983 amtierende Pfarrer Wilfried M. Heidemann bei seinem Amtsantritt zunächst dafür, daß das unsägliche Tonband abgestellt wurde. Er betrieb jedoch auch von Anfang an einen Plan, die heute vor allem von Ausflüglern und Brautpaaren frequentierte Kirche mit einem musikalischen Ausrufezeichen zu versehen: einem Glockenspiel aus 24 Bronzeglocken – dieses wurde in einem feierlichen Gottesdienst am 1. Dezember 1985 eingeweiht.

Folgt unausweichlich der Abstieg vom Balkon vor St. Peter und Paul hinunter zum Havelufer – vorbei am Wirtshaus, dem ehemaligen Marstall – auf die Fähre und hinüber zur **Pfaueninsel**. Das ist der Ort, den viele Bewunderer und zuletzt auch Wolf Jobst Siedler Preußens Arkadien genannt haben.

Ausführliches ist wieder einmal nachzuschlagen in *Fontanes Wanderungen*. Er widmet der Insel fünf Kapitel, darunter das

Das »römische Landhaus« auf der Pfaueninsel

amüsante Feuilleton über *Frau Friedrich*. Doch beginnen wir unsere Pfade und Wege durch das mit 76 ha vermessene Insel-Arkadien mal ganz anders ... landwirtschaftlich nämlich, wie es ja die arkadische Anspielung an ein idyllisches Landleben auch nahe legt. Der Name Pfaueninsel hatte ursprünglich nichts mit den rund 100 Exemplaren dieser Hühnervogelart zu tun, die derzeit auf der Insel leben. Nein, als dieses Stück Urwald in der Havel 1680 erstmals erwähnt wird, denken die mittelniederdeutschen Hörer und Leser noch an page, d.i. Pferd, also an eine »Pferdeinsel«. Und als der Große Kurfürst in den 80er Jahren des 17. Jahrhunderts die Insel erstmals landwirtschaftlich nutzt, zur Kaninchenzucht nämlich, deren Erlöse in soziale Dienste fließen, da gibt er ihr auch einen entsprechenden Namen: **Kaninchenwerder.**

1685 jedoch ist erst einmal Schluß mit ländlicher Idylle. Kurfürst Friedrich Wilhelm schenkte das Eiland seinem Kristallglasmacher Johannes Kunckel und ließ ihm dort eine Glashütte bauen mit dem Auftrag, kostbares Goldrubinglas herzustellen.

Doch als der Große Kurfürst wenige Jahre später starb, hat man Kunckel mit Schimpf und Schande außer Landes gejagt. Goldrubinglas wurde nicht mehr hergestellt, die Glashütte niedergebrannt. Am Ostufer der Insel erinnert der **Kunckelstein** an dieses kunstgewerbliche Zwischenspiel. Hundert Jahre lang blieb die Pfaueninsel wieder der wuchernden Natur und den sich mehrenden Kaninchen überlassen. Dann entdeckten Kronprinz Friedrich Wilhelm II. und seine geliebte Wilhelmine Enke das schöne Fleckchen für verschwiegene Liebestreffs.

»Aber die Insel geht ihm nicht aus dem Sinn, die seine Zuflucht war vor dreißig Jahren. Vergangen, aber nicht vergessen die Tage, als es dort ›Orientalische Spiele‹ gab unter indischen Zelten und auf persischen Teppichen, alles ausgebreitet auf dem Rasen, die Hängematten gespannt zwischen den Stämmen, der Tanz auf der Wiese mit Schaukeln und Musikanten. War es nicht gewesen, als wolle der Neffe die Fêtes galantes von seines Onkels geliebtem Watteau in die Wirklichkeit holen? Nun kauft Friedrich Wilhelm die Insel, deren landwirtschaftlichen Ertrag der große Kurfürst dem Militärwaisenhaus in Potsdam geschenkt hatte; die entgangenen Subsidien ersetzt der König auf Heller und Pfennig den Kindern der Gefallenen aus den vielen Kriegen. ... Diesmal braucht der König keinen Architekten, er weiß genau, was er will, der Hofzimmermeister Brendel aus Potsdam genügt. Ein Sommerhaus soll es sein, die Privatheit des Marmorpalais (vgl. S. 222:) ist ihm noch zuviel. ... Jetzt sucht er das ganz und gar Intime. Was ihm vorschwebt, ist ein Pavillon aus Holz, und er will ihn in Gestalt einer mittelalterlichen Ruine haben. Sie soll an die Vergänglichkeit mahnen und an sonst nichts« (Wolf Jobst Siedler).

So entsteht das **Pfaueninsel-Schloß** 1794-95 als »verfallenes römisches Landhaus« mit einer Schaufassade nach Potsdam hin gemäß der Anregungen und Vorschläge, die »Madame Ritz« – offiziell die Gemahlin des Geheimen Kämmerers Ritz, de facto die Mätresse und jüngst zur Gräfin Lichtenau erhobene Gespielin des Königs – von ihrer Bildungs- und Studienreise nach Neapel und Rom mitgebracht hatte. Sie sorgt auch dafür, daß der König auf Gut Sacrow Pfauen kauft und sie in einem Heuschober-Imitat unterbringt. Als Johann Gottlieb Brendel alles fertig hat – unter Einschluß geschmackvollster Möblierung und Dekors sowie der am anderen Ende der Insel als »eingefallenes gotisches Kloster« errichteten **Meierei** –, da ist der Bauherr schon tot und seine künstlerische Beraterin entmachtet, enteignet und zu Festungshaft verurteilt.

Während der Sohn, König Friedrich Wilhelm III., sonst wenig zu tun haben will mit den Spuren und Hinterlassenschaften des ungeliebten und verachteten Vaters, in Sachen Pfaueninsel ist alles anders. Hier will er mit seiner Familie und einem kleinen Teil des Hofstaats im Sommer wohnen. Nur mag er's weniger düster und romantisch. Also geht er an eine Umgestaltung der Insel gemäß seiner eigenen landwirtschaftlichen Interessen. Felder und Weiden werden angelegt und ein Stall gebaut. Freundlich und wohnlich soll alles werden, aber da er wenig Sinn für Ästhetik hat, gerät ihm vieles derart daneben, daß es heute scheint, er habe sich »ein Disneyland des 18. Jahrhunderts« (Thomas Stamm-Kuhlmann) geschaffen. Noch vor dem Siegeszug Napoleons, vor der Flucht nach Ostpreußen und den Befreiungskriegen beginnen der König und seine Luise so etwas wie den ersten zoologischen Garten in Deutschland anzulegen – mit Büffeln und einem bengalischen Hirsch, mit Lamas, Känguruhs und Affen, mit Adlern, Bären und einem Löwen sowie zahllosen südamerikanischen Vögeln in einem eigens geschaffenen **Winterhaus**. Dazu ein **Palmenhaus** für reichlich tropisch-exotische Botanik und Unterkünfte für »menschliche Kuriositäten«, wie Friedrich Wilhelm an den Kronprinzen schrieb: »Seit heute gibt's auch ein Zwergenpaar, Bruder und Schwester, in diesem bezauberten Eiland, neunzehn und siebzehn Jahr alt, aus Lichtenberg gebürtig, das ganz manierlich aussieht.« – Dazu kamen noch ein Riese, ein Schwarzafrikaner und der Polynesier Maitey von der Sandwich-Insel Oahu. Die Pfaueninsel wurde zum bevorzugten Ort für Familienfeste, besonders für Kindergeburtstage.

Erst nach den Befreiungskriegen macht Peter Joseph Lenné aus der Insel den Landschaftspark, der er noch heute ist. Er schafft ein Bewässerungssystem, das mittels eines **Dampfmaschinenhauses** mit Havelwasser versorgt wird und das auf der höchsten Stelle in einem eisernen **Schalenbrunnen** samt **Fontäne** beginnt. Und dann gab's auch für die Tüchtigen noch das nötige Quentchen Glück: 1821, als Lenné just an seinem Park werkelte, stand in Berlin die damals einmalige Rosensammlung eines gewissen Dr. Böhm zum Verkauf. Friedrich Wilhelm III. kaufte sie – je ein Taler pro Exemplar, insgesamt 5000 Taler. Die Landschaftsplaner siedelten das **Rosarium** halben Wegs zwischen Anlegestelle und Schloß an, wo es noch heute zu besichtigen ist. Und schließlich kommt es durch Schinkel angeregt noch zu zwei Bauten der sogenannten Translozierungsarchitektur. Das **Kavaliershaus** bekommt einen Anbau aus den Quadern eines abgerissenen gotischen Palais in Danzig. Schließlich läßt der König nach langem Zögern seiner schon 1810 verstorbenen Gemahlin Luise einen **Gedächtnistempel** bauen. Der besteht aus dem Material, das zuvor den Portikus* des Charlottenburger Mausoleums bildete.

Als die hochwohlgeborenen Halbwaisen älter wurden, zog Stille ein auf der familiären Insel. Die aus Rußland eigens für die Kinder beschafften Spielgeräte wie eine Rutschbahn und diverse Schaukeln verrotteten. Die Menagerie wurde dem Berliner Zoo übergeben. Das Palmenhaus brannte nieder und wurde nicht wieder aufgebaut. Nur die vielen Berliner und Potsdamer Ausflügler blieben der Pfaueninsel treu, denn jedermann hatte Zugang – und das sogar kostenlos.

Beim größten Gartenfest jedoch, das die Insel noch erleben soll – mehr eine Inszenierung als ein Sommerball –, bleiben die Bürger, die jetzt sowieso Volksgenossen heißen, draußen vor. Statt dessen hofft man auf gute Beziehungen oder auf Bestechlichkeit, um auf die Liste der Eingeladenen gesetzt zu werden.

»Am 15. August 1936, zum Abschluß der Olympischen Spiele, laden die neuen Herren Deutschlands zu einer Italienischen Nacht. Nicht nur die Söhne Mussolinis kommen, sondern auch der König von Bulgarien, die Kronprinzen von Italien, Schweden und Griechenland, der Herzog von Hamilton, Lord Vansittart, Lady Londonderry, insgesamt zweitausend Gäste, die Reichsregierung und das Internationale Olympische Komitee sind nahezu vollständig vertreten....

Pioniere hatten eine ›Schiffsbrücke‹ zur Insel geschlagen; als die Gäste kamen, bildeten sie mit präsentiertem Ruder Spalier. In Girlanden hängen über der ganzen Insel Lampions zwischen den Bäumen. Schwärme junger Mädchen in Kostümen des 15. Jahrhunderts dienen als Pagen, elfenhaft tanzt das Ballettkorps der Oper auf einer Plattform unter Bäumen, nur vom Licht lodernder Fackeln aus dem Dunkel geholt. Fast scheint, sie tanzten auf einem Floß im Wasser, das von Schwänen gezogen wird. Die weiter entfernt sitzen, schwören nachher, es sei so gewesen. Dann kommen ›griechische und viktorianische Darbietungen‹, der Glanz der preußischen Staatstheater auf dem Rasen für eine Sommernacht.« (Wolf Jobst Siedler)

Bleibt uns nur noch ein poetischer Abschiedsgruß. Zu Spurensuchern auf der Pfaueninsel gehörte auch Peter Huchel. Die letzten beiden Verse seiner *Havelnacht* aus den *Gedichten 1948* hätten dort geschrieben sein können:

»... Duft aus wieviel alten Jahren
neigt sich hier ins Wasser sacht.
Wenn wir still hinunter fahren,
weht durch uns der Trunk der Nacht.

Die vergrünten Sterne schweben
triefend unterm Ruder vor.
Und der Wind wiegt unser Leben,
wie er Weide wiegt und Rohr.«

ERSTER AUSFLUG

Von der Teltower Vorstadt entlang der Ufer von Templiner und Schwielowsee zur Inselstadt Werder an der Havel

Was Einstein verworfen, Peter Huchel erlitten, Fontane umwandert und Morgenstern gepriesen hat

Wenn Kenner der brandenburgischen Geographie und Topographie von der Gemarkung der Landeshauptstadt reden, dann sprechen sie gerne von der »Insel« Potsdam. Und nimmt man eine möglichst großmaßstabige Karte hinzu, dann kann man wirklich wegen der vielen Flächen in blassem Wasserblau erstaunt sein. Eine Seenplatte schmiegt sich um die Stadt und ihr westliches Hinterland, nur im Norden unterbrochen von ein paar Kilometern Sacrow-Paretzer Kanal. Doch sind alle diese Seen nichts anderes als Buchten der Havel, die sich hier ihren Weg nach Brandenburg und weiter zur Mündung in die Elbe sucht. Durchschnittlich nicht tiefer als zwei bis drei Meter – und selbst an seinen abgründigsten Stellen höchstens sechs bis acht Meter tief – schiebt sich der Fluß im eiszeitlichen Spree-Havel-Urstromtal langsam voran. Dabei wurde er durch die Kanalisierungs- und Regulierungsmaßnahmen des Industriezeitalter noch beschleunigt: Bis zum Beginn des 20. Jahrhunderts war die Fließgeschwindigkeit der Havel so gering, daß sie an ihren Ufern erst einmal in Sümpfe und Moore überging, bevor sie zwar sandigen, aber beacker- und vor allem bebaubaren Grund freigab.

»Die Havel ist ein aparter Fluß; man könnte ihn seiner Form nach den norddeutschen oder den Flachland-Neckar nennen. Er beschreibt einen Halbkreis, kommt von Norden und geht schließlich wieder gen Norden, und wer sich aus Kindertagen jener primitiven Schaukeln entsinnt, die aus einem Strick zwischen zwei Apfelbäumen bestanden, der hat die geschwungene Linie vor sich, in der sich die Havel auf unseren Karten präsentiert. Das Blau ihres Wassers und ihre zahllosen Buchten machen sie in ihrer Art zu einem Unikum. Das Stückchen Erde, das sie umspannt, eben unser Havelland, ist die Stätte ältester Kultur in diesen Landen. Hier entstanden, hart am Ufer des Flusses hin, die alten Bistümer Brandenburg und Havelberg. Und wie die älteste Kultur hier geboren wurde, so auch die neueste. Von Potsdam aus wurde Preußen aufgebaut, von Sanssouci aus durchleuchtet. Die Havel darf sich einreihen in die Zahl deutscher Kulturströme.«

Das erzählt Theodor Fontane in seinen *Wanderungen durch die Mark Brandenburg* zu Beginn eines Essays über die damals rund 2000 Havelschwäne. Die reichen Populationen an Wasservögeln waren und sind eine der Attraktionen des Flusses mit seinen Seen – und für uns einer der Anlässe, uns auf eine Fahrt durch die südwestliche Umgebung von Potsdam zu begeben: zumeist entlang der Ufer von Templiner und Caputher, von Schwielow, Glindower und Großem Plessower See sowie dem »echten« Flußufer bei der Inselstadt Werder an der Havel.

Ein paar Schritte machen wir noch zu Fuß, bevor wir uns ins Auto setzen. Und wir beginnen da, wo heute Brandenburgs »neueste Kultur aufgebaut und durchleuchtet«, sprich: regiert und verwaltet wird – nämlich an der Staatskanzlei, **Heinrich-Mann-Allee 107**. Der sorgsam restaurierte neobarocke Bau, der heute offizieller Sitz der Landesregierung ist, diente vorher dem Rat des Bezirks Potsdam und ehedem dem preußischen Offizierskorps. Schon 1822 stand an dieser Stelle ein nach Skizzen von Schinkel von C. W. Redtel gebautes Kadettenhaus. Dies wurde 1911 durch den Neubau einer Kadettenanstalt ersetzt. Sieben solcher Anstalten dienten bis zum Ende des Ersten Weltkrieges der Erziehung und Ausbildung der künftigen Offiziere ab dem 10. Lebensjahr (Sexta). Der Lehrplan entsprach einem Realgymnasium, erweitert um militärwissenschaftlichen Unterricht. Soldatischen Drill und Erziehung zum Offizier erhielten die Kadetten im angegliederten Internatsbetrieb. Nur die besten durften ab Obertertia auf die Hauptkadettenanstalt in (Berlin-) Lichterfelde überwechseln und dort ihre Schulkarriere mit dem Abitur und der gleichzeitigen Verleihung des Offizierspatentes abschließen.

Der Landesregierung direkt gegenüber erhebt sich der Brauhausberg – mit seinen 88 Metern für die norddeutsche Tiefebene schon von bemerkenswerter Höhe. Der weithin sichtbare Klinkerbau mit dem dekorativen Turm hat ebenfalls schon mehrere Bewohner hinter sich: Von einer Kriegsschule um die Jahrhundertwende über das Reichsarchiv während der Weimarer Republik bis zum Sitz der SED-Bezirksleitung nach dem Zweiten Weltkrieg reihen sich die Vorbesitzer. Und auch der aktuelle Nutzer, der **brandenburgische Landtag, Am Havelblick 8**, wird wohl in ein paar Jahren wieder ausziehen, wenn er nämlich in das dann wieder aufgebaute Stadtschloß umsiedeln sollte. Jedenfalls wird kaum noch etwas getan, um den maroden Bau zu erhalten, den selbst Brandenburgs ehemaliger Ministerpräsident Manfred Stolpe als »Bruchbude« bezeichnete und sagte, »Das derzeitige Landtagsgebäude zerbröselt und ist obendrein gefährlich.« Übrigens: Trotz aller Umbauten und kriegsbedingten Erneuerungen der Baumasse ist von der ästhetischen Absicht des Bauherrn Kaiser Wilhelm II., die sich auch im Schloß Cecilienhof wiederfindet, durchaus noch einiges zu entdecken: »Er bestimmte eine englische Cottage-Architektur mit Fachwerk und weißgeputzten Feldern als Vorbild für den Bau. … Das ›Englische‹ in der Architektur der Kriegsschule blieb dominant und setzte eine Tradition fort, die mit den Studien Friedrichs II. begonnen hatte.« (Friedrich Mielke)

Schon um 1800 hatte sich Königin Luise entzückt gezeigt über den schönen Blick aus den Südfenstern des Stadtschlosses über die Havel hinweg auf den dicht bewaldeten Berg, auf den ihr noch Friedrich Wilhelm III. als zusätzlichen Blickfang ein kleines Belvedere errichten ließ. Alexander von Humboldt, der als Dauergast, Kammerherr und Vorleser des Königs im Stadtschloß lebte, wanderte oft zu diesem Aussichtspunkt, wenn er sich von der Arbeit erholen wollte: »Wenn man die Natur als erhebend, lindernd auf das Gemüt einwirkend und heilend betrachtet, nichts als Gegenstand der Untersuchung, so sind die allgemeinen Bedingnisse blauer Himmelsduft, eine wogende Wasserfläche und das Grün der Bäume die allein wirksamen Kräfte. So spazierte ich auf den Potsdamer Chimborazo*, um mich an dem landschaftlichen Gemälde zu erfreuen, das die Gegend von Potsdam auf jenem Höhepunkte panoramaartig entwickelt.«

Ende der 40er Jahre erinnert sich Walter Benjamin an seine Berliner Kindheit um 1900, deren Sommermonate er zusammen mit seinen Eltern und dem Hauspersonal alljährlich in einem Landhaus auf der Anhöhe (vermutlich Finkenweg) verbrachte.

»Der Name des Bergs hat alle Schwere verloren, enthält von einem Brauhaus überhaupt nichts mehr und ist allenfalls ein von Bläue umwitterter Berg, der im Sommer sich aufbaute, um mich und meine Eltern zu behausen. Und darum liegt das Potsdam meiner Kindheit in so blauer Luft, als wären seine Trauermäntel oder Admirale, Tagpfauen und Aurorafalter über eine der schimmernden Emaillen von Limoges verstreut, auf denen die Zinnen und Mauern Jerusalems von dunkel-blauem Grund sich abheben.«

Das klingt ganz so, als habe der Knabe Benjamin selbst beim Schmetterlingsjagen die paar Schritte und Sprünge hinunter zur **Leipziger Straße** nie gemacht. Denn in den **Hausnummern 7-9** braute seit der Gründung der Brauerei im Jahr 1716 die Potsdamer Brauerinnung aufgrund königlichen Privilegiums ihr bekanntes Stangenbier. Anfangs scheint es jedoch den Geschmack vieler nicht so recht getroffen zu haben, denn Friedrich Wilhelm I. monierte 1728 schriftlich, daß er »ihr dünnes, saueres und ungesundes Biergesöff nunmehr lange genug ertragen mußte und bei nicht eintretender Verbesserung ein Exempel statuieren würde«. Dieses leichte Obergärige wurde in schlanken hohen Gläsern serviert – in Stangen eben – und war ein heißen Tagen ein ähnlich willkommener Durstlöscher wie die Berliner Weiße. Ab 1830 setzte sich dann aber das stärkere bayrische untergärige Lagerbier durch, das der alten königlichen Brauerei direkt gegenüber in **Nr. 60** gebraut wurde. Zur Lagerung ließen die Inhaber der Potsdamer Actien-Brauerei im Berg Eiskeller ausheben, die bis heute bestehen.

Oberhalb der alten Gebäude schmiegt sich der **Finkenweg** an den Brauhausberg. **Finkenweg 10** war die letzte Adresse des Nationalpreisträgers Eduard Claudius, eigentlich Eduard Schmidt. Das Einfamilienhaus hatte der gelernte Maurer und Schlosser selbst gebaut. Drei Jahre lang war Schmidt als Wanderbursche durch Italien, Österreich, Südfrankreich, Spanien und die Schweiz gezogen, bis die Eidgenossen 1934 den engagierten Kommunisten festsetzten, um ihn nach Deutschland auszuliefern. Auf Intervention von Hermann Hesse ließ man Schmidt alias Claudius nach Spanien entkommen, wo er im Bürgerkrieg für die Republik kämpfte. Der spanische Bürgerkrieg lieferte auch Material und Hintergrund für Claudius' erste Erzählung *Das Opfer*, die 1938 in einer Moskauer Literaturzeitschrift erschien; und für den ersten Roman *Grüne Oliven und nackte Berge*, 1945 in der Sowjetischen Besatzungszone verlegt. Nur wenige Wochen nach der deutschen Kapitulation kehrte Eduard Claudius aus dem Exil im italienischen Untergrund zurück und siedelte sich in Potsdam an. Den *Memoiren* von Eduard Claudius verdanken wir eine hübsche Anekdote aus dem Jahre 1946 über das Verhältnis zwischen altem Potsdamer Adel und neuem Potsdamer Klassenkämpfer:

»Ich erinnere mich an einen läppischen, aber bezeichnenden Vorfall. In einer Straßenbahn fuhr ich der Stadt zu, und eine alte Dame stieg ein; obwohl ich sie wegen ihres hochmütigen Gesichts gerne hätte stehen lassen, bot ich ihr doch meinen Platz an: Ohne zu danken, setzte sie sich, schnupperte plötzlich, sah indigniert an mir vorbei und sagte mit dünner Greisinnenstimme: ›Diese Menschen …, wie das hier nach Knoblauch riecht!‹

Schon wochenlang gereizt durch viele Kleinigkeiten des täglichen Lebens, durch die Hetze nach Essen, durch nervöse, unfruchtbare Diskussionen, brachten mich ihr Ton, die Verachtung in ihren Augen in Wut. Irgendwo hatte ich einige Zehen Knoblauch erwischt, hatte am Morgen dicke Schnitten Brot damit belegt und alles für ein fürstliches Frühstücke gehalten. An Spanien hatte ich mich dabei erinnert, mit Wehmut an den Abend nach dem Einmarsch in der Mailänder Universität gedacht, als wir zum ersten Mal wieder gegessen hatten, wie es sich für Menschen geziemt.

Heftig fuhr ich das arme Weiblein an: ›Sie können wohl diesen Hitler immer noch nicht vergessen, wie? Es wäre besser gewesen, sie hätten Butterbrot mit Knoblauch gegessen, als es noch Zeit war. Aber Sie haben alles in die Kanonen gesteckt. Wem der Geruch nicht gefällt, kann ja aussteigen …‹ Das arme Weiblein fiel wie aus allen Wolken. Erstarrt, mit ängstlichen Mausblicken versuchte sie bei den Umstehenden Hilfe zu finden. Aber niemand rührte sich. Es war, als hätten wir unser Gespräch im luftleeren Raum geführt und ich sei allein mit ihr in der Straßenbahn.

An der nächsten Haltestelle stieg sie aus, hastete über die Straße, sicherlich voller Angst vor einer Verhaftung oder Verschleppung. Ich sah noch, wie sie sich ängstlich umblickte und dann um eine Straßenecke verschwand.«

Immer mal wieder hatte Eduard Claudius Funktionärsschelte auszuhalten. Mal fehlte seinem veristischen Schildern der Arbeitswelt die hoffnungsvolle Zukunftsperspektive; mal hatte er über das Leben in Betrieb und Büro allzuviel sinnliche Atmosphäre gegossen; mal fehlten einem Partei-Funktionär positive Charakterzüge; mal schrieb er zu isoliert nur über Sexualität. Trotzdem schafften es seine Texte aus dem Leben im Arbeiter- und Bauernstaat sogar, in die DDR-Schulbücher zu kommen.

Über die Albert-Einstein-Straße fahren wir den Telegrafenberg hinauf zum **Wissenschaftspark Albert Einstein**, einem naturwissenschaftlichen Forschungszentrum schon seit mehr als 100 Jahren.

»Als ich … in meinem Hotel mich nach dem Weg zum Observatorium erkundigte, wußte weder der Ober noch der Pikkolo, wo dieses seltsame Ding gelegen sei, bis es sich nach manchem Hin und Her herausstellte, daß ich nach der ›Sonnenwarte‹ verlangte. Die allerdings kannten sie alle. Sie wiesen mir einen Weg, der zwar nicht der richtige für Fremde war, da er nur an die hinteren Nebeneingänge führte, der aber der reizvollere Aufstieg war, der Weg nach den Jägerschießständen. ... Die Observatorien erheben sich auf der nächsten hinter dem Brauhausberg liegenden Anhöhe, dem Telegraphenberg, weil er seit 1833 einen optischen Telegrafen trug, den vierten in einer Reihe von 61 Stück zwischen Berlin und Koblenz, bis sie der elektrische Telegraph entbehrlich machte.«

Übrigens war das Mißverständnis zwischen Hotelpersonal und dem jungem Wissenschaftler Alfred Nippoldt in Sachen Sonnenwarte leicht zu erklären, hatte doch das 1879 in Betrieb gegangene **Astrophysikalische Observatorium** tatsächlich als eine Sonnenwarte angefangen, wo erstmals in der Wissenschaftsgeschichte das Sonnenlicht per Spektralanalyse untersucht wurde, was man in Potsdam auch wußte. Im Jahr 1899 folgte dann der **Große Refraktor** – seinerzeit mit dem größten Fernrohr der Welt. Und 1920/21 schließlich komplettierte der berühmte **Einsteinturm** des Architekten Erich Mendelssohn mit einem modernen Sonnen-Teleskop das astrophysikalische Ensemble zur Sonnenbeobachtung.

Mendelssohn, der zu den wenigen Künstlern des expressionistischen Bauens in Deutschland gehörte, reklamierte für seine schöpferischen Prozesse »die Raumlust«. In seinem Vortrag *Dynamik und Funktion* von 1923 bemerkt er:

»Spricht man von ›Dynamik‹, so kann darunter niemals Bewegung verstanden werden im Sinne eines mechanischen Bewegungsvorganges. Vielmehr handelt es sich darum, für ›Bewegungskräfte‹ den architektonischen Ausdruck zu finden. ... Erst aus den Wechselbeziehungen zwischen Funktion und Dynamik, zwischen Realität und Irrealität ergibt sich die Schöpferlust, die Traumlust des Architekten.«

Mit dem Begriff der ›Bewegungskräfte‹ wollte Mendelssohn an Einsteins Relativitätstheorie anknüpfen. Der Nobelpreisträger für Physik des Jahres 1921 forschte hier mit seinen Mitarbeitern nach Beweisen für die von ihm angenommene ›Rotverschiebung‹* von Spektrallinien im Lichtspektrum ferner Sterne. Seine Büste im Erdgeschoß sollte bereits kurz nach der nationalsozialistischen Machtergreifung entfernt werden, doch hatte sie ein vorsorglicher Mitarbeiter bereits mitgenommen und hielt sie auch bis 1945 versteckt. Einstein hat die schweren Kriegsschäden am Turm und an der Vorhalle nie gesehen. So wie er auch ablehnte, den renovierten Baukomplex wieder mit einzuweihen oder gar bei der Wiederaufstellung seiner Büste zugegen zu sein. Der atheistische jüdische Deutsche Albert Einstein wollte mit Deutschland und den Deutschen nach Holocaust und Zweitem Weltkrieg nichts mehr zu tun haben: »Die Verbrechen der Deutschen sind wirklich das Abscheulichste, was die Geschichte der sogenannten zivilisierten Nationen aufzuweisen hat. Die Haltung der deutschen Intellektuellen – als Klasse betrachtet – war nicht besser als die des Pöbels. Nicht einmal Reue und ein ehrlicher Wille zeigt sich, das Wenige wieder gut zu machen, was nach dem riesenhaften Morden noch gut zu machen wäre. Unter diesen Umständen fühle ich eine tiefe Aversion dagegen, an irgendeiner Sache beteiligt zu sein, die ein Stück des deutschen öffentlichen Lebens verkörpert, einfach aus Reinlichkeitsbedürfnis.«

Bleibt nur noch nachzutragen, daß im Wissenschaftspark auch das **Geowissenschaftliche Forschungszentrum** steht. Hier arbeiten u. a. hochspezialisierte Geodäten in der Erdbebenforschung; im Wegener-Institut für Meeres- und Polarforschung Biologen, Geologen und Meteorologen; letztere betreiben auch das **Meteorologische Observatorium.**

Wir fahren zurück über die Albert-Einstein- und Brauhaus- auf die Michendorfer Straße, wie die B 2 hier heißt. Vorbei am Deutschen Wetterdienst fahren wir durch das Landschaftsschutzgebiet der Potsdamer Heide und halten uns an der Gabelung links, wo wir über die Potsdamer Straße wenig später Wilhelmshorst erreichen. Vor der Kirche am Goetheplatz biegen wir links ab und erreichen über den Amselweg den **Hubertusweg**, der die westliche Ortsgrenze bildet. Im Haus **43/45** wohnte zusammen mit seiner Frau Monica Nora Rosenthal Peter Huchel – von April 1963 bis April 1971 überwacht und isoliert – quasi in Stasi-Hausarrest.

»Umarmt vom öden
Wind der Nacht,
heunasse Böden,
von Furcht bewacht
Eis wächst wie Schorf
frißt die Chaussee,
geduckt das Dorf,
bewohnt von Schnee,
ein Hofhund jault,
der Ratten Kost,
am Stiefel fault
der Fuß im Frost,
der Kinder Schrei,
der Alten Fluch,
mondwärts vorbei
an Fenn und Luch
der Toten Treck,
vermorschte Wagen,
die Lampe leck,
das Rad zerschlagen,
am starren Pferd
die Leine schlaff,
der Karren fährt
ins tote Haff.«

Huchel, der gleich nach der Entlassung aus sowjetischer Kriegsgefangenschaft zunächst Sendeleiter, sodann Künstlerischer

Direktor des von der SMA* lizenzierten Berliner Rundfunks im (westlichen) Berlin-Charlottenburg geworden war, zog nach Gründung der DDR nach Wilhelmshorst. Von dort aus besorgte er von 1949 bis 1962 die Chefredaktion von *Sinn und Form*, der anspruchsvollsten literarischen Zeitschrift im östlichen Deutschland, die für mehrere Jahrzehnte das »geheime Journal der Deutschen« werden sollte, wie Walter Jens einmal gesagt hat.

Huchel versicherte sich schnell der Bereitschaft zur Mitarbeit links-liberaler und sogar bürgerlich-liberaler Autoren der DDR wie Hermann Kasack, Ulrich Riemerschmidt und Werner Wilk. Und er begann furios: zunächst mit einem Sonderheft über Bert Brecht; bald darauf gefolgt vom ersten »ordentlichen« *Sinn und Form* mit Beiträgen u.a. von Gerhard Hauptmann, Hermann Kasack, Oskar Loerke, Wladimir Majakowski, Ernst Niekisch, Charles-Ferdinand Ramuz, Elio Vittorini. Werner Wilk erinnert sich:

»Die Aufnahme war sehr ermutigend. Aus allen, besonders ferneren Gegenden erhielten wir warme, ja begeisterte Zustimmung. So etwas wie ein Traum schien hier Wirklichkeit geworden, etwas kaum für möglich Gehaltenes. Bei der näheren Kritik und der Partei war man etwas zurückhaltender. Man war verblüfft und wußte nicht recht, was man sagen sollte. Der Unwille artikulierte sich erst später.«

Und nahm nach dem Tode von Kulturminister Johannes R. Becher* immer rüdere Formen an, die schließlich mit der Beschlagnahme des Archivs von *Sinn und Form* im benachbarten Holzhaus, der Bestallung von Bodo Uhse als neuem Chefredakteur und der totalen Isolierung Huchels ein ungeahntes Maß an politischer Unterdrückung beinhalteten. In einem Brief an Günter Eich schreibt er: »Eine mächtige Maschine hat mich aufs tote Gleis rangiert, die blockierte Strecke ist abzusehen, hier also wirst du verrosten. Ein Leben ohne Aussicht auf irgendeine Veränderung ist uninteressant.«

Erst auf massive internationale Interventionen hin durfte das

Ehepaar Huchel schließlich am 27. April 1971 ausreisen. In das Haus am Hubertusweg zog der Schriftstellerkollege und Übersetzer Erich Arendt ein. Der Spanienkämpfer war 1950 aus dem kolumbianischen Exil zurückgekommen und für mehrere Jahrzehnte zum wichtigsten Mittler der spanischsprachigen Poesie im gesamten deutschsprachigen Raum geworden. Schon 1960 hatte Hans Magnus Enzensberger Arendts kongeniale Übertragungen und Nachdichtungen der Alberti, Guillen, Neruda in sein epochales *Museum der modernen Poesie* aufgenommen.

Zurück über die Potsdamer Straße und an der Gabelung links über die Michendorfer Chaussee biegen wir dann rechts nach **Caputh** ab und landen nach ein paar Kilometern direkt auf dem Parkplatz vor dem **Schloß**. Kultur- und baugeschichtlich ist das Anwesen bemerkenswert, weil es das erste Lustschloß in der Nähe von Potsdam ist, das zur Regierungszeit von Kurfürst Friedrich Wilhelm, dem Großen, entstanden ist.

»Kurfürst Friedrich Wilhelm erscheint als ein Mann von natürlicher Einfachheit, der, wenn er über den Markt geht, wohl ein paar Nachtigallen kauft, die man feilhält; denn er liebt Singvögel in seinen Gemächern; der in seinem Küchengarten das aus der Fremde gebrachte Reis mit eigener Hand pfropft; in Potsdam im Weinberge die Trauben lesen, die jungen Karpfen im Teich fischen hilft.« (Heinrich von Treitschke)

Seine Zeitgenossen beschreiben Friedrich Wilhelm als weitgereist, wißbegierig, aufbrausend, tolerant und väterlich-familiär. Und in seinen *Denkwürdigkeiten zur Geschichte Brandenburgs* schreibt Friedrich der Große: »Durch seine unermüdliche Tätigkeit schenkte der Große Kurfürst seinem Lande alle nützlichen Künste.... Die fortwährenden Kriege und der Zuzug der neuen Einwohner hatten die alten Sitten schon bedeutend geändert. Viele Bräuche der Holländer und Franzosen waren bei uns heimisch geworden.«

Zu diesen neu Zugezogenen gehörte auch der holländische Ingenieur und Kammerjunker Philippe de Chièze, den der Kurfürst zum Generalquartiermeister ernannte, also ihn mit der

Aufsicht über alle kurfürstlichen Bauten betraute. Und er schenkte ihm 1622 das Gut Caputh samt der Ruine des seit über 40 Jahren zerstörten Gutshofes. Chièze baute sich einen einfachen, aber hübschen barocken Wohnsitz am Ufer des Templiner Sees – mit direkter Schiffsverbindung zu seinem Dienstsitz im Potsdamer Schloß. Als der erst 44jährige Generalquartiermeister starb, erwarb der Große Kurfürst Caputh zurück und schenkte es seiner zweiten Frau Dorothea von Holstein-Glücksburg als Sommersitz.

Weitere »Denkwürdigkeiten«: Nach dem vierten Sommer bereits gab Kurfürstin Sophie Charlotte ihrem Mann Friedrich die Sommerresidenz im Herbst 1694 zurück, weil sie der entstehenden Akademie der Künste in Berlin näher sein wollte und sich zu diesem Zweck Charlottenburg bauen ließ. Im Juli 1709 – zum sogenannten Dreikönigstreffen – machten der Preuße Friedrich I., der Sachse August der Starke und der Däne Friedrich IV. auf der königlichen Yacht *Liburnica* eine Havelpartie. An Bord des mit 22 Kanonen bestückten Schiffes besprachen sie ihre weiteren Kriegspläne, in Caputh angelangt »erging man sich in dem zu einer baumreichen und schattigen Anlage gewordenen Parkgarten« und fuhr gegen Abend zurück zum Potsdamer Lustgarten zu festlicher Tafel und anschließendem Sommerball.

»Dieses überaus prächtige Schiff, das mit allem nur erdenklichen Luxus ausgestattet war, und in der Tat an die Prachtschiffe der alten Phönizier und Syrakuser erinnerte, war in Holland nach Angaben des Königlichen Baumeisters und Malers Madersteg erbaut worden. Man schätzte allein die goldenen und silbernen Geräte, die sich in seinem Innern aufgestellt befanden, auf 100 000 Taler.« (Theodor Fontane)

Um 1720 veranlaßte Friedrich Wilhelm I., den sommerlichen Speisesaal im Souterrain mit über 7000 holländischen Fayencefliesen zu verkleiden; denn hier gab er manches Jagdessen, bevor er sich dann Jagdschloß Stern* bauen ließ. 1830 legte Lenné den Schloßgarten neu als Landschaftspark an, der zur

Bundesgartenschau 2001 aus dem Koma der Verwahrlosung wiedererweckt wurde. Der verschönungssüchtige Friedrich Wilhelm IV. beauftrage Friedrich August Stüler mit dem Neubau der **Dorfkirche**. Der Öffentlichkeit zugänglich ist das Museumsschloß seit 1998. Kurz danach öffnete das wiederhergestellte **Kavaliershaus** direkt am Seeufer seine Tore – als eine bemerkenswerte kulinarische Adresse!

Ein paar Schritte zu Fuß über die Linden- und die Rosenstraße erreichen wir das Albert-Einstein-Haus **Am Waldrand 15-17**. Den rotbraunen Holzbau errichtete der Bauhaus-Architekt Konrad Wachsmann im Jahr 1929. Elsa Einstein beschrieb ihn als »sehr künstlerisch, sehr modern! Nur vier Schlafzimmer, einen sehr großen Wohnraum, Mädchenzimmer und Badezimmer. Centralheizung modernsten Systems und Warmwasserversorgung bis in alle Winkel«. Eigentlich sollte der Sommersitz ein Geschenk des Berliner Magistrat an den Nobelpreisträger zu seinem 50. Geburtstag werden. Doch als es um die Schenkung politische Querelen gab, zahlte Einstein sich das Haus selbst. Tatsächlich geschenkt bekam er jedoch von vielen Freunden zusammen den prachtvollen Jollenkreuzer »Tümmler«. Einstein notierte: »In dem neuen Holzhäuschen gefällt mirs großartig. Trotz der durch dasselbe erzeugten Pleite. Das Segelschiff, die Fernsicht, die einsamen Herbstspaziergänge, die relative Ruhe, es ist ein Paradies.«

In dem Landhaus wohnten Elsa und Albert Einstein, die Töchter Margot und Ilse sowie Ilses Mann Rudolf Kayser; außerdem die unverzichtbare Hausangestellte, die Sekretärin Helen Dukas und der Assistent, ein Mathematiker namens Walther Mayer. »Einstein hatte in Caputh nicht einmal Telefon installieren lassen, aber das ruhige Landleben ließ sich nur bedingt aufrechterhalten. Denn gar zu freigebig hatte der glückliche Hausbesitzer zum Besuch eingeladen, und alle, alle kamen: die Schwester Maja, Sohn Eduard, sonstige Verwandte und Bekannte, die Berliner und die auswärtigen Physiker-Kollegen, dazu mancher Neugierige und schließlich eine Parade der Prominenz vom Dichterfürsten Gerhard Hauptmann bis zu Rabindranath Tagore, dem Künder mystischer Weisheit des Ostens.«

Seine liebsten Gäste jedoch empfing Einstein nicht in seinem Haus, sondern auf der Yacht. Stundenlang ließ er dann sein Boot auf dem Schwielowsee treiben, an Bord jeweils eine seiner zahllosen Verehrerinnen und Bewundererinnen – Wachsmann kommentierte dies einmal, daß Einstein auf Frauen wirke »wie ein Magnet auf Eisenpulver«.

Einstein durfte seine Landliebe nur bis Herbst 1932 ausleben. Er war auf wissenschaftlicher Vortragsreise im Ausland, als die Nazis im Januar 1933 an die Macht kamen. Er blieb, wo er war; seine Ausbürgerung folgte prompt. Seine Werke verfielen der nationalsozialistischen Bücherverbrennung – allen voran seine *pazifistischen Texte*:

»Darf ich mit einem politischen Bekenntnis beginnen? Es lautet: Der Staat ist für die Menschen da und nicht die Menschen für den Staat. Von der Wissenschaft kann das gleiche gesagt werden wie vom Staat. Dies sind alte Formeln, geprägt von solchen, die die menschliche Persönlichkeit als den höchsten menschlichen Wert ansehen. Ich würde mich scheuen, sie zu wiederholen, wenn sie nicht immer wieder in Vergessenheit zu geraten drohen, ganz besonders in unserer Zeit der Organisation und Schablone. Als wichtigste Aufgabe des Staates sehe ich die, das Individuum zu schützen und ihm die Möglichkeit zu bieten, sich zur schöpferischen Persönlichkeit zu entfalten.

Der Staat soll also unser Diener sein, nicht wir Sklaven des Staates. Dies Gebot verletzt der Staat, wenn er uns mit Gewalt dazu zwingt, Militär- und Kriegsdienst zu leisten, zumal dieser knechtische Dienst zum Ziel und zur Wirkung hat, Menschen anderer Länder zu vernichten oder in ihrer Entwicklungsfreiheit zu schädigen. Wir sollen für den Staat nur solche Opfer bringen, welche der freien Entwicklung menschlicher Individuen zugute kommen.«

Am anderen Ende des Dorfes und in ähnlicher Höhenlage wie die Einsteins hatte das Verlegerehepaar Stichnote am Krähenberg ein Sommerhaus. Gleich nach der Bombennacht des 14./15. April 1945 hatten sich die Eheleute zusammen mit ein paar Freunden dorthin zurückgezogen, um den Einmarsch der sowjetischen Soldaten abzuwarten. Werner E. Stichnote schrieb für Erich Kubys Buch *Die Russen in Berlin* einen kleinen Bericht, in dem es heißt:

»Wir saßen auf dem Krähenberg von Kaputh zusammen mit Kiepenheuer, Kükelhaus, Andreas Wolff und erwarteten an diesem abgeschiedenen Ort den Einmarsch der Russen, der hier ziemlich harmlos vor sich ging. Als sie, wenn ich mich recht erinnere, am 21. oder 22. April einrückten, sahen wir zunächst nicht viel von ihnen. Die Frauen hatten wir vorsorglich in einem Tiefkeller verborgen. Es kam auch ein Trupp Russen, der unser Haus durchsuchte, ohne die Frauen zu entdecken. In den ersten fünf Minuten wurde ich meine Uhr los.

Wir hatten das Glück, daß einer unserer Freunde, der in Rußland geborene und russisch sprechende Buchhändler Wolff, von den Russen zum ersten Zivilkommandanten von Kaputh ernannt wurde. Daher hatten wir vieles leichter. Als ich jedoch einige Tage später in meine Häuser nach Potsdam zurückkehrte, waren andere Russen da und oft sehr unangenehm. Wie alle anderen Druckereien wurde auch meine Druckerei versiegelt.«

Wer's mag, kann von Caputh aus mit der **Autofähre am Seil** auf die Geltower Seite übersetzen und entweder im Alten Fährhaus über dem Wasser sitzen und dem Treiben der Boote und Schiffe zusehen, oder auf der benachbarten Halbinsel **Kleiner Wentorf** Badeferien (FKK inklusive) machen:

»An der Südspitze des Kleinen Wentorf, am Ufer des Schwielow, entstand in den vergangenen Jahren das nun schon weithin beliebte große Strandbad Caputh, das bereits mehrfach weiter ausgebaut worden ist und mit seinem weiten, mit Strandkörben dicht übersäten Sandstrand den Ort Caputh zu einem wahren Seebad erhebt.

Viele Besucher, die immer wieder hierherkommen, bevorzugen den Ort deshalb, weil er, wie sie sagen, die Vorteile der Ostsee und des Mittelgebirges zugleich bietet. Kaum woanders findet man bewaldete Berge, von denen ganz Caputh umgeben ist, und solch ein schönes Seebad gemeinsam an einem Ort.

In den Wäldern rings um den Ort kann man Wanderungen unternehmen, über den alten Caputher Heuweg, den Jungfernweg oder in südlicher Richtung die Straße nach Seddin entlang, zu den beiden wunderschön gelegenen Lienewitzseen. Im Spätsommer bietet sich hier ein wahres Dorado für den Pilzsammler.«

So schwärmt Franz Fabian Anfang der 70er Jahre.

Die ufernahe Straße von Caputh ans Südende des Schwielowsees ist hier identisch mit der schmalen, alten gepflasterten Landstraße, die seit eh und je dicht am Wasser entlang nach **Ferch** führt. Hier – inmitten von sehr »ville Jejend« – verortete Willibald Alexis (bürgerlich Wilhelm Häring, 1798-1871) ein paar Szenen seines heiteren brandenburgisch-preußischen Historienromans *Die Hosen des Herrn von Bredow*, der um 1525 spielt. Alexis, der als Entdecker des »Märkischen« in Stoff und Stimmung gilt, wurde zum literarischen Vorläufer, vielleicht sogar zum Vorbild von Fontane.

»Elsenbruch ist der stille Zauber der Natur, die auch die Einöden belebt, und ihr Auge ist auch hier, denn dort hinter dem schwarzen, starren Nadelwald liegt ein weiter, stiller, klarer See. Er hüllt sich ein, wie ein verschämtes Weib, in seine dunkelgrünen Ufer und möchte sie noch fester um sich ziehen, daß kein unberufener Lauscherblick eindringt. Er spiegelt sie wieder in seinem dunkeln Wasser, mit ihrem Rauschen, mit ihrem Flüstern. Aber das dunkle Wasser wird plötzlich klar, wenn die Wolken vorüberziehn, ein Silberblick leuchtet auf; der blaue Himmel schaut dich an, der Mond badet sich, die Sterne funkeln. Dort ergießt der volle See sein Übermaß in ein Fließ, das vom Waldrande fort durch die Ebene sich krümmt. Hier bespült es Elsenbüsche, die es überschatten und gierig seine Wellen ausschlürfen möchten, sickert über in nasse Wiesen und wühlt sich dort im Sande ein festeres Kiesbett, um Hügel sich windend, an Steinblöcken vorübersprudelnd und durstige Weiden tränkend. Die vereinzelten Kiefern, Vorposten des Waldes, wettergepeitscht, trotzig in ihrer verkrüppelten, markigen Gestalt, blicken umsonst verlangend nach den kühlen Wellen; nur ihre Riesenwurzeln wühlen sich unter dem Sande nach dem Ufer, um verstohlen einen Trunk zu schlürfen.«

Ende der 70er Jahre des 19. Jahrhunderts beendete der in Werder geborene Landschaftsmaler Karl Hagemeister die noch von Fontane ein paar Jahre zuvor beschriebene Einsamkeit des Dorfes. Der mit Wilhelm Leibl, Wilhelm Trübner und Carl Schuch befreundete Künstler lud seine Kollegen mehrere Sommer hintereinander ein, mit ihm »zusammen zu landschaftern«.

»Das Dorf war damals weltabgeschieden, unbekannt und wegen der Armut seiner Bewohner in verwahrlostem Zustand. Dic Häuser mit Rohr gedeckt, vielfach zerfallen und wegen des sehr hügeligen Terrains viel zusammengepfercht. Die Dorfstraßen waren winklig, und Backöfen, halbkugelige von Lehm, lagen unter blühenden Obstbäumen. Es gab viel Dinge, die Schuch interessierten. Dazu kam noch der Birkenwald, der ihm fremd war und sein besonderes Interesse erregte. Der »Dorfkrug« (heute das Landhaus Ferch, **Dorfstraße 41**, d. Verf.), im Besitz von faulen Leuten, war als Wohnplatz nicht zu brauchen. So galt es, eine Wohnung zu suchen, was schließlich gelang. Es war bei einem Maurer, wo wir ein Zimmer und eine Küche bekamen.«

Knapp hundert Jahre später ist von Weltabgeschiedenheit und »faulen Leuten« keine Rede mehr. Denn zu DDR-Zeiten machte der staatlich organisierte Belohnungstourismus Ferch zu einem seiner überlaufenen Schwerpunkte. Heute, zu Beginn des 21. Jahrhunderts, heißt es im Reiseführer nur noch lakonisch: »Erstaunlich hügelig und mit etlichen Restaurants mit Seeblick gesegnet.«

Über Mittelbusch und Löcknitz fahren wir durch typisch märkische Landschaft auf eine schmale Landbrücke zwischen dem Schwielow und dem Glindower See nach **Petzow**, dem ehemaligen Rittergutsdorf der Familie von Kähne.

»Du dämlicher Hund liegst blutend im Wald.
Ein preußischer Adliger machte dich kalt.
Zitternd stand dein Junge dabei –
Mensch, du warst die Nummer 103!
Wälz dich im Dreck – aber mach keine Szene.
Auf dich schoß nicht schlecht
waidgerecht
Kähne.

Das treibt er seit fünfzehn Jahren so.
Die braven Sonntags Ausflügler sind froh,
wenn sie an seinem Anstand vorbei.
Einen Schritt zu weit – Schuß, Fall, Geschrei.
Der schießt aus Notwehr den Fraun in die Beene.
Weil er bedroht wär'.
Immer in Notwehr.
Kähne.

Mit Landrat und Richtern im Amtsgestühl
Zusammengehörigkeitsgefühl.
Kein Gendarm, kein Landjäger siehts.
Herr Hauptmann schießt auf die ganze Justiz.
Hat Waffen, Freiheit, Helfershelfer
Von Potsdam bis Petzow …
Wozu das Gebelfer?

Ihr laßt euch peitschen von solchem Kujon*?
Versammelt euch. Redet. Resolution.
Macht Justizreformierungspläne …
Gibt es im ganzen Land so weit
keine, keine Gerechtigkeit – ?
Kähne.«

So empört und bitter reimte Theobald Tiger alias Kurt Tucholsky im Frühjahr 1922 in der *Weltbühne*. Doch gedachte er mit seinen Versen keineswegs vergangener Zeiten von Leibeigenschaft und Machtwahn nach Gutsherrenart, sondern ganz konkreter zeitgenössischer Willkür.

In ihren *Potsdamer Geschichten* erzählt Gisela Heller von den schießwütigen Adeligen:

»Ob es nun ein Berliner Hausbesitzer war, der bei einem Ausflug angeschossen wurde, oder ein Glindower Arbeiter, der durch einen Lungenschuß schwer verletzt wurde, weil er eine Fichte gefällt hatte, immer gingen die Kähnes bei den gegen sie angestrengten Prozessen straffrei aus, abgesehen von einigen geradezu lächerlichen Geldbußen. ...

Der alte Baron erschoß auch den sechzehnjährigen Sohn eines Landarbeiters aus Geltow, der an den Schwielowsee gegangen war, um Lietzeneier zu suchen. Dabei mußte der Junge wohl in das Gelände des großen, an den See grenzenden Park geraten sein. Dort wurde seine Leiche, die mehrere Schußwunden aufwies, einige Wochen später gefunden, unter Erde und Laub verborgen, wo sie von Wildschweinen nächtlicherweile wieder ausgewühlt worden war. – Den des Mordes angeklagten Kähne sprach das Gericht ›mangels Beweisen‹ frei. Immer wieder erhob sich in den 20er Jahren in der demokratischen Presse ein Sturm der Entrüstung gegen die Menschenjagd derer von Kähne. Abgeordnete der Arbeiterparteien richteten Anfragen und Eingaben an den Reichstag, zahlreiche Protestversammlungen, Demonstrationen und andere Aktionen fanden statt, aber die Großgrundbesitzer von Kähne blieben ungeschoren, denn die reaktionäre Justiz war auf ihrer Seite.«

Das Anwesen in der **Zelterstraße 5** bedarf der umfassenden Renovierung. Das Schloß wurde im Stil eines englischen Rittersitzes 1828 in einen von Lenné bereits angelegten Park hinein gebaut. Ob von Schinkel entworfen, ist nicht sicher. Dieser hat sich aber in Sachen des frei stehenden Kirchturms der **Dorfkirche** auf dem **Grelleberg** verdient gemacht. Das Ensemble entstand

1841-42 unter der Leitung von Friedrich August Stüler im Rahmen des Verschönerungsprogramms für Potsdam und Umgebung, das König Friedrich Wilhelm IV. aufgelegt hatte.

Wer jetzt noch nicht müde ist und auch noch keinen Durst auf Werderaner Obstwein hat, ist zu einem kleinen Umweg nach **Glindow** am Nordende des gleichnamigen Sees eingeladen. Welche Bedeutung dieser Ort für Berlin hatte – und heute wieder hat –, findet sich in Fontanes *Wanderungen durch die Mark Brandenburg* ausgerechnet in einer der seltenen Fußnoten:

»Es ist oft gesagt worden, daß der Stadt Berlin das Material zu raschem Emporblühen beinah unmittelbar vor die Tore gelegt worden sei. Das ist richtig. Da sind Feldsteinblöcke für Fundament- und Straßenbau, Rüdersdorfer Kalk zum Mörtel, Holz in Fülle, Torf- und Salzlager in unerschöpflicher Mächtigkeit. Ohne diesen Reichtum, der in dem Grade, wie er jetzt (d.i. 1869, d.Verf.) vorliegt, lange ein Geheimnis war, wäre das riesige Wachstum der Stadt, bei der ursprünglich geringen Fruchtbarkeit des Bodens, bei ihrer Binnenlage und ihrer immerhin beschränkten Wasserverbindung nahezu unmöglich gewesen. Daran, daß es möglich wurde, hat Glindow seinen Anteil: der große Ziegelofen der Residenz.... Ein ganzes ›Berlin der Zukunft‹ steckt noch in den Glindower Bergen. (Glindow heißt übrigens Lehmdorf, von dem wendischen Worte Glin, der Lehm.)«

Mindestens seit 1462 wird in und um den Glindower Alpen Ziegelerde abgebaut und in der einzigen noch erhaltenen **Glindower Ziegelei** in der **Alpenstraße 47** verarbeitet. Ein Ringofen ist stillgelegt und kann nur noch als technisches Denkmal besichtigt werden. In dem anderen Ofen jedoch geht seit der Wiedervereinigung das Feuer nicht mehr aus; denn:

»Glindow ist eines der wenigen Unternehmen in Deutschland, das noch in traditioneller Weise fertigt. Formsteine, Terrakotten, Ziegel und keramische Fußbodenplatten für Bauten aus dem 12. bis 19. Jahrhundert können originalgetreu in Gefüge und Farbe nachproduziert werden – alles Unikate. Vom Kloster

Chorin über das Rathaus in Stralsund bis zum Holländischen Viertel in Potsdam: Glindow führt eine lange Referenzliste.« (Christiane Petri)

Und wer's noch genauer wissen will, der besucht das **Ziegeleimuseum** gleich nebenan und/oder läßt sich durch die Werkstätten führen. Wir fahren derweil schon mal rüber nach Werder, die Obstweine verkosten.

»Tante Klara ist schon um ein Uhr mittags besinnungslos
betrunken.
Ihr Satinkleid ist geplatzt. Sie sitzt im märkischen Sand
und schluchzt.
Der Johannisbeerwein hat's in sich. Alles jubelt und juchzt
Und schwankt wie auf der Havel die weißen Dschunken.

Waldteufel knarren, und Mädchenaugen glühn.
Mutta, Mutta, kiek ma die Boomblüte.
Ach du liebe Güte –
Die Blüten sind alle erfroren. Ein einsamer Kirschbaum
versucht zu blühn.
...
Vater spielt auf der Bismarckhöhe mit sich selber Skat und
Haut alle Trümpfe auf den Tisch, unbeirrt um das Wogen
und Treiben der Menge.
Braut und Bräutigam verlieren sich im Gedränge,
Ach, wie mancher erwacht am nächsten Morgen
mit einer ihm bis dato unbekannten Braut.

Mutter Natur, wie groß ist deiner Erfindungen Pracht!
Vor lauter Staub sieht man die Erde nicht.
Tief geladen, mit Klumpen von Menschen beladen, sticht
ein Haveldampfer in See. Schon dämmert es.
Über den Föhren
erscheint die sternklare, himmlische, die schweigsame
Nacht«.

Schon im 19. Jahrhundert lockte Werder zur Obstbaumblüte mit einem Volksfest, wo der Obstwein in Strömen floß.

Das dichtete in den 20er Jahren des vergangenen Jahrhunderts ein gewisser Alfred Henschke, Apothekersohn, Germanist und Philosoph, Dichter, Schriftsteller und Pazifist, Ehemann von Carola Neher, Freund von Gottfried Benn und Kabarettist in Berlin unter der Überschrift *Baumblüte in Werder*. Da seine skurrilen wie sonderlichen Bezugspunkte neben persischer, japanischer und chinesischer Dichtung Figuren wie *Kla*bautermann und Vaga*bund* waren, nannte er sich *Klabund*. Er starb 1928 an Lungentuberkulose auf einem der Zauberberge von Davos.

Klabund teilte die Leidenschaft, die große Teile der Berliner Bevölkerung seit 1880 im Frühling – genauer in der letzten April- und ersten Maiwoche, also zur Baumblüte – überfiel: die Ausflüge zu Werderaner Obstzüchtern. Dichtervereinigungen und Hausgemeinschaften, Großfamilien und Belegschaften, Männerchöre und Verbindungsstudenten erstürmten zunächst **Friedrichs-**, **Gerlachs-** und **Bismarckhöhe**, **Rauenstein** und **Wachtelberg**, schauten Havellandschaft »was das Auge hält«, bummelten dann unter blühenden Obstbäumen den ganzen **Hohen Weg** hinunter, um irgendwo das aufgestellte, stets unbequeme Gartenmobiliar zu besetzen und zu mitgebrachten Schrippen, Kamerunern und Buletten den Obstwein in Stärke von ganzen Flaschenbatterien zu ordern, nur gelegentlich zum Durststillen unterbrochen von der einen und anderen Berliner Weiße, Werderschen Braune* oder Potsdamer Stange (vgl. S. 326).

Der Weg vom **Bahnhof** zum Zentrum von Werder ... der zieht sich etwas hin.

»Noch eine drittel Meile bis zur Stadt; eine volle drittel Meile*, die einem um drei Uhr nachmittags, bei 27 Grad im Schatten und absoluter Windstille schon die Frage vorlegen kann: ob nicht doch vielleicht ein auf hohen Rädern ruhendes, sargartiges Ungetüm, das hier unter dem Namen ›Omnibus‹ den Verkehr zwischen Station und Stadt unterhält, vor Spaziergangsversuchen zu bevorzugen sei. Aber es handelt sich für uns nicht um die Frage ›bequem oder unbequem‹, sondern um Umschau, um den Beginn unserer Studien, da die großen Kirschenplantagen, die den Reichtum Werders bilden, vorzugsweise zu beiden Seiten eben dieser Wegstrecke gelegen sind, und so lassen wir dem Omnibus einen Vorsprung, gönnen dem Staube zehn Minuten Zeit, sich wieder zu setzen, und folgen nun zu Fuß auf der großen Straße.« (Theodor Fontane)

Fontanes Studien galten jedoch keineswegs nur den legendären saftigen Knupperkirschen, den diversen Beeren-›Campagnen‹ des Sommers und der Traubenlese im Herbst. Am meisten interessierte ihn der verwegene Menschenschlag der Werderschen mit ihrem Leben zwischen den heimischen Plantagen und den Berliner Märkten, mit ihren Zughunden hier und ihren Frachtbooten dort.

»Nur noch das Schaufeln des Raddampfers wird vernommen, der, eine Kurve beschreibend, das lange Schlepptau dem Havelkahn zuwirft, und rasch flußaufwärts seinen Cours nehmend, das eigentliche Frachtboot vom Ufer löst, um es geräuschlos in das eigene Fahrwasser hineinzuzwingen.

Von der Brücke aus gibt dies ein reizendes Bild. Auf dem großen Havelkahn, wie die wilden Männer im Wappen, stehen zwei Bootsleute mit ihrem mächtigen Rudern im Arm, während auf dem Dampfer in langer Reihe die ›Werderschen‹ sitzen, ein Nähzeug oder Strickzeug in den Händen, und nichts vor sich als den Schornstein und seinen Eisenkasten, auf dessen heißer Platten einige dreißig Bunzlauer Kaffeekannen stehen. Denn die Nächte sind kühl und der Weg ist weit ...

Bei Dunkelwerden Potsdam, um Mitternacht Spandau, bei Dämmerung Berlin.«

Heute legen hier – auf der Festlandseite der Insel – keine Frachtboote mehr an; und die Weiße Flotte Potsdam macht auch nur auf der Havelseite fest, am Anleger **Uferpromenade.** Diese gehört zusammen mit dem **Sportplatz**, den Kleingärten auf den **Werderwiesen** und der katholischen **Kirche Maria Meeresstern** sozusagen zur neuen Zeit. Aber da, wo das alte Straßenpflaster aus der Zeit des Soldatenkönigs uns vom **Marktplatz** zum restaurierten alten Rathaus und zur Stülerschen **Heilig-Geist-Kirche** samt ihrem Friedhof auf dem Mühlenberg leitet, wo wir Obstbaumuseum und Windmühle bestaunen und der Weg zurück durch die **Kirchstraße**, in deren Haus **Nr. 14** der Maler Hagemeister wohnte, dann zurück zur **Torstraße, Torbrücke** und der Markt-, Einkaufs- und Festmeile **Unter den Linden** führt, mag man sich der Fontaneschen Umschau und Studien erinnern.

Bleiben also nur noch zwei literarisch gebotene Umwege, bevor wir nach Potsdam Stadt oder Berlin zurückkehren: die Besuche bei Bernhard Kellermann und Christian Morgenstern. Kellermann, von den Nazis verachtet und mit Schreibverbot belegt, weil er deutschem Mannesmut mit sogenannter Wehrkraftzersetzung begegnete, ging in die innere Emigration und lebte bis 1945 unter Gestapoüberwachung mehr schlecht als recht in seinem Sommerhäuschen am **Scheunhornweg 37.** Nach dem Ersten Weltkrieg, den er als Frontreporter begleitet hatte, ließ er sich von der deutschen Novemberrevolution 1918 zu seinem Roman *Der 9. November* inspirieren, der später von den Nazis verboten und verbrannt wurde.

Bernhard Kellermann war in der Sowjetunion bereits seit Ende der 20er Jahre relativ bekannt, weil er als politischer Gegner des Dritten Reiches aus der Akademie der Künste entfernt worden war. Da er stets vom deutschen Intellektuellen eine besonders rigide Moral verlangte, bekam er sehr bald nach Kapitulation und Befreiung in der Tageszeitung der sowjetischen Besatzungsmacht *Tägliche Rundschau* eine längere Artikelserie eingeräumt.

In seinem Revolutionsroman hatte er einen durch und durch vom Potsdamer Militarismus geprägten General portraitiert, der an die Unbezwingbarkeit Preußens und des Deutschen Reiches glaubte, bis die Revolution über ihn hinwegrollte.

»Krachend stürzt die Front, die Erde hört es – und noch immer kämpft die Armee, heute, morgen, übermorgen, Wochen! Längst ist es entschieden, daß alles verloren ist. Alles verloren: Blut und Gut, Millionen von Söhnen und Ernährern, Hoffnung und Sinn des Lebens, die Fruchtbarkeit des Ackers, die Viehherden, Schätze der Erde und Wälder, Schweiß und Fleiß von drei Generationen, Schweiß und Fleiß von drei kommenden Geschlechtern – alles verloren! Die Fruchtbarkeit des weiblichen Schoßes – dahin, Millionen von Säuglingen – eine Beute des Hungers. Alles – dahin! Das Gehirn unter der Schädeldecke, der Schlaf der Nächte – dahin! Ausgespielt die hohe Karte, gegen alle Gesetze der Wahrscheinlichkeit – und noch immer kämpft die Armee.

Die Angebeteten und Vergötterten – bis zum letzten Einsatz! – und dann, ja, dann beugten sie das Knie und boten den Degen an.

Auf Gnade und Ungnade.

Der General findet keinen Schlaf mehr.«

Wie schließlich Christian Morgenstern in einen literarischen Reiseführer durch Potsdam und Umgebung gekommen ist, das mag er selbst erzählen:

»Die ersten, noch den neunziger Jahren entstammenden ›Galgenlieder‹ entstanden für einen lustigen Kreis, der sich auf einem Ausflug nach Werder bei Potsdam, allwo noch heute ein sogenannter ›Galgenberg‹ gezeigt wird, wie das so die Laune gibt, mit diesem Namen schmücken zu müssen meint. Aus dem Namen erwuchs alsdann das Weitere, denn man wollte sich doch, war man nun einmal eine sogenannte Vereinigung, auch das Gehörige dazu denken und vorstellen.«

Der schwer tuberkulosekranke Lyriker stammte aus München und war nach einem abgebrochenen Studium 1894 Berliner geworden. Hier gründete er die Dichtervereinigung der Galgenbrüder; hier trafen er und seine Freunde sich am Stammtisch als einer Galgenbergversammlung; die Stammtischglocke diente als Armensünderglöckchen; hier servierte der Kellner alias Abdecker kein Essen, sondern die Henkersmahlzeit; und hier lasen zum guten Schluß die Mitglieder der Vereinigung im Kabarett ›Überbrettl‹ des Ernst von Wolzogen ihre Texte. Im Fall von Morgenstern Gedichte mit spielerischem Charme und von hintersinniger Komik. »Der aufmerksame Leser werde feststellen, daß hinter allen Versen die lebendige Anschauung stecke. Jedes Gedicht sei aus einer Situation hervorgegangen beziehungsweise stelle diese sogar dar.« Das teilte 1910 Morgenstern einem Redakteur mit, ließ jedoch offen, wie viel »lebendige Anschauung« die Galgenlieder generierten. Denn »vom Galgen aus sieht man die Welt anders an und sieht andere Dinge als Andere.« Vier Jahre später war der erst 42jährige tot.

Fünf oder sechs Galgenlieder hält die Literaturwissenschaft übereinstimmend »für die berühmtesten und wohl auch überzeugendsten«; eines davon mag unsere Ausflugsfahrt beschließen, wobei sich der Dichter wünscht, daß es *Zu flüstern* sei!

Was stört so schrill die stille Nacht?
Was sprüht der Lichter Lüstrepracht?
  Das ist das Fest des Wüstlings!

Was huscht und hascht und weint und lacht?
Was cymbelt gell? Was flüstert sacht?
  Das ist das Fest des Wüstlings!

Die Pracht der Nacht ist jach entfacht!
Die Tugend stirbt, das Laster lacht!
  Das ist das Fest des Wüstlings!

ZWEITER AUSFLUG

Vom Krongut und Friedhof Bornstedt über Bornim, Fahrland und Marquard zum Musterdorf Paretz

Was die Kaiserin Friedrich verwaltet, Karl Foerster vernommen, Harry Piel verwöhnt und Preußens Luise vorgezogen hat

Moritz von Schwind und Carl Spitzweg, Franz Schubert, Adalbert Stifter und Franz Grillparzer; Schwaben und Österreich, idyllische Landschaften und das stille Glück im Winkel; nicht zuletzt die zierlichen Möbel, ornamentalen Tapeten und geblümten Stoffe – die Rede ist vom konservativen Biedermeier, einem neuen Lebensgefühl nach Weimarer Klassik und Romantik, nach Napoleon und den Freiheitskriegen. Vor allem im Süden und Westen des Reiches war man verunsichert und hoffnungslos, pflegte den Weltschmerz, dichtete in melancholischer Tränenseligkeit. Die gepflegte Häuslichkeit, das naive Naturerleben, die Geselligkeit in Familie und Freundeskreis wird zur Schutz- und Trutzburg der individuellen Persönlichkeit und zur seelisch-geistigen Grundlage einer kleinbürgerlichen Kultur. Von 1805 bis 1848 datiert diese Epoche einer philisterhaften Bürgerlichkeit, die sich in ihrem rückwärts gewandten Spießertum deutlich abzugrenzen wußte von dem politisch offensiven Jungen Deutschland Börnes, Freiligraths, Gutzkows und Herweghs. Doch auch in Preußen regt sich solche philisterhafte Biederkeit, schätzt man das gemüthaft Harmlose, denn niemand Geringeres als die königliche Familie selbst lebt ihren bürgerlichen Traum im biedermeierlichen Lebensstil vor. Insbesondere in den Sommermonaten von **Paretz** ist er der Genius loci, der wie allenthalben so auch in Havelland und Mittelmark eine Flut dilettantischer und trivialer Literatur auslöst. In ihrem Stil dichtet sogar noch rund 100 Jahre danach ein gewisser H. Sühring *In Paretz (1801-1803)* sein Stück ständeübergreifender Wehrertüchtigung und untertäniger Huldigung:

»Noch steht am Havelstrande das Schlößlein in der Mark,
Noch rauschen alte Bäume in seinem schatt'gen Park.
Es lispeln seine Linden, sie flüstern leis Dir zu:
›Hier weilte einst Dein Kaiser, des jetzt gedenkest Du!‹

Hier sah er heit're Tage, der Kindheit holdes Glück!
Oft kehrt' des Herrschers Sinnen zum trauten Ort zurück.
Dann hört' er frohes Jauchzen aus der Geschwister Mund,
Dann schaut er munt're Spiele auf dieses Rasens Rund,

Schaut auch den kleinen Hügel, den stürmt die Knabenschar,
Als er im Kriegesspiele einstmals ihr Feldherr war.
Er hört wohl jemand mahnen: ›Darf man es heißen recht,
Daß Königskinder spielen mit Bauernkindern schlecht?‹

Doch dann die Kön'gin: ›Lieber, sind wir nicht alle gleich
Nach diesem Erdenleben im schönen Himmelreich?‹ –
Er schaut im Geist den König, den Vater, ernst und schlicht,
Der, wie als Fürst im Lande, als Schultheiß thut die Pflicht;

Schaut auch den guten Alten, den biedren Köckeritz!
Wie wußt' der zu erzählen vom großen König Fritz!
Wie wußt' der aufzustellen die Knaben gut zur Schlacht,
Wie oft hat der zum Kampfe den Angriffsplan gemacht!

Er schaut beim Erntefeste umwogt das Königspaar
Vom lieben treuen Landvolk, dem es ja alles war,
Sieht an die Kön'gen drängen sich eifrig Kind an Kind,
Dort an den Jahrmarktsbuden. Wie war sie gut gesinnt!

Sie ließ am Kleid sich zupfen, sich fassen an der Hand,
Und aus der Kleinen Munde tönt es ihm wohlbekannt:
›Mir auch noch was, Frau Kön'gin, vergeßt doch meiner
nicht;
Ich habe wirklich heute noch kein Geschenk gekriegt!‹

Das haben mir die Bäume beim Schloße einst gerauscht;
Ich hab' der guten Kunde gar gerne dort gelauscht;
Ich hab' des großen Kaisers gar gerne dort gedacht,
Wo er die gold'nen Tage der Kindheit zugebracht.«

Keine Frage, daß zu solcher Familienseligkeit inmitten jedweder Naturidyllik auch der gehört, der das Wandern in Treue zu Heimat und (Land)Junkern zur Haupt- und Staatsaktion machte: der »preußische Adelsnarr« (Rolf Schneider) Theodor Fontane. Er wird uns auf dem Ausflug bei fast jedem Stopp etwas zu sagen haben; den ersten machen wir in **Bornstedt**, das Fontane unter ein *Motto* von Wilhelm Friedrich Waiblinger, dem jung verstorbenen Dichterfreund von Hölderlin und Mörike, stellte – das Havelland mit geliehener schwäbischer Beschaulichkeit sehend:

»Nun weiß ich auf der Erde
Ein einzig Plätzchen nur,
Wo jegliche Beschwerde,
Im Schoße der Natur,
Wo jeder eitle Kummer
Dir wie im Traum zerfließt,
Und dich der letzte Schlummer
Im Bienenton begrüßt.«

Bornstedt, diese »Rückwand von Sanssouci« (Fontane), war und ist zweierlei: das **Krongut**, das zunächst dem Unterhalt des Militärwaisenhauses diente, aber später und bis in den Zweiten Weltkrieg hinein die Tische manch hohen Offiziers mit einigen frischen Köstlichkeiten versorgte; und der **Friedhof** im Schatten der **Dorfkirche** samt ihrem italienischen **Campanile***.

»Da liegt's. Bornstädt (sic!) war zu Fontanes Zeit noch eine selbständige Gemeinde, aber schon damals galt der Bornstädter Friedhof den Potsdamern als ein hochgerühmtes Gelände, wegen der vielen Gräber von Prominenten aus ihrer Stadt. Der große Gartenarchitekt Lenné wurde da beigesetzt und ebenso der eitle, zänkische Hofnarr Friedrich Wilhelms I., Jakob Paul Gundling, der sich als Literat begriff und seine inneren Konflikte im Alkohol ersäufte. Der Soldatenkönig hatte ihn in der Nachfolge von Leibnitz zum Präsidenten der preußischen Akademie der Wissenschaften gemacht. Als er dann tot war, setzte man ihn in einem Weinfaß statt einem Sarge bei. Vielen gilt er als ein Ahnherr und Prototyp des bürgerlichen deutschen Intellektuellen.« (Rolf Schneider)

Auch Heinz Ohff berichtet von des Königs Tabakskollegium als einer ziemlich spießigen Tafelrunde von Rüpeln:

»Mitunter wurde schlicht und einfach gesoffen. Der König sah es gern, wenn es ihm gelang, einen stämmigen General oder eine fremde Fürstlichkeit unter den Tisch zu trinken. Der Stammtisch artete dann aus und wurde ordinär.

Am schmerzlichsten bekam das der Präsident der Akademie, oder wie sie damals hieß, Societät der Wissenschaften, Jakob Paul von Gundling zu spüren. Friedrich Wilhelm I. ernannte ihn auf Empfehlung seines ersten Ministers, des Generalfeldmarschalls von Grumbkow, zum Hofrat sowie, merkwürdigerweise, zum Zeitungsvorleser bei Hofe. ...

Auch im Tabakskollegium wurden Zeitungen vorgelesen, denn manche von Friedrich Wilhelms Obersten waren halbe Analphabeten – also mußte Gundling täglich daran teilnehmen. Er war regelmäßig der erste, der betrunken gemacht und dann gehörig zum Narren gehalten wurde. Der König erhob ihn im übrigen nur aus dem einzigen Grund zu einigen Würden, um ihn um so gründlicher lächerlich machen zu können. So wurde der Gelehrte zum Oberzeremonienmeister gemacht und in eine närrische Uniform mit Allongeperücke aus Ziegenhaaren gesteckt. Und als komisch empfand man auch, daß man dem betrunkenen, eben ernannten Kammerherrn den goldenen Schlüssel seiner neuen Würde vom Gewand abschnitt, worauf der König ihn bedrohte, er würde mit ihm wie mit einem Soldaten, der sein Gewehr verloren habe, verfahren. Zur Strafe mußte

Gundling eine Woche lang einen großen goldenen Schlüssel aus Holz vor der Brust tragen, bevor man ihm hohnlachend den gestohlenen Schlüssel zurückgab. Kein Spaß schien Gundling gegenüber roh genug. ...

Der Geschmacklosigkeit seines Humors setzte Friedrich Wilhelm I. die Krone auf, als er den hochgeehrten und anscheinend von ihm hochgeschätzten Freiherrn von Gundling in einem Weinfaß begraben ließ.«

Dies beschreibt auch Theodor Fontane ausführlich im Dritten Teil der *Wanderungen durch die Mark Brandenburg* – nicht ohne ausdrücklich zu vermerken, daß die Potsdamer reformierten und lutherischen Pfarrer sich geweigert hatten, eine Trauerfeier mit einem Weinfaß als Sargersatz abzuhalten. Und daß der Soldatenkönig es nicht lassen konnte, den Gundling auch noch postum zu verunglimpfen: »Das Grabsteinwappen erhielt zwei neue Schildhalter: eine *Minerva* und einen aufrecht stehenden *Hasen.* Die Hieroglyphensprache des Grabsteins sollte ausdrücken: er war klug, eitel, feige.«

Sehr viel ernster, wenngleich auch seinem Naturell zu Lebzeiten entsprechend sehr bescheiden, ging es bei der Beisetzung von Peter Joseph Lenné zu, der zusammen mit seiner Frau Friederike auf dem Privatfriedhof des Hofgärtners Sello ruht. (Die kinderlosen Lennés waren mit dessen großer und fröhlicher Familie eng befreundet.) Dort überrascht auch die bescheidene Grabstätte mit dem Christuskopf unter der Dornenkrone. Immerhin hatte es doch so etwas wie eine *besondere* letzte Ehre gegeben, die König Wilhelm ausdrücklich gewünscht und angeordnet hatte: Von Lennés letzter Dienstwohnung, dem Gartendirektionshaus an der Allee auf Sanssouci, wo der Leichnam aufgebahrt worden war, zog der Trauerzug auf seinem Weg zum Bornstedter Friedhof auch eine Wegstrecke durch den Park von Sanssouci als der bedeutendsten Wirkungsstätte des Toten.

Doch hatte die wichtigste Ehrung Wilhelms Bruder, König Friedrich Wilhelm IV., schon 18 Jahre zuvor vorgenommen. Früh am Morgen des 7. Juni 1848 – dem Geburtstag Friedrich

Wilhelms III. – hatte die romantische Majestät den verehrten Gartenbaudirektor aus dem Bett geklopft und ihn angewiesen, keine große Toilette zu machen. Man wolle nur den schönen Sommermorgen zu einem ausgedehnten Spaziergang nutzen, auf dem der König seinem Landschaftsgestalter etwas Wichtiges zu zeigen hätte. Tatsächlich schritt Friedrich Wilhelm dann auch kräftig aus, denn der Weg zum anvisierten Hopfengarten zog sich etwas hin. Dort endlich angekommen führte er den vollkommen überraschten und wohl auch beschämten Lenné vor eine neu aufgestellte Herme mit dessen von Christian Daniel Rauch im Geheimen just fertig gestellten Portraitbüste.

»Es ist das Bildnis des fast Sechzigjährigen, daher das Fleisch schon etwas schlaff und blutlos, aber lebhaft bewegt über dem schönen Knochenbau des Schädels sitzt. Von dem glatten weichen Haar fällt eine Strähne über die Stirn. Eine lange gestreckte Nase erscheint noch größer durch die zwei senkrechten Stirnfalten darüber. Den Mund umspielen, geistvoll gemacht, die Falten der Haut. Die vorn liegenden Augen weichen klug, fast witzig zur Seite. Das verschmitzte bewegliche Wesen des Rheinländers wird deutlich, der freilich ebenso leicht, wie er in guter Laune schaffend, empfindlich und verletzt sein konnte.« (Harri Günther)

☞ Neben Gundling, Lenné und vier Generationen der Familie Sello liegen auf dem Bornstedter Friedhof außerdem:

Aus der Widerstandsbewegung gegen die Hitler-Tyrannei:

– **Kurt von Plettenberg** (1891-1945), Hofkammerpräsident des Hauses Hohenzollern und Reserveoffizier im Umfeld des I.R.9. Über ihn heißt es bei Günter Wirth in *Der andere Geist von Potsdam*: »Aus Sorge, er könne unter der Folter Namen nennen, hat er bei Verhören in der Prinz-Albrecht-Straße zwei Beamte niedergeboxt und sich aus dem Fenster gestürzt. … Erstaunlicherweise hat Kurt von Plettenberg eine Grabstätte in Bornstedt bekommen und der Oberhofprediger Doehring durfte die Trauerfeier halten. ... Auf diese Weise hat der berühmte Friedhof eines der ganz wenigen Gräber von Beteiligten am 20. Juli.«

– **Ulrich von Sell** (1884-1945), Vermögensverwalter des im holländischen Exil lebenden Ex-Kaisers Wilhelm II. Er wurde fünf Tage nach dem Hitler-Attentat festgenommen, überstand jedoch die endlosen und grausamen Gestapo-Verhöre und wurde wieder freigelassen. Unmittelbar nach der Befreiung bezichtigten ihn die Sowjets der Spionage. Er verhungerte in einem Todeslager. Geschrieben über diesen »treuesten, aber keineswegs unkritischen Diener seines Herrn« haben Reinhold Schneider (*Verhüllter Tag*), seine Tochter Sibylle, die zweite Ehefrau von Martin Niemoeller (*Furchtbar einfach, wird gemacht*) und seine Stieftochter Erika von Hornstein (*Adieu Potsdam*): »Mein Stiefvater war Monarchist aus Tradition und Überzeugung. Das Wort ›Königtum‹ besaß für ihn tiefen Sinn und war erfüllt mit ethischen Werten.«

– **Henning von Tresckow** (1901-45), Berufssoldat, zuletzt Generalmajor im Mittelabschnitt der Ostfront. Obwohl zum innersten Kreis der Verschwörer gehörig, war er am 20. Juli an der Front und erschoß sich dort, nachdem das Attentat gescheitert war. Er galt zunächst als gefallen. Als seine Mittäterschaft bekannt wurde, ließ Hitler persönlich den Leichnam in Bornstedt exhumieren und im KZ Sachsenhausen verbrennen. Die Asche wurde verstreut. Nur eine Gedenktafel erinnert an den Mann und sein Tun. Sein Adjutant Fabian von Schlabrendorff hat in *Offiziere gegen Hitler* die letzten Worte von Tresckows festgehalten, bevor dieser an die Hauptkampflinie und in den Freitod ging: »Ich halte Hitler nicht nur für den Erzfeind Deutschlands, sondern auch für den Erzfeind der Welt. Wenn ich in wenigen Stunden vor den Richterstuhl Gottes treten werde, um Rechenschaft abzulegen über mein Tun und Unterlassen, so glaube ich mit gutem Gewissen das vertreten zu können, was ich im Kampf gegen Hitler getan habe. Wenn einst

Gott Abraham verheißen hat, er werde Sodom nicht verderben, wenn auch nur zehn Gerechte darin seien, so hoffe ich, daß Gott auch Deutschland um unsertwillen nicht vernichten wird.«

Vom Parnaß der Bau- und anderen schönen Künste:

– **Ludwig Justi** (1876-1957), Kunsthistoriker, Geheimrat, Direktor der Berliner Nationalgalerie von 1909-33, und hier insbesondere Ankäufer zahlreicher Werke der zeitgenössischen Moderne. Von den Nazis wegen dieser engagierten Förderung sogenannter »entarteter Kunst« abgesetzt und strafversetzt, gründete er bald nach Kriegsende mit anderen überwiegend »bürgerlichen« Kulturschaffenden in Potsdam den Kulturbund zur demokratischen Erneuerung Deutschlands. Justi wohnte eine Zeit lang in der Orangerie.

– **Friedrich Ludwig Persius**, auch der Ältere genannt (1803-45). Zunächst enger Mitarbeiter von Schinkel (Schloß Charlottenhof, Kuppel Nikolaikirche) wurde er später ein durchaus eigenständiger Architekt und Vertreter des Spätklassizismus im Übergang zum Historismus. Für die kaum mehr als 20 Schaffensjahre als Vertrauter von König Friedrich Wilhelm IV. zeugt sein Werkverzeichnis von offenbar rastloser Arbeit: die Römischen Bäder von Sanssouci, die Dampfmaschinen-Moschee an der Breiten Straße, das »normannische« Maschinenhaus im Park Babelsberg, die Friedenskirche am Marlygarten, der Umbau von Schloß Glienicke, das Berliner Etablissement Kroll und das Diakonissenkrankenhaus Bethanien (heute Künstlerhaus). Zwischen dem Architekten und seinem Auftraggeber stellt Heinz Ohff in *Preußens Könige* eine Beziehung noch über den Tod hinaus her: »Wie in seinem Testament bestimmt, wird Friedrich Wilhelm IV. in der Potsdamer Friedenskirche im Schloßpark von Sanssouci beigesetzt. Die Kirche haben zwei Schinkelschüler erbaut, Ludwig Persius und nach dessen frühem Tod Friedrich August Stüler, unter tatkräftiger architektonischer Mitarbeit eines Königs, der nirgend ganz zu Hause war, wie er in allem, wofür er Begabung hatte, ein Dilettant blieb.«

– **Gottlob Samuel Rösel** (1769-1843), Landschaftsmaler und -zeichner, Mitglied der Akademie der Künste, zu seinen Lebzeiten ein »geistreicher, witziger, spöttischer und vor allem kreuzbraver Mann von gediegenem Wissen«, jedoch schon 30 Jahre nach seinem Tode derart vergessen, daß Fontane unter der Überschrift *Wer war er?* eine öffentliche Recherche zur Identität des in Bornstedt Bestatteten startete. Goethe hat Rösel ein paarmal mit Gelegenheitstexten »bedichtet« wie z. B. diesem:

»Rösels Pinsel, Rösels Kiel / Sollen wir mit Lorbeer kränzen; / Denn er tat von je so viel / Zeit und Raum uns zu ergänzen.«

Von den »vermischten« Seiten der Tageszeitungen:

– **Louise Charlotte von Niesemeuschel** geb. von Linkersdorf (1774-1843), Generalstochter, jugendliche Bekannte und angeblich Geliebte des Offiziers Heinrich von Kleist um 1798. »Als er den Ausspruch tat ›Man kann nur eines sein: Mensch oder Offizier‹, sah Louises Mutter ihre Zweifel an der Karrierefähigkeit des jungen Majors bestätigt und löste die unerwünschte Verbindung«, schreibt Christiane Petri in *Potsdam und Umgebung*. Außerdem erzählt sie von

– **Carl Timm** (1761-1839), dem Geheimen Kämmerer Friedrich Wilhelms II.: »Heimlich weinend soll er am Sarg seines Königs von dessen Nachfolger, Friedrich Wilhelm III., überrascht worden sein. Gerührt von so viel Anhänglichkeit, übernahm der neue König den Diener. In 42 Jahren erwarb sich Timm Freundschaft, schließlich intimstes Vertrauen seines Herrn. Seine Wohnung quoll über von kuriosen Geschenken der königlichen Familie. Timm imitierte Friedrich Wilhelm in Sprache und Gebaren, bis hin zur einzeln ondulierten Stirnlocke, und soll den Zeitgenossen zuletzt wie ein leibhaftiger Doppelgänger erschienen sein.«

Nur die Ribbeckstraße ist zu überqueren und schon stehen wir im seit 2002 wieder zugängigen **Krongut Bornstedt**, das behutsam restauriert und zu einem Paradebeispiel vergegenwärtigter Geschichte geworden ist. In der *Berliner Zeitung* vom 10. März 2002 sprach Julia Schmidt von »Preußen als Disneyland«, in dem es »Geschichte zum Anfassen geben« soll.

Der erste Hinweis auf ein Dorf Bornstädt stammt aus dem Jahr 1375. Der Große Kurfürst kauft das Rittergut 1664 für 1800 Taler und errichtet sich ein Landschlößchen. Seit 1689 werden Braunbier gebraut und klare Schnäpse gebrannt. Felder, Gärten und Stallungen, Meierei, Brauerei und Brennerei werden ab 1720 dem Militärwaisenhaus zur Nutzung überlassen. Das Ensemble brennt 1846 ab und wird sofort im italienischen Landhausstil wieder aufgebaut. Friedrich Wilhelm IV. fügt es als Krongut in sein Konzept der Verschönerung von Potsdams Umgebung ein, Lenné versieht es mit einem entsprechenden Garten.

Das Kronprinzenpaar Friedrich Wilhelm (der spätere 99-Tage-Kaiser Friedrich) und Victoria mögen das »Käfigleben« in den Stadtschlössern von Berlin und Potsdam überhaupt nicht und sind auch von Schloß Charlottenburg nur wenig angetan. Also ziehen sie sich ab 1860 auf Dauer an den Rand von Potsdam zurück. Im Winter bewohnen sie das Neue Palais, das die älteste Tochter der Queen Victoria in Schloß Friedrichskron umbenennt; die Sommermonate verbringen das Paar und seine Kinder in Bornstedt, das »die fortschrittliche Engländerin« ab 1867 zu einem Mustergut für Milchwirtschaft, Hühnerzucht und Nutzgartenkultur macht. Hofgärtner Emil Sello muß darum auch 1875 den Lennéschen Garten in einen Farmgarten nach englischem Vorbild ummodeln. Zu den gern gesehenen Gästen und Freunden des Paares gehören der liberale Politiker und Historiker Max Duncker, der Kultusminister der Neuen Ära[1] Moritz August von Bethmann-Hollweg und die beiden

1 Mit der Einsetzung Wilhelms (I.) als Regent für seinen kranken Bruder beginnt mit der Entlassung mehrerer (erz)konservativer Minister die

Meister der historischen beziehungsweise historisierenden Novelle Conrad Ferdinand Meyer und Gustav Freytag. Der charakterisierte einmal das intellektuelle und liebevolle Verhältnis von Fritz und Vicky in seinen *Bildern aus der deutschen Vergangenheit*:

»Er rühmte ihr reiches Wissen und ihren Geist, zu dem er immer aufsehen müsse und klagte, daß eine solche Frau nicht überall in ihrem Wert Anerkennung finde. ... Seine Hingabe und Unterordnung unter die geliebte Frau war eine völlige. Diese Liebe war das höchste und heiligste in seinem Leben, das ihn ganz erfüllte. Sie war die Herrin seiner Jugend, die Vertraute aller seiner Gedanken, seine Ratgeberin überall, wo Rat zu geben sie geneigt war. Anlage der Gärten, Schmuck der Wohnung, Erziehung der Kinder, das Urteil über Menschen und Ereignisse, alles richtete sich nach ihrer Persönlichkeit.«

Als Vicky nach dem Krebstod ihres Mannes auf Anweisung ihres ungeliebten Sohnes Wilhelm II. das Schloß Friedrichskron verlassen muß, bleibt ihr nur das Bornstedter Herrenhaus, von wo aus sie sich noch drei Jahre um die Verwaltung des Mustergutes, um die überraschend moderne Schule und die Angelegenheiten der dörflichen Kirchengemeinde kümmert. Vor allem an die wirtschaftlichen Aktivitäten des Kronprinzenpaares will nun das wiedererstandene Krongut anknüpfen. »Alte Handwerksberufe leben wieder auf – vom Zinn- und Eisenkunstgießer über Hutmacher und Handweber bis zu Korbflechtern, Keramikern und einem Bäcker, der Kommißbrot nach altem Rezept in den Ofen schiebt. In der Glashütte wird das Goldrubinglas mundgeblasen wie noch mitten im 18. Jahrhundert. Auch die einstige Brau- und Brenntradition des Gutes wird reaktiviert. Im Angebot sind auch andere landestypische Produkte. Das Krongut wird so wohl zum größten Hofladen Brandenburgs.« (Julia Schmidt) Und seine Gasträume sind schon zur

politische Entwicklung Preußens hin zu einem liberalen Verfassungsstaat. Die Berufung Bismarcks beendet diese Ära.

Attraktion gediehen, in denen sich 2002 der europäische Adel ein Stelldichein gab.

Wir fahren die Ribbeckstraße in nördlicher Richtung und biegen links in die Potsdamer Straße ein. Nach einem Kilometer öffnet sich rechter Hand die schmale Straße **Am Raubfang**. Der **Foerstergarten** hat die **Hausnummer 6**.

Seit 1912 hat der einmalige Staudenzüchter und Philosoph Karl Foerster hier auf 0,6 Hektar einen ganzjährig blühenden Minikosmos geschaffen. Berühmt an dem seit 1981 unter Denkmalschutz stehenden Haus-, Schau- und Experimentiergarten sind vor allem der zentrale Senkgarten mit dem Wasserloch, der Frühlingsweg und der Steingarten der sieben Jahreszeiten Vorfrühling, Frühling, Frühsommer, Sommer, Herbst, Spätherbst und Winter. Hier wird am sinnlichsten wahrnehmbar, was Foerster meinte, als er seinen Slogan entwickelte »Es wird durchgeblüht!« – ein Wort, das auch zum Titel des letzten und erfolgreichsten seiner insgesamt 27 Bücher wurde. Obwohl Foersters Verhältnis zum Nazismus immer noch nicht endgültig geklärt ist, gilt für ihn, seinen Garten und sein Haus: Immer boten sie Raum für Zuflucht, Trost und kritisches Gespräch; und immer standen sie unter dem hohen moralischen Anspruch, wie er sich in dem Aphorismenband *Warnung und Ermutigung* von Karl Foerster findet:

»Es dürfen die Grundbegriffe des Guten, nämlich Gerechtigkeit, Redlichkeit, Wahrhaftigkeit, Treue und Zuverlässigkeit, welche der gesunden Menschennatur eingeboren sind, keinen anderen Rücksichten untergeordnet werden, auch wenn diese Unterordnung noch so gut gemeint scheint. ... Hier besteht keine Grenze zwischen Privatleben und Gemeinschaftsleben.«

Foersters philosophisch-poetisches Hauptwerk der Naturbetrachtung heißt *Ferien vom Ach* und erschien 1962. Da war der Autor bereits 88 Jahre alt. Unter anderem erzählt er darin *Vom Glück des Novembers*.

»Es wird jetzt so wundervoll langsam Tag, lange genießt man diesen Morgen vor dem Morgen mit all seinen erwachenden

Geräuschen, dem ersten leisen Gehen und Sprechen irgendwo im Haus und all den Tönen draußen; das Fahren eines Wagens auf der Landstraße ist wie ein Rauschen, fernes Hundegebell wird ins Glockenhafte gedämpft. Vom Waldrand melden sich wieder die behaglich-geselligen Novembertöne der Dohlen und Krähenschwärme und vom fernen Fluß die Doppelklänge der Nebelhörner.

Man kann sich im Sommer und Frühherbst gar nicht in das eigentümliche Glück des November hineindenken. Es ist Musik auf ganz anderen Instrumenten, ebenso reich an Fülle und Überraschung, aber mit ganz anderen Vorzeichen.

Die Laubgeranke des Resedaweins, das breite Fenster rings umkränzend, stehen lichtgetroffen in so hellem Gold, daß nun das ganze immer in leisem Goldlicht liegt. Schon tagelang ist es vom Duft der Quitten und dem zarten Hauche des Chrysanthemum erfüllt. Das Fenster rahmt den reichverworrenen blaudunstigen Gartenanblick, in dem ganz unerwartet noch gelbe Fallschirm-Rudbeckien blühen.

Die Goldblätter der Kastanie sind aus dem schönen Zweiggehäng gerieselt; nun aber ward der Blick in sonst verhüllte Ferne frei.«

Nicht zu übersehen ist, daß der Gartenphilosoph musikalische Metaphern in seine Texte streut: Frucht einer offenbar beglückenden Ehe mit der Sängerin Eva Hildebrandt. Sie ist 25, als sie den 28 Jahre älteren Züchter heiratet.

»Die Welt der Blumen und Worte erweitert sie durch die Welt der Musik. Sah Karl Foerster Klänge und Töne vorher vorwiegend in Farbzusammenstellungen der Pflanzen, bereichert sie jetzt sein Leben auf neue Weise. Jeden Abend singt Eva ihrem Mann etwas vor, meistens Mozart, den er so liebt. Wird die untere Etage des Hauses vorwiegend von seinen Pflanzenkompositionen beherrscht, so finden in der oberen Etage in ihrem Bereich die musikalischen Ereignisse statt. Virtuosen wie Wilhelm Kempff oder Edwin Fischer machen in Bornim Station, wenn sie in Potsdam ein Konzert geben und üben auf dem Flügel. Das sind auch die Gelegenheiten, bei denen Eva in Begleitung singt.« (Angelika Mieth)

Nachtrag zur Historie: Seit März 1993 gibt es auch wieder die **Staudengärtnerei Foerster**, inspiriert von der Gartenarchitektin Marianne Foerster, Jahrgang 1931, die lange in Belgien lebte, nach der Wende zurückkehrte und seither des öfteren lächelnd sagt, offenbar sei ihr Beruf, »Tochter zu sein«. Da mögen dann Karl und Eva wohl mitlächeln. Der eine wurde 96, die andere 94; und beide liegen natürlich auf dem Bornstedter Friedhof!

Am Raubfang ist Einbahnstraße, die in die Amundsenstraße mündet, der wir wiederum nach links ein paar Kilometer bis zur **Nedlitzer Brücke** folgen. Hier war lange Zeit der einzige Zugang zur »Insel« Potsdam, schon 1323 als Fährverbindung erwähnt und nach dem Neubau des Oranienburger Schlosses ab 1650 Endpunkt der Chaussee, welche die beiden Residenzen miteinander verband. Was von dem stattlichen **Fährgutshaus** übriggeblieben ist, kann man noch auf der linken Straßenseite sehen. Unter der Überschrift *Fahrland/Die Nedelitzer Fähre* berichtet Theodor Fontane:

»Jahrhundertelang fuhr hier ein schlichter Kahn über die Schmalung, erst von Vater und Sohn, dann vom Enkel und zuletzt vom Ur-Urenkel geführt. Immer desselben Namens. Die Nedelitzer Fährstelle war eine Erbstelle geworden (seit 1588, d. Verf.). Schon im vergangenen Säculo war die Familie so angesehen, daß sich ihre Töchter nach Sanssouci hin mit Hofgärtnern und Hofbauräten vermählten. Die Fähr-Müllers waren reiche Leute; in Bornstädt haben sie ein Erbbegräbnis, das größte was der Kirchhof bis diese Stunde noch aufzuweisen hat.«

Prinzipiell stehen die Örtchen **Nedlitz** und **Neu-Fahrland** diesseits und jenseits der Brücke jedoch für die soldatische Tradition. Schon Fontane berichtete von dem »hin sich dehnenden Exerzierfelde« der Potsdamer Garden; dann machte der Nazismus Propaganda mit den Neubauten der sogenannten **Roten Kasernen**; nach der Kapitulation übernahm die Rote Armee und baute mit den sogenannten **Grauen Kasernen** den Soldatenring um das nördliche Potsdam weiter. Wie gewaltig die sowjetische Truppenpräsenz allein in Brandenburg war, geht aus einer Statistik hervor, die anläßlich des Abzugs der Westgruppe der Sowjetischen Streitkräfte entstand:

»In Brandenburg sind 128 300 Militärangehörige der WGSS stationiert. Hier lagen schätzungsweise 300 000 Tonnen Munition. Die WGSS beanspruchte rund 5 Prozent der Fläche des Bundeslandes. 120 000 Hektar sind offiziell genutzte Liegenschaften mit 324 Objekten, darunter 28 Truppenübungsplätze und 21 Flugplätze. Es besteht ein hohes Gefährdungspotential aus militärischen Altlasten; von 70 Abwasseranlagen müssen 44 als funktionsuntüchtig eingestuft werden. Kläranlagen der WGSS sind in desolatem Zustand.« (Christian Habbe)

Den Abgesang auf Potsdams Soldaten und Waffen wollte Rolf Schneider in seinem Potsdam-Essay von 1994 singen; das Stück geriet dann doch zu einem Angesang:

»Das Ende alles preußisch-deutschen Militarismus wurde dann die entschiedene Absicht der alliierten Siegermächte von 1945, und sinnvollerweise einigten sie sich darauf am Geburtsort dieses Ungemachs, also in Potsdam. Ein militärfreier Raum wurde die Stadt dadurch gleichwohl nicht. Die Sowjets stationierten hier reichlich von ihrer Roten Armee, und die anderen Siegermächte unterhielten in Potsdam bis 1989 Militärmissionen. Die DDR, als sie sich endlich wiederbewaffnet hatte, richtete in Potsdam ein zentrales Militärmuseum ein.

Das Echo des preußischen Exerzierschritts war und ist diesen Mauern nicht mehr auszutreiben, und als nach 1990 die deutsche Wiedervereinigung kam und auf keinem Gebiet so problemlos vollzogen werden konnte wie ausgerechnet dem des Militärwesens, etablierte sich in Potsdam bald ein aus Ost und West gemeinsam beschickter Standort des Territorialkommandos Ost der Bundeswehr, wo, einstweilen, 15 000 deutsche Männer unter Waffen stehen. Der Bundeskanzler hat sie schon besucht.«

Zur selben Zeit führte Generalmajor Matwej Burlakow über eine halbe Million Soldaten samt Angehörigen und Verwaltung binnen drei Jahren hinter den Bug zurück. Die Öffentlichkeit sprach von einem logistischen Kabinettsstück.

Apropos Militärmissionen. Eine, die US-amerikanische nämlich, brachte noch nach der Jahrtausendwende **Neu-Fahrland** in die provinziellen Schlagzeilen. Nach einem zwölfjährigen Rechtsstreit befand das Verwaltungsgericht im dritten Anlauf, dem 83jährigen Prinzen Friedrich Karl von Preußen und seiner 85jährigen Schwester, der Prinzessin Luise von Preußen, das noble **Haus Lehnitz** und das dazugehörige Wassergrundstück zurückzuübertragen. Das Anwesen, das 1926 in den Besitz der Hohenzollern gekommen war, wurde nicht im Rahmen der Bodenreform, sondern erst 1950 enteignet, als die USA den hochherrschaftlichen Villenbau bereits drei Jahre und noch weitere 40 Jahre als Militärmission nutzten, um diese nach der Wende dem Lande Brandenburg zurück zu geben. Ähnliches betraf auch die **Siemens-Villa** (eigentlich Heinenhof) in Neu-Fahrland, die sich Carl Friedrich von Siemens 1908 als englisches Landhaus hatte bauen lassen. Der Sohn des Firmengründers Werner von Siemens war selbst Aufsichtsratsvorsitzender bei Siemens & Halske sowie Reichstagsabgeordneter für die (liberale) DDP. Er starb in diesem Haus im Jahr 1941. »Nach der Wende einigte man sich in beispielhafter Weise, daß die Heinrich-Heine- Rehabilitationsfachklinik ihren Betrieb in einem modernen, hellen Neubau auf dem gleichen Gelände fortführen kann, während die Siemens-AG die Villa zur Internationalen Managementschule umbaute.« (Christiane Petri)

Unmittelbar hinter der Klinik-Einfahrt verlassen wir die B 2, die hier Am Wiesengrund heißt, nach links und erreichen nach drei Kilometern **Fahrland.** Geboren wurde hier im Pfarrhaus der märkische Dichter Friedrich Wilhelm August Schmidt, genannt *der Sandpoet Schmidt von Werneuchen*, der seinerseits 43 Jahre Pfarrer in Werneuchen bei Berlin gewesen war. In seinen *Musen und Grazien in der Mark* bedichtete er in seiner naiven Manier mehrfach das dörfliche Leben, die Natur, die Gemütlichkeit und den schlichten Alltag seines Geburtsortes.

»*An das Dorf Fahrland*

Du, dem die süßesten Freuden der Jugend ich danke,
Das mein romantisch Gefühl in seinen traulichen Winkeln
Früh mir geweckt, o Dorf! wie gern mag ich deiner
gedenken!
Ha! ich kenne dich noch, als hätt' ich dich gestern
verlassen,
Kenne das hangende Pfarrhaus noch mit verwittertem
Rohrdach,
Wo die treueste der Mütter die erste Nahrung mir schenkte,
Kenne die Balken des Giebels, wo längst der Regen den
Kalk schon
Losgewaschen, die Tür mit großen Nägeln beschlagen,
Kenne das Gärtchen vorn mit dem spitzen Stacket, und
die Laube
Schräg mit Latten benagelt, und rings vom Samen der
dicken
Ulme des Nachbarn umstreut, den gierig die Hühner sich
pickten«.

... und so immer weiter, seitenweise. Pastor Schmidt, der Wieland, Tieck, Schlegel und die Brüder Grimm kannte, wurde in einem Spottgedicht von Goethe als Poet diffamiert und disqualifiziert. Erst sehr viel später widerrief dieser halbherzig sein Femeurteil: »Schmidt von Werneuchen ist der wahre Charakter der Natürlichkeit. Jedermann hat sich über ihn lustig gemacht, und das mit recht; und doch hätte man sich über ihn nicht lustig machen können, wenn er nicht als Poet wirkliches Verdienst hätte, das wir an ihm zu ehren haben.«

Gegenüber der Kirche beginnt die Marquardter Straße, die uns nach vier Kilometern und einer etwas umständlichen Ortseinfahrt das Dorf **Marquardt** erreichen läßt. Fontane widmet dem Ort viele Seiten; denn Friedrich Wilhelms II. dubioser Günstling, General Hans Rudolph von Bischoffwerder, hatte **Schloß, Park** und **Dorf** 1795 gekauft und hier seine letzten acht Lebensjahre verbracht. Bischoffwerder war Mitglied der Loge der Rosenkreuzer* und organisierte für den ebenso neugierigen wie ängstlichen König des öfteren spiritistische Sitzungen – vor allem im Belvedere neben dem Charlottenburger Schloß und in der sogenannten Blauen Grotte im Marquardter Schloßpark. Fontane hat die Grotte wohl selbst nicht mehr gesehen, beruft sich aber auf damals im Dorf noch lebende Augenzeugen:

»Man begab sich nach der Grotte, einem dunklen Steinbau, der im Parke, nach dem rosenkreuzerischen Ritual, zu einem mit Akazien bepflanzten Hügel angelegt worden war. Der Eingang niedrig und kaum mannshoch, barg sich hier hinter Gesträuch. Das Innere der Grotte war mit blauen Lasursteinen mosaikartig ausgelegt, und von der Decke herab hing ein Kronleuchter. In dieser ›blauen Grotte‹, deren Licht- und Farbeneffekt ein wunderbarer gewesen sein soll, trat man ein; der König nahm Platz. Alsbald wurden Stimmen laut; leiser Gesang, wie von Harfentönen begleitet. Dann stellte der König Fragen und die Geister antworteten. Jedesmal tief ergriffen kehrte Friedrich Wilhelm ins Schloß und bald darauf nach Potsdam zurück.

So die Tradition. Es wird hinzugefügt, die Grotte sei doppelwandig gewesen, und eine Vertrauensperson des Ordens habe von diesem Versteck aus die ›musikalische Aufführung‹ geleitet und die Antworten erteilt. Daß die Grotte eine *doppelte Wandung* hatte, ist seitdem, und zwar durch den jetzigen Besitzer, der den Bau öffnete, um sich von seiner Konstruktion zu überzeugen, über jeden Zweifel hinaus bewiesen worden.«

Nach vielen sorgsam abgewogenen Wenn und Aber kommt schließlich auch Fontane zu dem Schluß, daß es sich bei der Rosenkreuzerei um einen Fleck auf der Ehre des Herrschers handele und nichts gewesen sei als »Hokuspokus«.

Die durch ihren Eisenhandel berühmt und reich gewordene Berliner Hugenotten-Familie Ravené erwarb Gut und Schloß Marquardt 1892 als Sommersitz. Das Schloß wurde umgebaut und dabei erweitert; der ursprünglich Lennésche Park überarbeitet. Zu Beginn des 20. Jahrhunderts stifteten die Ravenés den Marquardtern eine neue **Dorfkirche**. Und auch ihrem Ruf als mäzenatische Kunstsammler wurde die Familie hier draußen gerecht: Nachdem Pierre Louis Ravené um 1850 in Berlin seine imposante private Gemäldegalerie für jedermann öffnete und damit die erste öffentlich zugängliche Kunstsammlung in Preußen schuf, sorgte Geheimrat Louis Ravené drei Generationen später dafür, daß der öffentlich zugängliche Schloßpark von Marquardt Skulpturen aus der Ravené-Sammlung zeigte. Der **Silen mit Nymphen** von Walter Schott ist ein letztes Überbleibsel aus dieser Zeit.

Übrigens verpachtete der Geheimrat das Ensemble 1932 an die Betreiber des Berliner Luxushotels Kempinski, die hier ein Nobelhotel mit Feinschmeckerrestaurant schufen, aber von den Nazis 1938 aus rassistischen Gründen zur Aufgabe gezwungen wurden. Die weiteren Stationen hießen Kriegslazarett, Kinderheim, Gehörlosenschule und Hochschulinstitut. Nach der Wende dann, nachdem »das Kempi« für einen zweiten Versuch abgewinkt hatte, gab es zwar zahlreiche an einer Investition Interessierte – bisher aber ohne sichtbaren Erfolg.

Wir verlassen Marquardt in nördlicher Richtung und biegen unmittelbar hinter der Autobahnbrücke links ab nach **Uetz**, von dem Schmidt von Werneuchen in dichterischer Freiheit behauptet hat, es sei »der schönste Ort im ganzen Havelland«:

»Die Frühlingssonne schimmert schon so früh
Vom hohen Haselberg in's Thal hinunter;
Entgegen jubelt ihr das Federvieh;
Die Schwalben schrei'n, der Truthahn kullert drunter.
Wie reizend sind, du schönes Dörfchen Ütz,
Heut' deiner Gärten Äpfelblütenreiser,

Dein gotisch Kirchlein, deiner Fischer Kietz,
Dein Pfarrgehöfte, deine Bauernhäuser!«

Viel ist davon heute nicht mehr zu sehen. Aber das kann auch gar nicht anders sein, wenn man sich vergegenwärtigt, daß Uetz lediglich von 1797-1810 teilnahm an der großen Weltgeschichte. Damals nämlich verbrachte die königliche Familie fünf Kilometer weiter westwärts in Paretz alljährlich drei Septemberwochen und passierte hier an einer Fährstelle den Nebenarm der Havel, der Wublitz heißt. Selbst der in Details verliebte Fontane wußte von nichts anderem mehr zu erzählen als »jetzt Schnitter, die Harke und Sense über die Schulter gelegt, jetzt kiepentragende Frauen, jetzt hochbeladene Heuwagen«, nicht zu vergessen eine »nach Wendenart in graue Leinwand gekleidete Gestalt aus dem Fährhaus«.

Auch uns hält nichts mehr, so daß wir zügig über die Paretzer Straße und die neue Havelkanalbrücke das Musterdorf **Paretz** erreichen.

Hier fühlte sich »unsere Königin Luise« wohl, der ganz Preußen in Verehrung und Liebe zu Füßen lag und aus ihr einen veritablen Mythos machte. Auch Heinrich von Kleist hat an ihm mitgewirkt – vier Monate vor Luisens plötzlichem Tod, ein Jahr vor seinem eigenen, geplanten Sterben.

»Erwäg' ich, wie in jenen Schreckenstagen,
Still deine Brust verschlossen, was sie litt,
Wie du das Unglück, mit der Grazie Tritt,
Auf jungen Schultern herrlich hast getragen,

Wie von des Krieges zerrissnem Schlachtenwagen
Selbst oft die Schar der Männer zu dir schritt,
Wie, trotz der Wunde, die dein Herz durchschnitt,
Du stets der Hoffnung Fahn' uns vorgetragen;

O Herrscherin, die Zeit dann möcht' ich segnen!
Wir sahn dich Anmut endlos niederregnen,
Wie groß du warst, das ahndeten wir nicht!

Dein Haupt scheint wie von Strahlen mir umschimmert;
Du bist der Stern, der voller Pracht erst flimmert,
Wenn er durch finstre Wetterwolken bricht.«

Dieses Sonett hatte Heinrich von Kleist seiner Königin Luise zu ihrem Geburtstag am 10. März 1810 gewidmet. Von ihm selbst wissen wir, daß sie der Text zu Tränen rührte. Sie fühlte sich »jeniert«, wenn man ihr huldigte beziehungsweise diesen beiden Persönlichkeiten, die der Mythos vereinte: die Gattin, Mutter und Landfrau Luise, die im Havelland Blindekuh und Topfschlagen spielt; und die mutige diplomatische Patriotin Luise, die den siegreichen Napoleon in Tilsit trifft.

»Laut einer Umfrage der ›Berliner Zeitung‹ im Jahr 1900 war Königin Luise von Preußen noch zu Beginn des 20. Jahrhunderts die am meisten bewunderte Deutsche, und selbst heute noch, bald 200 Jahre nach ihrem Tod, ist sie zweifellos die populärste in der Reihe der preußischen Königinnen, wenn auch nicht mehr jene Lichtgestalt, zu der das Volk seinerzeit voller Verehrung und Begeisterung aufgeblickt hat. ... Gewiß hätte Luises Idealbild mit der Zeit einige Kratzer abbekommen, wäre die Preußenkönigin nicht bereits mit 34 Jahren gestorben, denn offensichtlich trägt ein früher Tod insbesondere bei Frauen maßgeblich zur Mythenbildung bei, und das noch heute genau wie damals.«

So die Historikerin Karin Feuerstein-Praßer in *Die Preußischen Königinnen*. Was sie in diesem Zusammenhang nicht erwähnt, ist die Tatsache, daß vor allem das Leitbild einer glücklichen Ehe und harmonischen Familie sein Teil zum Mythos beigesteuert hat. Drei Heimstätten hatte dieser Mythos: In Berlin das Kronprinzenpalais und nicht das Schloß. In der Kulturlandschaft Potsdam die Pfaueninsel und nicht Sanssouci.

Und für die Sommerfrische nicht Oranienburg – ein Geschenk des Königs an die Schwiegertochter –, sondern Gut und Dorf Paretz, die der Kronprinz auf einen Tip des Generals von Bischoffwerder hin in der Havelniederung kaufte. Schloß Oranienburg war nämlich Luise und ihrem Mann viel zu aufwendig und monarchisch-repräsentativ. »Ihr Sinn stand nach ländlicher Bescheidenheit.« (Friedrich Mielke) – also beauftragten sie David Gilly mit einem Neubau. Der Architekt hatte sich nämlich im einfachen aber geschmackvollen Guts-, Dorf- und Kolonistenbau einen Namen gemacht. Seine Devise hieß: »Simplizität muß der Charakter der Landgebäude sein.«

Als er einen dementsprechenden Schloßbau geschaffen und damit den Beifall des hohen Paares erworben hatte, mußte sodann der Park samt seiner Bauten diesem schlichten englischen Geschmack angepaßt werden. Doch damit immer noch nicht genug: »Das neue Schloß und der neue Park erforderten nach der Meinung des Königs auch eine Erneuerung des Dorfes.« (Friedrich Mielke) – also wurde die Kirche umgebaut, neue Bauernhäuser und Scheunen hochgezogen, die Dorfschmiede mit einer gotischen Fassade versehen. »Das Kulissendorf im Geschmack des ausgehenden 18. Jahrhunderts mit echtem Wirtschaftsbetrieb war fertig.«

Friedrich Mielke weist darauf hin, daß – anders als am Hofe von Marie Antoinette – »in Paretz die Landwirtschaft ebenso ernsthaft und ökonomisch betrieben wurde wie in anderen Gutsdörfern auch«. Und noch eine Beobachtung teilt er mit: Mochte das königliche Ensemble nach außen hin durchaus bescheiden wirken; was die Ausstattung der Schloßräume angeht, so wurde an kostbaren und kunstvollen Details nicht gespart – vom Marmorfußboden des Vestibüls bis zu den einmaligen Tapeten. Insgesamt jedenfalls genoß man dort das angeblich so einfache Leben als »Schulze von Paretz« und die »gnädige Frau von Paretz«. »Die Zeit vertrieb man sich mit rustikalen Erntefesten, zu denen man Bauern aus der Gegend lud, mit ihnen gemeinsam Punsch trank und Honigkuchen verspeiste. Heute mögen wir dieses ›Gutsherrengehabe‹ vielleicht als peinliche Farce abtun, damals freilich bescherte es Luise und Friedrich Wilhelm ohne Zweifel eine ungeheure Popularität.« (Karin Feuerstein-Praßer)

»Friedrich Wilhelm spazierte in Paretz als ›Privatmann‹ umher, mischte sich an den Geburtstagen seines ältesten Sohnes ›heiter und unbefangen unter die fröhlichen Haufen, welche um das Schloß sich hin und herbewegten, redete leutselig und herablassend bald mit dem Einen, bald mit dem Anderen‹. Das Erntefest in Paretz, 1798 zum erstenmal gefeiert, erinnert an Lorenzo da Ponte und ›Don Giovanni‹. Dörflicher Lebensstil wird nach Art fürstlicher Liebhaberei nachgeäfft: ›Heute waren wir recht toll, die Prinzeß Maria (Gemahlin des Prinzen Karl) kam zum erstenmal nach Paretz und mußte feierlich empfangen werden, versteht sich im burlesken Genre, alles fagotierte sich also auf eine fürchterliche Art. Die Prinzeß Luise, ich und die Damen zogen uns als Milchweiber an, ... dazu hatten wir Leinwandschürzen und bunt kattunene Halstücher, der König hatte sich als Förster angezogen und präsentierte Obst, ... Prinz Wilhelm und Albert (sic!) als Nachtwächter und Schulze, beide mit dicken Bäuchen und dreieckigen Hüten und Nachtmützen ... die Pferde hatten Kuhglocken anhängen.‹ Was diesen familiären Lebensstil stören konnte, wurde verbannt. Dem Gesandten Christian Karl Josias Bunsen, im Oktober 1827 vom König nach Paretz eingeladen, wurde gesagt, er möge doch seine Uniform gegen gewöhnliche Kleidung vertauschen. Auch die königlichen Kinder liebten Paretz nicht minder als ihre Eltern.«

Soweit der kleine Hofbericht des Thomas Stamm-Kuhlmann (*König in Preußens großer Zeit*) unter Benutzung zeitgenössischer Quellen. Fast genau 200 Jahre später ist das Schloß für 3,5 Millionen Euro rekonstruiert, restauriert und Anfang August 2002 der Öffentlichkeit wieder zugänglich gemacht worden: Außen schlicht, innen kunstvoll. Alexander Kluy berichtete in der *Berliner Zeitung* unter der Überschrift *Im königlichen Tapetenzoo*:

»Die Wiederherstellung der königlichen Wohnung ... führt den eigentlichen Schatz dieses frühklassizistischen Gebäudes vor – die gemalten und gedruckten Tapeten, die exotische zoologische Motive zeigen. Mit ihnen wurden um 1800 sechs Zimmer und Salons ausgestattet. Im Gegensatz zu Tapeten in anderen märkischen Schlössern haben jene in Paretz die Verwüstungen des Zweiten Weltkrieges überstanden. Einzig sie legen heute noch Zeugnis ab von der Mode des Exotismus im 19. Jahrhundert, die bei der Ausstattung von Gutshäusern in der Mark weit verbreitet war. 1947 waren die Tapeten von der Schlösserverwaltung über Nacht abtransportiert worden, angeblich, um einem Verkauf ins Ausland zuvorzukommen. 50 Jahre wurden sie im Neuen Palais in Potsdam gelagert, teilweise auf Eternitplatten aufgezogen. Sämtlich waren sie beim Ende der DDR stark beschmutzt, fleckig, zum Teil zerrissen und beschnitten.«

Klar, auch für Paretz hat Fontane seine Geschichten. Eine von ihnen könnte erst vor kurzem geschrieben worden sein.

Sie heißt *Der tote Kirchhof*.

»Um die Kirche herum liegt ein Kirchhof, ein sogenannter ›toter Kirchhof‹; der ›lebende‹, die Stätte, wo begraben wird, liegt draußen, am Rande des Dorfes.

Die alte Stätte ist nur ein Gradplatz noch, niedergetreten, ohne Kreuz und Stein, aber wer scharf zusieht, der nimmt bald wahr, daß hinter dieser Verwahrlosung noch immer eine Liebe lebt. Hier und dort wächst eine Schwertlilie, ein Hagebuttenstrauch unvermittelt aus dem niedergetretenen Grase auf, und alle diese Stellen kennen die Dörfler wohl, es sind die Gräber ihrer Teuren, die sie verstohlen hegen und pflegen, in heimlicher Liebe. Denn der Kirchhof *soll* tot sein, der offizielle Platz für Blumen und Tränen liegt draußen.

Aber welchem Herzen ließe sich gebieten!

Paretz ist eine Stätte der Erinnerung und Pietät – auch der ›tote Kirchhof‹.«

Nicht mehr erhalten von dem alten Ensemble sind das Chinesische Teehaus, die Luisenpforte, eine Tempelruine und das

Belvedere auf dem Hohensberg. In verschiedenen Stadien des Erhalts und der Renovierung sind noch zu sehen: die **Schmiede** – jetzt das Restaurant Gotisches Haus; **Amtshaus** samt **Schüttboden**, **Mehlwaage** und **Spritzenhaus**; **Planteurhaus** und **Hofgärtnerhaus** sowie acht der ursprünglich zehn **Gilly-Bauernhöfe**. Das Schloß selbst bietet außerdem zwei **Dauerausstellungen**: Luise und das höfische Leben um 1800 und – im Küchentrakt – die Dokumentation der aufwendigen Wiederherstellung von Gebäude und Park.

Auf dem Heimweg machen wir einen kleinen Umweg über **Golm**. Ihren Namen bekam die Gemeinde vom slawischen Chlum, was Berg bedeutet. Als deutsche Siedlung ist Golm erstmals 1289 erwähnt. Die 1886 geweihte **evangelische Kirche** – ein Geschenk des Prinzen Friedrich Wilhelm – gehört mit ihrer Innenausstattung und der frühromantisch disponierten Orgel zu den schönsten Kirchbauten der Mark Brandenburg.

Der Ort macht seit der Jahrtausendwende ständig Schlagzeilen. Nach dem Ende der DDR hatte sich Golm zu einem auch wirtschaftlich prosperierenden Wissenschaftsstandort entwikkelt – mit einem **Campus** der Uni Potsdam, drei **Max-Planck-Instituten** und einem **Institut der Fraunhofer Gesellschaft**. Als im Zuge der brandenburgischen Gemeindereform die Bevölkerung von Golm sich in einer Volksabstimmung für die Eingemeindung in die Obststadt Werder aussprach, folgte die Landesregierung diesem Bürgervotum nicht, sondern verfügte die Zwangsfusion. Nun sehen sich die Streitenden vor dem Verfassungsgericht wieder. Golm war nach einer durch die Nazis verordneten ersten Eingemeindung von 1939 seit 1952 wieder selbständig gewesen.

Wer Ausblicke liebt, erklimme den 68 Meter hohen **Reiherberg** und überschaue den Zernsee, die Stadt Werder und das Landschaftsschutzgebiet des Golmer Luchs. Durch diesen Luch führt eine schmale Fahrstraße zum **Gut Schloß Golm**. Erbaut wurde die Villa in einem Park unmittelbar am Ufer des Großen Zernsees 1920. Sie wurde Erholungsort, Kurhaus, Treffpunkt, auch Schlupfwinkel für die UFA-Stars nach den Dreharbeiten in Babelsberg. Marlene Dietrich, Marika Rökk und Harry Piel ließen sich hier verwöhnen. Heute ist das umfassend renovierte und modernisierte Anwesen unter dem charmanten Dirigat der beiden Künstlerinnen Cora von dem Bottlenberg und Swetlana von dem Bottlenberg-Minkow ein beliebter Veranstaltungsort für Tagungen, Festessen, Familienfeiern und zärtliche Dinners tête à tête – idyllische Natur, grandiose Sonnenuntergänge und eine jahreszeitliche Küche mit Zutaten aus biologischem Anbau und artgerechter Tierhaltung inklusive.

Das letzte Wort hier soll Peter Hacks bekommen:

Die Märkischen Wiesen

»sind die Art von Wiesen nicht, die locken
Wie Himmels-Aun, die Wiesen in der Mark.
Das Gras ist schütter und die Krume trocken.
Nicht jedes wächst hier, und was wächst, wächst karg.
Blaßgelbe Blumen stehn an seltnen Stellen.
Der wiederkehrt, kennt sie als Immortellen.

Sie war ein Kind des Havellands, Adele,
Mit Weiheraugen und mit Heidehaar.
Ich schwör, sie hatte Sand in ihrer Seele,
Bis sie ein wenig ausgeschüttet war.
Ich nahm sie auf mich, fast wie eine Bürde.
Ich wußte nicht, daß ich sie lieben würde.

Sie sind die Art von Wiesen nicht, die locken
Wie Himmels-Aun, die Wiesen in der Mark.
Doch mischt sich Abend in die Wollgrasflocken
Mit seiner Feuchte, strömt ihr Duft sehr stark.
Das von der Mark und von den Märkerinnen.
Man muß die Reize ihnen abgewinnen.«

Was man nicht gleich weiß

Admet(os)

Einer der Argonauten, König von Pherai in Thessalien, berühmt wegen seiner Gastfreundschaft. Der als Fremdling verkleidete Apoll hütete auf Befehl Zeus' ein Jahr lang dessen Kühe und ließ alle mit Zwillingen trächtig werden.

Aktion Sühnezeichen

1958 gegründete Nichtregierungs- und Jugendorganisation, die durch ihre Arbeit im Ausland (vor allem Bau, soziale Dienste und Landwirtschaft) das Unrecht wiedergutmachen möchte, das dort während des Zweiten Weltkriegs begangen wurde.

Anakreontiker

Es handelt sich um eine Richtung der abendländischen Lyrik, die sich in Sprache und Bildern auf den griechischen klassischen Lyriker Anakreon (um 580 bis um 495 v. Chr.) bezog und berief.

Aristolochien

(deutsch Osterluziengewächse) Pflanzenfamilie mit rund 600 Arten in den Tropen und rund 500 in den gemäßigten Zonen, u. a. Haselwurz und Pfeifenblume.

Atlas (mit der Weltkugel)

Ein Titan, auf dessen Schultern die Säulen ruhen, die nach Homer »die Erde und den Himmel auseinander halten«.

Becher, Johannes R.

(22. 5. 1891-11. 10. 1958), expressionistischer Lyriker und engagierter Kommunist. Ging 1933 ins Moskauer Exil. 1954 wurde er Kultur-Minister der DDR.

Berghaus, Ruth

(1927-1996), Regisseurin des Musiktheaters, teilte mit Bertolt Brecht das Exil, lernte dabei den Komponisten Dessau kennen, den sie 1954 heiratete. Als Nachfolgerin von Helene Weigel sechs Jahre Intendantin des Berliner Ensembles. Nach der Wende als überzeugte Kommunistin persona non grata. – Curt Bois, 1901-91, Schauspieler und Regisseur, 1933-50 im Exil in Prag, Wien, London, Paris, New York und Hollywood. Dann am Deutschen Theater und Berliner Ensemble in Ost-Berlin; seit 1954 in Berlin (West). – Paul Dessau, 1894-1979, Komponist und Dirigent, 1933-48 Exil in Paris und den USA. Persönlicher Freund Brechts und Ehemann von Ruth Berghaus. Vizepräsident der Akademie der Künste (Ost). – Egon Monk 1927, Regisseur und Dramaturg. Verfechter der Brechtschen Theorie des Epischen Theaters; inszenierte aber auch bedeutende Fernsehspiele im Westen. Mitglied der (gesamtdeutschen) Akademie der Künste Berlin.

Blondel, Jacques François

Militäringenieur für das Bauwesen und Architekturtheoretiker; erklärte den »Klassizismus« zum Programm der (Bau)Kunst. (1618-21. 1. 1686).

Borussia

Neulateinischer Name für Preußen. Auch eine Frauengestalt der Kunst als Personifikation Preußens.

La mort de César

Tragödie von Voltaire aus dem Jahre 1731. Eine Bearbeitung des Shakespeare-Dramas *Julius Caesar* – ohne Frauenrollen und Liebeshändel.

Campanile

Freistehender Glockenturm der italienischen Kirchenbaukunst.

Cannefassmacher

Gemeint ist ein Handwerk, das zwar goldenen Boden haben soll, aber in diesem Falle leider so gut wie ausgestorben ist: der Böttcher, also der professionelle Hersteller von hölzernen Gefäßen.

Chemin des Dames

Höhenzug zwischen den französischen Flüssen Aisne und Ailette, Schlachtfeld des Ersten Weltkrieges (27.5.-3. 6. 1918).

Chimborazo

Mächtiges vergletschertes Vulkanmassiv in Zentralecuador, 6267 Meter hoch. 1802 von Alexander von Humboldt zusammen mit seinem französischen Zeichner Bonpland bis 5400 Meter bestiegen.

Dachgaupen

Dachgaupen sind in den Giebel eingelassene Aufbauten für stehende Dachfenster.

Demosthenes

Demosthenes war eine der Führungspersönlichkeiten des griechischen Unabhängigkeitskampfes gegen Makedonien und dessen König Philipp II., den er in geschliffenen politischen Streit- und Schmäh-Reden (Philippika) angriff. Sophokles neben ihm steht hier nicht als

Verfasser von etwa 130 klassischen Dramen, sondern ebenfalls als (Militär-)Politiker; er war erfolgreicher Stratege und hatte als Schatzmeister des Attischen Seebundes ein erfolgreiches Händchen.

Dessauer, der Alte

(3. 7. 1676-9. 4. 1747) Leopold I., Fürst von Anhalt-Dessau, reformierte als Feldmarschall das brandenburgisch-preußische Heer. Erfand den Gleichschritt. Freund des Soldatenkönigs Friedrich Wilhelm.

Duncker, Max

(15. 10. 1811-21. 7. 1886) Historiker und liberaler Politiker, der an der 48er Revolution und dem Paulskirchenparlament teilnahm, Direktor der preußischen Archive.

Ehe linker Hand

(siehe morganatisch)

Elle (preußische)

Altes Längenmaß von 66,69 Zentimetern; am meisten verbreitet war die Brabanter (Tuch)Elle von 69,5 Zentimetern.

FDJ (Freie Deutsche Jugend)

1946 gegründete Massenorganisation der Jugendlichen in der SBZ und der DDR. Kontrollierte als »Staatsjugend« Schule, Hochschule und vormilitärische Ausbildung. Blieb nach Wende und Wiedervereinigung als – politisch unbedeutender – Jugendverband bestehen.

Forckenbeck, Max von

(1821-1892) war als liberaler Jurist Bismarck-Gegner und wurde 1878 einer der bedeutendsten Oberbürgermeister von Berlin.

FRIDERICUS

(II NOBIS HAEC OTIA FECIT)

lat. Friedrich II. schuf diesen Ort der Erholung.

Fuß (preußischer)

ein preußischer Fuß war ca. 31 Zentimeter lang. Seine Majestät wurden also weich, wenn ein langer Kerl über 1,88 Meter maß, was für damalige Verhältnisse beträchtlich über der durchschnittlichen Körpergröße für Männer lag.

Gassenlaufen

auch Spießrutenlaufen.

Gloriette

Eine im 17. und 18. Jahrhundert beliebte Form eines Freizeitpavillons in Form eines offenen oder geschlossenen Rundtempels.

Gorgonen

Drei gräßliche Frauengestalten mit Schlangenhaar, Eberfängen und Stutenhintern: Stheno, die Starke; Euryale, die Weitspringende und Medusa, die Herrscherin. Beim Anblick der Medusa erstarrte der Mensch zu Stein.

Grazien

Die drei anmutigen Zeus-Töchter Aglaia (Glanz), Euphrosyne (Frohsinn) und Thalia (Blüte), die im Barock und Rokoko häufig dargestellten Sinnbilder jugendlicher Anmut, des hedonistischen Lebensgenusses und der Schönheit.

Heiduken

(auch Haiduken, ungarisch für »Hirten«) Lakaien, Gerichtsdiener, Läufer und Trabanten. Ursprünglich am k. u. k.-Hof in Wien; später auch bei anderen regierenden Fürstenhöfen.

Heveller

Slawenstamm, der seit der Völkerwanderung zwischen Oder und Elbe siedelte. Von den Hevellern ist der Name »Havel« abgeleitet.

Hofmeister

Erzieher junger Fürsten, Hauslehrer in wohlhabenden adeligen und bürgerlichen Familien.

Humboldt, Alexander von

(14. 9. 1769-6. 5. 1859), wurde durch eine mehrjährige Süd- und Mittelamerikareise zum populären Naturforscher seiner Zeit; Arbeiten zum Erdmagnetismus, zur vergleichenden Vulkankunde u. v. a.

Humboldt, Wilhelm von

(22. 6. 1767-8. 4. 1835), Jurist und Alt-Philologe, seit 1809 Direktor für Cultus und Unterricht im Preußischen Innenministerium. Schöpfer des Humanistischen Gymnasiums, trat für die Freiheit von Lehre und Forschung ein.

Ingenieurcapitain

Die Baumeister militärischer Anlagen hatten auch einen militärischen Rang. Heute käme wohl »Hauptmann der Pioniere« am nächsten.

Jagdschloß Stern

Das Jagdschloß Stern liegt im Gebiet der ehemaligen Potsdamer Parforceheide, wohin Friedrich Wilhelm I. besonders gerne zur Jagd lud. Heute gehört das Gebäude zum Stadtteil Potsdam-Babelsberg und liegt an der Sternstraße.

Johanniterorden

1812 gestifteter Orden adeliger Protestanten, bildet Schwestern aus und betreibt Unfall- und Krankenwagen.

Kalifat von Cordoba

Letzter Teil des arabisch-berberischen Großreiches auf europäischem Boden; berühmt geworden durch seine tolerante Interkulturalität zwischen Muslimen, Juden und Christen.

Kavalier

Ursprünglich jeder Ritter und Herrenreiter, später Reisender/Gast zu Pferde oder im Kutschwagen.

Kronprinzenpaar (kinderlos)

Gemeint sind Kronprinz Friedrich Wilhelm IV. und seine Frau, Prinzessin Elisabeth Ludovika von Bayern. Nachdem deren Ehe kinderlos blieb, wurde Friedrich Wilhelms jüngerer Bruder Wilhelm um des Erhalts der Dynastie willen zum Prinz von Preußen, also zum Thronfolger ernannt.

Kujon

Schuft, grober Kerl.

Leistikow, Walter

(1865-1908) war Maler, Graphiker und Schriftsteller. Seine *Abendlandschaft am Grunewaldsee* wurde 1889 aus der Großen Berliner Kunstausstellung ausgeschlossen, was Leistikow und seine Malerfreunde veranlaßte, 1899 die Berliner Sezession zu gründen.

Liebenberger Kreis

Eulenburg versammelte auf seinem schlesischen Gut regelmäßig Freunde aus Militär, Verwaltung, Wirtschaft, Wissenschaft und den Künsten, um den Kaiser bis in Details hinein »zu beraten«.

Luch

Wiese auf moorigem Untergrund.

Luckner, Heinrich Graf von

(1899-1966), Professor für Malerei und Graphik in Berlin. Konnte als Hitler-Gegner zum ersten Mal wieder 1947 im Berliner Haus am Waldsee ausstellen.

Maison de plaisance

Lustschloß, zumeist kleine Schloßanlage in einer Gartenlandschaft. Da oft nicht beheizbar nur im Sommer – und nie als Residenzschloß – genutzt.

Medusa

(siehe Gorgonen)

Meile (preußische)

Längenmaß von 7532,48 m, auch deutsche Land-Meile genannt.

Mizwe

Vom hebräischen mitzvah, Gebot. Im Jiddischen jede Tat, die auf Erden aus Güte und/oder Barmherzigkeit getan und im Himmel entgolten wird.

Morganatisch

Per morganatischer Ehe oder Trauung linker Hand wurden Frauen mit dem Monarchen verheiratet, die nicht ebenbürtig waren, also den Thron nicht mit besetzen durften.

Müller, Inge

(1925-1966), Lebenspartnerin des Dramatikers und Poeten Heiner Müller (9. 1. 1929-30. 12. 1995) und seine Co-Autorin der »Lohndrücker«. Eigene Lyrik und Hörspiele.

Muschik

Freier Bauer im zaristischen Rußland.

Newskij, Alexander

Großfürst von Rußland, der durch den Sieg über die Schwertritter auf dem zugefrorenen Peipussee die Katholisierung Rußlands verhinderte. Er wurde als Retter der Russischen Orthodoxie heiliggesprochen.

NKWD

Abkürzung des russischen Begriffs für Volkskommissariat für Innere Angelegenheiten, zuständig für politische Überwachung, Nachrichtendienste und politische Strafjustiz.

Oberhofmeister

Der Oberhofmeister ist der Leiter des Finanzwesens am kaiserlichen und königlichen Hof.

Ordonnanz(offizier)

Bearbeiter von dienstlichen und persönlichen Angelegenheiten bei hohen Generalstäblern und Truppen-Kommandeuren.

Pente(n)

Befestigte aber stufenlose Wege an Steigungen, die von Pferden und Zugtieren mit und ohne Wagen benutzt werden.

Pogrom(nacht)

Ursprünglich war ein Pogrom eine von staatlichen Stellen ausgehende mörderische Judenverfolgung in Rußland. Hier die korrekte Bezeichnung für die (sprachlich verniedlichende) Reichskristallnacht als Beginn der organisierten antisemitischen Nazi-Hetze und -bedrohung.

Polignac, Melchior de

Französischer Erzbischof und Kardinal, Diplomat für Ludwig XIV. und berühmter Kunstsammler, dem Friedrich II. viele Kunstgegenstände abkaufte.

Portikus

Antikisierende, offene Säulenvorhalle vor dem Haupteingang.

ProMi

Scherzhaft-geringschätzige Abkürzung für den Reichsminister für Volksaufklärung und Propaganda Dr. Josef Goebbels, dem ideologischen Chef-Einpeitscher des Dritten Reiches.

Redslob, Edwin

(22. 9. 1884-21. 1. 1973), Museumsdirektor in Erfurt, Bremen und Stuttgart, Reichskunstwart der Weimarer Republik. Berufsverbot im Dritten Reich. Nach dem Krieg Mitgründer der Tageszeitung »Der Tagesspiegel« und der Freien Universität.

Roon, Albrecht Graf von

(13. 4. 1803-23. 2. 1879), Generalstäbler seit 1848, preußischer Kriegsminister seit 1859, 1873 zeitweilig amtierender preußischer Ministerpräsident.

Rosenkreuzer

Insbesondere in Preußen nach 1775 straff geordnete Freimaurerloge mit strenger Arkandisziplin; wurde wegen der Alchimie- und Spiritismusgläubigkeit des Königs zu einem politischen Machtinstrument am Hofe.

Rotverschiebung

Verschiebung der Spektrallinien im Spektrum eines kosmischen Objekts zu größeren Wellenlängen. Hilft bei der Erforschung des Sonnenrandes und der ständigen Ausdehnung des Weltalls.

Rute

Altes Längenmaß zwischen 2,29 und 4,67 Metern.

Schloßkastellan

Ursprünglich Burggraf einer befestigten Schloßanlage, später allgemein Aufseher und Verwalter von Schlössern.

Schulze

Auch Schultheiß. Vorsteher und Richter der niederen Gerichtsbarkeit des Dorfes; Verwaltungsbeamter und Richter des Niedergerichts in der Stadt bzw. im Stadtteil.

Schwarze Reiter

Freikorps in den deutschen Befreiungskriegen.

Schwarzer Adlerorden

Am Tag vor seiner Krönung zum König in Preußen von Kurfürst Friedrich III. gestifteter höchster preußischer Orden für Zivil- und Militärpersonen. Da die Verleihung nur an Adlige ging, wurden Bürgerliche dafür vorher in den erblichen Adelsstand erhoben.

Siegfriedlinie

Nach Westen gewandte Verteidigungswerke im Elsaß, bestehend aus Bunkern, Sperrwerken und mit großkalibrigen Geschützen bestückten Panzerkuppeln..

SMA (Sowjetische Militär Administration)

1945-1949 die oberste sowjetische Besatzungsbehörde in der Sowjetischen Besatzungszone und im Sowjetischen (Ost)Sektor von Berlin. Abgelöst von der Sowjetischen Kontrollkommission.

Sophokles

(siehe Demosthenes)

Spartakusbund

Linkssozialistische Kadergruppe auf dem linken Flügel der SPD unter der Leitung von Karl Liebknecht, Rosa Luxemburg und Franz Mehring; gründete im Dezember die KPD als Partei eines demokratischen Kommunismus.

Spolien (antike)

Bauteile wie Säulen, Kapitelle und Friese, die aus anderen Bauten stammen und bei Neubauten wiederverwendet werden.

Stahlhelm

1918 gegründeter, nationalkonservativer und antidemokratischer Bund der Frontsoldaten des Ersten Weltkrieges. Bekämpfte die Weimarer Republik und gehört zu den »Steigbügelhaltern« Hitlers bei der Machtübernahme.

Steuben, Friedrich Wilhelm von

(17. 9. 1730-28. 11. 1794) Kapitän in der preußischen Armee unter König Friedrich II, Hofmarschall des Fürsten von Hohenzollern-Hechingen. Von 1777-1794 Generalinspekteur der amerikanischen Truppen während und nach dem Unabhängigkeitskrieg.

Stibadium

Weit dimensionierte und großzügige, meist reich dekorierte, steinerne Parkbank; vor allem an Wasserspielen und Aussichtspunkten.

Triton

Kleinerer Meeresgott, Sohn des Meeresherrschers Poseidon. Die Kunst zeigt ihn als »Meermann«, ein Wesen mit Menschenkopf und -rumpf, aber mit Fischschwanz.

Virchow, Rudolph

(1821-1902) Revolutionär von 1848 und Opponent gegen die Politik Bismarcks; war einer der größten medizinischen Forscher und Ärzte der Neuzeit.

Werdersche Braune

Stark gehopftes obergäriges Bier mit hohem Malzanteil und wenig Kohlensäure.

Zauberflöte, Die

Die Glockenspiel-Weise der Garnisonkirche »Üb immer Treu und Redlichkeit« war das vereinfachte Lied des Papageno aus der Mozart-Oper.

Zemire und Azor

(»Zémire et Azor«) Ballettkomödie in Versen, mit Gesängen und Tänzen von Jean-François Marmontel (1723-1799). Aus den Versatzstücken des Märchens *Die Schöne und das Untier* und der Shakespeare-Komödie *Der Sturm*.

SHOPPEN, SCHAUEN, SCHLEMMEN, SCHLAFEN

Shoppen

Die »Brandenburger« rauf – unter Einschluß der stimmungsvollen Passagen **Lindenhof** und **Luisenforum** – und die Gutenbergstraße wieder runter. Da findet sich so gut wie alles von A wie Angelcenter bis Z wie Zum schwarzen Bär (Apotheke und Reformhaus). Man kann natürlich auch ins von der UNESCO-Welterbe-Kommission mißtrauisch beäugte Potsdam-Center am Hauptbahnhof gehen, aber ... na ja.

Aber aufgefallen sind mir aus sehr unterschiedlichen Gründen:

Antiquitäten Rohde – zwei Lädchen unter dem Dirigat von Eric Rohde
Lindenstraße 11

Aroma-Werkstatt – dem Körper innen und außen zuliebe
Mittelstraße 31

Block for men – eine Herren-Boutique comme il faut
Dortustraße 53

Cashmere & more – nicht nur für die Schönen und Reichen
Mittelstraße 24

Charlotte – französische Feinkost zum Mitnehmen
Charlottenstraße 13

Dänische Handarbeiten Adler – nicht gerade in Preußen zu erwarten, oder?
Friedrich-Ebert-Straße 27

Das internationale Buch – der Blick übern Tellerrand schon zu DDR-Zeiten
Brandenburger Straße 41/42

Dentolarium – Zahnkosmetik
Gutenbergstraße 12

Foerster Stauden GmbH – Blumen direkt vom Philosophen
Am Raubfang 6

Foto Maxx – ein richtiges Fachgeschäft
Dortustraße 67

Krongut Bornstedt – traditionsbewußte kunsthandwerkliche Erzeugnisse
Ribbeckstraße 6/7

Kunsttruhe – Einrichtungen vom Kostbarsten
Mittelstraße 22

Lebensart – Kunst&Geschenke&Galerie
Mittelstraße 26/27
Luisen-Parfümerie – für die kleinen/feinen Mitbringsel
Brandenburger Straße 53
Stiftungsbuchhandlung – mit »Weltbühne«n-Vergangenheit
Gutenbergstraße 71
Wochenmarkt Bassinplatz – täglich ein kulinarischer und Augenschmaus
Tafelfreuden – antike Tafelsilber, Leinen und Gläser
Gutenbergstraße 29
Tete à tete – alles an Teesorten ... samt dem zeremoniellen Zubehör
Mittelstraße 33
Weinkontor – der Laden zum gleichnamigen Restaurant
Lindenstraße 18
Zigarrenhaus – und den Whisky, Cognac, Brandy gleich dazu
Hebbelstraße 46

Schauen

Biosphäre
Georg-Hermann-Allee 99
Eine interaktive Naturerlebniswelt zu Erde, zu Wasser und in der Luft.
Inszenierungen, zwei gastronomische Bereiche, Shopping.
Tägl. 9-20 Uhr
Bornstedter Friedhof
Ribbeckstraße 17, Führungen zu vereinbaren: (0331) 20568
Filmmuseum Potsdam
Breite Straße im Marstall
Dauerausstellung, wechselnde Themenausstellungen, Programmkino, Stummfilme mit Kino-Orgel, und danach gleich ins Café-Bistro.
Di.-So. 10-18 Uhr, Tel. (0331) 2718112
Filmpark Babelsberg
Großbeerenstraße
mit Show, 26 Attraktionen und dem Erlebnisrestaurant Prinz Eisenherz. Ohne »Schmaus mit Spektakel« sollte man mit 5-6 Stunden für den Besuch rechnen.

Geöffnet von Mitte März bis Anfang November tägl. 10-18 Uhr. Kassenschluß 16.30 Uhr. Infoline (03 31) 7 21 27 55

Hans-Otto-Theater

Nach Fertigstellung des architektonisch eigenwilligen Neubaus in der Berliner Vorstadt am Havelufer wird die Blechhütte des Theaterhauses Am Alten Markt demontiert werden. Weitere Spielstätten sind das (Rokoko)Schloßtheater im Neuen Palais und die Reithalle in der Schiffbauergasse. Programm und Reservierungen unter (03 31) 2 88 88-0

Haus der Brandenburgisch-Preußischen Geschichte

Im Kutschstall am Neuen Markt. Da an und in dem Gebäude weiter restauriert wird, ist das Haus vorübergehend geschlossen. Auskünfte erteilt: (03 31) 20 13 93

Karl-Foerster-Garten in Bornim

Am Raubfang 6

»Es wird durchgeblüht!« heißt der Leitsatz des Gärtnerphilosophen. Daher ganzjährig ganztägig geöffnet.

Tel. (03 31) 520294

Krongut Bornstedt

Ribbeckstraße 6/7

Das Mustergut von Kronprinz Friedrich Wilhelm und seiner englischen Gemahlin Victoria, eine Mischung aus italienischem Dorf und Brandenburger Manufakturen.

Kein preußisches Disneyland; viel einfallsreiche Gastronomie.

Tägl. ab 10 Uhr

Kabarett Am Obelisk

Charlottenstraße 31

Schon zu DDR-Zeiten aufmüpfiger Widerspruchsgeist gegen diverse Herrschaften. Das Satire-Theater veranstaltet im Herbst seine berühmten Kabarettwochen.

Tel./Fax (03 31) 29 10 69

Off-Szene

Sie tummelt sich vor allem in der Schiffbauergasse.

Malerei, Plastik, Installationen Tel./Fax (03 31) 2 71 56 30.

Tanz, Theater, Performance, Konzerte Tel. (03 31) 2 80 03 14 / Fax 24 09 24

Potsdam Museum

Wechselausstellungen zur Stadt- und Landesgeschichte Breite Straße 8-12; Naturkundesammlung Breite Straße 13; Graphik- und Gemäldesammlung Benkertstraße 3; Stasi-Gedenkstätte Lindenstraße 54; Gedenkstätte »Potsdam und der 20. Juli« Henning-von-Tresckow-Straße 2-8; Dauerausstellung zur Glienicker Brücke, Berliner Straße 98-101. Alle Programme, Themen und Öffnungszeiten unter: (03 31) 2 89 66 00

Schlösserfahrten im Land Brandenburg

Jeweils Tagestouren mit einem Konzertbesuch,
ca. 15 Termine zwischen Anfang Juni und Mitte Oktober,
Schlösser von A wie Altdöbern bis W wie Wiesenburg, dazu Gutshäuser, Landgasthöfe, Klöster und Kirchen
Information und Buchung: (03 31) 2 00 47 47

Spielbank Potsdam Joker's Garden

in einem Knobelsdorff-Bau Schloßstraße 14
Französisches Roulette, German Roulette, Black Jack, Automatenspiele.
Tägl. 15-3 Uhr (Automaten 13-2 Uhr)

Weltkulturerbe Potsdamer Kulturlandschaft

Informationen zu allen Gebäuden, Gärten und Öffnungszeiten auf neuestem Stand bei der Potsdam Information, Friedrich-Ebert-Straße 5, 14467 Potsdam, Tel. (03 31) 2 75 58-0 / Fax (03 31) 2 75 58-99.
Geschlossen sind das Schloß Sanssouci und Schloß Cecilienhof Mo., das Neue Palais Fr., das Marmorpalais und Schloß Babelsberg 1. 4.-31. 10. Mo., 1. 11.-31. 3. Mo.-Fr.
Für die anderen Bauwerke gelten Saisonöffnungszeiten.
Info (03 31) 9 69 42 02

Ziegeleimuseum Glindow

Glindow, Alpenstraße 47
Alles über die Steine, die Potsdams Baukunst schufen … und eine immer noch/wieder arbeitsame Produktionsstätte dazu!
März-Oktober, Mi.-So. 10-16 Uhr.

Essen/Trinken/Schlemmen

1 In der Stadt

Alter Stadtwächter/Kurth's Wirtshaus

Schopenhauerstraße 33

Einst Amtsstube der Torwächter und Akzise-Beamten, ist das Restaurant heute Teil der alten Stadtmauer; Sommergarten mit gediegener märkischer Küche.

(03 31) 2 80 46 38; Mo.-Fr. 10-20 Uhr, Sa. + So. 12-20 Uhr

Aqua

im art'otel, Zeppelinstraße 136

Exquisite Fische und ungewohnte Fondues; Sommerterrasse mit Palmen und Havelblick; Bootsanleger.

(03 31) 9 81 55 61; tägl. 12-23 Uhr

Bayrisches Haus

mit zwei Restaurants im Wildpark:

Friedrich Wilhelm, Gourmet-»Tempel« und Elisenstube, gut bürgerlich, Terrasse, eine Mütze Gault Millau, am ersten Michelin-Stern wird noch gekocht.

(03 31) 5 50 50; Mi.-So. 19-21.30 Uhr

Café-Bistro im Filmmuseum

Alter Marstall, Schloßstraße 1

Ein interessanter Treffpunkt – wegen der Menschen und des Dekors; märkisch-französische Küche.

(03 31) 2 70 20 41; tägl. 12-1 Uhr

Café Heider

Nauener Tor

Eine Legende aus der DDR-Zeit ... und von noch davor; »konditern«, Brunch am Sa. + So.

(03 31) 55 96; Mo.-Fr. ab 8, Sa. ab 9, So. ab 10 Uhr

Café Herbst

Friedrich-Ebert-Straße 114 a

Hier gibt's Fr. und Sa. ab 20 Uhr Kabarett mit unterschiedlichen Programmen; im übrigen ein »normales« Café-Restaurant.

(03 31) 29 30 63; tägl. 11-20 Uhr

Charlottenhof

am Park Sanssouci, Geschwister-Scholl-Straße 34
Nach dem Besuch von Schloß und Neuem Palais genießt man seriöse deutsche Küche: märkisches Wild, märkische Fische.
(0331) 901064; Di.-So. 10-22 Uhr

Fontane im Inselhotel Hermannswerder

Fernsehkoch für brandenburgische Küche
Blick auf den Templiner See
(0331) 2320146; tägl. 12-23 Uhr

Froschkasten

Kietzstraße 3-4
In Alt-Berliner Interieur; seit 1777 eine Institution, einst für Fischer und Rekruten; deftige Berliner Küche, Fischspezialitäten aus Brandenburger Gewässern.
(0331) 291315; tägl. ab 12 Uhr

Guam

im Holländischen Viertel, Mittelstraße 39
Bei Barjazz und Brettspielen trinke man das kubanische Bier namens »Guam« oder den Absacker am frühen Morgen.
(0331) 2700164; Mo.-Fr. ab 16 Uhr, Sa.+So. ab 14 Uhr

Gutenberg 100

Gutenbergstraße 100
Musik-Kneipe mit Biergarten und gutem preiswertem Essen; Live-Music am Wochenende; Cocktails.
(0331) 297614; Mo.-Fr. 12-15 und ab 19 Uhr, Sa. ab 20 Uhr

Hotel am Jägertor

Hegelallee 11
Mit phantasievollen Brandenburger Tellern; zum Beispiel Flußbarsch mit Krebsen gefüllt oder Frischlingsrücken mit Apfelweinschluppen.
(0331) 2011-100; tägl. 12-22.30 Uhr

Juliette

Topadresse im Barockhaus Jägerstraße 39
Haus aus der Zeit des Soldatenkönigs; Plätze auch im Weinkeller.
Gehobene experimentierfreudige französische Küche vom vermutlich besten Koch der Landeshauptstadt.
(0331) 2701791; tägl. 12-22.30 Uhr

Klosterkeller

Friedrich-Ebert-Straße 94

Barockes Brauhaus seit 1763; Potsdamer Erlebnisgastronomie; Gewölbe, Biergarten, Nachtbar.

(0331) 291218; tägl. 11-24 Uhr, Bar nur Fr.+Sa. 23-3 Uhr

La Maison du Chocolat

im Holländischen Viertel, Benkertstraße 20/Ecke Mittelstraße

Erlesene Torten und Kuchen und preiswerte französische Bistroküche.

(0331) 2370730; tägl. 10-24 Uhr

Lapis Lazuli

im Holländischen Viertel, Benkertstraße 21

Angeblich der kleinste Schanktisch von Potsdam; viele (auch preiswerte) Weine, nur Flaschenbier; kleine, gute, »gesunde« Café-Küche.

(0331) 2802371

Liquorstore

Friedrich-Ebert-Straße 30 (zwischen Café Heider und dem Nauener Tor)

Angeblich die abgefahrenste Cocktailbar der Stadt.

(0331) 2801448; tägl. 10-3 Uhr

Luise

Luisenplatz 6 (hinter dem Brandenburger Tor)

Was halten Sie von Eintöpfen? Mittags-Treff der business (wo)men.

(0331) 292797; Mo.-Sa. 8-23 Uhr, So. 8-18 Uhr

M 18 Biergarten

(alias Galerie Mittelstraße alias Mittelstraße)

im Holländischen Viertel, im Hof Mittelstraße 18

Unter einem Nußbaum aus der Zeit des Soldatenkönigs; Gegrilltes, Biere und mehrere Dutzend Whiskeysorten.

(0331) 2805111; Mo.-Fr. 18-2 Uhr, Sa.+So. 12-2 Uhr

Pino

Weinbergstraße 7

Gediegenes Restaurant, täglich Neues aus Italiens Süden: herrliche Antipasti, Weine aus ganz Italien.

(0331) 2703030; Mo.-Sa. 18-24 Uhr

Ristorante Villa v. Haacke

Jägerallee 1

Obwohl der Chef aus Bari ist, gibt's nicht nur Küche aus dem Süden; frischeste Fische aus dem Mittelmeer.

(0331) 2701991; tägl. 12-24 Uhr

Speckers Gaststätte zur Ratswaage

Am Neuen Markt 10

Karge preußische Eleganz; die beste Weinkarte Brandenburgs. Georg Specker ist ein Topkoch.

(0331) 2804311; Di.-So. 12-16 und 18-22 Uhr

Taverna Polis

Hegelallee 5 (beim Nauener Tor)

Ein neuer gemütlicher Grieche; familiäre Atmosphäre und faire Preise.

(0331) 6012870; Mo.-Fr. 11.30-23 Uhr, Sa.+So. 12-23 Uhr

Villa Kellermann

Mangerstraße 34-35

Ausblicke in den Kulturbund, die Gründerzeit, die Wasser des Heiligen See, das Marmorpalais ... und die Querelen der Restitution. »Der« Edelitaliener – Lassen Sie sich einfach beraten!

(0331) 280 3738; Mo.-Do. 16-24 Uhr, Fr.-So. 12-24 Uhr

Weinkontor

Lindenstraße 18

Ein Badener mitten in der City; schlichte rustikale Ausstattung; Maultaschen und Schupfnudeln und Weine aus dem deutschen Süden.

(0331) 2802061; tägl. 12-24 Uhr, Küche bis 23 Uhr

Zur historischen Mühle

Mövenpick am Schloß Sanssouci

Mit Terrasse und Biergarten; im Palmenhaus sitzt man am schönsten.

(0331) 281493-0; tägl. 8-24 Uhr

Blockhaus Nikolskoe

Nikolskoer Weg (auf der Berliner Havelseite oberhalb der Pfaueninsel)

Baulich ein russisches Ambiente; Ausflugslokal mit Berliner Küche.

(030) 805 29 14; Mitte Mai-Mitte September 10-22 Uhr, winters 10-19 Uhr

Gleis 6

im S-Bahnhof Babelsberg, Karl-Liebknecht-Straße

Eine Kneipe in der ehemaligen Gepäckaufbewahrung: überraschende Cocktails; viel Atmosphäre.

(03 31) 748 24; So.-Do. 15-1 Uhr, Fr. + Sa. 15-3 Uhr

Gut Schloß Golm

direkt am Großen Zernsee 1

Seit 60 Jahren ein romantisches Idyll; internationalisierte Regionalküche mit frischen Zutaten aus biologischem Anbau und artgerechter Tierhaltung.

(03 31) 5005 21; tägl. ab 12 Uhr, im Winter nur Sa. + So.

Kavaliershaus

im Caputher Schloßpark, unmittelbar am See-Ufer

Aus brandenburgischen Landen frisch auf den Tisch kommen die Grundstoffe für eine kleine, aber feine Speisekarte.

(03 3209) 846 30; tägl. 12-23 Uhr

Landhaus Haveltreff

Weinbergstraße 4 (an der Caputher Fähre und dem Anleger der Weißen Flotte)

Ein Ausflugslokal ... aber mit viel mehr Schick; (zu) große Portionen; Originelles für Entree-Esser.

(03 3209) 780; tägl. 12-23 Uhr

Landhotel Potsdam

Reiherbergstraße 33, Golm

Das von Gault-Millau und anderen Profi-Essern gelobte Haus bietet u.a. Zanderfilet und Erpelbrust.

(03 31) 60 11 90; tägl. 12-14 Uhr, 18-22 Uhr, von 14-18 Uhr nur Kaffee, Kuchen und Eis.

La Palma

Rudolf-Breitscheid-Straße 34, Babelsberg

Eine ruhige, etwas eigenwillige Cocktailbar im Keller, mit Aquarium und überraschender Küche.

(03 31) 704 29 53; tägl. 17.30-4 Uhr

Prinz Eisenherz

im Filmpark Babelsberg, Eingang Großbeerenstraße

Vor oder nach der Studio-Tour ein Erlebnisrestaurant – nur mit Reservierung!

(03 31) 721 27 17

Restaurant 237:oxhoFt

Zum Springbruch 1a, Bergholz-Rehbrücke

Hier wird veredel(s)te Regionalküche gepflegt; Erlebnisgastronomie mit Pfiff; ästhetisches Ambiente … und ein echter Überraschungspfannkuchen für 2 zum Dessert!

(03 3200) 8 28 88; tägl. ab 12 Uhr

Zum Alten Krug

Hauptstraße 2, Marquard

Frisches Wild und frischer Fisch, dazu das passende Ambiente.

(033208) 57233; Di.-Sa. ab 12 Uhr, So. ab 11.30 Uhr

Schlafen

1 In der Stadt

Altstadt Reinhold

Dortustraße 9-10/Ecke Gutenbergstraße

Ein familiär geführtes kleines Schmuckstück in der Altstadt.

DZ mit Frühstück 80-90 €

(03 31) 28499-0/Fax 28499-30

Astron Hotel Voltaire

Friedrich-Ebert-Straße 88

Die Ruhe der stimmungsvollen Höfe hinter dem Palais Brühl.

DZ mit Frühstück ab 121 €

(03 31) 23 17-0/Fax 23 17-100

Dorint Sanssouci

Jägerallee 20

Kinderfreundlich, mit Badelandschaft.

DZ ab 140 €

(03 31) 274-0/Fax 274-1000

Froschkasten

Kietzstraße 3-4

Berühmt wegen seiner Gaststätte aus dem Jahre 1777.

DZ mit reichhaltigem Frühstück ab 72 €

Tel./Fax (03 31) 29 13 15

Inselhotel Potsdam-Hermannswerder

auf der Halbinsel Hermannswerder

Seeterrasse, Schiffs- und Bootsanlegestelle.

DZ mit Frühstück ab 105 €

(03 31) 23 20-0/Fax 23 20-1 00

Pension Remise Blumberg

Weinbergstraße 26

7 Appartements für 1-4 Personen

pro Person ohne Frühstück ab 51 €

Tel./Fax (03 31) 2 80 32 31

Schiffspension Luise

Heinrich-Mann-Allee 1 an der Langen Brücke

Das Hausboot ist in der Nähe des Hauptbahnhofs festgemacht.

DZ mit Frühstück ab 56 €

Tel./Fax (03 31) 2 70 62 29

Seminar- und Gästehaus Hochland

Gutenbergstraße 78

Unter dem Dach und in der Regie der französisch-reformierten Gemeinde.

32 Übernachtungsplätze mit Selbstversorgung in Wohnküchen

DZ 43 €, 3-Bett-Zi. 59 €; Einzelgast im Mehrbett-Zi. 21,50 €

(03 31) 27008-35/Fax 27008-36

2 In Babelsberg und weiter draußen

Apart Pension
August-Bier-Straße 9, Babelsberg
Nahe der Filmstadt, mit Hallenbad und Gartenpool.
DZ mit Frühstück 60-100 €, viele EZ ab 80 €
(03 31) 747 57-0/Fax 747 57-66

Ascot Bristol
Asta-Nielsen-Straße 2, Drewitz
Ein großzügiger Neubau mit Nichtraucherzimmern.
DZ mit Frühstück ab 115 €
(03 31) 6691-0/Fax 6691-1200

Filmhotel Lili Marleen
Großbeerenstraße 75, Babelsberg
Erlebniswohnen in der Filmwelt.
DZ mit Frühstück 45-95 €
(03 31) 743 20-0/Fax 743 20-18

Gut Schloß Golm
Am Großen Zernsee 1, Golm
Vom Tête à tête bis zum großen Fest Romantik pur.
DZ mit Frühstück 120 €
Tel./Fax (03 31) 500521

Landhaus Haveltreff
Weinbergstraße 4, Caputh
Mit Bootsfahrten, Nichtraucherzimmern und Kaminbar.
DZ mit Frühstück ab 94 €
(03 3209) 78-0/Fax 78-100

Zur Insel
Am Markt 6, Werder/Havel
Nicht nur zur Baumblüte ein paar Tage wert.
DZ mit Frühstück 70-75 €
(033 27) 6616-0/Fax 6616-66

Autoren- und Quellenverzeichnis und weiterführende Literatur

Victor Auburtin, Durchschnitt durch Potsdam oder Lob der Langsamkeit. Verlag Das Arsenal, Berlin 1999

Hanne Bahra/Ingo Lamberty, Der Reisebegleiter Potsdam. © Argon Verlag, Berlin 1997

Bekenntnis zu Potsdam. Herausgegeben von Probst Gert Adler. Verlag der Propsteigemeinde St. Peter und Paul, Potsdam 1997

Otto von Bismarck, Gedanken und Erinnerungen. Cotta'sche Buchhandlung, Stuttgart und Berlin 1919

Günter de Bruyn, Mein Brandenburg. © Nicolaische Verlagsbuchhandlung GmbH, Berlin 2001

Karl Otto Conrady (Hg.), Der neue Conrady. Das große deutsche Gedichtbuch. Artemis & Winkler Verlag, Düsseldorf und Zürich 2000

Bärbel Dalichow, Der DEFA-Spielfilm in den 80er Jahren. © Vistas Verlag, Berlin 1992

Ludwig Dehio, Friedrich Wilhelm IV. von Preußen. © Gebr. Mann Verlag, Berlin 2001

Ingeborg Drewitz, Märkische Sagen. Eugen Diederichs Verlag, Düsseldorf und Köln 1979

Otto Drude (Hg.), Mit Fontane durch die Mark Brandenburg. Insel Verlag Frankfurt am Main und Leipzig 1996

Ulrich Eckhardt/Stefanie Endlich/Rainer Höynck (Hg.), Berliner Ring – Bilder und Texte. Nicolaische Verlagsbuchhandlung, Berlin 1990

Franz Fabian (Hg.), Aber der Wagen, der rollt ... Potsdamer erinnern sich. Stapp Verlag, Berlin 1994

Franz und Wolfgang Fabian (Hg.), Märkische Heide, märkischer Sand. Literarische Streifzüge durch die Mark Brandenburg. Mitteldeutscher Verlag, Leipzig 1992

Karin Feuerstein-Praßer, Die deutschen Kaiserinnen 1871-1918. © Pustet Verlag, Regensburg 1997

Theodor Fontane, Wanderungen durch die Mark Brandenburg. Herausgegeben von Gotthard Erler und Rudolf Mingau. Insel Verlag Frankfurt am Main 1989

Bruno Frank, Trenck. Roman eines Günstlings. Herausgegeben von Martin Gregor-Dellin. Deutscher Taschenbuch Verlag, München 1981

Werner Gahrig, Unterwegs zu den Hugenotten in Brandenburg. Historische Ausflüge. © Das Neue Berlin Verlags GmbH, Berlin 2000
Karl Gass, Militärtempel der Hohenzollern. © Das Neue Berlin Verlags GmbH, Berlin 1999
George Peabody Gooch, Friedrich der Große. Fischer TB 637/638, Frankfurt am Main 1964
Helmut Gote, Gut essen rund um Berlin. Nicolaische Verlagsbuchhandlung, Berlin 2002
Peter Hacks, Die Märkischen Wiesen. Aus: Werke in 15 Bänden. © Eulenspiegel Verlag, Berlin 2003
Gisela Heller, Potsdamer Geschichten. Verlag der Nation, Berlin (Ost) 1987. © arani-Verlag GmbH, Berlin
Georg Hermann, Grenadier Wordelmann. Verlag das Neue Berlin (Ost), 1970
Georg Hermann, Spaziergang in Potsdam. © Das Neue Berlin Verlags GmbH, Berlin 1999
Silke Herz, Potsdam kompakt. © L&H Verlag, Hamburg 1999
Hannes Hofmann, Baedeker Potsdam. Verlag Karl Baedeker, Ostfildern (Kemnat) 1994
Erika von Hornstein, Adieu Potsdam. Mit einem Nachwort von Carola Stern. © 1969, 1986, 1991 by Verlag Kiepenheuer & Witsch Köln
Juden in Berlin 1671-1945. Ein Lesebuch. Nicolaische Verlagsbuchhandlung, Berlin 1988
Juden in Preußen. Ein Kapitel deutscher Geschichte. Harenberg Kommunikation, Dortmund 1981
Bernhard Kellermann, Der 9. November. Aufbau-Verlag, Berlin 1946
Alfred Kerr, Gedicht auf Walter Leistikow (Dunkler See und Kiefernstämme. Aus: Alfred Kerr, Gedichte. © S. Fischer Verlag GmbH, Frankfurt am Main 1998
Jochen Klepper, Der Vater. © 1957 Deutsche Verlags-Anstalt GmbH, Stuttgart
Hildegard Knef, Der geschenkte Gaul. Saur Verlag GmbH, München 2002. © Funkturm-Verlag, Berlin
Christian Graf von Krockow, Fahrten durch die Mark Brandenburg. Deutscher Taschenbuch Verlag, München 2000
Horst Krüger, Das zerbrochene Haus. Eine Jugend in Deutschland. Suhrkamp Verlag Frankfurt am Main 1991

Franz Kugler, Geschichte Friedrichs des Großen. Gezeichnet von Adolph Menzel. E. A. Seemann Verlag, Leipzig o. J.
Dieter Lattmann, Jonas vor Potsdam. Innaron Verlag, Zürich 1995
Emil Ludwig, Wilhelm der Zweite. Ernst Rowohlt Verlag, Berlin 1926
Martha Ludwig, Das Mädchen Krümel. Verlag Neues Leben Berlin (Ost), 1982
Inge Maisch/Gert von Bassewitz, Potsdam und Sanssouci. © Ellert & Richter Verlag GmbH, Hamburg 1995
Friedrich Mielke, Potsdamer Baukunst. © Propyläen Verlag, Berlin 1981
Inge Müller, Potsdam. Aus: Inge Müller, Wenn ich schon sterben muß. © Aufbau-Verlag Berlin und Weimar 1985
Hans Müncheberg, Gelobt sei, was hart macht. © Nora Verlag, Berlin 2002
Musen und Grazien in der Mark – 750 Jahre Literatur in Brandenburg.
Band 1: Ein Lesebuch. Herausgegeben von Jürgen Israel und Peter Walther. Band 2: Ein historisches Schriftstellerlexikon. Herausgegeben von Peter Walther. Lukas Verlag, Berlin 2002
Andreas Nachama/Julius H. Schoeps/Hermann Simon (Hg.), Juden in Berlin. Henschel Verlag, Berlin 2001
Elfriede Nebgen, Jakob Kaiser. Der Widerstandskämpfer. © W. Kohlhammer GmbH, Stuttgart 1967
Heinz Ohff, Preußens Könige. © Piper Verlag GmbH, München 1999
Igor von Percha, Charlotta, Gräfin von Potsdam. Goldmann Verlag, München 1981
Christiane Petri, Potsdam und Umgebung. DuMont Kunst-Reiseführer, Köln 2000
Potsdam in alten Reisebeschreibungen. Ausgewählt von Inge Hoeftmann und Waltraud Noack. Droste Verlag, Düsseldorf 1992
Preußen Jahrbuch 2001. Ein Almanach. MDBerlin, 2001
Preußen 1701 – Eine europäische Geschichte. DHM Berlin 2001
Preußen – Versuch einer Bilanz. Zusammengestellt von Wolfgang E. Weick. Mit einer Einführung von Gottfried Korff. Berliner Festspiele GmbH, 1982
Preußisches Lesebuch. Zeugnisse aus drei Jahrhunderten. Ausgewählt und eingeleitet von Harald von Koenigswald. Biederstein Verlag, München 1966

Leopold von Ranke, Preußische Geschichte. Emil Vollmer Verlag, Essen, o. J.
Winfried Ranke, Preußen. Versuch einer Bilanz. Copyright © 1981 by Rowohlt Verlag GmbH, Reinbek bei Hamburg
Curt Riess, Üb immer Treu und Redlichkeit. © 1981 by Universitas Verlag in der F. A. Herbig Verlagsbuchhandlung GmbH, München
Marika Rökk, Herz mit Paprika. © 1988 by Universitas Verlag in der F. A. Herbig Verlagsbuchhandlung GmbH, München
Bodo Rollka/Volker Spiess/Bernhard Thieme (Hg.), Berliner Biographisches Lexikon. Verlag Haude und Spener, Berlin 1993
Heinz Rühmann, Das war's. © Ullstein Verlag, Berlin 1985
Ernst von Salomon, Die schöne Wilhelmine. Copyright © 1965 by Rowohlt Verlag GmbH, Reinbek bei Hamburg
Uwe Salomon, Statuen in Potsdam. Ullstein Verlag, Berlin und Dr. Landt+Henkel, Hamburg 1994
Rolf Schneider, Potsdam. Garnison und Arkadien. © 1994 Carl Hanser Verlag, München und Wien
Gabriele Schnell, Potsdamer Frauen. Potsdamer Verlagsbuchhandlung, 1993
Helmut Schnitter (Hg.), Gestalten um den Soldatenkönig. Preußischer Militär-Verlag, Reutlingen 1994
Hans Scholz, Wanderungen und Fahrten in der Mark Brandenburg. Stapp Verlag, Berlin 1976
Georgi Schukow, Erinnerungen und Gedanken. Deutsche Verlags-Anstalt, Stuttgart 1969
Thomas Stamm-Kuhlmann, König in Preußens großer Zeit. Siedler Verlag, Berlin 1992
Wolf Jobst Siedler, Auf der Pfaueninsel. Spaziergänge in Preußens Arkadien. Siedler Verlag, Berlin 1992
Wilhelm Treue (Hg.), Drei deutsche Kaiser. Wilhelm I. – Friedrich III. – Wilhelm II. Ihr Leben und ihre Zeit 1858-1918. Verlag Ploetz, Freiburg und Würzburg 1987
Kurt Tucholsky/Theobald Tiger, Du dämlicher Hund. Aus: Gesammelte Werke. Copyright © 1960 by Rowohlt Verlag GmbH, Reinbek bei Hamburg
Manfred Uhlemann/Otto Rückert u. a., Potsdam. Geschichte der Stadt in Wort und Bild, Berlin 1986

Siegfried Unseld, Peter Suhrkamp. Zur Biographie eines Verlegers. © Suhrkamp Verlag Frankfurt am Main 1991
Voltaire – Friedrich der Große, Briefwechsel. Herausgegeben von Hans Pleschinski. Deutscher Taschenbuch Verlag, München 1992
Karl Voss, Potsdam-Führer für Literaturfreunde. © arani-Verlag, Berlin 1993
Peter Weiss, Die Ästhetik des Widerstands. © Suhrkamp Verlag Frankfurt am Main 1975, 1978, 1981
Christa Winsloe, Mädchen in Uniform. © Daphne Verlag, Göttingen 1999
Günter Wirth, Der Geist von Potsdam. Zur Kulturgeschichte einer Stadt 1918-1989. Suhrkamp Verlag Frankfurt am Main 2000
Otto Zieler, Potsdam. Ein Stadtbild des 18. Jhd. © Gebr. Mann Verlag, Berlin 1999
Arnold Zweig, Junge Frau von 1914. © Aufbau-Verlag GmbH, Berlin 1949

Bildnachweis:

laif/Hedda Eid: S. 4; laif/Dirk Krüll: S. 221; laif/Anna Neumann: Umschlagfoto, S. 12, 49, 89, 144, 168, 177, 192, 232, 260, 284, 296, 317, 344
Ost u. Europa-Photo Jürgens, Berlin: S. 108
Ullstein-Bild, Berlin: S. 16/17

Stadtpläne: kontur GbR, Berlin

Literarische Reisebegleiter im insel taschenbuch Eine Auswahl

Städte

Amsterdam. Literarische Spaziergänge. Von Christa Dericum. Mit farbigen Fotografien. it 2828. 250 Seiten

Athen. Literarische Spaziergänge. Herausgegeben von Paul Ludwig Völzing. Mit farbigen Fotografien. it 2505. 314 Seiten

Mit Brecht durch Berlin. Ein literarischer Reiseführer. Von Michael Bienert. Mit zahlreichen Fotografien. it 2169. 271 Seiten

Literarischer Führer Berlin. Von Fred Oberhauser und Nicole Henneberg. Mit zahlreichen Abbildungen, Karten und Registern. it 2177. 517 Seiten

Bremen. Literarische Spaziergänge. Von Johann-Günther König. Mit farbigen Fotografien. it 2621. 272 Seiten

Dresden. Ein Reisebuch. Herausgegeben von Katrin Nitzschke unter Mitarbeit von Reinhardt Eigenwill. Mit zahlreichen Abbildungen. it 1365. 294 Seiten

Frankfurt. Acht literarische Spaziergänge von Siegfried Diehl. Mit farbigen Fotografien. it 2197. 190 Seiten

Frankfurts Hohe Häuser. Von Dieter Bartetzko. Mit farbigen Fotografien von Horst und Daniel Zielske. it 2653. 121 Seiten

NF 31/1/4.02

Granada. Ein literarisches Porträt. Herausgegeben von Nina Koidl. Mit farbigen Fotografien. it 2635. 243 Seiten

Hamburg. Ein Städte-Lesebuch. Herausgegeben von Eckhart Kleßmann. Mit zahlreichen Abbildungen. it 1312. 305 Seiten

Heidelberg-Lesebuch. Stadt-Bilder von 1800 bis heute. Herausgegeben von Michael Buselmeier. it 913. 385 Seiten

Der Kölner Dom. Ein literarischer Führer. Herausgegeben von Markus Klein. Mit zahlreichen Abbildungen. it 2226. 149 Seiten

Leipzig. Literarische Spaziergänge. Herausgegeben von Werner Marx. Mit farbigen Fotografien. it 2710. 222 Seiten

Lissabon. Ein Städte-Lesebuch. Herausgegeben von Ellen Heinemann. it 2106. 390 Seiten

London. Literarische Spaziergänge. Herausgegeben von Harald Raykowski. it 2554. 272 Seiten

Madrid. Ein literarisches Porträt. Herausgegeben von Elke Wehr. Mit zahlreichen Abbildungen. it 1981. 272 Seiten

Mainz. Ein literarisches Porträt. Herausgegeben von Jens Frederiksen. Mit Fotografien von Sascha Kopp. it 2163. 195 Seiten

Prag. Ein Lesebuch. Herausgegeben und mit einem Nachwort versehen von Jana Halamičková. Mit Fotografien und Illustrationen. it 994. 386 Seiten

Geschichten aus dem alten Prag. Sippurim. Herausgegeben von Peter Demetz. it 1519. 376 Seiten

NF 31/2/4.02

Rom. Ein literarisches Porträt. Herausgegeben von Michael Worbs. Mit farbigen Fotografien. it 2298. 320 Seiten

Mit Marie Luise Kaschnitz durch Rom. Herausgegeben von Iris Schnebel-Kaschnitz und Michael Marschall von Bieberstein. Mit Fotografien von Mario Clementi. it 2607. 196 Seiten

St. Petersburg. Literarische Spaziergänge. Von Ingrid Schalthöfer. Mit farbigen Fotografien. it 2833. 240 Seiten

Trier. Deutschlands älteste Stadt. Reisebuch. Herausgegeben von Michael Schroeder. Mit Fotografien von Konstantin Schroeder. it 1574. 260 Seiten

Tübingen. Ein literarischer Spaziergang. Herausgegeben von Gert Ueding. Mit zahlreichen Abbildungen. it 1246. 384 Seiten

Venedig. Der literarische Führer. Herausgegeben von Doris und Arnold E. Maurer. Mit zahlreichen Fotografien. it 1413. 188 Seiten

Wien. Ein literarisches Porträt. Herausgegeben von Joseph Peter Strelka. Mit farbigen Fotografien. it 1573. 254 Seiten

Wiener Adressen. Ein kulturhistorischer Wegweiser mit Straßenplänen und Fotos von Dietmar Grieser. it 1203. 217 Seiten

Das Wiener Kaffeehaus. Mit zahlreichen Abbildungen und Hinweisen auf Wiener Kaffeehäuser. Herausgegeben von Kurt-Jürgen Heering. it 1318. 318 Seiten

Alle Wege führen nach Wien. Abenteuer eines Literaturtouristen. Von Dietmar Grieser. it 2543. 255 Seiten

NF 31/3/4.02

Würzburg. Literarische Reisewege. Herausgegeben und mit einem Nachwort versehen von Stefan Janson. Mit farbigen Abbildungen. it 2276. 220 Seiten

Landschaften • Länder • Kontinente

Amerika

Kalifornien. Ein Reiselesebuch. Herausgegeben von Herbert Genzmer. Mit farbigen Fotografien. it 2636. 282 Seiten

Harry Graf Kessler. Notizen über Mexiko. Herausgegeben von Alexander Ritter. Mit zahlreichen Abbildungen. it 2176. 182 Seiten

Martin Walser/André Ficus. Die Amerikareise. Versuch, ein Gefühl zu verstehen. Mit 51 farbigen Bildern von André Ficus. it 1243. 117 Seiten

Deutschland

Hans Christian Andersen. Schattenbilder einer Reise in den Harz, die sächsische Schweiz etc., etc. im Sommer 1831. Herausgegeben von Ulrich Sonnenberg. Mit zahlreichen zeitgenössischen Abbildungen. it 2818. 240 Seiten

Bodensee. Reisebuch. Herausgegeben von Dominik Jost. Mit farbigen Abbildungen. it 1490. 313 Seiten

Der Rhein. Eine Reise mit Geschichten, Gedichten und farbigen Fotografien. Herausgegeben von Helmut J. Schneider unter Mitarbeit von Michael Serrer. Mit Fotografien von Pieter Jos van Limbergen. it 1966. 206 Seiten

NF 31/4/4.02

Die schönsten Schlösser und Burgen Deutschlands. Ein literarischer Reisebegleiter. Herausgegeben von Joachim Schultz. Mit farbigen Fotografien. it 2717. 256 Seiten

Sylt. Literarische Reisewege. Herausgegeben von Winfried Hörning. Mit zahlreichen Fotografien. it 2522. 260 Seiten

Martin Walser/André Ficus. Heimatlob. Ein Bodensee-Buch. it 645. 92 Seiten

England

Mit Fontane durch England und Schottland. Herausgegeben von Otto Drude. Mit farbigen Fotografien von Christel Wollmann-Fiedler. it 2222. 194 Seiten

Karl Philipp Moritz. Reisen eines Deutschen in England im Jahr 1782. Mit einem Nachwort vom Benedikt Erenz. Mit Illustrationen. it 2641. 200 Seiten

Frankreich

Das Elsaß. Ein literarischer Reisebegleiter. Herausgegeben von Emma Guntz und André Weckmann. it 2746. 256 Seiten

Mit Fontane durch Frankreich und Flandern. Herausgegeben von Otto Drude. Mit Fotografien von Christel Wollmann-Fiedler. it 2647. 144 Seiten

Wolfgang Koeppen. Reisen nach Frankreich. Mit farbigen Fotografien von Angelika Dacqminc. it 2218. 170 Seiten

NF 31/5/4.02

Literarischer Führer Frankreich. Herausgegeben von Hans Georg Bauner. Mit zahlreichen Abbildungen und Karten. it 2798. 624 Seiten

Provence/Côte d'Azur. Ein literarischer Reisebegleiter. Herausgegeben von Ralf Nestmeyer. it 2801. 250 Seiten

Mit Rilke durch die Provence. Herausgegeben von Irina Frowen. Mit Fotografien von Constantin Beyer. it 2148. 126 Seiten

Griechenland

Hugo von Hofmannsthal. Augenblicke in Griechenland. Mit farbigen Abbildungen und einem Nachwort von Hansgeorg Schmidt-Bergmann. it 2408. 125 Seiten

Erhart Kästner
- Griechische Inseln. Aufzeichnungen aus dem Jahre 1944. Nachwort von Heinrich Gremmels. it 118. 166 Seiten
- Kreta. Aufzeichnungen aus dem Jahre 1943. Nachwort von Heinrich Gremmels. it 117. 264 Seiten
- Ölberge, Weinberge. Ein Griechenland-Buch. Mit Zeichnungen von Helmut Kaulbach. it 55. 262 Seiten
- Die Stundentrommel vom heiligen Berg Athos. it 56. 325 Seiten

Wolfgang Koeppen. Die Erben von Salamis oder Die ernsten Griechen. Mit Fotografien. it 2401. 80 Seiten

Reisen mit Odysseus. Zu den schönsten Inseln, Küsten und Stätten des Mittelmeers. Von Ernle Bradford. it 2508. 280 Seiten

NF 31/6/4.02

Italien

Briganten am Wege. Deutsche Reisende und das Abenteuer Italien. Von Dieter Richter. it 2809. 190 Seiten

Dietmar Grieser. Große historische Straßen. Von der Via Appia bis zur Avus. Eine kunsthistorische Spurensuche. Mit Fotografien. it 1974. 130 Seiten

Mit Hermann Hesse durch Italien. Ein Reisebegleiter durch Oberitalien. Herausgegeben von Volker Michels. it 1120. 215 Seiten

Harald Keller. Die Kunstlandschaften Italiens. Mit Abbildungen. it 1576. 1110 Seiten

Literarischer Führer durch Italien. Ein Insel-Reise-Lexikon. Von Doris und Arnold E. Maurer. Mit Abbildungen, Karten und Registern. it 1071. 551 Seiten

Oberitalienische Seen. Ein literarischer Reisebegleiter. Von Rainer W. Kuhnke. it 2608. 288 Seiten

Alberto Savinio. Capri. Eine Reiseerzählung. Übersetzt und mit einem Nachwort versehen von Martina Kempter. it 2732. 112 Seiten

Johann Gottfried Seume. Spaziergang nach Syrakus im Jahre 1802. Herausgegeben von Jörg Drews. it 2780. 496 Seiten

Sizilien. Literarisches Landschaftsbild. Herausgegeben von Ralf Nestmeyer. Mit Fotografien. it 2637. 220 Seiten

NF 31/7/4.02

Südtirol. Ein literarisches Landschaftsbild. Herausgegeben von Dominik Jost. Mit Abbildungen. it 1317. 358 Seiten

Im Rosengarten. Eine literarische Spurensuche in Südtirol. Von Dietmar Grieser. Mit Abbildungen. it 2509. 245 Seiten

Toskana. Ein literarisches Landschaftsbild. Herausgegeben von Andreas Beyer. Mit Fotografien von Loretto Buti. it 926. 265 Seiten

Edith Wharton. Italien. Reisebilder. Mit einem Nachwort von Hanns-Josef Ortheil. Mit farbigen Abbildungen. it 2731. 224 Seiten

Österreich

Dietmar Grieser. Nachsommertraum im Salzkammergut. Eine literarische Spurensuche. Mit Abbildungen. it 1848. 262 Seiten

Osteuropa

Böhmen. Ein literarisches Porträt. Herausgegeben von Uta Ackermann und Werner Fritsch. Mit farbigen Abbildungen. it 1994. 265 Seiten

Litauen. Ein literarischer Reisebegleiter. Herausgegeben von Claudia Sinnig. Mit farbigen Fotografien. it 2844. 250 Seiten

Johann Gottfried Seume. Mein Sommer 1805. Eine Reise ins Baltikum, nach Rußland, Finnland und Schweden. Herausgegeben von Jörg Drews. Mit zahlreichen Abbildungen. it 2839. 230 Seiten

NF 31/8/4.02

Schweiz

Das Engadin. »Glühend in allen Farben«. Porträt einer Landschaft. Herausgegeben von Susanne Gretter. Mit Fotografien. it 2199. 280 Seiten

Hermann Hesse. Tessin. Betrachtungen, Gedichte und Aquarelle des Autors. Herausgegeben und Nachwort von Volker Michels. it 1494. 314 Seiten

Spanien

Mallorca. Ein literarisches Porträt. Herausgegeben von Sieglinde Oehrlein. Mit Fotografien. it 1931. 197 Seiten

George Sand. Ein Winter auf Mallorca. Übersetzt von Maria Dessauer. it 2102. 220 Seiten

NF 31/9/4.02

NF 61/1/3.01

Jean Bollack. Sophokles. König Ödipus. Zwei Bände. Zusammen 466 Seiten
- Band 1: Text. Kommentar. 271 Seiten. Klappen-Broschur
- Band 2: Essays. 195 Seiten. Klappen-Broschur

Roberto Calasso. Die Hochzeit von Kadmos und Harmonia. Übersetzt von Moshe Kahn. it 1476 und Leinen. 434 Seiten

William Golding. Mit doppelter Zunge. Roman. Übersetzt von Wolfgang Held. 176 Seiten. Gebunden

Zbigniew Herbert. Im Vaterland der Mythen. Griechisches Tagebuch. Herausgegeben und mit einem Nachwort versehen von Karl Dedecius. it 2748. 200 Seiten

Hugo von Hofmannsthal. Augenblicke in Griechenland. Mit einem Nachwort von Hansgeorg Schmidt-Bergmann. Mit farbigen Fotografien. Großdruck. it 2408. 130 Seiten

Erhart Kästner
- Kreta. Aufzeichnungen aus dem Jahre 1943. Mit einem Nachwort von Heinrich Gremmels. it 117. 264 Seiten
- Griechische Inseln. Aufzeichnungen aus dem Jahre 1944. Mit einem Nachwort von Heinrich Gremmels. it 118. 166 Seiten
- Ölberge, Weinberge. Ein Griechenland-Buch. Mit Zeichnungen von Helmut Kaulbach. it 55. 262 Seiten
- Die Stundentrommel vom heiligen Berg Athos. it 56. 325 Seiten

Marie Luise Kaschnitz. Griechische Mythen. Herausgegeben von Bernard Andreae. 17 Abbildungen. Leinen. 192 Seiten

Wolfgang Koeppen. Die Erben von Salamis oder Die ernsten Griechen. Mit farbigen Fotografien. Großdruck.
it 2401. 80 Seiten

Elisabeth von Österreich. Tagebuchblätter von Constantin Christomanos. Herausgegeben von Verena von der Heyden-Rynsch. Mit Beiträgen von Ludwig Klages, Maurice Barrès, Paul Morand und E. M. Cioran. Mit zeitgenössischen Abbildungen. it 1536. 213 Seiten

Hubert Ortkemper
- Olympische Legenden. Geschichten aus dem antiken Olympia. Farbig illustriert von Rolf Köhler.
  it 1828. 267 Seiten
- Medea in Athen. Die Uraufführung und ihre Zuschauer. Mit einer Neuübersetzung der Medea des Euripides.
  it 2755. 80 Seiten

Alberto Savinio. Kindheit des Nivasio Dolcemare. Übersetzt von Sigrid Vagt. Mit einem Nachwort von Martina Kempter. BS 1168. 152 Seiten

Gustav Schwab. Sagen des klassischen Altertums. Mit sechsundneunzig Zeichnungen von John Flaxman und einem Nachwort von Manfred Lemmer. it 2792. 1020 Seiten

NF 61/3/3.01